现代图书馆研究系列

图书馆
合作创新与发展

TUSHUGUAN
HEZUO CHUANGXIN YU FAZHAN

广州市图书馆学会　佛山市图书馆学会　主编

暨南大学出版社
JINAN UNIVERSITY PRESS
中国·广州

图书在版编目（CIP）数据

图书馆合作创新与发展/广州市图书馆学会，佛山市图书馆学会主编．—广州：暨南大学出版社，2010．9
（现代图书馆研究系列）
ISBN 978－7－81135－653－3

Ⅰ．①图…　Ⅱ．①广…②佛…　Ⅲ．①图书馆—研究　Ⅳ．①G25

中国版本图书馆 CIP 数据核字（2010）第 188061 号

出版发行：暨南大学出版社

地　址：中国广州暨南大学
电　话：总编室（8620）85221601
　　　　营销部（8620）85225284　85228291　85228292（邮购）
传　真：（8620）85221583（办公室）　85223774（营销部）
邮　编：510630
网　址：http：//www. jnupress. com　http：//press. jnu. edu. cn

排　版：暨南大学出版社照排中心
印　刷：广州市怡升印刷有限公司

开　本：787mm×1092mm　1/16
印　张：18
字　数：472 千
版　次：2010 年 9 月第 1 版
印　次：2010 年 9 月第 1 次

定　价：38．00 元

目　录

公共图书馆服务体系建设

管理创新

服务创新

数字资源与信息技术

其他业务问题

公共图书馆服务体系建设

论公共图书馆服务均等化的实现
——以广州市为例

林　静[①]

（广州图书馆　510055）

摘　要：实现公共图书馆服务均等化对构建公共文化服务体系、推进我国基本公共服务均等化有重要的作用。本文以广州市为例，分析了当前实现公共图书馆服务均等化存在的主要障碍，并提出了对策及建议。

关键词：公共图书馆　服务均等化

2006年10月11日党的十六届六中全会通过的《中共中央关于构建社会主义和谐社会若干重大问题的决定》明确提出了“逐步实现基本公共服务均等化”的目标，要求：“完善公共财政制度，逐步实现基本公共服务均等化。健全公共财政体制，调整财政收支结构，把更多财政资金投向公共服务领域，加大财政在教育、卫生、文化、就业再就业服务、社会保障、生态环境等方面的投入。”《国家“十一五”时期文化发展规划纲要》指出：“要从现阶段经济社会发展水平出发，以实现和保障公民基本文化权益、满足广大人民群众基本文化需求为目标，坚持公共服务普遍均等原则，兼顾城乡之间、地区之间的协调发展，统筹规划，合理安排，形成实用、便捷、高效的公共文化服务网络。”公共图书馆作为社会公共服务体系的重要组成部分，研究公共图书馆服务均等化，对大力推进我国基本公共文化服务均等化、构建公共文化服务体系、最大限度地满足人民群众的基本阅读需求起重要作用。

1　公共图书馆服务均等化的核心是公平和效率的统一

联合国教科文组织（UNESCO）1994年发布的《公共图书馆宣言》指出，“每一个人都有平等享受公共图书馆服务的权利，而不受年龄、种族、性别、宗教信仰、国籍、语言或社会地位的限制”；“自由地、不受限制地获取知识、思想、文化和信息是个人行使民主权利和获得平等发展机会的基础”；“公共图书馆制度能够保障社会成员获取信息机会的平等，保障公民求知的自由与求知的权利，从而从知识、信息的角度维护了社会的公正”。这些理念与我国提出的“公共服务均等化”是一致的，同时也是对公共图书馆服务均等化简明而全面的表述。实现公共图书馆服务均等化，就是公共图书馆服务体系要面向所有社会成员、社会各阶层无差别地提供图书馆服务。均等化主要包括均等、普遍、高效、公益等四个方面的内涵。必须不断提高图书馆服务保障水平，提高实现的效率，通过高效运作推动图书馆服务均等、公平目标的更好实现。公共图书馆服务均等化的核心是公平和效率的统一。

---

① 作者简介：林静，广州图书馆馆员。

2　实现公共图书馆服务均等化的障碍

2.1　公共图书馆事业发展不均衡

公共图书馆发展不均衡，图书馆规划建设和服务等方面缺乏科学标准，公共图书馆的资源配置和服务保障极不平衡。其中，既存在城乡差别、城区间差别，又存在层级差别，省级馆、市级馆、区级馆等各层级的服务保障水平各不相同，尤其是各区（县）之间的发展不平衡。

以广州地区为例：从馆舍建筑面积看，大的有3万多平方米，小的才4 000平方米；从馆藏量看，多的有近50万册，少的才18万册；年文献购置费，多的有105万元，而少的只有12万元；正式职工人数，多的超过30人，而最少的只有3人；接待读者量，多的超过100万人次，而半数图书馆仅在30万人次左右。此外，广东省馆、广州市馆、越秀区馆、广东省科技馆4个大型图书馆都相对集中在一个地理和行政区域内。随着省、市、区、县以上中心图书馆新馆设施的大规模建设，公共图书馆资源配置进一步向城市中心区集中，“十一五”期间广州市新增的图书馆建筑面积大部分还是集中在城市中心区，新建区域和城市边缘地区分布少甚至是空白。

2.2　公共图书馆服务体系尤其是基层服务网络比较薄弱

人均拥有公共图书馆设施是国际上衡量一个地区图书馆事业发展水平的核心指标。据国际图书馆协会联合会（IFLA）颁布的通行标准，每十万人平均拥有公共图书馆的数量为2座。UNESCO和IFLA制定的公共图书馆服务发展指南还提出了其他表述：“在比较发达的市区和郊区，公共图书馆应设置在15分钟车程之内”；“在市内主要居民区，通常离图书馆1.5千米左右就需设立分馆，3～4千米就需设立一个较大的图书馆。”目前，我国大部分地区的公共图书馆服务体系建设仍然比较薄弱，尤其是基层服务网络建设。据国家统计局统计，2008年我国公共图书馆共2 825个，全国总人口132 802万，平均47万人拥有一个公共图书馆，与国际标准甚至国家标准相距甚远。由此可见，目前我国人均拥有公共图书馆设施指标偏低，服务设施严重不足，覆盖水平低，各种规模、功能、形式的服务网点数量少，远不能保障和满足公众的基本阅读需求，很难达到普遍均等的公共文化服务要求。

2.3　现行管理体制运作绩效低

均等化目标的实现是以整个系统效率的充分发挥为前提的。我国公共图书馆事业目前实行的管理体制从属于行政管理，市、区县、街镇三级图书馆（室）条块分割，互相协作但互不隶属，缺乏统筹规划、均衡投入、规范管理，总体上处于各自为政的状态，人才、技术、设备、文献、用户等资源不能充分共享，重复建设现象严重，地区图书馆事业总体服务绩效较低。发达国家和地区普遍采用总分馆制管理体制，实行行业集中管理，整体规划、均衡投入、规范管理，采用统一技术平台，文献信息资源统采统编、通借通还，服务绩效突出。

通过1999年、2005年、2009年三次对广州和香港地区的公共图书馆进行跟踪比较，发现两地服务绩效差距很大，而且随着发展速度的加快，管理体制的束缚更为明显，绩效差距进一步扩大。1999年，香港与广州两地在总藏书量、图书馆馆舍面积两方面的投入和资源配置相当，但广州地区图书馆服务网点数量是香港的1/4，登记读者量、外借量两项服务指标仅相当于香港的13%和17%，差距悬殊。据2005年的调查比较发现，在广州市政府加大投入的情况下，广州市的登记读者量占服务人口的比例仍维持在相当于香港13%的水平，但服务人口人均外借量指标却由17%锐减到6%，服务绩效差距进一步拉大。2009年的比较情况同样不容乐观，两地图书馆的服务绩效差距仍然巨大。

表1　1999年、2005年、2009年广州与香港地区公共图书馆服务效益比较

比较指标	年度	香港	广州	广州与香港比较（%）
登记读者量（万人）	1999	224	29.6	13
	2005	330	59.6	18
	2009	370	110.1	30
占服务人口比例（%）	1999	32.5	4.3	13
	2005	47.3	6.3	13
	2009	52.9	7.6	14
文献外借量（万册件）	1999	3 200	543.9	17
	2005	6 100	517	8
	2009	5 993	695	12
人均外借量（册件）	1999	4.6	0.8	17
	2005	8.8	0.5	6
	2009	8.6	0.5	6

资料来源：香港康乐及文化事务署、广州市图书馆学会、香港经济年鉴、广州市统计年鉴等。

注：本表统计数字含广东省立中山图书馆，不含广东省科技图书馆。

2.4　缺乏有保障的事业经费投入机制

公益性是公共图书馆的基本属性。2005年12月23日，国务院下发的《关于深化文化体制改革的若干意见》明确指出："国家兴办的图书馆、博物馆、科技馆等均为群众提供公共文化服务的单位，为公益文化事业。"由此可见，图书馆是公益文化事业的骨干力量，公共图书馆服务是基本公共服务的重要内容之一，公共图书馆服务均等化是图书馆公益性原则的具体体现，只有公共图书馆服务真正实现"普遍均等"、"惠及全民"，其公益性原则才有可能得到充分体现。

我国公共图书馆的免费服务在2007年开始快速推进，一批经济发达地区的省、市级公共图书馆陆续实施免费服务，如浙江图书馆、南京图书馆、深圳图书馆等。但就总体而言，各级政府重视程度不够，对公共图书馆建设投入不足，经费总投入虽然呈逐年增加趋势，但占国家财政总支出、文教科学卫生事业费支出的比重仍然相对较低。由于缺乏有保障的事业经费投入机制，依靠图书馆自筹解决补充人员经费的传统思路在部分地区仍然延续，导致公益服务水平偏低。

3 对策及建议

3.1 将事业发展纳入法治管理轨道

《图书馆法》是公共图书馆实现均等化服务的长效机制和重要保障。在我国，要持续、有效地推进公共图书馆服务均等化，最有效的手段是得到法律的支持、政策的扶持和政府的重视。虽然我国不少地方都提出了构建和谐社会、建设文化强市的目标，但并没有在财政投入上予以制度保障。例如，近几年来，广州文化系统的部门预算总体上保持每年5%的增长，远低于同期GDP增长的速度。因此，应加快推进《图书馆法》立法进程，进一步明确政府责任，将事业发展纳入经济与社会发展总体规划，保障事业投入、购书经费与国内生产总值、同级财政支出同步增长，落实文化经济政策，建立与国际接轨的行业管理体制，加强和规范服务网点建设，改善和规范服务条件，保障人才队伍建设，通过法制的途径巩固和推进公共图书馆事业的科学、健康发展。

3.2 建立总馆/分馆制行业管理体制

管理体制对事业发展的影响是根本性的，而推进管理体制的改革是推动事业发展的根本性举措。发达国家和地区实行的总馆/分馆制无疑是一种理想的模式。目前，总馆/分馆制管理体制在国内图书馆界已达成共识，体制改革势在必行。例如，上海建成全国最大，同时也是全球城市图书馆最大的单一集群系统，杭州市、区两级图书馆形成了联盟式的总分馆制格局，深圳“图书馆之城”等，均是运作绩效明显的成功案例。

为此，广州市也应大力推进事业管理体制、运行机制的改革，与国际接轨，解决整体事业发展不平衡的矛盾，创新广州地区公共图书馆管理机制，构建广州市“图书馆城域网”。“图书馆城域网”，即以广州市、区（县级市）、街（镇）、居委（村）四级公共图书馆及其馆外服务点和数字网络为基础，建立星罗棋布的图书馆网点，形成覆盖全市、服务全民、互通互联、资源共享的服务网络。确立广州图书馆为广州市公共图书馆总馆，各区、县级市图书馆为地区分馆，将街道、乡镇和村（居）委会图书馆（室）和文化馆站图书馆（室）纳入整体事业之中，依规模划分为各级分馆。总馆负责整体事业规划，实行行业集中管理，合理布局服务网点，建设自动化网络，制定统一服务标准，开展人员培训，集中采购、编目，实现全市统一配置、整体规划、均衡投入、规范管理，分馆专职读者服务。购书经费由各馆所属地财政部门按服务人口、国内生产总值比例拨付或按市政府规定拨付；总体事业经费、人员按各馆实际服务规模拨付、配备。

建设四级网络基础下的三级图书馆骨干网络。以四级网络建设（直到村居）为基础，贯彻落实《公共图书馆用地指标》确立的规划标准，建设大（主要对应市一级）、中（主要对应区一级）、小型（主要对应一部分街镇馆）三级图书馆骨干网络（以第四级村居图书室、自助图书馆为补充）；同时小型图书馆建设方式可以借鉴美国等国家的经验，采用委托建设或委托市或区（中心）图书馆提供服务，同时划拨、转移相应建设与运作经费的方式。通过广州市“图书馆城域网”实现城市“10分钟文化圈”、农村“十里文化圈”，推进形成服务优质、覆盖全社会的公共文化服务体系，实现基本公共服务均等化。

3.3 健全公共财政体制

现阶段，文化行政管理部门、发展和改革委员会、财政部门、人事部门等职能部门均与公共图书馆的发展密切相关。要实现政府对公共图书馆事业发展的保障，就必须建立起各相关职能部门履行职责的约束机制。但在我国公共图书馆事业发展的过程中，这种约束机制明显缺乏。纵观其他国家，这种约束机制早已用完善的法律制度予以落实，各职能部门各司其职，政府依法行政，保证了政府责任的真正落实。从这个意义上看，加快图书馆立法进程，对于进一步明确政府责任具有基础性意义。就目前而言，广州市政府至少可以调整财政收支结构，在把更多的财政资金投向公共服务领域的同时，不断健全公共财政体制，进一步明确各级地方政府投资公共图书馆的责任分配，部分事权、财权予以集中，健全财力与事权相匹配的财税体制。

3.4 多元化筹集资金

经济支持是公共图书馆事业发展的关键，要积极拓展资金来源，多元化筹集建设资金。一方面，财政投资是公共图书馆经费的主要来源，政府应加大投入力度，使图书馆建设进入良性发展的轨道；另一方面，应宣传、鼓励和开发民间捐赠，引导民间资金进入公共图书馆事业。2006 年颁布的《国家“十一五”时期文化发展规划纲要》指出，要“鼓励和引导社会资金兴办国家允许的各类公共文化设施，开展公共文化服务”。政府必须采取具体的措施，引导、规范民间资金有序进入公共图书馆事业，并指导、监督民间资金参与公共图书馆服务，保证这些资金能够有效地发挥作用。要贯彻实施《中华人民共和国公益事业捐赠法》和《扶贫、非营利性捐赠物资免进口税收暂行办法》，并细化执行，切实落实企业或个人对非营利组织捐赠时的税收优惠政策，鼓励社会各界对公共图书馆事业进行扶持与捐赠。

3.5 设立财政专项奖励补助资金

在保障常规资金的前提下，设立专项补助资金，对大型项目或工程予以专项经费支持，包括共享工程建设、24 小时自助图书馆系统（ATM）、通借通还项目等。例如，广州市从化、增城两市和越秀区的图书馆新馆建设，部分经费来源于市宣传文化基金。广东省馆用于流动图书馆建设的专项经费由省财政负担，购书经费也有省财政和省宣传文化基金两个来源。2005 年，广州市推出的图书公益采购活动，其中的 500 万元经费就来源于市宣传文化基金。目前这一手段运用较多，但随意性强，建议按五年计划配套设立部分相对固定的专项资金予以保障。

实现公共图书馆服务均等化，不仅是我国图书馆界同仁当前的迫切任务，也是我国公共图书馆事业的长期使命，其进程将是漫长而艰巨的。我们要不断努力，创造条件构建完善的公共图书馆服务体系，推进公共图书馆服务均等化目标的实现，保障公民平等获取文献资源、平等阅读、平等享受图书馆服务的权利，最大限度地满足人民群众的基本文化需求。

参考文献

[1] 刘洪辉，叶敏．公共图书馆建设与服务——广州市图书馆专业人才高级研修班论文集［C］．广州：中山大学出版社，2007

[2] 方家忠．试论大城市公共图书馆服务均等化的目标及其实现模式［J］．图书馆论坛，2008（1）：25～28

[3] 曹再芳．服务均等化——图书馆公益性原则的必然选择［J］．图书馆，2008（6）：22～23

[4] 王自洋．公共图书馆服务均等化存在的主要问题分析［J］．图书馆，2008（5）：18～20

[5] 王聪聪．从标准化走向均等化——对推进我国公共图书馆服务均等化的若干思考［J］．图书馆建设，2010（1）：56～58.

“国家中心城市图书馆”

——广州图书馆新定位解析

丁　玲[①]

（广州图书馆　510055）

摘　要：发挥文化引领和辐射作用、支撑经济社会发展是广州实现“国家中心城市”定位的文化发展需求。为与“国家中心城市图书馆”定位相匹配，广州图书馆应建设适应国家中心城市文化发展需求的文献信息资源，营造包容、和谐的人文环境和崇尚真知的理性氛围，构建富有活力的服务组织，引领公共图书馆及其服务体系的科学发展。

关键词：国家中心城市图书馆　广州图书馆　定位

新的国家战略格局赋予广州“国家中心城市”定位[②]，“国家中心城市图书馆”自然而然地成为广州图书馆的事业发展定位；与此定位相匹配的职责、功能、发展要求等，也将成为广州图书馆制定新时期发展规划所必须思考的问题。本文试图在明确广州于国家整体格局中的地位和作用，分析广州实现国家中心城市定位的文化发展需求的基础上，阐明国家中心城市图书馆定位对广州图书馆发展提出的要求。

1　广州实现国家中心城市定位的文化发展总体需求

所谓国家中心城市，是指“在经济、政治、文化、社会等领域具有全国性重要影响并能代表本国参与国际竞争的主要城市，是一个国家综合实力最强、集聚辐射和带动能力最大的城市代表，通常是全国性或区域性的经济中心、政治中心、文化中心、科教中心和对外交往中心”[③]。国家中心城市定位对广州的发展提出了新要求，“广州要建设国家中心城市必须提升高端要素集聚、科技创新、文化引领和综合服务四大城市功能”[④]。在2010年7月《广东省建设文化强省规划纲要（2011—2020年）》所确定的广东省文化发展总体布局中，广州被赋予的责任是“发挥中心城市的文化引领和辐射作用，重点发展若干具有国际竞争力的

---

① 作者简介：丁玲，广州图书馆馆员。

② 广州“国家中心城市”定位首次明确提出是在2008年12月国务院批复通过的《珠江三角洲地区改革发展规划纲要（2008—2020年）》中。其后，2009年9月专家研讨会上公开的《广州城市总体发展战略规划（2010—2020）》（该规划尚未正式印发）以“实现国家中心城市的定位”作为未来广州城市总体发展战略目标之一；2010年2月，国家住房和城乡建设部发布的《全国城镇体系规划（草案）》也提出以北京、上海、天津、广州、重庆为国家中心城市的国家发展战略。

③ 此诠释出自2009年6月广州市委书记朱小丹“在广州市经济社会发展情况报告会”上作的《加快国家中心城市建设，全面提升广州科学发展实力》主题报告。

④ 此观点出自2009年7月广州市委书记朱小丹在广州市委九届七次全会第一次全体会议上的讲话。

大型文化传媒集团，建设具有国际一流水准的标志性文化设施和文化服务平台，努力建设成为带动全省、辐射全国、影响东南亚的文化自主创新中心、区域文化中心和国际文化名城”。由此可见，发挥“文化引领和辐射作用”，成为区域性乃至全国性的文化中心和国际文化名城，是国家中心城市定位对广州文化发展提出的要求。

党的十七大报告强调：“文化越来越成为民族凝聚力和创造力的重要源泉，越来越成为综合国力竞争的重要因素。”《广州城市总体发展战略规划（2010—2020）》指出：“文化传承是城市的灵魂。不论是何种城市，它的发展都是必须由文化来作为支撑。文化是城市的本质特质，是其他城市无可复制的竞争优势，城市的竞争归根结底是文化的竞争。”文化支撑城市的发展，是经济社会发展的精神动力、创造力之源泉。提升文化对经济社会发展的支撑力，是广州实现国家中心城市地位的又一发展需求。

2　国家中心城市图书馆定位对广州图书馆提出的发展要求

如前所述，发挥文化引领和辐射作用，扩大文化的国际影响力，支撑经济社会发展，提升城市的竞争力，是国家中心城市定位下广州文化发展的总体需求。图书馆事业作为公共文化服务体系的重要组成部分，应根据这一要求明确自身职责与功能：第一，积淀、传承和弘扬文化，促进文化交流，扩大广州文化的国际影响力，推动岭南文化繁荣发展；第二，为促进经济社会发展和满足市民精神文化需求提供知识信息服务。广州图书馆作为市中心图书馆，应从文献信息资源、环境氛围、服务组织、服务体系构建等方面着手改进，以保证这两个职能的实现。

2.1　建设适应国家中心城市文化发展需求的文献信息资源

馆藏是图书馆积淀、传承和弘扬文化的重要依托；提供知识服务，应以丰富的文献信息资源系统为支撑。广州图书馆一方面要加强地方文献等重点特色文献资源建设，以特色馆藏传承文化和促进文化交流；另一方面应通过文献服务传递知识信息，推动经济发展和社会进步。

2.1.1　以馆藏为依托，积淀、传承和弘扬文化，促进文化交流

1. 力求建设完备的广州文献馆藏，充分激发广州作为历史文化名城的活力和魅力，提高广州文化的感召力和影响力

根据《中华人民共和国文物保护法》，历史文化名城是指“保存文物特别丰富，具有重大历史文化价值和革命意义的城市”。国务院已审批的历史文化名城共有112个，广州是1982年经国务院批准的24个首批历史文化名城之一。在此基础上，《广州城市总体发展战略规划（2010—2020）》进一步提出了广州作为“世界文化名城”的定位：“充分发挥岭南文化的发源地、改革开放的策源地、国际交流活动的集聚地和国家历史文化名城的优势，弘扬历史文化，保护历史文化名城风貌，形成传统文化与现代文明交相辉映，具有高度包容性、多元化的世界文化名城。”该规划还将广州“从实力到魅力”的发展战略演绎为“建设文化名城”。

作为广州市中心图书馆，建设完备的广州文献馆藏，保存广州历史文化记录，是广州图书馆与生俱来、责无旁贷的使命。广州要发挥文化引领作用，扩大文化的影响力，建设文化名城，也依赖于历史文化资源的保护和传承。文献是广州历史文化、知识信息的载体，应成为广州图书馆完整入藏和存储的重点特色资源。

2. 发展岭南文化专藏，挖掘和整合岭南历史文化内涵

广州是华南地区中心城市，随着国家中心城市定位的确立，广州对华南地区发展的引领能力的积蓄，已成为国家发展战略的重要组成部分。自古以来，广州文化作为广府文化乃至岭南文化的代表，与其他临近地域文化在互为依存、渗透的关系中共同发展，共同造就了璀璨的岭南文化。广州图书馆在建设广州文献馆藏的同时，还应担负起积淀、挖掘和整合岭南历史文化的责任，使南中国这朵文化奇葩在世界舞台上展现其独特的魅力。

3. 发展多元文化馆藏，促进世界文化成果的交流

作为我国长期以来最重要的对外贸易交往中心之一和对外开放的主要门户，“开放”一直是影响广州城市地位的核心要素之一，也是广州发展的重要战略。

广州市委、市政府于2008年7月出台《中共广州市委、广州市人民政府关于推动广州科学发展建设全省“首善之区”的决定》，提出要拓展对外开放的广度和深度；《珠江三角洲地区改革发展规划纲要（2008—2020年）》提出要将广州“建成面向世界、服务全国的国际大都市”；《广州城市总体发展战略规划（2010—2020）》提出要使广州“成为世界范围内最重要的岭南文化交流中心”。

广州图书馆应适应广州面向世界的发展需求，发展多元文化馆藏，成为广州市民了解异域文化的窗口；适应世界人民了解岭南文化的需求，揭示岭南文化馆藏，成为世界的“岭南之窗”；以文献服务为基础，为国内各区域、各族文化以及中外文化之间的交流提供平台和空间，促进世界优秀文化成果的对话和共同发展。

2.1.2　建设保障和支撑地区经济社会发展及相关研究的文献信息资源系统

根据《广州城市总体发展战略规划（2010—2020）》中的统计分析，广州市经济增长的效益指标相对偏低，增长的资源环境成本偏高。与经济实力同处全国第一等级的上海、北京等城市相比，广州的发展相对粗放。工业综合经济效益指标为177.9，低于上海；经济发展的科技含量相对偏低，其中高新技术出口比重为18.12%，远远落后于天津的39%、北京的35%和上海的24%；经济发展的资源消耗偏高，其中万元能耗为0.75吨标煤，高于北京，万元电耗793千瓦时，高于北京、上海、天津，万元水耗21.3立方米，高于上海、北京。规划指出“经济增长外部效应的持续增大，使得广州必须转变思路，破除片面追求总量、速度的观念，从快速发展的做大做强阶段向集约发展的做优做美阶段转变”，并提出从制造到创造、从粗放到集约等六大战略。

提高经济增长效益，降低资源环境成本，创新经济发展模式，依赖于从观念到技术的革新。广州图书馆应为此革新作出努力：

1. 建设连续性、科学性的文献信息资源系统，保障和支撑经济社会发展研究

信息的占有量、信息的更新和处理速度以及信息的应用程度等对经济社会发展的影响越来越大。图书馆“对文献进行系统收集、加工、保管、传递，对文献中的知识或信息进行组织、整理、交流，以便用户能够从文献实体、书目信息及知识三个层面上获取它的资源。图书馆职业是以最大限度地促进人类知识的交流与利用为己任的职业”。广州图书馆应建设连续性、科学性的文献信息资源系统，通过加工、整合、传递信息，为用户节约获取和利用信息的时间和成本，为本地区经济社会发展研究提供保障和支撑。

2. 发展专业化、学科性馆藏，服务于人才专业技能和素养的提高

1996年，世界经济与合作发展组织（OECD）发表了题为“以知识为基础的经济”的报告。该报告将知识经济定义为建立在知识的生产、分配和使用之上的经济。知识和高素质

的人力资源是知识经济时代最为重要的资源。通过知识的复制和传递实现经济增长，一方面可以减少对资源的依赖，提高经济可持续增长的能力；另一方面还可以使教育融入经济活动过程，使知识更新和终身学习成为必要。

文献具有存储、积累、传递社会知识与信息的功能。图书馆收集、整理和保存文献，促进思想、知识、信息的交流，从而提高社会成员的知识信息水平，提高社会的科技水平和创新能力，促进经济发展与社会进步。

广州图书馆以面向大众的基本服务为特色和优势，而所谓大众，很大部分即为从事各行各业的劳动者。在社会分工日益细化的今天，人们需要具备专业技能、知识，并不断提高技能和更新知识体系。广州图书馆应当以促进市民大众终身学习，不断提高专业技能和素养为己任。

2.2　营造包容、和谐的人文环境和崇尚真知的理性氛围

2.2.1　适应广州建设、广州宜居城乡的“首善之区”的需求，创设包容、和谐的公共空间

《广州城市总体发展战略规划（2010—2020）》提出“从安居到宜居”的战略，指出“‘十一五’期间，在广州各项主要经济指标节节攀升的同时，主要的社会服务指标反倒不断下降，带来的后果就是城市的舒适度大幅下降”，“居住、环境、交通、社会服务是城市生活最重要的内容，宜居的内涵就是将这四大类关系处理好”。广州图书馆致力于满足公众的精神文化需求，创设包容、和谐的公共空间，为提高城市的宜居性作出应有的贡献。

在城市整体规划中，广州新图书馆所在地珠江新城是多元文化共存、传统与现代化生活相融合的充满生活气息和创新氛围的文化核心区中心之一，它作为现代服务业核心及市级公共中心的形象已基本凸显，同时它又是凸显广州作为我国当代改革开放前沿地的现代风貌区域之一。广州新图书馆将依托自身的规模、条件以及珠江新城的形象优势，打造面向世界的多元文化交流空间和平台，展现广州的开放与包容。

2.2.2　适应广州务实、开放的文化特质，孕育崇尚真知、致力创新的城市文化品格

城市文化是指城市主人在城市长期的发展历程中形成的思想、价值观、生活信念、行为规范等精神财富的总和。务实、开放可谓广州的城市文化特质。广州图书馆一方面应适应广州务实的文化特质，在为公众提升个人专业素养、技能提供知识服务的同时，致力于孕育崇尚真知的城市精神；另一方面，应适应广州灵活开放的文化特质，根据建设创新型城市的需要，营造鼓励创新的阅读和学习氛围，培养致力创新的城市文化品格，提升城市的活力和创造力。

2.3　构建富有活力的服务组织

人力资源队伍的活力往往来自以下三个方面：一是职业精神，二是明朗的职业发展前景，三是个人发展的愿望和鼓励个人发展的氛围和条件。广州图书馆服务组织要保持和提升活力，应作出以下努力：

2.3.1　塑造职业精神

职业精神是职业价值观、职业态度、使命感、职业道德等思想观念的集合。西方的现代图书馆职业深受资产阶级启蒙运动理性、秩序、科学、真理的价值观影响，“爱书，爱知识”是这种启蒙主义价值观在图书馆领域的表达。这是超越功利层面的职业价值观。中国近代图书馆事业是在“振兴教育、作育人才、开通民智”的舆论中发展起来的，“保存国粹，输入文明，开通智识”是清末许多公共图书馆的宗旨，它体现了当时图书馆人的历史

使命感。

对于图书馆员而言，跨越时代的职业价值观和响应时代需求的历史使命感缺一不可，后者往往是前者在特定时代的演绎。在“国家中心城市图书馆”的定位下，广州图书馆馆员应为完成这一定位所赋予的历史使命凝聚共识，同时，心中更要持有“爱书、爱知识”式的价值观，它们是驱动图书馆职业发展的最为可贵的永恒的精神动力。

2.3.2 职业发展研究

图书馆职业发展受到来自多方面的压力和冲击。物质利益的追求在一定程度上导致人文精神领地的萎缩，阅读在繁忙的都市生活中成为一种奢侈，图书馆难以从它的边缘化向人们靠得更近；网络技术的发展使人们的生活方式，如阅读方式，发生了很大改变，也使图书馆传统的知识信息服务方式面临严峻挑战。图书馆需加强对自身发展的研究并适时调整发展模式，才能满足、引领现时社会需求，实现使命和价值。广州图书馆作为国家中心城市图书馆，更应强化图书馆职业发展研究，为图书馆职业的与时俱进指引方向。

2.3.3 科学管理

科学管理的目标是提高人的劳动效能，图书馆科学管理的原则可归纳如下：第一，有计划地引进人才和培训馆员。第二，促进各岗位合理分工：一方面，图书馆员承担着信息资源管理者、信息分析与组织者、信息提供与传播者、信息利用的导航者、信息知识的培训者等多重角色，图书馆员需要具备图书馆学知识和其他学科的基础知识才能胜任；另一方面，明确的专业化分工也是职业发展所必需的，是职业发展成熟的表现。第三，建立科学的激励机制。第四，促进馆员和谐合作。科学管理鼓励个人发展，有助于创建富有活力的组织，提高工作效益。

2.4 引领公共图书馆及其服务体系的科学发展

2.4.1 适应新技术发展的服务范式

技术引领时代的发展。图书馆事业应关注技术变革，适时应用新技术来创新服务方式。广州图书馆作为国家中心城市图书馆，更应把握技术的发展趋势，不断创新和拓展服务，在区域公共图书馆中发挥模范作用。

2.4.2 引领广东建设全国公共图书馆服务示范区

当前广东省文化事业投入整体不足。根据2009年12月广东省文化厅公布的一组数据可知，2008年，广东省文化事业费总额居全国首位，但在人均指标上，却明显落后于兄弟省（市），在全国的排位逐年退后。例如，2006年我省人均文化事业费居全国第八位，2007年退居第十位，2008年退居第十二位；我省文化事业费占财政总支出的比重也逐年下降，2006—2008年分别为0.6%、0.55%、0.54%；文化事业费增幅更是远远落后于兄弟省（市），居全国倒数第六位。

根据广东省文化厅同时公布的另一组数据可知，2008年，广东省公共图书馆总藏量3 995万册，落后于上海（6 394万册），居全国第二；但是县级以上公共图书馆人均购书费落后于上海、天津、北京、浙江，居全国第五。深圳市公共图书馆人均购书费4.94元，居全省首位，但仅相当于上海市的65%；广州市公共图书馆人均购书费1.82元，居全省第二，但落后于上海、天津、北京。全省人均拥有公共图书馆藏书量落后于上海、天津、宁夏、北京、青海等省市，仅居全国第十位。广州市人均拥有公共图书馆藏书居全省首位，但落后于上海、天津，仅相当于上海市的26.5%。由此可见，虽然广东省公共图书馆总藏书量居全国前列，但人均购书费和人均藏书量远远落后于兄弟省（市）。

《广东省建设文化强省规划纲要（2011—2020年)》已明确提出建设“全国公共文化建设示范区”的发展方向，为贯彻落实该规划纲要制定的《广东文化强省建设十项工程》也将“实施公共文化服务体系建设工程”列入其中。文化部正在编制的全国公共图书馆“十二五”规划也拟提出建设百家公共图书馆服务示范工程。在此大背景下，广州图书馆作为国家中心城市图书馆，应响应和落实国家、省市的文化建设目标，积极引领广东建设全国公共图书馆服务示范区。

参考文献

[1] 于良芝. 图书馆学导论［M］. 北京：科学出版社，2003

[2] 张树华，张久珍. 20世纪以来中国的图书馆事业［M］. 北京：北京大学出版社，2008

[3] 吴慰慈. 图书馆学基础［M］. 北京：高等教育出版社，2004

[4] 从全国水平看我省文化事业投入情况［EB/OL］. http：//www. gdwht. gov. cn/shownews. php? BAS_ ID =23165，2009 -12 -03

[5] 2008年我省人均拥有公共图书馆藏书量居全国第十位［EB/OL］. http：//www. gdwht. gov. cn/shownews. php? BAS_ ID =23171，2009 -12 -03

构建广佛区域图书馆服务体系的思考

颜运梅①

（广州图书馆　510055）

摘　要： 广佛地域相连，文化同根同源。构建广佛区域图书馆服务体系，必须由政府主导，立法保障；错位发展，优势互补；建立区域图书馆协调机制，推进文化基础设施共享，推动广佛公共图书馆文献资源共建和服务协作；联合服务，实现“一卡通”；设立自助图书馆服务机等，共同建设广佛都市圈优秀文化。

关键词： 广佛同城　区域图书馆　一卡通　自助图书馆

广州和佛山自古一家亲，同根同源，有很深的历史渊源和血脉联系。地理相连，语言相通，两地文化的根都是广府文化。广佛之间的经济、文化和人脉联系的亲密性是别的地方不可比拟的。

广佛同城，文化先行。建设广佛都市圈文化，需要抓好社区文化建设，改善区域公共文化基础设施与乡村文化设施网络，建设以城市大型图书馆为中心的星罗棋布的图书馆或阅览点网络。图书馆担负着提高市民的知识素养，塑造市民的道德情操，促进城市文明建设的重任。它是各种信息的集散地，为市民提供学习阅读、文化休闲的同时，又向市民传播大量的有价值的信息，为振兴广佛都市圈文化经济提供了知识源。

广佛同城背景下，构建广佛公共图书馆服务体系是一个值得探究的问题。广佛两地政府应该共同致力于建立图书馆法治体系，建立区域文化发展协调机制，推进文化基础设施共享，推动广佛公共图书馆文献资源共建和服务协作。推进同城化文化信息资源共享工程，创新公共文化服务方式，适应广佛都市圈市民多方面、多层次、多样化的文化需求，拓宽服务领域，提高服务质量。

1　政府主导，立法保障

广佛同城化，重要的是规则一体化，制度一体化，广佛同城化离不开法制保障。双方要加强交流与合作，共同加强广佛同城化中重大、紧迫问题的制度建设，清理阻碍同城化的规章和文件，建立制度建设协调、对接机制和行政执法协调合作等机制，为广佛同城化创造良好的法制环境，提供法制保障，共同建设广佛都市圈文化。同样，建设广佛图书馆服务体系，也离不开法制的保障。

广佛两地政府应该共同致力于建立图书馆法治体系，创新管理体制和运行机制，以法律的形式规范广佛两地数字图书馆建设、文化信息资源共享工程基层点建设、公共文化服务体系建设。构建一个结构合理、发展平衡、网络健全、运营高效、服务优秀的覆盖广佛都市圈

---

① 作者简介：颜运梅，广州图书馆工作人员。

的图书馆区域文化服务体系，就需要广佛两市政府对图书馆服务机制、服务设施、服务机构、队伍建设在数量及种类上进行统筹规划和系统建设。

政府主动担当主角，抓机制，抓保障，抓推进。致力于建设“政府主导、多级投入、集中管理、资源共享”为主要特点的区域图书馆服务体系，广佛两地各类型图书馆也可根据相关法律法规和政策规定制定文献资源共享规章制度、政策指引和馆际合作资源共享的协议文本，规范文献资源共享工作，使之有章可循，有法可依。以法律形式推进文化基础设施共享，推动广佛公共图书馆文献资源共建和服务协作，并提供相应的行政及经费支持，为广佛两地城乡居民提供优质、免费、全覆盖的文化服务。

2 建立区域图书馆协调机制

广佛两地应建立区域图书馆协调机制，图书馆之间建立文献资源共享协作委员会，统一管理和协调各系统图书馆的馆际合作和资源共享，定期召开会议研究文献，共建共享协作事宜，并指派专门机构负责双方的日常联络工作。建立区域图书馆协调机制，有利于克服区域内图书馆的分散、多头领导等问题，突破文化发展各自为政的格局，打破条块分割、缓慢发展的格局，让区域图书馆的整体优势得以充分发挥；有利于区域内图书馆建设的方针、政策、规划、工作的规范化和标准化、规章制度等的制定，充分发挥各馆的财力、人力、信息资源、技术力量等各方面优势，推进文化基础设施共享，推动广佛公共图书馆文献资源共建和服务协作。

建立健全、科学、合理的馆际合作与资源共享的机制，加强两市图书馆事业宏观规划；加快图书馆数字化、网络化、社会化发展，建立健全馆际之间的技术协调和保障机制；加强沟通，共同解决难题，不断提高服务效率和效益，建设广佛都市圈文化，同时应坚持以人为本，保障和实现市民的基本文化权益，使广大市民共享文化发展成果，为构建广佛都市圈和谐社会提供精神支撑和文化条件。

任何市民若有需要，无论其是否为该馆或其他图书馆的读者或非读者，两市的公共图书馆都有义务为其提供文献资源服务。这应该成为各级公共图书馆系统的服务的最高准则，也是跨系统图书馆资源共享的奠基石。在此基础上，逐步建立以政府支持为主、以市图书馆为核心、以文献资源利用为目的的馆际合作和资源共享体系。

3 联合服务，实现“一卡通”

构建广佛两地区域图书馆服务体系，应把区域内各类型图书馆紧密地联合起来，形成一个有机体，并向社会开放，保障全体社会成员普遍、均等地享有图书馆服务；把分散的信息资源有效地组织起来，形成巨大的社会信息库，在区域性跨系统文献资源共享服务体系的基础上，利用原有各系统的全国性甚至国际性文献资源协作网，基于自愿、平等、互惠之原则，构建广佛文献资源共享体系，实现广佛图书馆之间的“一卡通”，最大限度地满足广大市民的文献信息需要。广佛两地分步推进佛山市联合图书馆“一卡通”证与广州主要图书馆读者证的互认。区域内开通“一卡通”服务，作为通用借阅证，开展通用阅览、网上预约、送书上门、联合咨询等服务。

各图书馆之间必须联合起来，形成互为联系的有机整体。通过图书馆的信息资源、业务流程、门户网站和用户服务等方面的集成，为用户提供区域内的通借通还、统一的用户界面和共同的检索方法，在任何一个界面和检索入口都能检索到同一主题的完整信息；同时，还应大力推动区域图书馆信息服务功能的延伸、服务内容的增加、服务手段的多样化、服务范围的扩大，从而提高图书馆的整体服务质量。

2004 年 6 月，佛山市图书馆提出了旨在"整合全市图书馆资源，搭建覆盖全城、服务全民的文献信息资源共享网络和服务体系，保障市民享受到更加充分和平等的文化权利"的《佛山市联合图书馆实施方案》。2007 年底，佛山市联合图书馆在市区图书馆之间实现"一卡通"借阅证。2009 年更是实现了数字资源共享的"一卡通"增值服务，在搭建图书馆文献资源共享平台方面，走在了全省的前面。目前，佛山市联合图书馆的成员馆已有 18 家，佛山五区中只有顺德还没有加入佛山市联合图书馆，但是顺德在区内也开通了联合图书系统。

广州目前暂未实现"一卡通"服务。因此，广州应该加大力度，推进图书馆"一卡通"服务。除了通借通还，广佛市民凭卡还可以享受电话续借、书刊阅览、网上续借、网上预约、书目查询和访问数字图书馆资源、享受文献传递等服务，最大限度地扩大资源的受众面。

就"一卡通"而言，各馆除了需要具备一定的网络条件之外，还要整合各馆读者信息内容，统一数据格式。管理系统也要兼容或一致，书目数据格式要规范统一或兼容，信息安全要有保障，对读者隐私保护和系统安全进行沟通与协调。因此，在文献资源共享理念、法治和管理体制建立起来以后，就要进一步改善各图书馆设施和技术条件，打造馆际合作与资源共享的技术平台。

4　自助图书馆服务

在广佛两地的社区、工业区、地铁、轻轨沿线站点及大型商场等公共场所设置自助图书馆服务机，市民可以便捷地在自助图书馆借阅图书，这充分体现公共文化的均等性。图书馆想方设法辐射更大的范围、更多的人群。"让图书馆在每个人身边!"——让市民更方便地享受到优质的公共文化服务。

自助图书馆是构建公共图书馆服务体系，是倡导"同城生活、同城便利"的一大举措。自助图书馆把图书借阅服务送到社区和市民家门口，给市民提供非常实用的、非常人性化的公共文化服务产品，对进一步推进全民阅读，体现文化发展的均衡性、公平性具有十分重要的意义。

5　错位发展优势互补

广佛文化同城化的方针为"错位发展、资源共享、优势互补、合作共赢"。广佛同城化其含义是指：第一，通过资源配置起到 1 + 1 > 2 的作用，提高区域竞争能力；第二，有利于两地老百姓的生活，拥有更多的资源、更加的方便。同城化不是同等化，差异依然存在。

在文献资源建设中，要重视特色文献建设、地方文献建设，特别是地方非正式出版物的建设，成为各个图书馆的特色馆藏。不能仅仅满足于馆藏文献资源的"大而全"、"小而全"，要有全局观念，树立文献资源大一统的资源共享观念，用最少的钱满足最多的需要，要“多、快、好、省”，要从方便读者、节省资源的角度开展文献资源建设活动，实现全市文献资源的共建共享，最大限度地满足读者的文献信息需要。

佛山在馆藏方面不必跟广州看齐，不要求高求大求全。图书馆资源方面，资源丰富的广州各图书馆与佛山市以及其下属区、县图书馆合作要具体化，在纸质文本的借阅上要方便佛山群众。佛山公共图书馆系统今后将建设本地区特色的文献资源体系，重点加大地方特色数据库建设，从而逐步形成与广州公共图书馆资源的错位发展，优势互补。广州各大型图书馆也应采购大量的各类数据库，若能实现资源的协调采购、共建共享，将有利于节省各馆采购经费、提高资金使用效率。

佛山在剪纸、陶瓷、粤剧、武术等方面树立了自己的文化品牌。广佛两地可以合作开展“口述历史”系列数据库的建设。广佛地域相连、文化同根同源，合作开展“口述历史”之粤剧、地方民俗、民间艺术等数据库的建设，可以更好地挖掘、保护和宣传广府文化。

广佛两地还可以通过加强图书出版、学术研讨和社团交流等方面的合作，共同推进广州佛山两地图书馆的发展。图书馆界可以共同引进和举办文物美术等各类专题展览，共同协办各类大型重点文化活动，充分发挥文化活动的品牌效应，提升各地文化发展的整体水平。同时，佛山也可以利用广州国际大都市的地位，扩大佛山陶艺、武术等文化品牌在全国乃至世界的影响力。

6 共享数字资源

建设广佛区域图书馆服务体系，必须更新观念。政府、图书馆和读者都要重视数字资源共享，要达成文献资源共建共享之共识，并将此共识作为政府管理图书馆事业、图书馆开展业务工作和读者利用文献资源的行动指南。

广佛政府要大力推进两地公共文化服务一体化进程，建设地方文献资源共建共享和“数字图书馆联盟”平台，建设区域高新技术产业专题信息门户和市民学习网，以及开展电子文献联合采购、实行区域图书网“一卡通”服务等措施。通过现代化的网络服务手段和远程教育技术，向市民提供公益性、全开放、多媒体远程网络学习平台。届时，读者凭借书证就可以在网上借阅省、市、县（区）公共图书馆的数字资源。

目前，图书馆大多依托馆藏数字文献资源开展电子文献传递和网上联合参考咨询活动，取得了引人注目的成绩。广东省立中山图书馆采用引进、集成、整合等方法，在较短时间内建成国内最大的中文数字图书馆资源库群（即广东数字图书馆），实现了海量数字化资源的异构平台跨库检索；建立了联合参考咨询网，与全国各地公共图书馆合作，以数字图书馆馆藏资源为基础，以因特网的丰富信息资源和各种信息搜寻技术为依托，为社会提供免费的网上参考咨询和文献远程传递服务。建立了全国文化信息资源共享工程省市分中心，采用现代信息技术，对文化信息资源进行数字化加工和整合，通过网络最大限度地为社会公众提供文化信息服务，为广大市民开辟了一个不受地域、时空限制的崭新的文化传播渠道。

建设广佛区域图书馆服务体系，共享数字文化信息资源，打破现行图书馆管理体制的限制，让读者凭借书证就可以在网上借阅广佛公共图书馆数字图书，查阅各馆的馆藏和文献书籍。广佛两市要加强图书馆信息网络的标准化、规范化工作，推广使用有关图书馆自动化的国家标准和行业标准，大力建设网络服务平台，建立和完善文献信息网络服务体系，为建立网络信息资源共建共享工程建设奠定技术基础。以省、市图书馆为龙头，打造区域性文献信息资源的信息中心和枢纽，逐步建立多个市级分中心网络，为基层信息网点提供全方位的信息服务。以市公共图书馆馆际合作和资源共享协作网为中心，联合市属高校系统图书馆、科技系统图书馆和其他系统图书馆，构建相对紧密型的区域性跨系统的文献资源共享服务体系。

参考文献

[1] 区旭坤，庾凯卫．广佛都市圈文化建设的探讨［J］．科技创新导报，2009（36）

[2] 黄志云．珠江三角洲城市文化论［M］．广州：广东人民出版社，2004

[3] 周薇．广东建设文化大省的理论与战略［M］．广州：广东人民出版社，2006

[4] 谈锦钊．广佛都市圈：城市区域合作的探讨［J］．青岛科技大学学报，2009（1）

[5] 罗艾桦，史伟宗．珠三角一体化迈出可喜第一步——广佛正式签署同城化建设合作框架协议［N/OL］．人民网，2009－03－20．［2010－07－27］．http：//gd. people. com. cn/GB/123935/123955/8996906. html

[6] 肖欢欢．读者证最快年底前互认，广佛今后或联合申报非遗［N/OL］．新民网，2009－08－04．［2010－07－27］．http：//news. xinmin. cn/rollnews/2009/08/04/2334427. html

论公共文化服务体系
——区县图书馆建设

李 阳[①]
（广州图书馆 510055）

摘 要： 文章围绕公共文化服务体系建设进行阐述，探讨区县公共图书馆发展中存在的问题，就图书馆服务理念、内容、形式、活动、资源等方面提出建议。

关键词： 图书馆 服务体系 区县 建设

发展公共文化服务体系，保障人民基本文化权益，是公共图书馆的职责所在。广州市区县公共图书馆作为公益性公共文化服务事业机构，在各级政府的重视和支持下，形成了一定规模，取得了较好的成绩，在构建公共文化服务体系中发挥了积极的作用。对照《广州市贯彻〈中共中央办公厅、国务院办公厅关于加强公共文化服务体系建设的若干意见〉的实施意见》，广州市区县公共图书馆还存在一些问题需要改进，为区县图书馆事业更上一层楼而努力。

1 区县公共图书馆情况及存在的问题

1.1 图书馆发展均衡性有待改善

广州市公共图书馆事业得到较快发展，但各馆之间的办馆条件如面积、经费、藏书、人员等方面还存在差异，呈现出市属区县图书馆事业地区之间发展的不平衡。强调包括图书馆在内的公共文化服务均衡化，是事业健康正常发展的需要，但要达到这一目标，在短期内不是一下子可以实现的，而应该是今后努力的一个方向。目前广州有 12 个区县公共图书馆（其中增城、从化 2 个县级市馆），广州市区县公共图书馆馆舍建筑面积 11.43 万平方米，阅览座位 7 366 个。较大的增城（3.28 万平方米）、从化（1.2 万平方米）图书馆新馆近期将落成投入使用。市属区县公共图书馆运营费约为 5 925 万元，购书费 592 万元；借书证 27.3 万个；2009 年进馆读者 491 万人次。2009 年由文化部组织的全国第四次公共图书馆评估定级中，广州市区县公共图书馆全部达到国家一级馆。广州市属区县级公共图书馆在编聘用 231 人，其中大专以上 191 人，副研究馆员职称 6 人。但有的馆专业技术职称比例偏低，如有的区馆高级职称只有 2 人，有的馆 15 人中只有中级职称 2 人。评估标准要求广州市一级区馆面积达到 4 000 平方米以上。随着事业的发展和业务的拓宽，将来区馆面积的要求还会有所提高。而现有的部分老城区图书馆要重建扩大面积存在困难，发展空间受到制约。现在广州市区馆最小的馆舍建筑面积仅 4 000 平方米，与最大的馆 3 万平方米相比，图书馆之间存在明显差距。

---

① 作者简介：李阳，副研究馆员，广州市图书馆学会副秘书长，已公开发表专业论文 29 篇。

图书馆分布多集中在市中心，存在偏远地区利用图书馆不方便的问题，需要通过联合办馆、开设图书馆分馆、馆外流通点、加强网上服务等形式解决，改善图书馆布局的合理性。

区县公共图书馆人员编制紧缺成为普遍性，有的上万平方米的图书馆只有工作人员 20 多人（其中在编 15 人），编制、人力资源问题已上升为区县公共图书馆的主要矛盾之一。有的区县明确表示，虽然新馆增加了面积，但编制增加有限或者不增加，只给一定资金作为聘请部分编外员工使用，这势必影响队伍的稳定性。在增加编制困难的情况下，争取上级职能部门给予配置部分临工成为当务之急。另外，街镇一级图书馆管理人员流动性大、兼职人员多影响了服务质量。

1.2　藏书数量、种类不够

据统计，2009 年广州市属区县公共图书馆馆藏图书 402 万册，期刊 6 787 种，报纸 1 630种。每个区县馆藏书量在 30 万册左右，其中较多藏书的是番禺区馆（49 万册）、越秀区馆（47 万册），而较少的馆只有 10 多万册。年购新书共 15.6 万册，区县馆购书费一般在 50 万元，其中购书费较多的是番禺区馆（105 万元），但有的馆购书费只有 10 多万元，各馆购书费相差较大。

国际图联提出图书馆人均藏书量最少 3 册，全国文明城市指标中人均拥有藏书量需达到 1.6 册。广州市户籍人口 773 万，流动人口 589 万。按广州常住人口 1 004 万人，广州地区公共图书馆（区级馆以上公共图书馆，包括省中山图书馆、省科技图书馆）藏书 1 772 万册计算，广州地区人均拥有公共图书馆藏书为 1.76 册，可见，包括区县公共图书馆在内的馆藏图书数量与发达地区图书馆相比还存在差距。

藏书以文学、科普读物为主，还有地方文献等。但藏书种类还不够丰富，特色不够明显。在图书馆新馆增加面积开馆后，藏书数量与质量问题将显得更加突出。

1.3　电子资源、专题数据库需加强充实

由于受到购书费紧缺的制约，区县图书馆馆藏电子资源较少，各馆的电子资源还不能适应广大读者日益增加的需求，DVD 光盘等电子文献数量不够。特色资源库欠缺，专题数据库制作能力有限，并存在边远地区“信息贫困”的现象。

1.4　服务手段有待丰富

区县公共图书馆开展的读者服务虽有书刊借阅、信息咨询、课题检索、决策参考等，并在网上提供读者指南、书目查询、预约续借、电子图书借阅、参考咨询、移动短信等服务，但服务手段还需加强，离社会大众需求还有一定差距。

2009 年区县图书馆共外借图书 244 万册次，各馆存在差距，有的馆外借册次偏少。图书馆如何适应互联网的挑战，通过提升技术含量、增强资源优势、提高服务手段等吸引更多读者到图书馆借阅图书，如何通过设立分馆、流通点增加借书量等问题还有待进一步研究解决。

广州市属区县图书馆现有分馆 113 个，图书流通点 206 个。建立了海珠区图书馆土华分馆、越秀区图书馆人民分馆、荔湾区图书馆西塱分馆等一大批分馆。但有的区县公共图书馆分馆、流通点的建设还没有形成规模，数量也较少。有的区县公共图书馆流通点有 30 多个，但有的馆还缺乏固定流通点。

1.5　共享工程要向广度和深度扩展

广州市全国文化信息资源共享工程，是以广州图书馆为广州市支中心，各区县公共图书馆为区县支中心，街镇图书馆、社区、村文化室为基层服务点，形成网络电子资源信息服

务。共享工程服务网络覆盖已经形成，全市建立广州图书馆市级支中心1个，市少儿馆支中心1个，区县级支中心12个，街镇基层服务点165个。区县支中心负责与广州市支中心、市支中心负责与省分中心联络协调。各地以图书馆作为共享工程支中心，街镇为基层服务点形成网络开展信息资源服务。支中心实施共享工程网络建设和技术支持，资源管理、数据传输、服务等方面取得成效。

但共享工程支中心、基层服务点还存在经费、设备等问题。共享工程支中心，有的馆电脑设备需要更新，软、硬件基础设施建设需要改善，多媒体阅览室电脑设备配置较低。服务器存储空间不够，不利于为读者提供海量的数字资源服务。基层服务点基础设施配套不够完善，影响共享工程实用效果。日常运行经费短缺，基层服务点经费缺位，专项经费不足，用于建设方面的财力薄弱。资源总量不足，服务方式不够丰富。

2　对区县公共图书馆建设的建议

2.1　更新观念，改革创新

加强创新意识，提升办馆效益。重建核心价值观，将图书馆信息资源优势发挥出来。加强公共图书馆事业的均衡发展，在体制、机制上进行改革创新，为发展区县公共图书馆事业创造有利条件。要以科学发展观为指导，确立公平服务理念为基本原则，以保障读者的文化权益为目标。图书馆在抓好传统服务的基础上，努力开拓服务资源，扩大服务范围。开展承诺服务，提升图书馆文明形象。加强公益性原则，将图书馆服务工作重心下移，立足基层、面向群众，以满足人民群众日益增长的精神文化需求，更好地保障人民群众的文化权益。强调信息公平，为读者提供全方位、多功能、自助型、无障碍、开放式的服务。

加强延伸服务。以广州市、区县、街镇、社区和村四级公共图书馆及馆外服务点和数字网络为基础，建立图书馆服务网点覆盖全市，形成服务全民、互通互联、资源共享的服务网络。扩大建立区县公共图书馆分馆、图书借阅流通点，加快再建一批藏书在5 000册、面积200平方米以上的区级图书馆分馆。制定分馆奖励机制，吸收社会赞助组成奖励基金，对每建一个分馆给予奖励。将图书流通服务点覆盖到街道、企业、社区、农村、学校各个角落，加强集体外借服务。区县公共图书馆与分馆联网，开展图书通借通还，持有区县图书馆借书证的读者，也可以在分馆中借还图书。提高图书利用率，为社区居民群众和外来人员借阅图书提供方便。同时区县馆与分馆一起开展各项读书活动。采取定期与不定期的服务方式，积极开展送书进军营、送书进社区、送书进校园等图书流动服务。服务工作贴近居民、融入生活，对辖区居民形成强有力的文化辐射。加强送书下乡活动。加强与部队联系提供优质服务，开展送书到军营活动。

抓好人力资源建设。从人员的数量和质量着手，针对人力资源紧缺的状况，争取上级职能部门支持增加配置在编或编外工作人员外，还要与当地共青团、学校等社会团体、组织机构合作，组成相对稳定的图书馆志愿者队伍，承担图书馆上架、整理、引导等辅助性工作。争取专项管理经费，将图书馆一些业务外包出去。提高图书馆人员素质，注重图书馆人员专业技能培养，提高服务意识与水平。新老结合互相促进，发挥老员工的经验、技能、应变能力和新员工的知识水平。在职培训与积极引进人才两手抓，使图书馆人员层次有较大的提高。抓好员工职业道德教育，规范工作流程，进行业务架构重组。

2.2 注重政府责任，优化治理结构

在图书馆治理中注重政府的责任。为优化图书馆治理结构提供相关政策支持，加快《广州市图书馆条例》立法进程，拟出区县公共图书馆运行长效的财政支撑。早日解决图书馆发展“立法缺位”的后顾之忧，确保图书馆的行为有法律依据，摒弃图书馆决策的随意性，实现图书馆事业的可持续发展。图书馆法要有可操作性，对具体内容加以数字化表述。为适应读者日益增加的阅读需求，要随着经济的发展不断加大政府对购书经费的投入，提高藏书量和图书复本率。及时调整藏书结构，降低拒借率。加强政府在图书馆事业上的制度保障，要保证各级图书馆日常经费与专项资金。加强市、区县、街镇三级财政经费投入力度，争取将街镇、社区、村基层图书馆经费列入区县年度财政预算，以保障公共文化服务体系建设的后劲。实施加快推进基层文化服务体系建设，加强街镇、社区、村综合文化站图书室建设，扶持农家书屋等重点文化惠农工程。将公共文化服务体系图书馆建设作为当地政府领导绩效考核的重要内容之一。

在现有条件下要完全满足图书馆的经费要求可以说是一种奢望。因此，应给予相关政策支持图书馆开展有限的经营活动，以补充事业经费的不足。可采取政府购买服务的方式，由上一级政府职能部门长期或不定期给予专项资金委托图书馆开展某一专项业务，或租用图书馆的会议厅等场所，或给一笔专题信息编辑费等。资金到图书馆账户以补充图书馆部分员工福利、业务开支，资金不到账以图书馆开展读者活动实报实销两种形式相结合。中央《关于调整经济结构促进持续发展的几个问题》中提及文化产业是现代服务业的重要组成部分。在经济复苏中，发展文化产业将丰富人民群众精神文化生活，为调整经济结构、促进发展作出贡献。在深化文化体制改革、构建公共文化服务体系中，大力发展文化创意、出版发行、影视、演艺娱乐、动漫等文化产业，促进社会主义文化大发展、大繁荣，以满足人民群众日益增长的精神文化需求，增强中华文化在国际上的影响力。因此，建议政府给予政策支持，在图书馆提供文化产业的场所、平台，如开设动漫展销区、字画拍卖场、音像制作工作坊、图书直销部、文化书吧、IT 体验区、升学留学代办处、岗位就业培训等，抓住发展机遇补充事业经费不足。

加强流动服务。充分发挥图书馆社会效益，配置专用流动图书车。区县馆现有黄埔等图书馆配置了专用流动图书车，而大部分馆还没有汽车图书馆，要创造条件配置完善。流动图书车上配备可上网的手提电脑，利用 VPN 技术与总馆实现通借通还，推行“总馆 + 分馆 + 流动图书车”的新服务模式。实施图书馆流动“定时定点，一线多点”的服务方式，将服务点分布在乡镇、街道、社区、农村、部队、住宅小区、劳教所、医院等领域。拨出专款给区县图书馆配备专用流动图书车，对已有流动图书车的馆给予专项补贴。如果全面铺开有困难，可以按优先次序逐步实施，先对居民人口比较分散的区县配置流动图书车。让图书馆在全市各个角落“流动”起来，通过“流动 + 分馆”的模式，实现“图书馆就在你身边”的梦想。

2.3 实现多元文化，拓宽服务

拓宽服务手段，实现内容更加多元化。开展专题图书推介服务、导读服务、专题辅导等。加强便民服务，在时间、资源、环境、设备上提供便利。在做好基础业务工作的同时，注重专题图书推介工作。设立专题阅览室、老人阅览室、专家研究室、活动工作坊，配合广州亚运会、世界读书日等重大事件，及时补充相关主题的新书。加强图书馆为当地经济服务的功能，提升图书馆为经济增长的贡献度，提供企业咨询检索跟踪服务。开展视听资料外借

服务，丰富视听资料内容与载体。开展集体书刊外借、光盘检索、信息服务等。加强图书馆的亲和力和吸引力，使读者愿意在图书馆逗留。推广短信服务平台，实施手机短信续借、馆内活动通告、图书到期提示等。

创新借阅方式，除传统的纸质图书的借阅外，加强电子图书外借、网上阅读活动。开展移动阅读，提供新型的阅读、借阅方式。广州图书馆利用广州金蟾软件公司赠送的48台移动阅读器和一套移动数字阅读管理平台，推出电子阅读器外借服务。电子阅读器内存近10种报纸、100种期刊、100册漫画以及近1 000册电子图书。读者凭身份证办理外借电子阅读器，即可使用移动阅读器内存储的数字资源，让阅读变得更加便捷。推行读者IC卡，根据个人需要开通各种服务，享受外借书刊、影碟、自学、短信等多种服务，建立“24小时便民还书箱”、自助借还系统。编印信息刊物，加强政府参谋功能，为企业出谋划策，为市民生活提供资信服务。

文献信息是图书馆生存和发展的重要因素，在资源建设方面各馆要注意发挥本馆特点。例如，越秀区图书馆在文献资源建设上注重突出“教育图书馆”特点，全方位收集从幼儿教育、基础教育到大学教育各教育阶段、各教育专科门类优秀的教学、教辅资料，为读者提供以教育为主题的图书、报纸、期刊、音像资料、电子资源的一站式服务。使读者能够享受到丰富、多样、齐全的教育信息资源，形成跨系统、资源深加工、外购数字资源、光盘刻录配送等运营模式。

加快图书通借通还实施进程，突破区县图书馆受场地、馆藏的制约，推进读者服务。争取“通借通还”项目启动资金，用于数据合并、VPN设备采购、系统升级等。项目实施采取先试点再扩大，先点对点再全面铺开的形式，形成全市范围的资源共享格局。广州图书馆在2010年8月开通与白云区图书馆图书“通借通还”，这种遇到新开业务或难点问题，采取先行一步试点探索的做法值得参考借鉴。可以说，在全市范围内，甚至广州与佛山地区图书馆之间开展图书“通借通还”并没有技术问题。长期以来，图书馆条块分割、财政分灶吃饭的现状阻碍了图书馆的合作与资源的有效利用，今后这一问题需要加以研究探讨。

提升区县公共图书馆地位。将图书馆作为当地政府宣传经济、文化的一个重要窗口，在图书馆设置展示模型、会议中心。

2.4　推广阅读，打造讲座品牌

阅读推广活动重点在青少年中展开，与中小学密切配合，开展少儿特色主题活动。在社区、学校、流动书车基层服务点中开展阅读推广活动；开展未成年人社会教育阅读活动，增长知识和增强社会责任感；到社区、基层免费播放数字电影，组织面向广大青少年，以提高知识层面为目的的各种寓教于乐的活动，在节假日、寒暑假播放专题影片。

形成讲座“品牌效应”。重点加强为读者开设的知识讲座活动，强化图书馆参与社会文化活动。以组织公共文化公益讲座为特色，建立一批如海珠区馆“街坊讲坛”、越秀区馆“岭南大讲坛”、荔湾区馆“传承粤剧粤曲艺术论坛”、番禺区馆“番禺百家讲坛”等受到市民欢迎、具有本地文化特色的区县公共图书馆品牌讲座。将市委宣传部主办的“羊城学堂”下放到区县公共图书馆轮流举办。公益讲座还可以以网上直播的方式互相传送、交换，利用互联网、电脑和投影仪在不同地方组织读者进行交叉同步实时收看。开设视频讲座同步远程传播服务，利用广州图书馆承办的“羊城学堂”实时传播系统，构成基层服务点的系列讲座。

为老年人、未成年人、农民工举办免费计算机等知识培训班，为困难家庭子女举办国画、国学、英文等培训班，开办作业辅导补习班。

2.5 建设网络传输和共享工程

搞好图书馆自动化、网络化、数字化建设，加强共享工程支中心、基层服务点各项工作，是构建公共文化服务体系的重要内容。加强发挥12个区县支中心的业务、技术指导作用，对全市街镇、社区、村2 143个基层服务点进行协调和指导。利用图书馆网站加强宣传与服务，包括文献信息查询、检索、预约、续借、电子图书借阅、在线咨询等远程服务。凡持有图书馆证的读者，在任何时候、任何地点，登录区县公共图书馆网站，都可以检索相关数字资源原文，借阅电子图书，享受数字化服务的便利。在广州图书馆的统一协调下，建设一批具有地方特色的区县公共图书馆专题资源库。

加强文化信息资源共享工程重心下移，立足基层，面向群众。以社区和农村为重点，加强基层文化建设，健全公共文化服务体系。开展文化信息特色服务，消除数字鸿沟，服务更加平民化，尤其是为弱势群体服务。加强盲人电子阅览室的管理与利用，开展形式多样的盲人服务，借阅盲文图书和有声读物，免费向盲人和残疾人开放。加强网络服务、文化活动。增加互联网的出口带宽，积极做好资源查询、资源传递等服务工作。各街镇文化站图书室与上级图书馆联网，利用上一级中心的丰富资源，发挥区位与地域优势。文化信息资源以光盘和网上传递的形式结合，充实电子信息服务功能。

2.6 实现“广佛同城”，共谋发展

结合广州市政府《广佛同城化发展规划》的要求，在“广佛同城”的框架下开展区域之间的图书馆协作协调活动，促进广佛两地图书馆界的合作与交流。在广州市属区县公共图书馆与佛山地区图书馆之间实施对口交流，采取馆员互换、业务交流、对等考察、资源共享、互相联网、图书互借等形式。在现时两地广州图书馆、佛山图书馆、区级图书馆都在建或将建新馆的背景下，共同举办新馆建设、机制创新、服务新模式等主题学术沙龙。构建广佛同城框架下的区域图书馆服务体系建设，推动两地图书馆事业的良性循环。广州、佛山市图书馆学会共同举办2010年年会暨学术研讨会，这是一次有益的尝试。

参考文献

[1] 蒋永福．公共图书馆治理中的政府责任［J］．图书馆论坛，2009（6）：52，79～82

[2] 李东来，冯玲．区域图书馆整体协同发展的实现路径研究［J］．图书与情报，2009（6）：1～7

[3] 李阳．论图书馆与经济复苏［J］．公共图书馆，2010（1）：9～13

广佛两地共建共享地方文献数字图书馆的探索

张志松[①]

（荔湾区图书馆　510176）

摘　要：在倡导区域一体化建设的今天，“广佛同城”，是对未来珠三角区域一体化的先行先试。如何根据两地地方文献的特点，将那些具有浓郁地方特色的信息资源实现跨地域的资源共享，是摆在图书馆工作者面前一个需要探讨、研究的重要课题。共建、共享地方文献数字图书馆是深化地方文献工作的重要途径。

关键词：广佛同城　地方文献　共建共享

岭南名城广州、佛山两地同根同源、语言相通、习俗相同，有着相同的岭南传统文化渊源，即广府文化。但由于种种原因，虽研究广府文化的文献资料两地各馆都有，但并不完整，如一代武林宗师黄飞鸿、倡导改革的近代思想家康有为等人，都是从佛山走向广州，成名后走向全国乃至世界，但两地都只记载了部分的文献资料。因此，两地图书馆在加强搜集地方资料的同时，更有必要进行地方文献资源的交流。为了最大限度地满足两地对地方文献信息资源的需求，更加有效地为政治、经济、文化建设服务，构建地方文献网络体系已成为当前图书馆工作体系中的重要组成部分。因此，图书馆如何整合地方文献信息资源，实现共建共享，最大限度地发挥其作用是当今摆在图书馆工作者面前的一项新课题。

1　广佛两地的特殊关系

根据史料记载，秦始皇统一全国后，在现在的珠三角地区设置了南海郡，就包括了如今的广州和佛山两座城市，而两座城市同属一个行政地域，在历史上也出现过多次，所以说广佛两地同根同源、同声同气。在粤剧、武术、中医、陶艺、岭南建筑等领域，广佛文化渊源亦是水乳交融，同为岭南文化特别是广府文化的核心区。佛山是粤剧和广府文化的重要发源地，保存着广府文化完整的根脉，戏曲、书画、武术、民间工艺等岭南传统文化资源也非常丰富。历史上，陶瓷、铸造、纺织、中成药业等也曾处于中国乃至世界先进水平。据广州的馆藏资料显示，在广州发现的众多古迹中，建筑材料大多来源于佛山。例如，广州陈家祠现存的在全省乃至全国、东南亚地区保存情况最完好、数量最多、文化内涵最为丰富的清代瓦脊就是产自佛山的“石湾瓦脊”。广州一直是岭南地区的政治、经济、文化中心，古人以广州作为岭南的大都会，并一直沿用了两千多年，在世界城市史上也极为罕见。广州濒临南海，自古就是我国对外贸易的港口，是“海上丝绸之路”的发祥地，起着联结亚欧非的纽带作用，很多文化往往都是起源于佛山，光大于广州，又从广州推向全世界。

广佛历史上渊源的深厚，与两座城市的地理位置有着天然的联系，广州作为珠三角地区

① 作者简介：张志松，馆员，现任荔湾区图书馆副馆长。

的政治、经济和文化中心，早在明清时期就确立了自己在广东省内的“老大”地位，而佛山作为明清时期的“四大古镇”之一，距离广州仅数十里路，因而与广州之间的经济、文化来往十分频繁。作为广府文化最为浓郁的两座城市，广佛地域相连、经济相融、文化相通。广佛两地的市民，也有着千丝万缕的联系，不少居住广州已久的市民，其祖籍都是来自佛山，因此在很多市民眼中，广佛是城市性格和生活氛围最为接近的两座城市。2008 年底，国务院出台《珠三角改革规划发展纲要》，从经济上对珠三角城市进行规划布局。去年三月，广佛两市签署《广佛同城化建设合作框架协议》，广佛两地政府从行政上开始互相承诺，更有利于广府文化的挖掘、保护和发扬，实现文化的共同进步。

2 共建共享地方文献数字图书馆的意义

地方文献是对独具特色的地域文化的记录，是该地区社会历史沿革的原始记录和历史见证，它能够从各个角度、多方面地反映本地区的自然资源、社会、政治、经济、文化等的历史与现实情况。在经济建设的新形势下，无论是领导决策、教育科研，还是国情、乡土教育都需要充足的地方文献资源来支持，而区域经济的研究更离不开地方文献的支持。广佛两地地方文献收藏机构要想更好地服务于社会、服务于地方经济建设、发挥信息机构的社会职能的话，加强和深化地方文献资源建设，共建共享地方文献数字图书馆是一条重要途径。

广佛两地图书馆都收藏了许多地方文献，但收藏规模大小不一，且各有不同的侧重点和珍贵馆藏。要建立真正意义上的区域性地方文献数字图书馆，单靠一家收藏机构来建设，是不会成功的。如果大家都在搞数字图书馆，在资源建设方面将存在重复建设、资源浪费的问题。只有联合起来共建，统一规划，分工合作，实现资源共享，数字图书馆建设才有可能取得成功，以最少的投入，发挥更大的作用，给读者最大的回报。

相比在规划、交通、通信或其他领域上的同城化，目前广佛两地地方文献的共建共享工作还比较滞后，由于行政区域的局限，长期缺少交流合作，无法做到及时共享。但随着广佛同城化的推进，将会要求两地文献收藏的单位，特别是公共图书馆更要责无旁贷地加速有关两地文献资料的互补共建工作，为两地经济繁荣服务。动态性的经济、文化信息可在报刊或互联网上获取，但研究性、史料性的文献只有靠两地图书馆共同努力，这就是两地图书馆共建地方文献的目的和意义。

3 对共建共享广佛地方文献数字图书馆的建议

3.1 提高认识，加强合作，成立专门机构

随着广佛同城化和区域一体化，我们要共同提高对两地地方文献共建共享工作的重要性的认识。有了《广佛同城化建设合作框架协议》的保障，更有了规划、交通、基础设施、产业等对接成功的铺垫，两地在共建共享地方文献方面要打破壁垒、互相合作，实现资源共享。首先，为更好地长期合作下去，各成员馆可签订共建共享协议，制定出大家共同遵守的指导原则、规章制度等，为共建共享提供制度保障。其次，结合各馆馆藏的实际情况，制定出切实可行的合作计划，提出合作发展的方法，协调各馆地方文献的征集和资源共享。在达成合作共识后，成立专门的机构，负责信息资源的建设、布局、共享及优势互补的统一实施，减少重复投资和建设。再次，工作人员可由各成员馆选派，方便就本区域地方文献工作

进行良好而有效的沟通和协调，并负责共享馆藏、馆际互借、文献传递、信息交流等工作，真正把合作落到实处。另外，该机构不应仅仅局限于两地图书馆间的合作，各地区的博物馆和档案馆都收集和保存了很多有价值的地方文献资料，尽可能把它们也纳入到机构里。

3.2　抓住特色，发挥优势，确立项目

佛山历史悠久，文化底蕴深厚，是国家历史文化名城，保留了许多千年古镇的文献资料，还孕育了独具魅力的岭南传统文化——陶艺之乡、粤剧之乡、武术之乡、广纱中心、岭南成药之乡、南方铸造中心、民间艺术之乡等。广州融会中外文化之精华，也形成了独特的岭南文化——岭南画派、岭南建筑、岭南园林、岭南盆景、广东音乐、粤剧、粤菜、粤语以及城市景观、生活习俗等，都体现了岭南文化的风格。广佛两地图书馆要善于抓住自己的特色，发挥自己的馆藏优势。同时，还应在“非遗”、文博、史志、文艺创作等方面，开展与各行各业横向的学术交流，多搜集珍贵的地方文献资源。广佛两地在历史上共同创造和谱写了岭南文化的辉煌，今天应共同挖掘两地特有的岭南传统文化资源，并形成错位发展，共建广府文化特色的信息资源保障体系。在工作中，应重点加强专题项目建设，可以分期确立研究项目，以“岭南文化”、“民间工艺”、“粤剧曲艺”等为题，携手进行课题研究，更好地为研究人员和读者服务。例如，前面提过的黄飞鸿，可以设立专项课题研究。黄飞鸿，出生、成名均在佛山，后移居广州，名扬香港等地，这些大事、生平在网上或两地的地方文献都可以找到，但一些未成名前的逸事、坊间传闻、晚年生活的琐事就要对当地的文献资源翻查、整理，再进行共享，才能呈现一个完整的黄飞鸿。

3.3　共建广佛地方文献数据库，加强宣传，延伸服务

地方文献资源数字化和网络化的最终方法是建立地方文献数据库，它也是数字图书馆的主要组成部分。标准化与规范化是数据库建设的首要问题，它不仅直接影响数字图书馆的使用效果，更决定其应用前景。因此，在建库前必须对数据库结构、录入数据格式和字段的定义给予标准化、规范化规定，并预留可持续性的发展空间。在数据著录上，要本着全面揭示文献内容的原则，制定著录实施细则，严格按照《中国机读目录格式》（CNMARC）著录。地方文献数据库的数据，尤其是地方文献专题数据库中的数据要具有很强的实用性。在建库时，不仅要揭示文献的基本信息，还要标识出特点，包含的信息要具有一定的广度、深度和精度，设置丰富有效的检索点和关键词，以保证数字图书馆中的信息能被快速准确地检索。对于关键词的设置也要按照《汉语主题词表》进行分类标引和主题标引。但由于地方文献的地域性和专指性很强，《汉语主题词表》并不能完全标引出有地方区域、地方团体、地方事件、地方人物等特色的主题词或自由词，因此，我们要联合两地专家，结合地方文献本身的特点补充一些适用的主题词表和详细的标引细则。建立统一、具体的“地方文献主题标引细则”，确保数据标引的标准化和规范化。

随着网络技术的迅猛发展，建成的地方文献数字图书馆可通过网络平台发布，并加强宣传，延伸服务，今后读者可以在当地图书馆甚至网络上检索所需的信息。另外，两市图书馆还可以通过馆际互借等形式帮助当地读者借阅所需的图书。

综上所述，在广佛同城的大背景下，加大地方文献信息资源的收集和挖掘，进一步开发利用地方文献信息资源，共建共享地方文献数字图书馆，为地方事业的建设和发展作出贡献，需要两地信息资源工作者群策群力，团结协作。这是一件功在当代、利在千秋的事业。

参考文献

［1］黄淼章．广佛同城的历史文化资源与保护、开发和利用［J］．广州社会主义学院学报，2010.2，56～61
［2］金文坚．联合共建地方文献数字图书馆探索［J］．农业网络信息，2007（5）
［3］周景义．浙南闽东毗邻地区地方文献工作初探［J］．大众文艺，2008（7）：146～147
［4］邢玲臣．建设青海地方文献网络体系的构想［J］．青海社会科学，2007（2）

广佛同城背景下的区域图书馆服务体系

李　珊[①]

（广州铁路职业技术学院图书馆）

摘　要：在广州成为国家中心城市和广佛同城背景下，论述两地图书馆在文化建设方面的重要作用和图书馆合作、资源共享的现状，探讨区域图书馆服务体系的建设策略。

关键词：区域图书馆　服务体系　资源共享

广州将建设成为国家商贸文化中心，广佛同城化的最终目的是实现广佛人民共享同城生活、同城便利。对两地图书馆界来讲，就是推进文化基础设施共享，推动广佛图书馆文献资源共建和服务协作，实现资源共享，方便市民充分利用文献信息资源。

1　图书馆在广州“国家中心城市”和广佛同城文化建设中的作用

2008年底，《珠江三角洲地区改革发展规划纲要》正式颁布，其中提出，广州市要强化国家中心城市、综合性门户城市和区域文化教育中心的地位。

《广州2020年城市总体发展战略规划》将广州定位为国家商贸文化中心，指出要把广州建设成为世界文化名城，即充分发挥岭南文化的发源地、改革开放的策源地、国际交流活动的集聚地和国家历史文化名城的优势，弘扬历史文化，保护历史文化名城风貌，形成传统文化与现代文明交相辉映，具有高度包容性、多元化的世界文化名城。

广州与佛山分别是广东省的第一大、第三大城市，两市文化同根同源。所谓“广佛同城”指的就是广州和佛山两市打破行政壁垒，进行区域一体化建设。

2009年12月，《广佛同城化发展规划（2009—2020年）》正式出台，其中“推动公共图书馆文献资源共建和服务协作，逐步实现读者证互认”成为同城化中文化建设方面的一项重要举措。

图书馆具有丰富的图书、信息资料，是建设学习型社会的基地；图书馆是人类社会活动的产物，馆藏的各种资料都是人类共同创造、系统保存并流传下来的科学、文化、精神财富和智力资源的记录，是培养创新精神的基地；图书馆是公众开阔视野、陶冶情操、接受教育的课堂，是继续教育的基地；图书馆在构筑现代社区文明、精神文化，培养现代社区道德、价值观方面，在为群众创造“终身学习、教育”机会等方面，都可以发挥其积极的重要作用。

在国家中心城市建设的过程中，重视科技教育文化事业的发展，会让这个城市显得更有底气，也有助于提高城市的文化品位，营造城市文化的软环境，使其具有更高的学术文化影

① 作者简介：李珊，广州铁路职业技术学院图书馆副研究馆员。

响力。在广州国家中心城市建设和广佛同城的背景下，区域图书馆建设显得更为重要。广佛区域图书馆联合体就是要发挥区域内各类图书馆的空间近邻效应，体现区域特色，提供全面服务，促进当地经济和文化建设。

2 区域图书馆的概念及意义

区域图书馆是通过 Internet 或城域网络将区域内各图书馆联合起来，组成一个区域性的虚拟数字图书馆，是一个区域图书馆群的电子化、数字化、网络化信息空间。它已不再局限于各图书馆之间传统意义上的合作共享，它实现的是本区域信息资源与其他网络之间信息资源真正意义上的共享传递和利用，并通过一个统一的虚拟门户为读者提供服务。

一定区域范围内的图书馆，由于地理位置相近，往往具有相同的政治文化背景，具有相同的需求和共性问题。构建区域图书馆网，可以发挥不同类型图书馆合作共享后的综合实力，实现优势互补，促进图书馆事业的区域整体发展。区域图书馆网的建设既能推动传统图书馆与数字图书馆、纸质资源与电子资源的互补共存，更能推动区域图书馆与用户的交流沟通以及区域图书馆与区域发展的互动共进。

区域图书馆合作包括了城市内和城市间各种类型图书馆的合作，城市内图书馆合作包括了城市行政区划内的市、区、街道、社区等各级公共图书馆、少年儿童图书馆、高校系统图书馆、科研系统图书馆及其他各种类型图书馆，如工会、部队、中小学、企事业单位内部图书馆（室）的合作，也包括乡镇图书馆资源等之间的合作。城市间图书馆合作是城市区域合作的一项重要内容。

区域图书馆联合体就是要发挥区域内各类图书馆的空间近邻效应，围绕区域采集资源，促进当地经济和文化建设。

3 广佛区域图书馆合作的现状

高校图书馆系统方面，中山大学图书馆建立了 CALIS 华南中心，建立了科学导航库，参与 CALIS 各项联合目录和全国性数据库建设，资助广东省其他大学图书馆引进一批大型文摘数据库和全文数据库，还建立了广东网络图书馆，这是一个为广东省各高等院校、中等专业学校以及中小学的教学提供科研服务的网上数字图书馆，由成员单位共同出资购买电子资源，供全省高校图书馆读者免费使用。公共图书馆方面，省立中山图书馆采用引进、集成、整合等方法，建成中文数字图书馆资源库群（即广东数字图书馆）、数字图书馆搜索引擎，建立了联合参考咨询网，为社会提供免费的网上参考咨询和文献远程传递服务。

2004 年 6 月，佛山市图书馆提出了旨在“整合全市图书馆资源，搭建覆盖全城、服务全民的文献信息资源共享网络和服务体系，保障市民享受到更加充分和平等的文化权利”的《佛山市联合图书馆实施方案》，以公共图书馆为主体，吸纳各行业系统、各种类型的图书馆加盟，建设“统一标识、统一平台、统一资源、统一管理、分散服务”的佛山市联合图书馆体系。2007 年年底，佛山市联合图书馆在市区图书馆之间实现“一卡通”借阅证。2009 年更是实现了数字资源共享的“一卡通”增值服务，在搭建图书馆文献资源共享平台方面，走在了全省的前面。

目前佛山市联合图书馆的成员馆已有 18 家，包括公共馆、街道馆、学校图书馆等不同类型的图书馆。截至2010年5月底，联合馆累计办证68 000个，可供读者借阅的图书期刊143万册，累计流通册数超过200万册，市民在全市范围内所有成员馆均可办理和使用“一卡通”借书证，各成员馆的图书实行“全流通”，在全市范围内通借通还，读者可通过网站方便快捷地查询所有馆的书目和馆藏。读者凭“一卡通”，还可以在家查阅佛山市数字图书馆提供的多个数据库，实现了足不出户就能使用数字图书馆的便利。

目前，佛山市联合图书馆一卡通证与广州主要图书馆读者证的互认尚未建立，需要分步推进。佛山已经实现了“一卡通”，因此，这项工作重点主要是在广州。实现广佛图书馆之间的“一卡通”，最大限度地满足广大市民的文献信息需要。

广佛两地的图书馆的相关规则不一样，要实现广佛两地读者证互认，首先要统一标准，并进行管理系统的对接。而两地读者证互认，首先要实现两地图书馆数字资源共享，接下来才是实现两地图书互借，市民凭图书馆“一卡通”证可在各成员馆借阅图书期刊、免费使用数字资源。佛山图书馆系统除建设好本地区特色的文献资源体系外，还要重点加大地方特色数据库建设，从而逐步形成与广州公共图书馆资源的错位发展，优势互补。位于广州的省立中山图书馆、省科技图书馆、广州图书馆也采购有大量的各类数据库，若能实现资源的协调采购、共建共享，将有利于节省各馆采购经费、提高资金使用效率。

4 广佛区域图书馆服务体系

区域图书馆联合体就是要发挥区域内各类图书馆的空间近邻效应，围绕区域采集资源，体现区域特色，促进当地经济和文化建设。

《广佛同城化建设合作框架协议》在图书馆合作服务方面，提到了两地公共图书馆要实现读者证互认，这只是两地文献资源共享的一个初步设想，并非图书馆合作与共享的全部，合作与共享还应体现在以下几个方面。

4.1 建立面向市民的全开放、全免费和无差别的图书馆服务体系

依据馆际合作和资源共享相关法律法规政策，建立面向全市各系统各类型图书馆及读者的全开放的资源共享服务体系。公共图书馆可以合理设置自助服务系统，让高校与公共馆之间拆除围墙，各馆可以按自己的规划，推出自己的特色，共同把广佛区域图书馆服务体系做大做强。

在构建区域图书馆联合体时，可分步实行，先将区域内同类型图书馆联合，再进行不同类型图书馆的联合，最后形成一个区域联合。例如，构建广佛区域图书馆联合体，可以先构建高校图书馆、公共图书馆、科研图书馆、中小学图书馆、企业图书馆、政府图书馆等各类图书馆的联合体，在此基础上，再形成广佛区域图书馆联合体，如图所示。

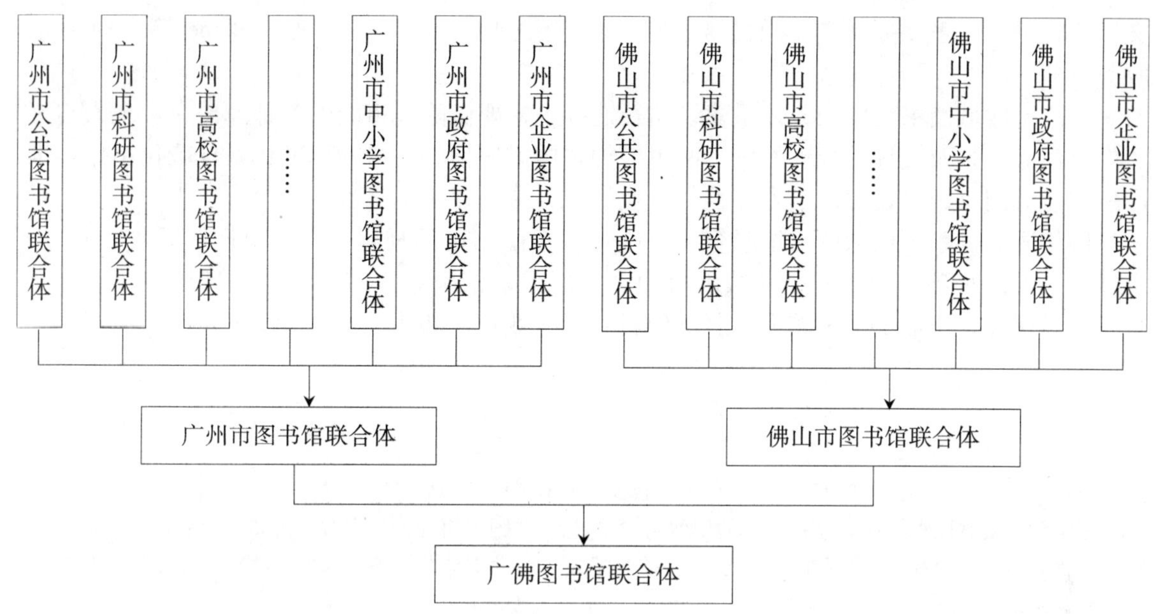

4.2 开展延伸服务

延伸服务的内容包括共同建设广佛地区地方文献资源共建共享工程和“数字图书馆联盟”平台，建设广佛地区高新技术产业专题信息门户和市民学习网，开展广佛地区电子文献联合采购，实行广佛地区图书网上“一卡通”服务，在部分合适的公共场所设立自助图书馆，开设社区及行业分馆，发展流动汽车图书馆，推出图书馆借阅“订单式”服务，举办公益性讲座等方式，把图书馆服务的触角向行业、社区和乡镇延伸，为广大读者提供深入内容的章节和全文检索、部分文献试读、参考咨询以及文献传递到桌面的服务。通过现代化的网络服务手段和远程教育技术，向市民提供公益性、全开放、多媒体远程网络学习平台。届时，读者凭借书证就可以在网上借阅图书馆数字图书，还可以在地铁、轻轨沿线站点及大型商场等公共场所设置的自助图书馆借阅图书，从而更方便地享受到优质的公共文化服务。

4.3 重视特色数字资源建设与服务

岭南文化是中华民族文化的重要组成部分，弘扬岭南文化就是弘扬中华文化。图书馆要站在这个高度来看待岭南文化的保护与发扬问题，研究如何保护和弘扬好广州、佛山的特色文化。可根据每个馆的特色馆藏及各自优势，分工合作，建立跨区域的信息资源保障体系，创建发展历史文化主题数据库，如自然人文主题数据库、历史村镇主题数据库、岭南市镇主题数据库、商贸文化主题数据库、革命史迹主题数据库、鸦片战争主题数据库、军校史迹主题数据库、陶瓷主题数据库、珠江工业旧址主题数据库、现代文化风貌特色数据库等，为弘扬和研究岭南文化提供服务，满足区域用户的特色需求。

4.4 构建互动式网络服务平台

随着网络技术在图书馆中的应用，图书馆的服务不断延伸和扩展，技术对服务所起的作用越来越大，各图书馆加强对网络服务平台的管理，就显得更为重要。不仅要构建一个以文献资源内容为主的网络平台，还要构建一个能向读者提供服务的强大的开放式交流应用平台，加强交流的互动性和及时性，给读者提供一个学习讨论交流的空间。读者还可以将自己的有关信息传送上去，丰富图书馆的文献信息资源，调动读者共建共管的积极性。此外，这样一个互动式网络服务平台还可以向读者提供多种个性化服务，如我的常用数据库、我的论文、我的书架、我的收藏、我的爱好链接等，还可以提供 MSN、QQ、Skype 等即时通信服务。

在广佛区域图书馆的服务体系建设路径选择上，要破除城市间的各种障碍，实现人与资源的自由流动以及资源的合理配置，两市要加强图书馆信息网络的标准化、规范化工作，推广使用有关图书馆自动化的国家标准和行业标准，大力建设网络服务平台，建立和完善文献信息网络服务体系、区域图书馆联合体，通过各个图书馆的相互合作、协调、同步、互补，发挥其最大的资源优势，满足区域用户的需求。图书馆服务体系建设需要环境、政策、经费、人员保障，更需要图书馆人的服务创新和服务效益，共建一个区域图书馆服务体系。

参考文献

[1] 王频．图书馆服务体系研究［J］．图书馆论坛，2010（1）：108～110

[2] 王学熙．公共图书馆服务体系建设的现状与对策［J］．图书馆理论与实践，2008（2）：82～87

[3] 于良芝．覆盖全社会的公共图书馆服务体系：模式、技术支撑与方案［M］．北京：北京图书馆出版社，2008

[4] 王世伟．城市中心图书馆向社区基层延伸的理论思考与实践探索［J］．图书情报工作，2006（3）：6～9

[5] 邢杰，李凌杰．我国公共图书馆服务体系研究现状与对策［J］．图书馆，2010（3）：17～19

[6] 黄秋琼．广佛同城背景下图书馆区域合作与资源共享［J］．科协论坛，2010（3）：188～189

公共图书馆平等服务现状与分析

潘拥军[①]

（广州图书馆　510055）

摘　要：本文在分析公共图书馆平等服务的内涵和要义的基础上，阐述了当前我国公共图书馆平等服务的现状，并进行分析，最后提出了关于加强公共图书馆平等服务的几点建议。

关键词：公共图书馆　平等服务　普遍　公益

2008 年 10 月，中国图书馆学会正式发布了《图书馆服务宣言》，指出了图书馆服务的三条基本原则，即“对社会普遍开放、平等服务、以人为本的基本原则”。它表明了中国图书馆致力于实现公益、普遍、开放、平等、人本的图书馆服务的职业追求。平等服务成为指导图书馆服务实践的最基本原则与要求。

1　平等服务的内涵与要义

所谓图书馆平等服务，是指一个国家或地区的图书馆服务体系可以保障居住其中的所有人，无论其经济地位、社会地位、年龄、性别、身体状况、种族宗教等区别，都能就近获取其需要的知识、信息、文化资源以及其他图书馆服务。笔者认为，此定义涵盖了图书馆平等服务的三个要义：普遍性、公益性与公平性。

普遍性是指公共图书馆服务的覆盖率，也即是图书馆的普及问题。进入 21 世纪，“普遍”一词经常与“均等”一词连用，提倡“普遍均等”的服务。不言而喻，普遍服务是均等服务的前提，只有克服读者使用图书馆的距离成本和时间成本，才能使读者均等地使用图书馆成为可能。《广州图书馆 2010—2015 年发展规划》编制过程中，针对市民开展了问卷调查，调查结果显示：市民对公共图书馆期望最高的是到达和使用方便，60% 的市民认为离图书馆太远而放弃到广州图书馆。李国新教授在谈到新世纪新图书馆运动的时代任务时就认为，必须先解决图书馆的普及化问题。

公益性是公共图书馆的基本属性。早在 1920 年，李大钊就在《北京大学日刊》撰文指出，“图书馆宜一律公开，不收费”。普勒在《公共图书馆的起源与管理》一文中认为：“公共图书馆是依据国家法律建立的，是受地方税收与自愿捐赠支持的，是被当作公共信念管理的，每一位维护这个城市的市民都有平等地享有它的参考与流通服务的权利。”这个定义清晰地表明了公共图书馆是一项公益性事业。它存在和发展的根本意义就在于它为社会提供优质的公益性服务。世界各国公共图书馆服务普遍遵循的免费原则为人们消除知识自由的经济障碍提供了最佳的社会保障。

① 作者简介：潘拥军，广州图书馆副研究馆员，业务办公室主任。

公平性是针对公民权利而言的。一方面，社会公民人人皆有平等享受图书馆的权利；另一方面，公共图书馆有义务有责任为社会提供人人平等的服务。联合国教科文组织的《公共图书馆宣言》称“每一个人都有平等享受公共图书馆服务的权利，而不受年龄、种族、性别、宗教、国籍、语言或社会地位的限制”，“公共图书馆应当随时都可让人到馆，它的大门应当向社会上一切成员自由地、平等地开放，而不管他们的种族、肤色、国籍、年龄、性别、宗教、语言、地位或教育程度”。

2　平等服务现状及分析

2.1　服务网络建设、覆盖水平低，人均拥有公共图书馆数量偏低

图书馆的普及性，就是要让图书馆星罗棋布，遍及城乡。在英国，早在20世纪20年代中期，公共图书馆就覆盖了74.6%的人口居住区。国际图联和联合国教科文组织颁布的《公共图书馆服务发展指南》就规定，“公共图书馆服务点的设置必须尽可能方便社区的居民，如果可能的话，它应当位于交通网络中心点附近和靠近社区活动的地方”，“在比较发达的市区和郊区，公共图书馆应设置在15分钟车程之内”，“在市内主要居民区，通常离图书馆1.5千米左右就需设立分馆，3~4千米左右就需设立一个较大的图书馆”。据国际图书馆协会联合会（IFLA）颁布的通行标准，每十万人平均拥有公共图书馆的数量为2座。另据统计，国际上41个百万以上人口大城市的同一指标在20世纪八、九十年代为3.6~5.8个，欧洲、北美、大洋洲20个大城市为9.4个，10个主要国际中心城市为4.94个。香港服务网点有74个，平均9.4万人拥有一座图书馆。

目前，我国人均拥有公共图书馆设施指标偏低，服务网络覆盖率低，各种规模、功能、形式的服务网点建设数量少。以广州为例，广州市目前的服务网点主要还是市、区县两级图书馆共15座，平均每63.3万人才拥有一座独立建制的公共图书馆。基层图书馆（室）建设非常薄弱。按我国现行体制，区、县以上行政区域配套建设独立的公共图书馆，区、县以下，图书馆（室）附设于街镇综合文化站或社区、农村文化室内。但广州市目前的情况，街镇文化站图书馆（室）大部分常年处于“三无”状态：无购书经费，无专职人员管理，无正常读者服务工作，而且馆藏规模小、图书陈旧，对读者没有吸引力，图书馆（室）的设置有名无实。农村、社区图书馆（室）的建设水平也很低。据调查，截止2005年年底，广州市共有2 592个居委会、行政村，其中被调查到的1 999个居委会和行政村中，仅有982个建有图书室，占49%，而且规模都很小。

2.2　缺乏公益服务保障机制，人员经费投入不足，服务的公益性仍有待提升

改革开放政策的战略重点在经济增长，强调“效率优先，兼顾公平”，经济发展优先的战略取得了巨大成就，推动了社会的全面发展，但同时也加剧了不同阶层与利益群体之间的矛盾。有学者认为，政府部门把经济上的市场原则错误地引进到公共服务领域的现象很普遍。在公共图书馆界，“以文补文”的政策所鼓励的收费服务就是这种现象的突出表现。在实际工作中，图书馆的管理者对有偿服务产生的负面影响认识不足，把应由政府公共财政支付的费用直接转嫁给了图书馆用户，而没有坚持不懈地把争取财政支持作为解决问题的唯一途径。

目前，国家公益性公共文化服务的政策取向越来越明确，图书馆服务的公益性越来越强。例如，国家图书馆自2008年2月7日起，全面减免收费项目，取消了读者卡工本费、

读者卡年度验证费、读者存包费、自习室使用费、讲座门票费等，同时复印费自去年下调40%后，再次下调30%。浙江图书馆自2006年6月1日起免收20元的借书证工本费，自2007年12月1日起，全免借书证的年费，借书证年检由原来的一年一次改为两年一次。深圳图书馆自2006年起除借书证押金、打印、复印等仅收取成本费外，基本不再收取其他任何费用。但我国仍有大部分地区的公共图书馆由于政府责任不明确，缺乏有保障的事业经费投入机制，人员经费投入不足，依靠图书馆自筹解决、补充人员经费的传统思路仍在延续，公益服务程度仍旧有待提高。以广州图书馆为例，该馆虽属财政核拨（全额拨款）的公益性事业单位，但长期以来，实际实行的是差额拨款，每年事业经费的10%左右需要通过单位自筹来解决。员工津贴（包括离退休员工津贴）、合同制职工社保费、节假日开放服务加班补贴费等项目都需要单位自行解决。2007年按广州市统一安排调整员工津贴，按照文件规定，属财政核拨的事业单位，编制内工作人员和原属编制内的退休人员调整津贴标准的增加部分，其60%由市财政支付，其他由单位自筹。目前广州图书馆有离退休人员70余人，在职员工近200人，需要单位筹集的资金总额高达数百万元。这对公益性的、缺乏独立创收经营能力和手段的图书馆而言，实在是不堪重负。目前，广州图书馆借书证工本费、借书证验证费、自学室使用费等传统收费项目迫于投入不足还不能减免，影响了服务的公益性。广州市少年儿童图书馆和其他部分区县公共图书馆都处在同样境地。

2.3 弘扬公共图书馆精神，践行公平服务

在中国现代图书馆事业百年之际，以《公共图书馆精神的时代辩护》一文为发端，公共、平等、以人为本的公共图书馆精神重新得到认识和确立。张勇指出，“公共图书馆服务应当倡导以人为本，关心弱者，走近平民，平等服务，消除‘数字鸿沟’，从而建立起一种全社会信息公平和保障的制度”。公共图书馆应自觉地以公共图书馆精神为指引，努力践行公平服务原则。此后相继推出的《杭州地区公共图书馆服务公约》和《湖南省公共图书馆愿景》，均着力强调图书馆服务的公平和对读者的人文关怀。笔者服务的广州图书馆做了大量的工作，致力于为读者提供公平服务：文献采访、编目、借阅、咨询、数字资源等每一个业务环节都配合平等服务的要求展开工作，不断审视已有的一些服务规则是否违背了公平服务这一普遍适用的基本原则，逐步取消服务中对职务、学历、职称的差异性规定，取消特殊文献服务（如某些港台出版物）中基于个人身份的约束性条件等，克服数字化资源提供的技术障碍，弱化因资源供应商协议规则所造成的不公平。同时，对弱势群体服务实行政策性倾斜，如对农民工和农民工子弟、下岗工人、贫困家庭、老年人、残疾人及其子女等弱势人群免除一切费用，提供全方位的服务，设立盲人电子阅览室等。

3 建议

3.1 构建覆盖全社会的公共图书馆服务体系

第一，加强基层图书馆建设，提高公共图书馆覆盖率，使更多的人能就近获取公共图书馆服务。应根据《公共图书馆建设用地指标》［建标（2008）74号］第十八条确定的公共图书馆设置原则，统一规划、布局公共图书馆设施。例如，广州市按当前1 450万常住人口计算，应设置2处大型图书馆、27处中型图书馆、44处小型图书馆，整个广州市的公共图书馆体系应包括大、中、小型公共图书馆共73处设施。

第二，在现有的体制框架内，通过类似总分馆的服务体系建设，利用分馆，将总馆的服

务触角延伸至市民身边。严格意义上的总分馆体系是由同一个建设主体设置和维持、同一个主管机构管理的图书馆群。但在我国现有的体制构架内，不可能产生这样的总分馆体系。因此，可致力于建设具有一定的统一管理能力、服务相对规范、联系相对紧密的图书馆集群。

第三，通过行业管理和合作，将地区内隶属于不同建设主体和主管部门的图书馆联结为以资源共享为核心的服务网络，增强服务网络的管理和服务能力，使读者的跨馆利用行为成为可能，如“一卡通借通还”服务。

第四，依靠先进的高科技技术手段，大力发展自助图书馆系统，用以弥补图书馆设施的不足。在主要社区、地铁、大型超市、学校等公众密集区建立自助图书馆系统，将图书馆建到了公众家门口，公众则不必受图书馆开、闭馆时间的限制，最大限度地消除图书馆与公众的距离障碍。同时，强化自助图书馆系统的服务功能，提供包括借书、还书、办证、续借、预借、预约、定点送书、短信通知、自助取书、图书荐购、虚拟咨询、电子资源检索等全方位服务。自助图书馆将成为加强图书馆普遍服务的强有力手段。

综合以上四个方面，《广州图书馆 2010—2015 年发展规划》创新管理机制，致力建设“图书馆城域网”，即指以现广州市属的市、区（县级市）、街镇、村居四级服务网络为基础，以共享工程基层服务点、农家书屋为补充，以市级馆、区（县级市）馆、部分街镇图书馆为骨干的公共图书馆服务网络。广州图书馆为总馆，各区（县级市）馆为分馆。总馆负责整体事业规划，实行行业集中管理，合理布局服务网点，建设自动化网络，制定统一服务标准，开展人员培训，集中采购、编目，实现全市统一配置、整体规划、均衡投入、规范管理。分馆专责读者服务。购书经费由各馆所属地财政部门按服务人口、国内生产总值比例拨付或按市政府规定拨付；总体事业经费、人员按各馆实际服务规模拨付、配备。街镇图书馆建设可借鉴美国等国家的经验，采用委托建设或委托市或区（中心）图书馆提供服务、同时划拨、转移相应建设与运作经费的方式。同时，以村居图书室、自助图书馆系统为有力补充。力争通过“图书馆城域网”的建设实现城市“10 分钟文化圈”、农村“十里文化圈”，实现基本公共服务普遍均等化。

3.2　尽快建立公共图书馆公益服务保障机制

促成政府履行责任，改变公益公共文化服务政策支持不足、事业投入水平总体上仍旧以物为指向的状况，使公共图书馆作为全额拨款单位、提供公益性服务切实做到名实相符，以保证公共图书馆的纯公益服务。

3.3　拓展经费来源，多元化筹集资金

宣传、鼓励和开发民间捐赠，引导民间资金进入公共图书馆事业。2006 年颁布的《国家“十一五”时期文化发展规划纲要》指出，要“鼓励和引导社会资金兴办国家允许的各类公共文化设施，开展公共文化服务”。设立公共图书馆劝募机构，由政府拨款运营，征集募捐。贯彻实施《中华人民共和国公益事业捐赠法》和《扶贫、非营利性捐赠物资免进口税收暂行办法》，并细化执行，切实落实企业或个人对非营利性组织捐赠时的税收优惠政策，鼓励社会各界对公共图书馆事业进行扶持与捐赠。此外，公共图书馆应积极与各利益相关者建立长期稳定的关系，包括积极发展与义工团体的联系和合作，以寻求义工团体对图书馆业务工作的支持；在商业机构的关系方面，利用图书馆在社会的地位影响，积极地寻求企业赞助的机会；在与社会热心人士关系方面，争取社会热心人士对图书馆在资源和资金方面的捐赠，以及在图书馆宣传上的支持。

参考文献

[1] 于良芝等. 走进普遍均等服务时代：近年来我国公共图书馆服务体系构建研究 [J]. 中国图书馆学报，2008 (3)

[2] 杜云. 谈公共图书馆的公益性 [J]. 中国图书馆学报，2005 (1)

[3] 张勇等. 继承与弘扬公共图书馆精神　推进公共图书馆事业的可持续发展 [J]. 图书馆，2005 (1)

[4] 潘拥军. 公平服务，公共图书馆服务之魂 [J]. 图书馆，2007 (3)

[5] 张正. 公共图书馆平民化研究 [J]. 中国图书馆学报，2007 (3)

试论公共图书馆如何参与构建公共文化服务体系

——以广州图书馆为例

苏晓明[①]

（广州图书馆　510055）

摘　要：本文介绍了公共文化服务体系的产生背景和内涵，以及图书馆在公共文化服务体系中的地位和作用。以广州图书馆为例，阐述该馆在参与广州地区公共文化服务体系建设过程中的一些实践和具体做法，并就广州地区公共文化服务体系目前存在的问题提出了个人的想法及对策。

关键词：公共图书馆　公共文化　服务体系

1　公共文化服务体系理念的提出

1.1　公共文化服务体系的产生背景

公共文化服务体系是文化政策范畴的概念。2002 年，党的“十六大”报告第一次把政府职能归结为四个方面：经济调节、市场监管、社会管理和公共服务，明晰了政府提供公共服务的职能。2005 年 10 月，党的十六届五中全会第一次正式提出“加大政府对文化事业的投入，逐步形成覆盖全社会的比较完备的公共文化服务体系”。2006 年 10 月，十六届六中全会明确指出“加快建立覆盖全社会的公共文化服务体系”。2007 年 8 月，中共中央办公厅、国务院办公厅下发《关于加强公共文化服务体系建设的若干意见》，明确了我国公共文化服务体系建设的指导思想、目标任务及工作要求。2007 年 10 月，党的十七大将“覆盖全社会的公共文化服务体系基本建立”作为全面建设小康社会的目标要求，这是对“公共文化服务体系”在文化建设中的地位的全新认识，是对文化工作在全党全国大局工作中的地位和作用的全新认识。

1.2　公共文化服务体系的内涵和基本内容

公共文化服务体系是指为满足社会的公共文化需求，保障公民基本文化权利，向公众提供公共文化产品和服务的运行管理机制系统的总称，其实质是对提供什么样的公共文化、怎么提供公共文化服务以及如何对服务过程实施科学管理的竖成条、横成块、条块结合的运行与管理系统。

公共文化服务体系包括七大方面：①公共文化政策、理论体系；②公共文化基础设施体系；③公共文化生产、运营体系；④公共文化信息体系；⑤公共文化资金保障体系；⑥公共文化人才体系；⑦公共文化考评体系。

---

① 作者简介：苏晓明，馆员，广州图书馆业务办公室职工。

2　公共图书馆在公共文化服务体系建设中的地位和作用

公共图书馆是公共文化服务体系中重要的公共文化服务机构和基础设施，是构建公共文化服务体系的重要组成部分。公共图书馆作为社会文化事业的一部分，承担着保存人类文化遗产、开展社会教育、传递科技信息、开发智力和资源共享的重要职能，在保护公众平等获得信息的权益，传播社会主流文化，提高劳动者素质，推动社会进步上发挥着重要作用。

作为社会公共服务机构的图书馆是人类公共需求的产物。图书馆的公共目标体现在图书馆收藏人类智慧的知识成果，面向社会提供平等的文化服务。图书馆的公共性质与公共目标与公共文化服务体系的性质与目标相一致。公共文化服务体系建设的公共目标需要通过公共图书馆服务等公共媒介和公共事业得以具体化的实现。离开了公共物品、公共事业的媒介作用，社会的公共价值取向及公共目标是无法实现的。

3　广州图书馆在构建本地区公共文化服务体系中的实践

广东省作为改革开放前沿和我国社会经济发展龙头之一，切实加强公共文化服务体系建设，推动文化事业大发展大繁荣，是摆在全省面前的一项紧迫而重要的任务。2008 年，广州市提出了“首善之区”的建设目标，作为“首善之区”，不仅社会经济要全面进步，而且公共文化服务也要有大发展，这样才能提升城市的文化软实力，增强城市的竞争力和发展后劲。

近年来，广州图书馆围绕《国家“十一五”时期文化发展规划纲要》和《广州市加快公共文化服务体系建设实施意见》，在提升服务水平、加大公共文化服务力度、构建本地区公共文化服务体系方面进行了一些尝试。

3.1　提升公益服务水平，致力于实现基本公共服务均等化

3.1.1　坚持公益办馆，阵地服务效益显著

公益性是公共图书馆的基本属性。广州图书馆一直以来坚持公益办馆，服务效益显著。阵地服务 365 天天天开放。2008 年接待读者人次创历史新高，接待读者 309.3 万人次；文献流通 1 043.2 万册次；书刊外借人次 76.4 万，外借册次 199.9 万，办理各类借书证 7.6 万个；举办各类读者活动 2 136 个专题，参加活动的读者达 73.8 万多人次。办馆效益在全国公共图书馆界中名列前茅，是读者服务量最大、文献流通率最高的图书馆之一。

3.1.2　成功打造“羊城学堂”、“广州文化讲坛”公益讲座品牌

自 2007 年起，由中共广州市委宣传部、广州市社会科学界联合会主办，广州图书馆承办的公益性讲坛——“羊城学堂”正式启动。“羊城学堂”以“阅读改变人生”为宗旨，定位为市民讲座，邀请知名专家学者就读书、教育、生活等市民普遍关注的话题和热点问题进行讲解。至 2009 年年底，共举办讲座 140 场，近 3 万人次参加，社会反响强烈。“广州文化讲坛”于 2006 年开进社区与农村，为农村村民讲授图书馆利用知识，反响强烈。2007 年首次举办户外讲座，将 5 场中国音乐金钟奖专题音乐讲座分别推进大学、军营、社区和白云山，引起社会的强烈反响。仅 2007—2008 年，共举办讲座 68 场，共有 9 627 人次参加，实现了“周周有讲座、月月有名家”的目标，有效地扩大了品牌知名度。

3.1.3 致力于弱势群体服务

广州图书馆专设盲人电子阅览室，设置上机区、盲文图书阅读区和有声读物浏览区，为残疾人读者免费开放；设立“盲人电脑爱好者活动日”，为盲人读者讲授电脑使用技巧；成立“电脑爱心俱乐部”，专门为残疾人、低收入者和老年人提供免费电脑培训。挂牌成为广州市“残疾人上网服务站”，免费向残疾人开放服务，已成为广州市残疾人学习和交流的重要平台。推出老年人凭广州市老年人社会保障卡免费开通中文借书证功能的服务举措。为农民工提供流动图书车和集体借阅服务，开展节日文化服务，丰富外来务工人员的精神文化生活。

3.2 整合文化资源，丰富广大人民群众的精神文化生活

3.2.1 充分利用全国文化信息资源共享工程平台

全国文化信息资源共享工程是新形势下构建公共文化服务体系、惠及千家万户的一项重要文化基础工程，是政府提供公益性服务的重大文化项目，是实现广大人民群众基本文化权益的重要途径。广州图书馆作为文化信息资源共享工程广州市支中心，承担本地区不同内容、形式、载体文化资源的整合和建设。通过广州数字文化网这一网络平台，向社会公众提供优质的文化资源。在取得授权的前提下，实现公益讲座数字化，在广州图书馆网站和广州数字文化网上提供音、视频点播，至今已实现了现场版、网络版、纸质版和电视版的“羊城学堂”，广大市民即使足不出户也能享受到广州图书馆讲座资源，有效地扩大了讲座的受众面和辐射度。

3.2.2 采用集约化建网模式

以共享工程广州市支中心为首的14个基层支中心共同参与集约化建网，通过统一的网站平台整合全市各支中心的优秀数字资源。经过升级改造的广州数字文化网，信息含量有了明显的增加。在市支中心的指导下，各基层支中心纷纷建设起相应的共享工程网站或专门网页，全市范围内文化信息资源共建共享的程度有了明显的提升。截至2009年年底，广州数字文化网累计点击率为119万人次，在全国副省级以上公共图书馆共享工程网站Alexa综合排名中名列第六位。网站访问者来自内地、港澳台、欧美等40多个国家和地区，其辐射区域已远远超出本市范围。

3.2.3 拓展文化信息资源共享工程服务广度，实现街镇服务全覆盖

广州图书馆积极发挥全国文化信息资源共享工程广州市支中心的龙头作用，不断扩大服务网络规模，以图书馆丰富的知识含量和分布广泛的服务点为依托，整体提高文献资源的利用率。2008年，实现全部支中心、街镇服务点的100%全覆盖，建有社区基层服务点530个，覆盖率46%；村级基层服务点977个，覆盖率85%，形成市—区县—街镇—社区、村的信息传输网络。

3.2.4 创新数字化服务方式，提高数字资源利用率

通过统一认证系统为群众提供数字资源远程原文服务。凡持有广州图书馆有效外借证的读者，登录网站首页认证平台，即可远程访问获得授权的数字资源原文，享受数字化服务的便利。这一举措减少了读者使用图书馆数字资源的不便，大大提高了数字资源的利用率，图书馆的数字化服务能力有了显著增强，服务效益显著。2009年数字资源下载、浏览量达1 16.41万篇/册次，较2008年同比增长一倍。该馆近期推出移动数字阅读服务，读者只要手持电子阅读器，就可以在该馆数字资源平台下载丰富的电子资源，随时随地阅读，成为真正的“个人随身图书馆”。

3.3 拓展服务领域，推动公共图书馆城乡一体化服务体系建设

3.3.1 拓宽公共图书馆服务范围

建设城乡一体化的公共图书馆服务体系，除了政府全力推动，为公共图书馆建设提供政策、资金、法律支持外，图书馆自身努力创新，拓宽服务也非常重要，只有这样才能在现阶段较有限的资源下，建成较高水平的城乡一体化公共图书馆服务体系。广州图书馆大力建设社区服务点，推进基层文化建设，倡导和传播先进文化。截至2009年年底，已建立起由分馆、图书流通站、村级图书馆（室）、汽车图书馆构成共77个服务点的社区服务网络，分馆面积一般都在200平方米以上，藏书3万册以上，服务人口在5万人左右，达到了一个较为合理的保障水平。部分分馆和汽车图书馆与总馆已实现通借通还。图书馆社区服务网络的构建，不仅满足了基层群众对精神文化的需求，有效保障了基层群众的基本文化权益，也有力地推动了本地图书馆事业的整体发展。

3.3.2 构建本地区公共图书馆城域网

在建设公共文化服务体系的过程中，技术手段是实现布局合理、设施先进、功能完善、覆盖城乡的公共文化服务体系的目标任务的关键一环。广州图书馆早在2007年就提出建立“图书馆城域网”，推进公共文化服务体系建设，为城乡居民提供方便、快捷、均等化服务的构思，并提出以建立“广州地区公共图书馆通借通还系统”和“ATM自助系统”为主要建设手段的技术实现思路。目前，由于广州地区图书馆发展不均衡，公共图书馆的资源配置和服务保障不平衡，通过实施通借通还实现服务整合，可充分发挥市级馆的丰富馆藏优势及各区县馆的图书特色、地方文献，使服务面更广，服务对象更多元化，各馆效益更突出，将大大提高本地区公共图书馆的整体服务影响力及辐射范围。结合地铁网络打造自助图书馆项目，让市民享受到公共图书馆服务的便利与易得，同时通过地铁网络的扩张，实现图书馆城域网的高效扩张，使服务半径持续有效地放大，实现公共图书馆服务的普遍均等，推动本地区的公共文化服务体系建设。

3.4 创新服务方式，提供更舒适、便捷的公共图书馆服务

3.4.1 提供更舒适、便捷的公共图书馆服务

在积极贯彻落实《广州市加快公共文化服务体系建设实施意见》，努力建设城市“10分钟文化圈”，实现公共图书馆服务均等化的背景下，广州图书馆通过加大投入和采取各种先进技术手段，为广大市民和读者提供更舒适、便捷的公共图书馆服务。自2005年起，广州图书馆相继推出全天候办证、阅览室全天开放、外文期刊外借、视听资料整套外借、中文图书集体借阅、盲文图书外借、残疾人免费视听资料借阅服务、网上预约续借、自助还书、羊城通小额支付等便民服务措施，深受市民欢迎。

3.4.2 发展图书馆的教育文化休闲服务

教育、文化、休闲是当今图书馆公共文化服务的重要组成部分。休闲本身就是一种文化现象和文化生活，是人们内在、自觉的观念和方式。以往公共图书馆过于片面追求对研究型、教育型和拓知型读者的服务，而忽视了满足文化享受型读者的需求。近年来，广州图书馆推出的青少年阅读推广计划、电脑爱心俱乐部、亚运专题阅览室以及各种专题讲座、展览、电影欣赏等，都是公共图书馆提供教育、文化、休闲服务，完善图书馆公共服务职能的重要体现。

3.5 建立一支公共文化服务骨干队伍

图书馆的工作水平和服务质量，在很大程度上取决于图书馆馆员队伍的整体素质。在网

络信息时代和构建和谐社会的时代背景下，更需要营造有利于优秀人才脱颖而出的机制和社会环境，建设一支与时俱进的图书馆馆员队伍，为图书馆公共文化服务的发展提供坚实的人才保障。广州图书馆重视人才队伍建设，2006、2007 年两年连续派馆员参加由中共广州市委宣传部主办的广州市图书馆专业人才高级研修班；2007 年举办为期 5 个月的图书馆专业人员业务培训班；2009 年派出 2 人赴美国洛杉矶郡公共图书馆开展为时半年的学习交流活动，充分学习、吸收美国图书馆界先进的管理理念和服务经验；2010 年举办中美图书馆员专业交流项目——广东省图书馆管理人才高级研修班。此外，为了加强中外图书馆界的学术交流，广州市图书馆学会每年联合香港歌德学院举办面向广州地区图书馆业界的德国图书馆专家报告会，使本地区图书馆从业人员的科研和服务水平得到整体有效的提升。

4　广州地区公共文化服务体系建设面临的问题和对策

建设国家中心城市，是国务院在 2008 年颁布实施的《珠江三角洲地区改革发展规划纲要》从国家战略层面对广州发展目标定位提出的新要求。在这个新的形势下，公共文化服务体系建设日益受到政府的重视和社会的关注。近年来，广州市政府作为本地区公共文化服务事业的建设主体，致力于构建广州地区公共文化服务体系，在公共文化政策、设施、队伍建设等方面确实花了很大力气，但随着人民群众对文化需求的日益增长，本地区公共文化服务体系还需要进一步完善。

4.1　公共文化服务体系建设面临的问题

4.1.1　公共文化服务体系的覆盖率偏低

就广州地区公共图书馆的覆盖率而言，广州市按当前 1 450 万常住人口计算，应设置 2 处大型图书馆、27 处中型图书馆、44 处小型图书馆，整个广州市的公共图书馆体系应包括大、中、小型公共图书馆共 73 处设施。广州市目前的服务网点主要还是市、区（县级市）两级图书馆共 14 座，基层图书馆（室）建设非常薄弱，人均拥有公共图书馆设施指标偏低，图书馆总体服务保障水平较低，远远不能满足社会公众日益增长的阅读需求，难以保障公众的文化权益。

4.1.2　基层公共文化机构的服务意识淡薄

尽管广州地区文化基础设施体系已基本建成，但开展群众文化活动和服务的积极性依然不高，表现在文化服务机构的服务内涵单一、服务频率低下、群众对文化服务的参与和接受度不高等方面。

4.1.3　政府保障力度不足

现阶段，由于政府责任不明确，缺乏有保障的事业经费投入机制，人员经费投入不足，依靠图书馆自筹解决、补充人员经费的传统思路仍在延续，严重影响了队伍建设，制约着图书馆的发展，服务公益性偏低。

4.2　加强公共文化服务体系建设的对策

4.2.1　明确政府职责，加大对公共文化基础设施和体系建设的投入

政府是公共文化服务体系建设的主体力量。在公共文化服务体系建设过程中，政府发挥着主导作用，其文化责任不可推卸。要将公共文化服务体系纳入公共财政保障范围，明确各级财政对文化的投入占财政总支出的比例，确保公共文化服务体系的正常运营。

4.2.2 提升全体民众的公共文化意识

公共文化服务体系建设除了政府作为投入主体之外，公众的文化参与、社会的文化责任承担等都是十分重要的因素。有了公共文化的自觉，才会形成与政府公共文化责任的积极呼应，形成供需双方的良性互动。

4.2.3 抓好队伍建设，提高公共文化整体服务水平

良好的人员队伍是搞好事业的必要因素，没有一支优秀的公共文化服务人才队伍，公共文化服务体系建设则无从谈起。要采取多种方式及时吸收各类优秀文化人才充实专职文化队伍，为人员提供继续教育、提升技能的机会，不断提高各级各类文化人才水平。为人才队伍创造良好的发展空间和平台，建立激励机制，保持文化队伍的稳定和活力，全面提升公共文化服务水平。

参考文献

[1] 关于印发《广州市加快公共文化服务体系建设实施意见》的通知［穗办（2009）10号］. 广州政报，2009（11）：7～14

[2] 珠江三角洲地区改革发展规划纲要（2008—2020年）.［2009－01－08］. http：//politics. people. com. cn/GB/1026/8644751. html

[3] 张正. 广州文化“首善之区”建设浅论［J］. 河南图书馆学刊，2009（5）：36～38

[4] 黄旭涛. 关于公共文化服务体系建设的研究——天津市公共文化服务体系建设状况的调研报告［J］. 环渤海经济瞭望，2010（1）：27～30

[5] 谢碧瑜. 公共图书馆城乡一体化服务体系建设研究——以广州公共图书馆建设实践为例［J］. 图书馆论坛，2009（5）：20～23

[6] 苏蓉晖. 公共文化服务体系中图书馆的发展［J］. 文史博览，2007（9）：42～43

[7] 李婷. 延伸图书馆公益服务，构建社会公共文化服务体系［J］. 图书馆，2007（5）：66～68

浅析广佛同城化及公共图书馆资源共建与服务协作

肖秉杰①

（广州图书馆　510055）

摘　要：广佛的历史文化同根同源，对两地图书馆界来讲，资源共建与服务协作就是推进文化基础设施共享，实现资源共享，方便市民充分利用文献信息资源，保障双城居民均可充分享受共享资源带来的便利。

关键词：广佛同城　图书馆　资源共建　服务协作

1　广佛合作的必要性

1.1　双城在历史地理上的渊源

广佛两城，历史上很长一段时间都是属于同一行政建制。秦朝设南海郡时，郡治就设在番禺，先有番禺后有广州。广州与佛山，面积占珠三角的1/3，而经济总量与人口则接近珠三角的一半，是珠三角地区名副其实的中心区。广佛地理相连、产业相关、生活相依，经济互补明显，交流与合作历史源远流长。特别是近20多年来，缘于两地经济结构的差异性和比较优势的互补性，两市交往日益密切，基础设施互相渗透，已形成一张网络。广佛两地的文化根基都是广府文化，是岭南文化特别是广府文化的核心区，直到今天，广佛之间的经济、文化和人脉联系的亲密性都是别的地方不可比拟的。广佛两地相同的历史脉络使两地有着强烈的认同感。

1.2　广佛同城化的战略意义

时至今日，广佛同城已成国家战略、全省热点。广州、佛山两地的经济文化发展现状决定了广佛同城化的战略意义。广佛的历史文化同根同源，地域人文相近相亲，目前的产业结构又互补互利。广佛文化相同的根源，是广佛同城化的一个重要保障，为同城化消除了因文化冲突所带来的矛盾。随着城市的发展，广州城市规划进程中，有相当部分的广州人家住在佛山，上班在广州，他们是广佛同城化呼声最高的支持者，也是广佛同城化的直接受益者。全球化时代，当城市群的合作成为主流，群内城市的合作将逐渐代替无序的竞争。广州，需要佛山作为其后方阵地，依靠佛山的制造业来支持广州的现代服务业及商业。就佛山而言，利用毗邻的优势，借助广州的现代服务业支撑，发展佛山的制造业，是最切实的途径。可见，广佛经济基础、产业结构上的高度互补性为双方的合作提供了广阔的空间，为各自产业结构的进一步发展和升级提供了双赢的契机。

---

① 作者简介：肖秉杰，助理馆员，广州图书馆公关策划员。

1.3 两地政府对同城化的态度

广州提出以“南拓、北优、东进、西联、中调”为内涵的城市发展战略，其中的“西联”就是向西与佛山加强联合之意。今年广州的地铁、新火车站、新机场、港口等重大基础设施的建设和规划，都充分考虑到广佛同城化发展趋势的需要。而佛山规划中的“东靠”概念与广州规划中的“西联”概念不谋而合，可见两城对于广佛同城化的共识和决心。早在2005年，广州市政府组团到佛山考察，两地就已形成若干共识，在政府层面已建立起了沟通协调机制。

总之，历经多年的努力和协调，广佛同城化取得了积极进展，在交通设施、产业发展、社会事业、文化事业等各方面都有了非常扎实的合作基础。广佛都市圈的格局已经初步形成，这是广佛同城化的良好开端。

2 广佛同城化的部署

2.1 经济及基础设施各个方面的同城化进程

目前，广佛两地已经开始推动重点领域与重点地区的同城化进程。在综合服务、基础设施、居住生活、生态建设等重点领域，以及合作基础良好、发展定位明确的重要区域，进行了同城化的规划建设。金沙洲、荔湾、南海等交界地区的同城化融合发展良好，共建共享道路交通、市政设施、文化教育、医疗卫生、社区体育、就业与社会保障、生态环保等设施。

广佛同城化建设推进顺利，对接协调卓有成效。广佛经济圈深度合作，加快形成优势互补、互利共赢的区域经济发展格局。广佛经济圈的发展目标，是形成布局合理、功能互补、结构有序、整体优化、协调一体的广佛同城化发展格局，使广佛同城化成为珠三角一体化发展的典范。

金融同城、通信同城的实施方案正在制定实施，金融同城争取实现跨行通存通兑、取消异地存取款手续费，通信同城争取实现资费同城化。定点医疗机构互认，开通医疗保险门诊和住院费用结算系统，实现广州异地参保人医疗费用在佛山直接记账结算。在资源价格方面也逐步推进油、气、电、水等资源价格同网同价，逐步实现物管、教育等价格的对接，制定统一物业服务收费管理办法。基础设施方面，广佛地铁（亦称广佛线），是一条连接广州市至佛山市的正在修建的地铁线路，也是中国首条跨越两个城市之间的地铁，纳入珠江三角洲城际快速轨道交通广州至佛山段。它是佛山首条地铁线路，也是广佛同城化的标志之一。同时，加快进度完成河涌整治、河道保洁、大气治理，在环境保护方面两地也达成了共识。

以上种种，都显示出了广佛同城化在基础设施，配套规划方面的推进力度。

2.2 实现公共文化资源共享，鼓励区域文化的崛起

广佛两地素有文化渊源，可谓同宗同根。在广佛同城化的推进过程中，大家对硬件的建设十分重视，似乎对两地文化的交流互动，以及广佛文化一体化的发展重视不多。两地文化同宗同源，其实不缺乏交流互动，但是这种交流互动大部分都是民间的。比较缺少的是规模化、大型化、有组织以及商业化的交流。文化交流如只限于民间的小型化、松散化的自主交流，则两地的文化难以形成合力。

广佛两地的有关部门，应该加大力度，将两地的文化交流活动提到更高层面上并形成规模，同时，要鼓励民间的文化交流互动，鼓励其不必拘泥于形式，指导其实现规模化，甚至提供平台加强民间文化活动的影响力。可以引导民间文化加入市场的元素，为其注入活力。

广州的美食节、迎春花市，都可与佛山形成互动，广佛购物节就是一个成功的例子。但不应局限于购物，还可以有其它的文化活动，如广州的春节晚会与佛山的春节晚会一样可以共同编排互动。同样，其他活动也可以相互邀请，如选美、粤剧、唱歌、动漫、电影等，让交流的层次升级，固定化、规模化。只有这样才可以把广佛两地形成一个巨大的广府文化、粤语文化的市场。有了这个巨大的市场，广府文化的传承、发展才有一个更好的根基。

3 广佛同城化进程中的公共图书馆资源共建和服务协作

广佛同城化，对两地图书馆界来讲，就是推进文化基础设施共享，推动广佛图书馆文献资源共建和服务协作，实现资源共享，方便市民充分利用文献信息资源，旨在整合两地图书馆资源，搭建通畅文献信息资源共享平台，凭借优势的网络和服务体系，保障双城居民均可充分享受共享资源带来的便利。广佛文化同城化的过程中，公共图书馆资源的共建协作是基础，以至于其他的文化协作都可以借助这个公共平台进行合作宣传。做好广佛公共图书馆资源的互动和协作，是两城文化合作中相当重要的一步。《广佛同城化建设合作框架协议》中也提到图书馆合作，指出要实现两地公共图书馆“读者证互认”，这是最基本的目标，也是即将进行的所有合作的重要起点。

3.1 构建体现本地区特色的文献资源体系

广佛两地的图书馆合作，应着手于构建体现本地区特色的文献资源体系。目标是联手打造富有地方文化色彩的文献资源，致力于发掘、保管地方历史文献，两地之间资源互通，从而保证文献资源的充足性和完整性。同时，在合作过程中，可适当分工合作，从不同重点入手收集整理资料，尽快建立起完整的文献资源体系。

具体措施是建设地方特色数据库。例如，共建“回望历史”系列数据库。数据库将以展望历史形式，收集和整理粤剧、地方民俗、民间艺术等文化资源建立数据库，借此保护和宣传广府文化。众所周知，广州是当今南粤文化的中心，而佛山是粤剧、地方民俗、民间艺术等文化艺术的摇篮。两地合作，使围绕“起源—成长—盛行—失落—再起”这一主题的资料更加充实，从今和昔两个角度进行对比，见证广府文化的起落，记录其一路走来的足迹。

3.2 逐步实现两地图书馆资源错位发展

在两城公共图书馆的发展规划方面，逐步实现广佛两地公共图书馆资源的错位发展。错位表示事物在体位关系上求异性的变动趋势，是一种积极主动地寻求事物发展定位、方向和关系上的变化的方式。错位发展是差异化战略思想的体现、创新求变思想的彰显，其目的在于培育自身的发展优势。文献资源共享创新管理体制和运行机制，利用先进信息平台，充分发挥两市各自的文献资源建设优势，逐步实现馆际合作和资源共享，最大限度地满足了两地广大市民的需要。两地的公共图书馆建设，要集中起来，统一规划，统一部署。在规划过程中，可以考虑两地各自的优势。广州的政治文化中心地位，及其自身的开放性和包容性，决定了广州文献资源发展的定位是综合的和全面的，佛山富有地方文化底蕴，可以重点发展地方文献建设。两地之间，要通过搭建信息平台实现公共信息文献资源的共享。例如，建立网络平台互相提供合作编目数据和电子文献传递服务，建立数字图书馆，向两城用户联合开展网上图书借阅查询服务。错位合作的关键，是信息资源的高度同享，这样才能形成一体化同城的全面综合文献资源优势，而不是两城中某一方的不均衡发展。

两城不仅要更新图书馆的观念，而且也要培养读者的资源共享意识。政府、图书馆和读者都要重视文献资源共享，达成公共图书馆资源共建共享的共识，并将此共识作为政府管理图书馆事业、图书馆开展业务工作和读者利用文献资源的行动指南。

3.3　实现两地图书馆数字资源的共用

实现借阅证互认，首先要实现两地图书馆数字资源的共用。《广州市、佛山市同城化建设合作框架协议》指出，要推进文化基础设施共享，推动广佛公共图书馆文献资源共建和服务协作，实现读者证的互认。读者证的互认是广佛同城化公共图书馆资源实现共享的重要标志和首要保证。

由于广佛两地图书馆的相关规则不同，实现广佛两地读者证互认，首先要统一标准，并进行管理系统的对接。比如佛山的图书证在佛山可以借 2 本书，借 1 个月，广州市的图书证可能可以借更多的书，或者借更长的时间，或者会有其他的规定。实现读者证互认，首先是两地图书馆要制定一个统一的标准，这样才能提供统一的服务。而两地读者证互认的前提，首先要实现两地图书馆数字资源共享，接下来才是实现两地馆藏资源的互借。

3.4　实现两地图书馆宣传的互动及共享

公共图书馆是政府主办的公益性文化设施，现代的公共图书馆职能，除了为读者提供公共图书资源的借阅及查询服务外，还在一定程度上承担着公益文化宣传和普及的责任。

公共图书馆承担着一部分公益性宣传展演工作，诸如公益图片展、文化宣传周的宣传工作。在广佛同城化的过程中，应把两城的公共图书馆看成一个联动的整体，广州的宣传活动，比如图片展、文化会演等活动，应将佛山纳入巡回的下一站；甚至系列性的活动，可以采取轮流方式，根据不同的主题，安排在佛山的图书馆或者广州的图书馆举行图片展或者宣传；双方亦可配合同一主题分别在本馆或者兄弟馆举办展览宣传或者主题讲座。

以广州图书馆的“羊城学堂”为例。“羊城学堂”是由中共广州市委宣传部、广州市社会科学联合会主办，广州图书馆、《信息时报》等单位协办的公益性讲坛。“羊城学堂”将立足于提高市民的科学知识和文化素养，促进阅读型社会和文明城市的创建，面向社会公众，以普及科学知识，传播先进文化，引导社会思想，促进市民形成良好的阅读习惯为宗旨，邀请学识渊博的社会名流和专家学者作为主讲嘉宾，为市民提供一个集知识与趣味为一体的学习交流平台。“羊城学堂”一般在广州图书馆开讲，也尝试过将讲坛移师户外，效果良好。诸如此类的公益性讲坛，双城公共图书馆在合作过程中，可以邀请对方作为联办或者协办单位，共同策划讲座拓展宣传，比如广州图书馆若邀请了知名嘉宾在广州主讲，可提前知会佛山市图书馆，让佛山馆决定是否也安排此嘉宾到佛山作巡回演讲。此外，现代科技的发展，特别是多媒体技术的进步，大大加强了异地之间的互动。在广州图书馆举行的讲座，可以通过多媒体技术实现佛山馆的异地直播，并且可以让在佛山观看的市民与讲座现场实时连线提问；同样，佛山馆进行的“禅城学堂”也可通过这种方式传送给广州的市民观看以及互动交流。从这种意义上说，“羊城学堂”，不应只是广州一城的学堂，而应是广佛同城的学堂。“广佛学堂”的形成，重点是互动，是两地公共图书馆之间的联动合作，需要加强的，是两地之间的文化协作和交流。

两地图书馆的宣传活动以及读者工作的范围不再仅限于广州或者佛山本地，而是应该共同拓展至广佛这一大区域来。所有的资源和设施都要保证两地居民有同等资格参与，所有的宣传活动面向的读者，都应该包括了广州和佛山这一大区域的居民。两地读者证的互认的即将实现，将会为公共图书馆的宣传打下基础。读者将会从根本观念上认同广佛同城，而

"互认"则令两地读者共同参加公益性论坛及讲座成为可能。

公共图书馆资源共享、资源区域化建设是一项长期而艰巨的任务。我们各级图书馆应更新观念，具备大局意识，团结协作，打破区域界限，建立资源共享平台。同时，要积极争取地方政府加大对图书馆资金的投入，本着优化配置的原则，对两地馆藏资源、管理和创新技术进行整合。通过规划、合作交流、统一标准，共同研究创新等方法，建立多层次的区域共享数据库，实现资源共享，读者证互认等一系列工作。

总之，图书馆资源区域化是一项复杂、多层次的工作，涉及部门多，任务艰巨，需要广佛政府及两地的公共图书馆共同努力，不断沟通，互相协作，才能取得最终的胜利。

参考文献

[1] 舒涓，鞠杨．广佛同城化发展规划出炉　携手打造珠三角合作典范［N］．广州日报，2009-09-26

[2] 梅伟霞．广佛同城的发展条件和障碍分析［J］．特区经济，2009（10）：54~56

[3] 区旭坤，庾凯卫．广佛都市圈文化建设的探讨［J］．科技创新导报，2009（36）：251~252

[4] 黄秋琼．广佛同城背景下图书馆区域合作与资源共享［J］．科协论坛，2010（3）：188~189

[5] 黄淼章．广佛同城的历史文化资源与保护、开发和利用［J］．广州社会主义学院学报，2010（2）：56~61

[6] 谈锦钊．广佛都市圈：城市区域合作的探讨［J］．青岛科技大学学报（社会科学版），2009（1）：12~15

论广佛公共图书馆的通借通还工作

李一熹[①]

（广州图书馆　510055）

摘　要：本文介绍了广州、佛山两市公共图书馆实施通借通还的现状和发展差距，并提出推动广州地区公共图书馆实现通借通还的策略。

关键词：通借通还　公共图书馆　联合图书馆

1　通借通还的意义和作用

最近几年，通借通还这种服务模式在全国迅速展开，目的是便利读者、规范服务、资源共享和惠及全民。所谓通借通还就是将对公众提供服务的图书馆组合为一个服务平台，每位读者都可以在任何一家成员馆享受到以下服务：①可查找到所有成员馆的馆藏信息及借阅信息；②可持任一成员馆的借书证在各馆享受借阅服务，包括借书、还书、续借和预约等；③在通借通还服务发展成熟的地区，读者甚至可以足不出户，利用互联网和图书馆的物流系统来完成图书的借还手续。

公共图书馆的文献通借通还服务状况大致有三种层次：①同一公共馆内实现通借通还；②同一公共馆的总分馆之间实现通借通还；③某一区域内的公共图书馆实现馆际间通借通还。

传统意义上的图书馆借还书服务，主要是利用本馆的馆藏，在馆舍范围内为相对固定的读者群提供文献服务。而通借通还服务的开展，则是为图书馆开拓新的文献资源共享方式和读者服务方式。

开展图书“通借通还”服务，一方面极大地方便了广大读者就近、便捷地使用图书馆文献资源，是实现市民文化权利的具体体现。另一方面，通过联网和合作，进一步加强公共图书馆之间的联合，逐步构建公共图书馆网络共享平台，为促进公共图书馆文献资源与服务的整合，实现文献资源共享打下良好的基础。

对于公共图书馆来说，通借通还不但打破时间和空间的局限，还打破文献所有权和读者所属馆的局限，使文献信息资源在更大范围内实现共享，而对于读者来说，通借通还的实现可以为其提供更方便、更人性化的服务，最大限度地实现读者的借阅权利。

2　广州地区公共图书馆现状及通借通还情况

和国内其他城市一样，广州地区公共图书馆是按照行政区域设立的，主要分为省、市、

---

① 作者简介：李一熹，助理馆员，广州图书馆助理参考咨询员。

区三级公共图书馆。广州是省会城市，下辖十区两市，拥有省级图书馆一座（省立中山图书馆），市级两座（广州图书馆、广州少年儿童图书馆），区级十二座（越秀区、荔湾区、海珠区、天河区、白云区、黄埔区、萝岗区、番禺区、南沙区、花都区、从化市和增城市）。

各级公共图书馆之间、公共图书馆与学校图书馆、专业图书馆和其他类型图书馆之间没有形成方便读者的服务网络。省、市、区（县）、乡镇图书馆、村级图书馆馆际协作还有待加强，服务网络还未完全形成，资源共享程度低。馆际之间一证不能通用，书刊不能通借通还。

广州从 1998 年开始制定通借通还项目方案，但到目前为止依然进展缓慢。2008 年广州市委宣传部长王晓玲指出，香港文化事业的先进经验值得广州借鉴，如图书馆“一卡通”管理，就可考虑引入，同年 11 月 27 日在广州市第七次文化发展战略研讨会上的讲话指出，“整合公共文化服务资源，拓展公共服务空间，推出全市公共图书通借通还等惠民便民文化服务，为市民提供优质的均等化公共文化服务”。

各个公共图书馆基本上各自建立了分馆和联合馆。例如，广州图书馆建立有 31 个分馆、11 个村级分馆、两个联合馆、两处借阅处和 6 个流通站。广州少年儿童图书馆在全市建立了 14 个分馆。在如此多分馆的背后，只有部分分馆实现了与总馆通借通还。

3　佛山公共图书馆现状及通借通还情况

佛山市现辖禅城区、南海区、顺德区、高明区和三水区，分别建有市区两级图书馆，还建立了禅城区联合图书馆以及佛山市联合图书馆。

2002 年 9 月，中共佛山市禅城区委、佛山市禅城区人民政府发布了《关于佛山市禅城区“联合图书馆”建设方案》，正式提出了建设“佛山市禅城区联合图书馆”的规划和设想。2003 年 10 月，第一家分馆“禅城区图书馆少儿分馆”正式开放，标志着佛山市禅城区联合图书馆（以下简称禅联图）的正式起步。禅城区联合图书馆是一个主分馆制的图书馆服务体系。它是佛山市联合图书馆的重要组成部分。到目前为止，禅城区联合图书馆已建成主馆一个（禅城区图书馆）、分馆五个［少年儿童分馆（因馆舍拆迁临时闭馆）、澜石金属分馆、环市童装分馆、张槎分馆、张槎中心小学分馆］。总建筑面积近 6 000 平方米，藏书 30 万余册。

2003 年底原佛山市市委书记黄龙云亲自部署在全市推广禅联图的方案。2004 年 4 月佛联图工程被列为佛山市宣传文化重要建设工程项目之一。2004 年 6 月佛山市图书馆提出了《佛山市联合图书馆实施方案》。佛山市联合图书馆自 2005 年年底启动试运行以来，目前已拥有 18 家成员馆，遍布佛山五区，包括公共馆、街道馆、学校图书馆等不同类型的图书馆，成功实现了“多馆联合服务，一卡通借通还”。从 2010 年 6 月 1 日起，佛山五区的图书馆正式实现统一联网。只要在佛山境内，哪个图书馆离你近就可以在哪里还。各成员馆的图书实行“全流通”，在全市范围内通借通还；截至 2010 年 5 月底，联合馆累计办证 68 000 个，可供读者借阅的图书期刊 143 万册，累计流通册数超过 200 万册。

4 推动通借通还的对策

从上述广佛两地公共图书馆现状可以看到，不仅广佛两地的公共图书馆发展存在着差距，而且广州公共图书馆的发展现状与“建设文化强市，打造世界文化名城，不断增强国家中心城市的文化软实力，为广东建设文化强省作出新的更大贡献”的目标还存在着距离。

为了促进广州地区公共图书馆通借通还策略的实施，广佛两地应从以下几个方面着手进行：

4.1 引起政府重视

公共图书馆是一种由政府或其他社区组织支持和资助的、为所有社会成员平等地提供原则上免费的信息资源和服务的公共文化设施。一般借阅服务（无论是纸本图书，还是电子图书）都应该免费。这样的特性决定了图书馆是靠政府投入的，只有图书馆事业得到领导重视，图书馆事业在“文化强市”战略中具有重要作用，政府才会投入更多资源，推动其发展。

4.2 图书馆立法

全市性有关公共图书馆的地方法规和政策至今还没有出台。单靠主管部门或领导决策，或者找几个专家学者论证，公共图书馆缺少法律保障，导致公共图书馆的建设发展不稳定，连续性差和布局失衡。

4.3 舆论支持

有关图书馆的报道，往往引起市民的广泛关注。2010 年 1 月，广州媒体刊登了广州图书馆“关于向广大读者征求搬迁意见”公告的报道，随即引起广大市民关注。开心网、广视网和大洋网等都挂出了“请为保留广州图书馆旧馆出一分力!”的帖子，众网友纷纷猜测广图旧址的命运。读者通过各种途径不断向馆方反映自己的意见和建议。广州图书馆党委书记何建平接受媒体采访，明确表示“广州图书馆新馆建成之后，广州图书馆旧馆仍将作为图书馆用途，保留图书馆的基本功能不变，估计新馆有望在广州图书馆建成 30 周年纪念日即 2012 年 1 月之前完成搬迁并正式对外开放”。舆论多报道、多反映市民对于图书馆的需求，这有利于图书馆事业的发展。

4.4 创新思维

现行管理体制存在几个障碍：财政的“分灶吃饭”，人事、行政的管辖等。其中，最大的问题是财政“分灶吃饭”。所谓“分灶吃饭”，就是地方的事业由地方出资兴办，开支列入地方财政预决算。“分灶吃饭”的实质是“自家的孩子自家养”，“别人的孩子别人养”。广州市的通借通还项目 1998 年就作出了规划方案，至今未能实施，最主要原因在于“分灶吃饭”这个问题，市级财政不愿意承担区级图书馆的费用。针对这个问题，广州可以借鉴国内其他城市已有的成功的经验。例如杭州，杭州打破了图书馆体制的束缚，实现全市各级（市、区、街道）公共图书馆通借通还。市级馆和市图书馆学会作为推动全市各级公共图书馆通借通还工作的实施机构，应努力发挥其指导协调的作用。

参考文献

[1] 张晓源．城市图书馆通借通还项目管理与体制创新研究［J］．中国图书馆学报，2003（6）：19~22

［2］方崴，曾赤敏，张萌．佛山市联合图书馆模式的实践和创新［J］．图书馆建设，2008（6）：28～31
［3］国家图书馆学刊记者．图书馆服务也能创出品牌——访佛山市禅城区图书馆馆长屈义华先生［J］．国家图书馆学刊，2007（2）：43～47
［4］屈义华．公共图书馆服务创新——佛山市禅城区“联合图书馆”的实践与思考［J］．图书馆论坛，2005（6）：305～307
［5］平玉娜．佛山市联合图书馆建设构想［J］．图书馆论坛，2005（3）：132～134

浅析公共图书馆如何在区域文化建设中发挥重要作用

——以广州图书馆为例

王　婧[①]

（广州图书馆　510055）

摘　要：公共图书馆是公共文化服务体系的重要组成部分，在区域文化建设中起着举足轻重的作用。本文以广州图书馆为例，对公共图书馆在区域文化建设中发挥的重要作用以及面临的机遇和挑战进行了探讨。

关键词：区域文化建设　公共图书馆　公共文化服务体系

中共广东省委十届七次全会审议通过了《广东省建设文化强省规划纲要（2011—2020年）》，提出力争用十年左右的时间，达到与广东经济社会发展相适应的文化发展水平，把广东建设成为在全国具有重要影响力的区域文化中心、发展社会主义先进文化的排头兵、提升我国文化软实力的主力省、中国文化“走出去”的生力军和率先探索中国特色社会主义文化发展道路的示范区，形成具有中国气派、岭南风格、广东特色的现代文化体系。公共图书馆作为面向全民提供知识、信息及文化、教育服务的公益性机构，是重要的知识信息枢纽和精神文明建设基地。如何在文化强省建设中发挥公共图书馆的重要作用，成为图书馆的一个重要课题。广州图书馆作为区域中心馆，对广州地区公共图书馆服务体系的发展以及区域文化建设都具有重要影响。

1　广州图书馆区域文化建设

广州图书馆成立于1982年，是由广州市人民政府主办，为社会公众提供普遍、均等服务的公益性公共文化教育机构，是广州市公共文化服务体系的基础组成部分。广州图书馆成立近三十年来，充分发挥本地区图书馆服务体系中心图书馆的作用，已成为广大市民的知识、信息、教育、文化和休闲娱乐需求的中心。

1.1　为公众提供普遍、均等服务的理念

广州图书馆作为公益性事业机构，在服务中充分体现以人为本、普遍均等、惠及全民的原则，保障公民基本的文化权益，积极推动整个社会的和谐发展。2001年广州图书馆在全国率先建立盲人电子阅览室，为盲人读者提供免费上网及技能辅导、有声读物阅览、盲文图书和视听资料借阅等日常服务，受到盲人读者的欢迎。广州图书馆还利用汽车图书馆、图书流动站、分馆等服务点为部队官兵、劳教服刑人员、外来务工人员、老年人等特殊群体提供针对性服务。

---

① 作者简介：王婧，广州图书馆工作人员。

大力发展文化信息资源共享工程。利用共享工程国家中心、广东省中心以及广州市、区公共图书馆的资源，为广大市民提供优质便捷的网上服务。随着共享工程服务的不断推进，图书馆服务也得到同步延伸，如为全市街镇服务点开通数字资源检索与利用服务、阅读活动进村入社、免费电影周开放等。

1.2　建立地方文献专藏

地方文献具有浓厚的地方特色，很多珍贵资料可供地方经济建设和社会发展的决策、规划、实施所借鉴，具有存史、资政、励志的作用。广州图书馆非常重视地方文献的收藏，1996 年专门成立广州地方文献室，收藏包括地方史志、统计资料、家谱族谱、“四地”文献（海上丝绸之路、岭南文化、近代民族革命、改革开放）、非物质文化遗产相关资料、粤海关专题文献、地方人士著述、地方出版物等方面的资料。在这里读者可以一览广州市各项法规、政策，可以获取广州市各行各业的信息，可以了解广州的历史文化、风土人情。

为了方便读者更好的利用这些资源，广州图书馆编制了《广州地区公共图书馆馆藏广州地方志联合目录》、《广州地区非物质文化遗产专题文献联合目录 》、《粤剧专题文献联合目录》、《广州市革命回忆录专题文库书目提要 》、《海珠区文化名人研讨资料》等多种目录索引和参考资料，并自建广州人物库、广州社团数据库、广州地方法规规章数据库、“走进广州”数据库、广东历史文献书目数据库等，大大提高了读者的查阅效率。

随着广州新图书馆建设工程的不断推进，现有馆藏结构的不足更加突出，必须加以优化和提升。广州图书馆以普通文献和基础文献为主的馆藏结构与广州建设国家中心城市、现代化国际大都市、区域文化教育中心的发展目标不相适应。为此，广州图书馆近年来着手开展了有地域和专题特点、服务于社会深层次研究和发展需求的特色馆藏。

2009 年年底广州图书馆成功引进我国著名文献学家、藏书家王贵忱先生的藏书一批，共 340 种 756 册，其中珍本、稿本、抄本约 90 种。这批藏书数量大、保存好、系统性强，岭南地方文献丰富，具有很高的收藏价值。此批书的引进提高了广州图书馆的古籍馆藏水平，为今后广州图书馆特色文献的建设与发展奠定了良好的基础。

1.3　开展多种形式的公益讲座、展览

广州图书馆紧跟时代发展脉搏，贴近市民生活，已经成为广州精神文明建设的一个重要窗口。仅 2009 年，就成功举办了“三十年后再回首——纪念中美建交 30 周年图片展”与“广州巨变 60 年——庆祝建国六十周年”图片展；与广东省立中山图书馆共同举办“岁月的回忆——广州老照片展览”，与羊城晚报社合作举办“叶健强跑街广州影像三十年摄影作品展”等，受到广大市民一致好评。

此外，由广州市委宣传部、市社会科学界联合会主办，广州图书馆与信息时报社、共鸣杂志社协办，以“阅读改变人生”为宗旨的大型公益讲座——“羊城学堂”，已成功举办三年多，因其关注民生及社会热点问题，受到广大市民的青睐，在普及科学知识，传播先进文化，引导社会思想，营造学习新风尚，促进创建学习型社会和文明城市方面发挥了重要作用，成为广州的一大文化品牌。

1.4　利用地缘优势，开展对外文化交流

广州图书馆充分利用广州作为岭南地区对外交流中心的优势，通过举办一系列展览等活动，开展国际文化交流。2007 年与香港大学等单位联合举办“万古不磨意，中流自在心——饶宗颐教授学艺兼修展”；同年，为纪念中日邦交正常化 35 周年，举办 9 场“中日文化·体育交流年——广州市民公开讲座”；2008 年为庆祝广州与德国法兰克福结为友好城市20周年，举办法兰克福摄影展和德国当代精品图书展。

2002年以来，广州图书馆通过香港歌德学院已成功举办了11期德国图书馆专家学术报告会、研讨会，今年4月还成功承办了“2010中美图书馆员专业交流项目——广东省图书馆管理人才高级研修班”。通过与国外专家的交流，增进了双方的了解，也为珠三角地区图书馆人提供了一个学习国外图书馆界先进服务管理理念的平台。

2 发展新契机

2.1 建设文化强省

《广东省建设文化强省规划纲要（2011—2020年）》（以下简称《规划纲要》）重点提出要“构建普惠型公共文化服务体系，保障人民基本文化权益”，实施公共文化服务体系建设工程，建立和完善结构合理、发展均衡、网络健全、运行有效、惠及全民的公共文化服务体系，使广东成为全国公共文化建设示范区，为公共文化服务体系的发展迎来新契机。

政府的投入明显不足一直是制约公共图书馆发展的重要原因之一，所以《规划纲要》中明确提出要加大财政投入力度。建立健全文化事业发展财政保障机制，各级财政的文化事业经费投入要随着当地经济社会和财政发展逐步增加，推动各级公共图书馆、博物馆、纪念馆、非物质文化遗产馆（所）等公共文化场馆全面免费开放。2011—2015年，全省将投入250亿元以上，用于支持文化强省建设。公共文化服务体系建设很大程度上依赖于政府投入，有了资金保证，公共图书馆将一改“巧妇难为无米之炊”的困局，可以进一步改善阅读环境，加强馆藏资源建设，为读者提供更贴心的服务。

《规划纲要》还强调要加强文化法规建设，加快地方性文化立法进程，修订完善现有的关于文化建设的法规或政府规章。图书馆立法是推进公共文化服务体系建设的突破口，是图书馆事业科学发展的法律保障。在《规划纲要》的指导下，今后十年图书馆立法必将得到有力推进，酝酿已久的《广州市图书馆条例》也将有望正式出台。

2.2 广州建设国家中心城市及广佛同城的发展目标

《珠江三角洲地区改革发展规划纲要（2008—2020）》指出，广州市要充分发挥省会城市的优势，增强高端要素集聚、科技创新、文化引领和综合服务功能，进一步优化功能分区和产业布局，建成珠江三角洲地区一小时城市圈的核心。增强文化软实力，提升城市综合竞争力，强化国家中心城市、综合性门户城市和区域文化教育中心的地位，提高辐射带动能力。强化广州佛山同城效应，携领珠江三角洲地区打造布局合理、功能完善、联系紧密的城市群。将广州建设成为广东宜居城乡的“首善之区”，建成面向世界、服务全国的国际大都市。

《广佛同城化发展规划（2009—2020）》明确指出要加快广州国家中心城市建设，强化广州佛山同城效应，提升广佛发展水平。发挥文化同源优势，建立文化发展协调机制，依托广州区域文化教育中心地位，创造文化精品，打造文化品牌，提升文化软实力，率先打造成为全国性的公共文化建设示范区。

《规划纲要》中对广州文化建设也提出了具体要求：广州要发挥中心城市的文化引领和辐射作用，建设具有国际一流水准的标志性文化设施和文化服务平台，努力建设成为带动全省、辐射全国、影响东南亚的文化自主创新中心、区域文化中心和国际文化名城。

连续出台的三个规划纲要中都强调了广州在岭南文化建设中的引领、辐射作用，这意味着作为广州公共文化服务体系的重要组成部分，作为区域中心馆的广州图书馆，在今后的区域文化建设中将承担越来越多的责任，在加强区域间文化交流与合作，推进公共文化资源共享，推动公共图书馆文献资源共建和服务协作方面要发挥更大的作用。广州图书馆也将面临前所未有的挑战，广图人需要加倍的努力与付出。

2.3 广州新图书馆

广州新图书馆是广州市政府为了更好地满足广大市民日益增长的文化、信息和知识的需要于2006年动工兴建的，位于广州新城市中轴线的珠江新城，占地面积2.1万平方米，总投资9.24亿元人民币。新馆建成后馆舍建筑面积将由原来的1.77万平方米增加到9.8万平方米，阅览座位由1 758个增加至6 000个，日均接待读者量达1万人次。2010年亚运会期间将向公众试开放，预计2011年下半年正式开放。新馆建成后将成为一个集学习阅读、信息交流、文化休闲等为一体的，具有鲜明时代风格和浓郁岭南人文蕴涵的图书馆，将成为广州市文化设施中的新标志。

2.4 广州亚运会

2010年11月，广州将迎来一场世界瞩目的体育盛事——第16届亚洲运动会，届时将有来自亚洲45个国家和地区的1.4万多名选手参赛，随之将有来自世界各地的友人涌入广州，要通过图书馆更好地展示广州“古今相承、中西融汇的文化名城”的魅力，展现广州“开放包容、海纳百川、敢为人先、自强不息”的城市人文精神，发挥广州作为岭南文化中心地的引领作用，以举办亚运会为契机，不断提升广州文化的影响力。

为配合亚运会的举办，广州图书馆举办了“绚烂亚洲——亚洲多元文化图片展”、“‘羊城少儿乐洋洋—翰墨书香’迎亚运青少年征文、书画比赛”、“迎亚运，讲文明，当好东道主”、“迎亚运、学英语”等一系列活动。广州图书馆还成立了亚运专题阅览室，在这里读者可以查阅到亚运会及亚洲国家和地区体育、文化方面的各种信息资源。亚运会期间，广州图书馆新馆首层将向来自世界各地的读者开放，广州图书馆必将成为一个展示羊城魅力，促进世界各国文化交流的大舞台。

参考文献

[1] 中共广东省委广东省人民政府关于印发《广东省建设文化强省规划纲要（2011—2020年）》的通知. 南方网，2010-07-30，http://news.southcn.com/g/2010-07/30/content_14279712.htm

[2] 珠江三角洲地区改革发展规划纲要（2008—2020）. 南方网，2009-01-08，http://news.southcn.com/gdnews/nanyuedadi/content/2009-01/08/content_4827444.htm

[3] 广佛同城化市长联席会议（广州）办公室. 关于印发广佛同城化发展规划（2009—2020年）的通知. 2010-01-04，http://www.gzplan.gov.cn/gov/gz23/201001/t20100114_9108.html

广佛同城下图书馆之间建立图书馆联盟的设想

区旭坤[①]

（佛山科学技术学院图书馆　528000）

摘　要： 本文介绍了广佛两市的概况及图书馆发展状况，分析了建立广佛同城图书馆联盟的可行性，提出了建立广佛同城图书馆联盟的构想，推动广佛图书馆文献资源共建和服务协作，实现读者证的互认，两地市民借阅图书采用资源共享，通借通还，共享两市图书馆文献信息服务。

关键词： 广佛同城　图书馆联盟　设想

2009年3月19日《广佛同城化建设合作框架协议》签订，广佛同城化开始启动。图书馆联盟是在现有异构图书馆基础上，基于互联网形成的一个异构且跨地域分布的网络化虚拟组织。图书馆联盟可以实现广佛同城区域内现有图书馆资源的共享。本文就广佛同城图书馆之间建立图书馆联盟的设想进行探索。

1　广佛两市的基本情况

1.1　广佛两市市情概况

广州市是广东省省会，全省政治、经济和文化中心，位于广东省中部，珠江三角洲北缘，东连惠州、东莞，西接中山、佛山，北接清远、韶关，南濒南海，土地面积达7 434.4平方千米，是华南地区最大的中心城市，综合经济实力居全国城市第三位。广州市正在精心打造成为全国经济中心、文化名城、首善之都，努力建设成为带动全省，辐射华南、影响东南亚的现代大都市。

佛山市位于广东省中南部，珠江三角洲腹地，东倚广州，南邻港澳，是广东省第三大城市，土地面积达3 848.49平方千米。佛山拥有丰富的历史文化资源，在盘活历史文化资源，发展文化产业方面取得了较大的突破。佛山是闻名中外的武术之乡，是粤剧的发源地。广佛两市土地面积共11 282.89平方千米，户籍总人口超过千万，有数百万农民工。

1.2　广佛两市图书馆发展状况

广州市创立了由政府主导的图书馆发展模式。目前，广州市10个区两个县级市共有14家公共图书馆。注重公共图书馆信息资源与馆舍建设。2006年2月20日，在广州市委和市政府的主导下，总建筑面积9.8万平方米的广州图书馆新馆动工。以此，广州市在未来3～5年中将建造面积超过20万平方米的各级公共图书馆。2006年6月，建筑面积1万多平方米的广州市黄埔区图书馆新馆正式开馆。2006年10月23日，广州图书馆与企业合作组建的“广州图书馆动漫玩具专题分馆”在黄埔区正式向市民开放，这是国内第一家动漫和玩具专

---

① 作者简介：区旭坤，佛山科学技术学院图书馆馆员。

题图书馆，收藏了大量世界各国的动漫和玩具的专题信息资源。

佛山市五区创立“联合图书馆的模式”。目前佛山市联合图书馆的成员馆包括佛山市五个区级公共图书馆，还有街道图书馆、学校图书馆等18家不同类型的图书馆。截至2010年5月底，联合图书馆累计办证68 000个，市民在全市所有成员馆均可办理和使用“一卡通”借书证，各成员馆的图书实行“全流通”，在全市范围内通借通还，读者可通过网站方便快捷地查询所有成员馆的书目和馆藏。读者凭“一卡通”，可以在家查阅佛山市数字图书馆提供的多个数据库，实现了足不出户就能使用数字图书馆的便利，服务成效均成倍增长。在土地面积11 282. 89平方千米，人口超千万的广佛两市同城推进文化基础设施共享，推动广佛公共图书馆文献资源共建和服务协作，实现读者证的互认，要做大做强广佛同城图书馆事业，必须充分重视世界图书馆发展的经验，走建设图书馆联盟之路。

2 建立图书馆联盟的可行性分析

国务院颁布的《珠江三角洲地区改革发展规划纲要》明确要求：“强化广州佛山同城效应，携领珠江三角洲地区，打造布局合理、功能完善、联系紧密的城市群。”2009年3月19日，广佛两市在佛山签订《广佛同城化建设合作框架协议》，启动广佛同城化建设，推动珠江三角洲早日建成堪与世界级都市区媲美的城市群。

2.1 广佛同城文化建设的合作基础

中央政治局委员、广东省省委书记汪洋在佛山调研时提出了“佛山要成为珠江三角洲一体化建设主力军，积极打造广佛都市圈，打造亚洲发达的城市群”的要求，在珠江三角洲一体化发展中广佛是核心，两地关系重在共建互补，需要突破行政界限羁绊，走出认识误区，通过沟通两地的交通和公共文化服务体系的建设，真正让市民享受到广佛同城公共图书馆资源服务。佛山市区优势独特，产业特征明显，待开发土地面积大，公共文化设施发展不均衡，功能欠缺。而广州市人地矛盾突出，经济转型任务繁重，文化设施完善，功能齐全。两市都有联合的内在需求，优势互补，利益一致，因此应把握当前大好机遇，瞄准目标，找准定位，积极构造广佛同城图书馆事业建设。

2.2 广佛两市公共交通，公共服务设施完善

广佛两市进行专项规划，共同发展两市公共服务设施，形成相互配合的空间布局，加快城际轨道交通建设。广佛地铁即将开通，实现广佛道路无缝对接，广佛公交互通和“一卡通”，广佛电信同网。启动广佛同城和公共文化同城化服务，广佛两地的图书馆的自动化、网络化、数字化建设的完善，为广佛同城图书馆之间的合作提供了前提条件。通过广佛同城图书馆局域网的建设，广佛同城图书馆之间将实现文献资源的共享。系统建立后，使两地图书馆的用户通过网络进行联机目录查询，并充分利用文献信息资源，通过广佛两地的图书馆网络，打通广佛同城图书馆之间的绿色通道。

3 建立广佛同城图书馆联盟的构想

3.1 制定广佛同城图书馆联盟共同目标和实施方针

广佛同城图书馆联盟共同目标就是图书馆事业的共同愿景，共同职责就是根据广佛合作框架协议，推动广佛公共图书馆文献资源共建和服务协作，实现读者证的互认，是广佛同城

建设的需要。提出图书馆整体事业的发展目标，并根据整体发展目标绘制远景蓝图，让图书馆联盟成员看到事业发展的前景和组织发展的前途，起到引导和激励的作用。广佛同城图书馆联盟，就是要通过各馆现有资源，整合各类型图书馆馆藏资源，实现资源同城化，提高文献利用程度，使服务水平上台阶。

3.2 建立广佛同城图书馆联盟的管理机构

从国内图书馆联盟的组织形式看，有紧密型联盟、松散型联盟、区域型联盟、系统型联盟等。但不管哪种组织形式，其组建大都离不开政府或行业协会的领导和支持，政府主管部门或行业协会的权威地位，在同行业中的号召力及有效的组织与管理是文献信息资源共建共享系统健康发展的基础，在联盟中起宏观指导作用。由两地文化主管部门支持，图书馆学会协调，设立专门组织协调机构，签订合作协议等，规范联合馆的权责利。

3.3 发挥联盟功能

随着计算机网络平台的飞速发展，社会已经步入了信息化时代。通过合作协议建立图书馆联盟，是广佛两城图书馆的发展趋势。通过资源互助合作的方式满足日益激增的读者需求，利用网络化信息技术，提供一整套完备的文献信息资源保障，使文献信息资源得到最大限度的利用。建立广佛两地图书馆网站，打通广佛同城图书馆读者登录图书馆的绿色通道，使更多的广佛同城市民共享文献资源服务，为两地市民提供更快捷、准确、高效的优质图书馆文献资源服务。

广佛同城图书馆联盟开展活动，要在书目资源共建共享下实施。建立分布式联合目录，利用239.50协议来处理不同图书馆系统之间的书目数据。通过查找任何一成员馆某一文献是否入藏，得到线索及全文。

文献保障。通过建立一个不同载体类型和使用方法的文献资源体系，对联盟馆采购协调、分工，重点配置各类大型数据库。

实施通借通还。广佛两地图书馆联盟成员馆，开展图书通借通还，已在成员馆办证的读者还书时，可以在另一馆借书并就近归还。各成员馆在网站主页上设置“联盟成员馆书目查询”等功能。

3.4 加强联盟馆成员培训教育

广佛同城图书馆联盟作为一个联合共同体，其规模化的多功能的资源共享网络，涉及网络技术、数字化技术、多媒体技术、数据库管理技术等多种专业技术。要实现共同目标，提高联盟工作效率，就要按照统一标准、规范工作。为此，就要对联盟成员组织培训教育：一是有计划地组织领导管理人员学习管理知识、专业知识、现代信息技术，培养他们具有较高的分析研究能力、领导决策能力、组织协调能力、计划控制能力和专业科研能力，以实现广佛同城图书馆联盟发展的要求。二是有计划地对联盟成员馆的工作人员进行培训，学习新知识，掌握新技术，以提高工作效率。学习的形式多种多样，可以自己组织培训，也可以选派人员到高等院校培训、学习，还可以请专家、学者交流、讲学、组织专业骨干参加学术研讨，以及组织成员馆技术工作人员到国内外先进图书馆联盟单位考察学习，全面提高联盟馆工作人员的素质。

通过建立广佛同城图书馆联盟，走联合建设之路，推进广佛同城图书馆文献资源共建和服务协作，实现读者证的互认。创新图书馆服务方式，适应广佛同城市民多方面、多层次、多样化的文献资源需求，两地市民借阅图书采用资源共享，通借通还，共享广佛同城图书馆文献资源服务。

参考文献

[1] 方健宏. 广东文化产业投资指南［M］. 广州：广东人民出版社，2006
[2] 广东省文化厅，广东省立中山图书馆. 广东图书馆研究［M］. 广州：暨南大学出版社，2009
[3] 佛山市五区图书馆通借通还［N］. 广州日报，2010－05－31
[4] 中国图书馆学会. 中国图书馆学会2006年年会论文集［M］. 北京：北京图书馆出版社，2006
[5] 谈锦钊. 广佛都市圈，城市区域合作的探讨［J］. 青岛科技大学学报，2009（1）
[6] 区旭坤. 广佛都市圈文化建设的探讨［J］. 科技创新导报，2009（36）：251～252
[7] 赵维绥等. 中国文化发展与和谐文化建设［M］. 北京：文化艺术出版社，2008

浅谈广佛同城背景下区域图书馆服务体系建设

赖东英[①]

（增城市图书馆　511300）

摘　要： 本文以广州市建设国家中心城市、广佛同城背景下区域图书馆资源共享模式的分析为基础，深入分析了合作中存在的问题，提出了实现广佛图书馆区域合作发展的对策。

关键词： 广佛同城　图书馆　区域合作

加快建设国家中心城市，必须进一步明确广州市的功能定位，着力打造国际商贸中心和文化中心，扩大对外文化交流，不断丰富和发展城市先进文化。同时，应进一步深化文化体制改革，加快文化创新，让人民群众真正成为社会主义文化的实践主体和创造主体。推进广佛同城化区域图书馆建设，有利于促进、完善服务体系构建。

1　广佛合作的优势

信息资源共建共享是一种合作行为。资源共享能否有效开展，首先要看思想上可合作能否实现。统一合作思想需要努力提高领导层的认识，使领导者真正认识到合作的必要性，从而积极支持合作。在地区运行区域性共建共享体系有以下优势：其一，容易得到地方政府的支持；其二，广佛文献情报机构在地理位置上相对较近，为共建信息资源提供了便利；其三，广佛的各个文献情报机构关系密切，有利于区域性合作的协调与沟通；其四，区域性的共建共享可以有效地利用现有的网络条件。

美国的俄亥俄州图书馆联盟（OhioLINK）和宾州学术图书馆联盟（PALCI）是两个区域性协作的典型代表，著名的 OCLC（Ohio College Library Center）也是在这一地区性协作体的基础上发展起来的。

为加强图书馆联盟，2004 年 6 月，佛山市图书馆推出《佛山市联合图书馆实施方案》，提出建设“统一标识、统一平台、统一资源、统一管理、分散服务”的佛山市联合图书馆体系。

推进广佛同城化，对两地图书馆界来讲，就是推进文化基础设施共享，推动广佛图书馆文献资源共建和服务协作，实现资源共享、利益互惠，方便市民充分利用文献信息资源。推动公共图书馆文献资源共建和服务协作，逐步实现读者证互认，加强馆际合作，使之成为传统图书馆与数字和虚拟图书馆、纸质信息资源与电子信息资源互补共存的一种图书馆发展模式。

区域性信息资源共建共享不仅是区域信息基础设施和社会公益事业的重要组成部分，而

① 作者简介：赖东英，增城市图书馆助理馆员。

且是支撑该地区科技创新与进步的重要基础和保证，因而加快区域性信息资源共建共享体系的建立，可以实现信息资源的社会效益最大化。广州正在建设国家中心城市，这将为全国性跨系统的资源共享活动奠定良好的基础。

2 广佛合作目前面临的问题

2.1 文献信息资源不够丰富

规模较大的公共图书馆文献信息资源较多，而区级公共图书馆文献信息资源较少，高校图书馆专业文献信息资源又比公共图书馆多。信息资源的不对称给共建共享带来问题。

2.2 服务水平有待进一步提高

受服务理念、技术应用、经费、馆员素质等因素影响，各图书馆之间的服务水平存在差距。联合编目、联合采购也存在问题，特别是纸质资源的联合采购的实施显得困难重重，如是否要建立一个物流系统来承担通借通还的图书配送。

2.3 受到体制、机制制约

目前的管理体制、运行机制给广佛两地信息资源共建共享体系建设带来影响。图书馆分块管理，如公共图书馆由当地文化职能部门管理，高校图书馆则归属教育系统。广佛两地的图书馆合作，要有一个多方接受的协调机构，负责实施资源共建共享。

2.4 经费问题

政府对图书馆的经费投入不断增加，特别是文献购置费、馆舍建设和办公经费的投入。但图书馆员工待遇方面的提高还不够，导致人才资源的流失很大。

广佛两地信息资源的共建共享，要保证经费的足够投入。同时要注重合作成员单位经费的投入产出效益。美国图书馆著名的“法明敦计划”就是因为没有稳定的资金支持，成员馆经费紧缩而在持续20多年后被迫终止。可见，资金保障是影响图书馆区域合作的最主要问题之一。

2.5 保障机制

目前，我国图书馆还没有一套完整的法律体系作保障，没有明确的法律规定各图书馆应该是个什么样子、应该具备哪些设施、应该具有什么样的服务标准。制约公共图书馆发展的首要原因是没有相关的法律依据作保障。

要建立起完善的文献资源共享理念、法治和管理体制。文献资源共享应该从更新观念开始，逐步建立图书馆法治体系，创新管理体制和运行机制，改进图书馆服务模式，利用先进的信息技术和手段，充分发挥两市的文献资源建设优势，为用户提供更全面、更便利的服务，满足用户不断膨胀的需求。逐步实现馆际合作和资源共享，最大限度地满足广佛两地广大市民的需要。

3 实现广佛两地图书馆区域合作健康发展的对策

我们不仅要更新图书馆的观念，更新政府的观念，也要更新读者的观念，政府、图书馆和读者都要重视文献资源共享，要达成文献资源共建共享之共识，并将此共识作为政府管理图书馆事业、图书馆开展业务工作和读者利用文献资源的行动指南。

3.1 建立协作协调机构

为将两市图书馆文献资源进行整合，要成立一个专门的协调组织机构。建立两市跨系统的各类型图书馆资源共享服务体系，使信息资源从两市公共图书馆都可获取。加强馆际合作和资源共享，实施图书通借通还。

3.2 加强合作

加强广佛两地图书馆间的合作，实现两市文献资源的共建共享，要以两市公共图书馆馆际合作和资源共享协作网为中心，联合市属高校系统图书馆、科技系统图书馆和其他系统图书馆，构建相对紧密型的区域性跨系统的文献资源共享服务体系。公共图书馆依照相关协议，必须将其他系统的读者当作自己的读者并为其提供文献信息服务，这些系统的读者可凭其读者或非读者身份向公共图书馆系统提出自己的服务需求，公共图书馆对这些需要，不得以不是本馆读者为理由而拒绝。

3.3 制定相关的规定

在广佛同城背景下，两级政府可以设立一个图书馆委员会中心，下辖各高校图书馆、公共图书馆、专业图书馆和其他文献信息机构，实现信息资源共享。作为政府主管部门领导科学决策的咨询机构，建立健全读者参与的图书馆文献资源共享管理体制。根据先进的图书馆管理理念和法治精神改善我们的管理，创新我们的管理，优化我们的服务，真正实现文献资源共享，推动图书馆事业的可持续发展。

3.4 寻求经费来源的多元化

运行经费，主要由广佛两市政府共同承担。同时寻求资金来源的多种途径，如社会捐赠、企业赞助等。例如，最近增城市图书馆举办了“爱心书房”全民捐书活动，倡议书发出后起到了很好的效果，不仅得到政府的大力支持，社会各界人士也纷纷加入捐书行列，首期捐赠就达到了1万多册，大大丰富了馆藏，而且这是一项无限期的活动，不仅意义深远，而且还增加了图书馆文献资源，节省了购书经费。

区域合作组织还应就馆际互借的费用作出具体规定，对借出率高的成员馆给予相应的经济补偿。这些激励措施对各馆在工作中存在的互相依赖、怕吃亏的心理起到了一定的遏制作用，对合作的开展起到了一定的促进作用。因此，建立健全合理的共享费用分配机制是非常有必要的。

广佛两地图书馆区域合作是一项复杂而艰巨的工作，在前进中遇到困难与障碍是不可避免的。图书馆区域合作是广佛同城背景下的必然趋势，实现区域性资源共建共享，不仅是区域性文献情报机构发展的需要，也是一个地区文化建设的需要，是一个地区经济、文化、教育发展及建立和谐社会、实现科学发展的需要。需要政府的大力支持，需要各个参与机构的不懈努力。

参考文献

[1] 颜丽玉．文献资源共享的现状及发展趋势［J］．现代情报，2006（4）：36～38

[2] 陈新艳，郭玉强，谢岩屏．德国图书馆馆际互借发展的启示［J］．理工高教研究，2006（3）：93～94

[3] 邹婉芬．我国文献信息共建共享体系现状及发展趋势分析［J］．图书馆学研究，2005（11）：112

[4] 黄秋琼．广佛同城背景下图书馆区域合作与资源共享［J］．科协论坛，2010（3）（下）：188～189

[5] 张力，王维．近年来我国图书馆区域合作问题的思考［J］．情报理论与实践，2007（4）

[6] 蔡卫平．广佛同城背景下的文献资源共享对策［J］．广州大学党委统战，2009－10－26，http：//tzb. gzhu. edu. cn/Article. aspx？ articleid＝87&type＝5

管理创新

论编制图书馆发展规划需要明确的几个问题

方家忠[①]

（广州图书馆　510055）

摘　要：本文以广州图书馆编制发展规划为案例，分析我国区域性中心图书馆在首次制定发展规划时必须要明确的规划定位、体例、发展重点、规划测度、编制模式等五个主要问题，提出要相应处理好单体馆和服务体系、利益相关者和主要目标群体、体系与项目、目标和指标、开放合作与内部运作的关系。

关键词：图书馆　发展规划　主要问题　关系

1　引言

规划是现代图书馆管理工作的基础。战略规划对公共图书馆产生的最显著价值是引导图书馆应对变化、把握未来。在规划编制过程中，通过规范的调研方法，收集和分析相关信息和数据，根据分析结果确定未来任务和目标，并设计行动方案确保目标实现。在每个规划末期，通过系统的评价方法，对规划实施情况进行评价，为修订行动方案和制定下一轮规划提供参考。与其他针对未来的决策方式比较，如依赖管理者个人经验和直观判断、因循过去的发展轨迹、模仿其他图书馆的做法、听任主管部门的安排等，这一过程具有显著的规范性、理性、民主性，有助于图书馆完整地认识其所处环境、自身条件、发展前景，对未来作出明智的选择。战略规划的第二个价值是规范组织行为，增强组织活力。调研显示，战略规划确定的图书馆使命、任务、目标等，可以为全体员工提供明确一致的努力方向，为资源配置、部门协调、绩效评价、公共关系等提供蓝本；它确定的行动方案一旦启动，就可以给图书馆注入活力，带来变化，如改善馆藏结构和服务、克服组织惰性、改善部门沟通和利益协调、提高组织凝聚力、培育自我评估意识等。战略规划的第三个价值是宣传价值，它确定的图书馆使命、任务、目标、行动方案等可以成为图书馆向社会、公众和利益相关者陈述自身责任、宣传自身价值的依据。20 世纪六七十年代以来，战略规划成为很多国家公共图书馆应对挑战、把握未来的工具，并成为图书馆管理规范化和专业化的重要标志。当前，战略规划已经成为众多发达国家各类型图书馆管理工作的重心之一。

在中国，战略规划研究逐步发展成为图书馆管理研究的热点问题之一。根据对 CNKI 数据库所作以“战略规划”、“战略管理”、“规划管理”为关键词的检索，1979—1999 年平均每年只有 8 篇研究文献，2000—2004 年增加到平均每年 35 篇，2005—2009 年增加到平均每年 77 篇。2005 年吴建中在其《战略思考——图书馆管理的 10 个热门话题》中讨论了战略规划的问题。在实践领域，中国图书馆战略规划管理则仍处于起步阶段。2009 年以来，国

① 作者简介：方家忠，广州图书馆副馆长，副研究馆员。

家图书馆、文化部先后启动图书馆事业“十二五”规划编制工作。但截至目前，国内仍然只有少数图书馆在实施规划管理。

广州图书馆于 1982 年 1 月 2 日开放为市民服务。二十八年来，其发展与我国改革开放的历史进程同步，已成为国内服务读者量最大、服务效益最好、馆藏增长最快的大型公共图书馆之一。当前，广州图书馆发展面临着两大机遇和三大挑战。两大机遇是：广州新图书馆即将于 2012 年全面建成开放，将跻身于世界上最大的城市公共图书馆之列；2008 年国务院批复实施的《珠江三角洲地区改革发展规划纲要（2008—2020 年）》，赋予广州国家中心城市的定位，这对图书馆事业的发展提出了更高的要求，也创造了更好的条件。三大挑战分别是：如何与国际一流的建筑相配套实现国内一流、国际先进的图书馆服务？如何推进本地区公共图书馆服务体系建设？作为国家中心城市图书馆，应在什么领域在全国发挥引领作用？

为抓住机遇，应对挑战，广州图书馆于 2009 年年底启动了制定 2010—2015 年发展规划的工作，确定其目标任务为：研究 2010—2015 年的战略目标、发展思路、发展重点和问题对策，制定一个与国家、省、市经济社会发展规划、行业发展规划同步，专业、高水平、切合实际、可操作的发展规划。为实现上述目标任务，广州图书馆组成规划编制工作领导小组和工作小组，选定中山大学资讯管理系作为合作伙伴，制订了详细、全面的编制计划，设置了专项经费予以保障。编制工作分三个阶段完成：第一阶段：与中山大学资讯管理系合作，研究和草拟规划；第二阶段：征求馆员、公众和本地区各领域专家意见，修改和完善规划；第三阶段，组织全国图书馆界专家论证，进一步修改和完善规划①。目前该规划处在第三阶段后期，即完善定稿阶段。

为保证规划的科学性和可行性，在制订编制方案及编制过程中，有一些重点问题必须予以明确。笔者以广州图书馆为案例，结合自身思考和论证专家意见，对这些问题进行梳理，希望能为业界相关工作提供参考。

2 关于规划定位问题——处理好单体馆和服务体系、内部业务和外部保障的关系

制定规划首先要明确定位，解决三个具体问题：是单体馆规划还是整个地区图书馆服务体系规划？是总体规划还是业务规划？规划的目标群体是谁、规划是给什么人看的？

广州图书馆是区域内的中心图书馆。但这一定位仅仅停留在业界和主管部门认识的层面，并没有获得地方法律、行政规章甚至更低层面的行政赋权。因此，以广州图书馆作为编制主体的规划，其定位必然是单体馆规划而非地区图书馆服务体系规划。当然，服务体系建设是当前地方公共文化建设的中心工作，中心图书馆在其中承担着推动、协助的作用，因此，单体馆发展必须置身于体系建设的外部环境中，也必须在自身工作范围内拓展社区服务体系。因此，作为地区中心图书馆，准确的规划定位应该是：在公共服务体系建设背景下的单体馆建设规划。根据可行性原则，单体馆建设的各项目标应置于优先位置。相应地，必须处理好单体馆发展与服务体系建设的关系。

广州图书馆在规划最初设计时，将规划定位为业务规划，故对政策、经费、人员等保障问题较少涉及。但论证专家则从更广阔的视野和更务实的态度，从当前事业发展面临的主要

① 广州图书馆．关于制定广州图书馆 2010—2015 年发展规划的方案，2009

困难、规划期要解决的核心问题出发，建议在各项经费安排中优先争取解决人员基本支出问题，其次再考虑购书、服务体系建设等项目支出；在服务体系建设中优先争取政策支持，确定广州图书馆作为地区中心图书馆的法理地位。从切实推进事业发展的角度，专家们的建议是合理的。这就意味着，发展规划要从最初的业务规划调整为总体规划，要对事业发展涉及的所有重要问题进行讨论，要进一步明确和强化保障措施。

第三个问题，关于规划的目标群体。作为一个总体规划，其内容涵盖公共服务、专业管理、保障措施、社会支持等各个方面。与之相对应，其目标群体应是所有的利益相关者，包括公众（读者、市民、居民、纳税人等）、图书馆从业人员（领导、管理人员、馆员、志愿者与义工等）、政府官员、人大代表、政协委员、提供社会支持的个体与组织、其他公共文化、教育、信息服务机构等，其中主体是社会公众。这要求规划：涵盖与各利益相关者有关的内容；更多站在利益相关者的角度而不仅仅是图书馆自身的角度考虑问题；规划制定过程要有利益相关者的参与；规划制定后要向利益相关者公开，自觉接受利益相关者的监督。

3 关于规划体例问题——处理好利益相关者和主要目标群体的关系

可以选用的体例框架有两类。一类是当前中国制定各种总体规划或专项规划普遍采用的规划体例，大致框架为：过去五年的工作（取得的成绩，发展现状，存在的问题等），新时期的指导思想和工作方针，战略目标和战略主题，发展任务，重点项目，保障措施等。一类是国外和中国台湾等地区图书馆行业较多采用的框架，大致框架为：愿景、使命、目标、策略、行动方案、任务等。比较这两种体例，首先要认识到，二者虽然形式不同，但核心内容、要素、要讨论的重点问题是一致的。主要区别在于：首先，国外图书馆规划都要向公众公开，因此，其形式更易为公众认知和接受；其次，由于事业投入体制存在根本的不同，如美国公共图书馆事业经费与地方房产税紧密关联，因此其投入是相对稳定、可预期的，而国内图书馆事业投入并无法定税收来源，受多种因素影响，不可预见性大，因此，保障措施往往成为规划的重要内容，这是由中国固有的国情所决定的；再次，国外图书馆的规划管理已经实施了相当长的时间，比较成熟，有较强延续性，因此其规划相对简明、具体，对历史和环境的描述和分析相对简单，而中国图书馆规划管理尚处于起步阶段，相应要注重这些内容的分析研究，并通常应用 SWOT 分析法，即优势、劣势、机遇、挑战分析方法开展研究。上述区别，既是源于国情的不同，也是由规划管理处于不同阶段所决定的，是我国参考借鉴国外规划体例时需要注意的问题。

实际上，在规划的主要目标群体界定以后，规划的体例就可以相应确定下来。如果确定规划以公众为主要目标群体，就尽量选择公众易于理解、乐于接受的体例。

对体例的选择还受到可参考案例多寡的影响。目前在中国通过公开途径可以搜集到的发展规划的文本实在有限，而国外图书馆的规划基本上在其网站上都可以搜索到。

广州图书馆的规划工作是在全面搜集和研究国内外图书馆行业或机构规划研究与实践基础上展开的，要求规划是面向公众的、具有行业特点、尽量与国际接轨、可以横向比较的规划。因此，广州图书馆参照和采用了国外规划的基本体例。

在规划论证过程中，规划体例是专家们重点讨论的问题之一，有专家戏称是“土八股”和“洋八股”之争。我们认为，规划的基本设计是合理的，当然，要根据国情、馆情，进一步强化保障措施和 SWOT 分析两方面内容。

4 关于发展重点问题——处理好体系与重点、项目的关系

广州图书馆发展规划征求意见稿涉及了图书馆服务和管理的各个方面，还全面应用了王世伟主持的课题组制定的“国际大都市图书馆指标体系”作为测评的量化指标体系。内容全面、系统是征求意见稿的基本特点。对此，论证专家们普遍提出了需要进一步提炼和突出重点的建议，要把规划转换成目标，目标转换成项目，项目转换成经费，经费转换成实施。原因在于：①更符合当前公共财政投入以项目投入为重点的方式。当然，对公共图书馆行业来说，因普遍面临人员投入不足的问题，所以要在基本投入部分首先解决人员投入问题，以此作为提高公益服务水平的保障，同时作为高素质人才队伍建设的保障。②有利于向政府和社会宣传，以此作为争取政策、经费、人员等支持的主要载体。③在规划管理上，有利于优化资源配置，把重点问题、重点项目置于优先位置，以保障贯彻落实。抓重点项目争取财政支持方面比较成功的案例，有文化信息资源共享工程、农家书屋项目等。目前国家图书馆和文化部主持制定的发展规划也是以此作为基本思路。根据广州图书馆的情况，专家们提出要确立和优先保障两大重点：一是紧紧围绕新馆建设，重点建设好新馆；二是重点解决人员经费保障问题，争取把人员的所有支出作为财政基本支出予以明确。

根据上述思路，相应有一个核心问题需要解决，即如何对重点项目、重点目标进行概念化的包装，以最大限度地实现社会认同和公共财政的支持？在这方面做得比较好的案例，如深圳、东莞基于图书馆事业提出“图书馆之城”、“集群图书馆”的发展目标，杭州基于图书馆组织提出“市民大书房”的发展定位。广州图书馆从自身组织层面提出了建设“国家中心城市图书馆”的目标。但这个目标还停留在功能层面，停留在图书馆职业的角度，并没有与公众建立直接的关系，也许不足以激发公众广泛参与的热情。对这一问题，广州图书馆仍在进一步研究当中。

笔者同时认为，由于广州图书馆是第一次制定发展规划，因此，规划内容全面系统同样也是必要的，如此才可以调动和激发组织内所有员工的积极性，才可以充分发挥规划规范组织行为、增强组织活力的作用。这也符合科学发展观全面协调可持续发展的基本原则。当然，对不同的目标可以作不同的处理，重点目标必须是约束性的、尽量予以量化的、要求予以测度的，一般的基本的目标则可以是引导性的、方向性的。笔者认为，对于初次编制规划、开展规划管理的图书馆来说，既突出重点、项目，又强调体系，处理好重点、项目与体系的关系应是一个带有普遍性的问题。

基于对发展重点的思考，还要处理好两个关系：

一是标准化与特色化的关系。当今时代是全球化的时代，随着各领域交流和全球化、一体化的日益加深，图书馆的专业服务工作越来越趋于标准化。同时，公共图书馆服务作为地方性的事务，它又必须立足于自身的环境、条件和需求，为本区域的政治、经济、社会、文化发展的具体目标服务。广州图书馆基于当前中国正在转型发展需要吸收各国经验和优秀文化的基本国情，基于广州历经 2 000 多年连续不断的对外经贸文化交流的独特历史，也基于自身多年来致力于开展对外文化交流活动的经验，提出了促进多元文化交流的个性化发展目标，相应地在规划的各个层面予以展开，如提出“连接世界智慧”的愿景、“多元文化窗口”的使命和“建设多元文化融汇的图书馆”的目标，并提出了一系列策略和行动方案。

二是前瞻性与具体工作的关系。要求制定规划时既要富于远见，有明确、正确的方向

感，同时又要务实，要有明确、具体的目标、任务和行动。尤其是当前技术的迅速发展正在深刻地改变着公众的知识和信息需求方式。对这一关系的处理可以沿用前述对体系与重点、项目关系的处理方式，即采用引导性、方向性表述与约束性表述相结合的方式。

5 关于规划测度问题——处理好目标与指标、对内与对外的关系

规划确立的目标应是可以测度和评估的，这是订立规划的基本原则之一。但这也正是图书馆当前制定规划的难点之一，不少目标难以具体化、量化。原因在于：一、我国图书馆等公共机构的管理水平还没有发展到精细化的程度，对一些业务的认识水平还不够深入，尤其因为是第一次制定发展规划，有一部分目标只是尝试性地提出，也不宜予以量化；二、政府管理法制不健全、体制不尽科学，不同时期工作重心调整，甚至主管领导意见变化等外在因素使图书馆发展过程面临很多变数；三、当前社会转型发展，价值观念、社会管理理念、管理制度都处在迅速变化之中，财务、税收、人力资源等与图书馆有关的政策变化难以准确预见。因此，应保持务实态度，能具体化、量化的尽量具体化、量化，否则只界定在发展的方向上。因此，在总体框架上，广州图书馆将发展目标和具体指标体系分成相对独立的两个部分。前者突出发展方向、工作重点，重点发挥引导的功用，后者突出具体要求，重点发挥约束的功用。

这里相应要处理好对内与对外的关系。对任何一个尤其是第一次订立量化发展指标的图书馆来说，都面临着贯彻落实的压力，尤其是在面向公众、接受公众监督的环境和方式下。因此，采用将发展目标和具体指标分开的框架结构，可以考虑“内外有别”。广州图书馆拟将发展规划目标部分向社会公开，接受公众的参与和监督；而指标体系部分，在本规划期内，只作为内部评测的依据。当然，这种处理方式只是权宜之计，其效果也有待观察。从公共信息公开的法理要求和民主管理的内在要求看，图书馆整个发展规划应对公众公开。

6 关于编制模式问题——处理好开放合作与内部运作的关系

如果要求科学规范的程序制定规划，则该项工作很大程度上是一项科研工作，尤其对我国图书馆而言。没有前例可循，却有大量的内容需要研究，社会需求须以科学的方式确定。广州图书馆提出的研究内容包括：一是收集和汇总图书馆外部环境信息和内部资源、条件信息，具体包括国家、省、市政治、经济、文化的相关政策和发展规划、经济基础与公共财政投入结构、区域信息化发展水平、服务人口受教育水平与素质、服务人口的知识信息教育文化需求与社会保障方式、公共图书馆行业的发展情况，自身办馆条件、服务水平、业务发展情况、信息资源、人力人才资源、购书经费、科研产出、社会效益等。二是规划前期专题研究，具体包括发展环境研究，发展目标和思路研究，服务架构与改进策略研究，服务公益化、均等化研究，区域图书馆协调协作模式、整体服务保障研究，信息资源保障研究，技术支撑研究，人力人才资源保障与结构优化研究等。

面对如此广泛而深入的研究需求，广州图书馆认识到自身研究力量的不足。而中山大学资讯管理系具有雄厚的科研力量、丰富的项目经验和立足本土的地域优势，并与广州图书馆建立了长期友好的合作关系，因此，广州图书馆决定与之合作编制发展规划。

在规划编制过程中，中山大学课题组搜集了大量文献资料，尤其是国外图书馆的规划文

本并翻译了其中一部分，组织开展了读者、市民问卷调查，确定了规划体例，草拟了内容框架，提出了采用《国际大都市图书馆指标体系》的建议，做了大量扎实的资料收集和基础研究工作。广州图书馆则侧重结合地区实际、本馆实际，在保障规划切实可行、确立个性化发展方向等方面进行探讨。合作双方比较好地发挥了各自的优势。当然，广州图书馆作为规划编制主体，始终把握以我为主的原则，注意建设性地吸收中大课题组的研究成果。实践证明，这种馆校合作模式是行之有效的，得到了论证专家们的充分肯定。

为了实现制定一个开放的、面向公众的规划的目标，除自身与中山大学课题组两个参与主体以外，广州图书馆还设计了专家论证和征集公众意见两个程序。邀请的专家来自图书馆界和教育、文化、信息技术、媒体等相关领域以及政府有关部门，论证形式包括电话、电邮、传真、造访和论证会等。公众意见则主要通过在线方式征集。

参考文献

[1] 李华伟．现代化图书馆管理［M］．台北：三民书局，1996

[2] 于良芝．战略规划作为公共图书馆管理的工具：应用、价值及其与我国公共图书馆的相关性［J］．图书馆建设，2008（4）：54～58

[3] 吴建中．战略思考——图书馆管理的 10 个热门话题［M］．上海：上海科学技术文献出版社，2005. 21～24

[4] 方家忠．从管理的视角看美国公共图书馆的社区认同及其启示［J］．图书情报工作，2010，54（17）：134～138

[5] 方家忠．论美国图书馆事业保障与行政管理体制及其启示［J］．图书馆论坛，2010，30（3）：37～39

[6] 王世伟．国际大都市图书馆指标体系研究［M］．上海：上海科学技术文献出版社，2009

国际大都市图书馆指标体系的适用性研究

——以广州图书馆2010—2015年发展规划指标体系为例

罗小红[①]

（广州图书馆　510055）

摘　要：本文以广州图书馆2010—2015年发展规划指标体系的应用为切入点，探讨了国际大都市图书馆指标体系的适用性，并就相关指标的修改提出了具体的建议。

关键词：国际大都市　图书馆指标体系　发展规划

为规范组织行为，增强组织活力，应对变化，把握未来，2009年11月，广州图书馆启动了2010—2015年发展规划的制定工作。该规划主要采用国家社会科学基金重点项目研究成果——《国际大都市图书馆指标体系研究》提出的指标体系。本文以广州图书馆2010—2015年发展规划指标体系的应用为切入点，探讨国际大都市图书馆指标体系的适用性。

1　国际大都市图书馆指标体系概述

国际大都市图书馆指标体系是上海图书馆王世伟主持的国家社会科学基金重点项目——《国际大都市图书馆指标体系研究》提出的，该课题于2008年8月被全国哲学社会科学规划办公室鉴定为优秀成果。

构建国际大都市图书馆指标体系的目的在于创建国际大都市图书馆的评估指标体系，推进国际大都市图书馆的持续健康发展并为其提供重要坐标和参考，拓展中国图书馆事业发展的国际视野和管理与服务的全球思维。指标体系涉及资源条件、服务效能、服务成果和影响贡献四大板块共计45项指标，包括4项一级指标、12项二级指标和45项三级指标。其中，资源条件是指投入图书馆的各项资源，用以衡量图书馆的建设发展环境及其基本的服务条件，包括硬件设施、人力资源、文献资源以及经费预算等指标；服务效能是指图书馆投入的各项资源转换成的最直接的、技术性的业绩，用以衡量图书馆内部的工作业绩和服务效能，包括便捷服务、读者数量、图书流通量以及服务效率等指标；服务成果指图书馆的产出所带来的直接效果，用以衡量图书馆对读者的吸引力和读者的满意程度，包括投入利用和读者满意度指标；影响贡献是指图书馆的产出所带来的间接效果，用以衡量图书馆对整个社会的影响和贡献，包括社会影响和社会贡献指标。

国际大都市图书馆指标体系是在吸收了国内外已有的图书馆评估标准以及联合国教科文组织、国际图联发布的有关文件等研究成果的基础上建立的评价体系。它采用了“标杆分析法”，立足于国际大都市的层次，使应用者通过分析比较不同对象的现状和特点，从中发

① 作者简介：罗小红，副研究馆员，广州图书馆采访部兼数据工作部主任。

现优势，找出差距，不断完善。该指标体系还采用了“投入—产出”的评估逻辑，反映了其绩效评估的功能。

2 国际大都市图书馆指标体系对广州图书馆2010—2015年发展规划的适用性

国际大都市图书馆指标体系应用于广州图书馆2010—2015年发展规划指标体系，其适用性主要表现在以下四个方面：

2.1 广州图书馆面临着与国际大都市图书馆相似的内外部环境变化

当前，国际大都市图书馆正面临着前所未有的巨大的环境变化。首先是信息技术的发展，使图书馆的馆藏、服务、管理等发生了巨大的变化，出现了数字化、网络化、共享化等新特征；其次，相对于城市经济的高速发展，文化发展滞后；第三，社会发展带来城区面积扩大、城市人口增加、弱势人群增多、市民的文化权益如何保障等问题；第四，经济全球化的发展，使各国人员交往及文化交流日趋频繁，对图书馆的文化多样性服务提出了更高的要求。上述内外部环境的变化正是国际大都市图书馆指标体系产生的背景之一。

广州早在1992年就在《广州市十五年基本实现现代化总体发展方案》中提出了建设国际大都市的目标，1997年在《广州市“九五”计划和2010年远景目标》中更进一步提出1996—2010年基本建成国际大都市的目标。当前，广州图书馆身处的环境，信息技术和产业发展迅速，图书馆传统的信息资源服务方式受到极大冲击，公共图书馆事业发展面临着严峻挑战；文化管理体制改革滞后于整个经济社会的发展，公益公共文化服务尚未得到足够的政策支持，事业投入水平总体上还处在以物为指向的阶段，公共图书馆事业发展未能获得充分保障；城区面积不断扩大，根据《广州年鉴》的统计，1999年广州市的城区面积为1 443.6平方千米，2008年增至3 834.43平方千米，九年间增长了近2倍，但资源配置、区域发展不均衡，区县图书馆，尤其是基层街镇图书馆服务薄弱的问题日益突显；广州有着悠久的对外交往史，是古代“海上丝绸之路”的始发港、中国最早的对外通商口岸，是全国著名的侨乡，更是中国改革开放的前沿地，享誉全球的中国进出口商品交易会（“广交会”）从20世纪50年代至今一直在广州举行，现驻有美国、加拿大、英国、法国、德国等多国领事馆，国际文化合作与交流丰富，广州图书馆必须担负促进知识、信息、文化、思想交流的职责，要成为多元文化交流的窗口。可以看出，广州图书馆面临着与国际大都市图书馆相似的内外部环境变化，针对国际大都市图书馆创建的质量评估体系对广州图书馆同样适用。

2.2 国际大都市图书馆指标体系符合广州图书馆的发展定位以及发展规划的目标设置

2008年国务院批复通过的《珠江三角洲地区改革发展规划纲要（2008—2020年）》赋予广州国家中心城市的定位，这对广州的图书馆事业的发展提出了更高的要求，也为其创造了更好的条件。在国家确立公共服务普遍均等原则，大力加强文化建设的大背景下，广州市委、市政府把文化事业的发展摆在中心工作的位置，2009年印发的《广州市加快公共文化服务体系建设实施意见》，提出推进文化信息资源共享工程，推进“农家书屋”工程建设等意见；市委常委会上也指出要创新公共文化服务运行机制，建设全国一流水平、与国家中心城市地位相匹配的公共文化服务体系，这些都是广州市公共图书馆事业发展的大好机遇。

在这样的大好形势下，广州图书馆开展了2010—2015年发展规划的制定工作，提出了建设“国家中心城市图书馆”的发展愿景以及在普及与深化服务、文献资源建设、人才队伍建设、管理体系构建等方面的发展目标。国家中心城市图书馆应该具备哪些条件？国家中心城市图书馆应该用哪些指标加以衡量与评估？国家中心城市图书馆应界定在哪些领域、哪些方面在全国发挥引领作用？发展规划提出的目标的实施情况如何测度？另外，广州图书馆新馆将于2011年年底、2012年年初全面建成开放，它将是世界上最大的城市公共图书馆之一，它如何与一流的新馆建筑相配套建设国内一流、国际先进的新图书馆？在新形势下发展的标准如何界定？这些问题都需要广州图书馆予以回答。

国际大都市图书馆指标体系采用的评价体系运用“标杆分析”的思想，立足于国际大都市的层次，包含资源条件、服务效能、服务成果和影响贡献四大要素，符合广州图书馆的发展定位以及发展规划的目标设置。广州图书馆可以运用该指标体系，以同业内先进图书馆在资源条件、服务效能、服务成果和影响贡献方面的绩效和实践为标杆，分析其现状和特点，从中发现自身优势，找出差距，树立学习和追赶的目标。

2.3 国际大都市图书馆指标体系与广州图书馆即将推行的绩效管理思想一致

国际大都市图书馆指标体系中，资源条件、服务效能、服务成果和影响贡献四个一级指标的逻辑关系为输入→产出→成果→影响。其中，前两者反映的是“绩”，是由图书馆活动的主体所产生的，而后两者反映的则是图书馆的“效”，由图书馆活动的对象所产生。

2009年9月2日国务院常务会议决定，从2010年1月1日起，所有事业单位实行绩效工资，建立健全绩效考核制度。国际大都市图书馆指标体系采用的“投入—产出”的评估逻辑，反映了其绩效评估的功能，与图书馆即将推行的绩效管理思想一致，运用其作为广州图书馆2010—2015年发展规划的指标体系，与事业单位的改革方向一致，符合广州图书馆以读者为本，注重服务效益的办馆理念。

2.4 国际大都市图书馆指标体系的研究案例为广州图书馆发展规划提供了完整、可行的指标参照

《国际大都市图书馆指标体系研究》共选择了5个研究案例开展案例分析，较为全面地收集了案例馆的指标数据，包括美洲的纽约公共图书馆、欧洲巴黎的法国国家图书馆、亚洲的新加坡国家图书馆、香港的中央图书馆以及上海图书馆，具有一定的地区代表性。从类型层次看，既有身处国际大都市的国家图书馆，又有城市中心图书馆的总馆，既有研究型图书馆，又有大众服务为主的图书馆，在类型层次上分布面较广。研究案例的完整指标数据有利于广州图书馆从中选择标杆图书馆进行分析比较，对于广州图书馆发展规划指标体系目标值的确定具有很好的参考意义。

3 指标调整情况

在广州图书馆发展规划指标体系的应用过程中，广州图书馆根据广州市以及该馆的实际情况对部分指标进行了调整，共新增三级指标2个，修改三级指标7个，未采用三级指标2个，以提高指标体系的适用性，具体如下：

3.1 新增指标

3.1.1 人均藏书量

【编号】1.3.2

【名称】人均藏书量

【目的】评价图书馆馆藏的人均拥有量。

【范围】适用于图书馆单体（总馆）和图书馆系统（总馆＋各分馆）。

【定义】常住人口拥有的人均藏书量（册、件/人）。

【方法】人均藏书量为 A/B。

其中，A 为当年的馆藏总量，B 为常住人口数。

3.1.2　人均外借馆藏量

【编号】2.3.1

【名称】人均外借馆藏量

【目的】评价流通馆藏对常住人口的满足情况。

【定义】一年时间内常住人口外借馆藏的平均册数。

【方法】统计一年时间内外借馆藏中记录的图书借出数，并由政府统计资料得到当地常住人口数，则人均外借馆藏量为 A/B。

其中，A 为被借出的图书资料的总次数；B 为当地常住人口数。

增加上述两个指标，一方面可以从常住人口的保障及利用水平上考察馆藏数量与馆藏的外借情况，比原指标体系单纯从总量上（指标 1.3.1 馆藏总量）或仅以可外借馆藏为标准（指标 2.3.1 外借馆藏的流通量）考察更全面、科学，另外也可以更好地与国际通用指标对接。

3.2　修订指标

3.2.1　年人均新增馆藏量

原对应指标为 1.3.2 馆藏年增长率，从原来与自身馆藏量对比改为与常住人口对比。修改后指标具体描述为：

【编号】1.3.3

【名称】年人均新增馆藏量

【目的】评价每年人均新增馆藏的情况。

【范围】适用于图书馆单体（总馆）和图书馆系统（总馆＋各分馆）。

【定义】常住人口人均新增馆藏量（册、件/人）。

【方法】年新增馆藏量/常住人口数。

3.2.2　千人年均购书经费

原对应指标为 1.4.3 千人年均购书经费，将原指标定义“财政年度的经费预算”明确为“财政年度的购书经费预算”。修改后指标具体描述为：

【编号】1.4.3

【名称】千人年均购书经费

【目的】评价图书馆经费投入的人均量。

【范围】适用于图书馆单体（总馆）和图书馆系统（总馆＋各分馆）。

【定义】图书馆一个完整的财政年度的购书经费预算除以所服务的当地常住人口数。

【方法】可通过图书馆财务部门及政府统计资料得到该指标的相关数据。

千人年均购书经费为 $A/B \times 1\,000‰$。其中，A 为图书馆年度购书经费预算总量，B 为当地常住人口数，可从当地统计资料中获得。

3.2.3　流动图书馆、自助图书馆及示范分馆

原对应指标为 2.1.4 流动图书馆，增加了自助图书馆及示范分馆两个下位类指标。修改后指标具体描述为：

【编号】2. 1. 3

【名称】流动图书馆、自助图书馆及示范分馆

【目的】评价图书馆为潜在读者提供便捷服务的能力。

【范围】适用于图书馆单体（总馆）和图书馆系统（总馆 + 各分馆）。

【定义】每年流动图书馆的种类及其服务频次，自助图书馆建设数量及服务效益，示范分馆建设规模及服务效益。

【方法】可从图书馆的管理部门获得相关数据。

3. 2. 4　千人均注册读者数

原对应指标为 2. 2. 1 千人均注册读者数，定义修订：把“读者当年注册数”改为“读者累计注册数”。修改后指标具体描述为：

【编号】2. 2. 1

【名称】千人均注册读者数

【目的】评价图书馆对当地常住人口的服务能力。

【范围】适用于图书馆单体（总馆）和图书馆系统（总馆 + 各分馆）。

【定义】读者累计注册数占当地常住人口的千分比。

【方法】可通过图书馆注册数据获得注册读者数，并由政府统计资料得到当地常住人口数。

注册读者数占当地常住人口数比例为：$A/B \times 1\,000‰$。其中，A 为累计注册读者数，B 为当地常住人口数。

3. 2. 5　注册读者数字化文献下载、浏览次数

原对应指标为 2. 3. 3 注册读者数字化文献下载次数，增加对数字化文献浏览量的统计。修改后指标具体描述为：

【编号】2. 3. 4

【名称】注册读者数字化文献下载、浏览次数

【目的】评价电子资源的使用量。

【定义】注册读者数字化的合法下载和浏览次数。

【方法】读者在馆内或远程下载和浏览数据库文献或资料的篇、册次。

3. 2. 6　馆际互借处理时间

原对应指标为 2. 4. 4 馆际互借处理速度，定义修订：从原来“在特定时间内获得馆际互借图书资料的比例”改为“读者获得馆际互借图书资料所需的时间”。修改后指标具体描述为：

【编号】2. 4. 3

【名称】馆际互借处理时间

【目的】评价图书馆馆际互借服务的效率。

【范围】适用于图书馆单体的评价。

【定义】读者获得馆际互借图书资料所需的时间。其中馆际互借是指读者要求借阅不属于图书馆馆藏的但可从外部获得的文献。

【方法】可由图书馆馆际互借部门的服务承诺中或对图书馆馆际互借服务进行随机抽样计算获得。

其中随机抽样计算方法可在特定时间段内记录所有用户要求借阅但不属于图书馆馆藏的

文献。计算收到读者借阅单到接到外来图书信息的天数。

将国内馆际互借与国际馆际互借加以区分对待。

3.2.7 注册读者年均进馆次数

原对应指标为3.1.1注册读者年均进馆次数，根据广州图书馆实际情况，由于目前进馆人数远远大于外借人数，有相当部分进馆读者都是非注册读者，为保持数据的严谨性，计算方法从原来“到馆人数/注册读者数”改为“年外借读者人数/累计注册读者数”。修改后指标具体描述为：

【编号】3.1.1

【名称】注册读者年均进馆次数

【目的】主要评估图书馆服务吸引读者的能力。

【范围】适用于图书馆单体的评价。

【定义】可用全年进馆人数除以注册读者群人数。其中，确认一次访问的前提是进馆是为得到图书馆的某项服务。

【方法】以进出口自动计数系统或人工计数器统计到馆人数，讲座、展览等人数可用座位数与入场券统计，则每位注册读者的年进馆次数为A/B。

其中，A为全年进馆人数，B为注册读者群人数。结果取最接近的整数。

上述指标修订的原因主要有：

（1）根据广州图书馆实际情况调整，提高适用性。例如，指标2.1.3流动图书馆、自助图书馆及示范分馆、2.2.1千人均注册读者数、2.3.4注册读者数字化文献下载、浏览次数、3.1.1注册读者年均进馆次数。

（2）使指标更全面、科学地反映实际情况，更好地与国际通用指标对接。如指标1.3.3年人均新增馆藏量。

（3）计算方法更直接、简便。如指标2.4.3馆际互借处理时间。

（4）使指标定义更准确。如指标1.4.3千人年均购书经费。

3.3 未采用指标

未采用指标为2.1.3服务半径和2.4.3闭架式现场获取馆藏所需平均时间，前者是针对图书馆系统的评价指标，并不适用于单体馆，后者因为广州图书馆馆藏多为开架服务，该指标对本馆没有实际意义，所以未采用。

广州图书馆2010—2015年发展规划引入国际大都市图书馆指标体系，建立并实施图书馆质量评估体系，形成图书馆日常管理的长效机制，不仅符合广州图书馆2010—2015年发展规划的要求，也符合广州图书馆事业发展的要求，必将促进广州图书馆可持续发展。

参考文献

[1] 王世伟. 国际大都市图书馆指标体系研究［M］. 上海：上海科学技术文献出版社，2009

[2] 广州年鉴编纂委员会. 广州年鉴2000. 广州：广州年鉴社，2000

[3] 中共广州市委员会. 广州市年鉴2009. 广州：广州年鉴社，2009

[4] 广州市计划委员会. 迈向现代化国际大都市：广州市“九五”计划和2010年远景目标［M］. 广州：广东经济出版社，1996

地区公共图书馆人本管理的问题与对策

——以荔湾区图书馆为例

王智健[①]

（荔湾区图书馆　510176）

摘　要： 确立“以人为本”的管理和服务思想是现代公共图书馆实现可持续发展的基础和原动力。公共图书馆的人本思想就是要把图书馆的管理和服务工作都纳入到以馆员为根本、以读者为中心的轨道上来。本文就近年来荔湾区图书馆逐步将人本管理理念运用到本馆的内部管理和对外服务的实践中所存在的问题，结合本馆的工作实际，进行分析和探讨。

关键词： 公共图书馆　人本管理　激励　和谐　服务

1　公共图书馆人本管理的内涵与意义

1.1　公共图书馆人本管理的内涵

事业单位实行人性化管理的主要内容是事业文化建设，事业文化建设的核心是以人为本的人本文化建设。图书馆的管理重心已不再是对物的管理，而是“以人为中心”的管理，即人本管理：以全心全意依靠馆员为管理理念，以开发馆员的潜能、提高员工素质为最主要的管理任务，其核心是以尊重人、理解人、关心人来激发人的热情，以重视和满足人的合理需要为管理宗旨，以凝聚力、创建员工激励新机制作为管理的基本手段，引导馆员树立正确的图书馆价值观、服务观、道德观，从而调动全体馆员的主动性、积极性和创造性，促进馆员的全面发展和自我价值的实现，全面实现图书馆的各项管理目标。

图书馆人本管理就是要把馆员工作生活质量的提高、馆员满意度的提高、馆员的成长和发展等人性化因素作为追求的目标，利用行之有效的工作方法不断开发人的潜能，提高信息获取、整合能力，增强专业知识、技术能力和综合素质，并使其与社会价值理念、图书馆员价值理念相一致、相兼容，使之植根于馆员的头脑中，渗透于馆员行为方式中，具体到馆员的日常工作中，实现人的全面发展。

1.2　公共图书馆人本管理的意义

人本管理理论与实践的出现符合当今知识经济时代的要求，具有重大的现实意义，人本管理是现代企、事业管理的核心，是推动我国企、事业单位改革顺利进行的必由之路。

在社会主义制度下，实行人本管理具有更特殊的意义，社会主义的生产关系，决定了必须高度重视人的因素。公共图书馆的改革过程实际上也是不断进行制度创新、加强人本管理的过程，人本管理对我国的机关事业单位制度的建设具有重大的意义，使之由传统的以物为

① 作者简介：王智健，荔湾区图书馆助理馆员。

本的管理逐步转向以人为本的管理，重新认识人，重视人的作用，积极开发现有的人力资源，最大限度地发挥每位员工的潜能，注重人才的聚集、教育与培训，从而建立可持续发展的良性机制，创造独特的事业文化氛围，从而增强事业单位的活力。

2 地区公共图书馆人本管理存在的问题

目前很多公共图书馆管理正从人事管理模式向人力资源管理方向转变，我馆在试行人员聘用制度和管理上也充分考虑到人的因素，坚持以人为本的理念。然而，在管理中仍存在着不少问题。

2.1 行业地位低下，职业理解偏差

由于历史的原因，长期以来，图书馆都被认为是一个只有支出，没有经济收益的，收容、安置关系户、军属等的场所；主管部门也没有给予足够的重视，对图书馆的投入力度不足。资金的匮乏、观念的落后、人才的稀缺以及缺乏有力的上级支持是造成图书馆事业相对滞后的原因，具体表现为：其一，没有认识到图书馆系统建设的重要性。完备的图书馆系统应该具有多样性和适应性，不仅要有与城市发展相适应的中心型图书馆，更应有“接近公众”的社区型图书馆。其二，没有保障图书馆事业系统化发展的有效措施和制度。图书馆工作平凡普通，从事着“借借还还”这种单调重复的劳动，图书馆员只是一般的服务人员，工作轻松、无压力，自视为“低薪悠闲”一族，图书馆工作并没有什么大意义，馆员对图书馆事业难以形成理性的认识，缺乏对该行业的归属感和自豪感。其三，没有图书馆系统建设的资金保障。图书馆是公益性的公共事业单位，其经费来源基本是由上级主管部门根据每年图书馆的办馆情况，对包括书刊订阅及借阅服务、设备购置、人员培训等的开支进行核定后，报地方财政部门审批。由于区财政各项预算也比较吃紧，拨付的各项经费毕竟有限，不能完全满足图书馆公益文化的需求。

2.2 专业学非所用，职称难以审评

以往图书馆入门的门槛较低，对专业、学历的要求不高，但随着事业单位的不断深化改革，对馆员的要求也越来越高。首先，聘用的条件已由普通高中学历上升至大专学历；其次，在职称的评定条件上，职称评审的学科条件已由过去的不论专业改为须专业对口，把专业局限在图书馆学专业范围内，否则，就要进行重新考核。如今，我馆人员通过各种渠道进修获得大专以上文凭的已占大多数，但由于所学专业各异，审评职称则成为一道难关。

为了评职称，图书馆员只能放弃对原本所学专业知识的研究与提高，转而将精力和时间用在图书馆学专业研究上，这样大大降低了图书馆员进行与各学科相关的多领域研究的积极性，从而不能为具体的专业学科提供更深层次的服务，更不利于图书馆职业形象的树立和提升。

2.3 对外服务倦怠，与读者沟通不足

“以人为本，读者至上”，这是图书馆一切工作的出发点和准则。一向以来，图书馆都是以公益性服务的形象向大众开放的。我馆是地区性的公共图书馆，工作人员所接触的社会人群地位质素参差不齐，思想心态各异，图书馆工作人员本身对服务读者的认识有偏差，把自己摆放在“主位”，而忽略了“读者至上”之根本，并没有考虑读者和读者的需求，缺乏亲和力和人性化，缺乏情感上的理解与沟通，缺乏与读者平等关系上的互惠和尊重，读者不可能产生认同感。某些图书馆员还会因小事与读者产生摩擦，把规章制度搬出来，以生硬的

语调要求读者遵照执行，激化了矛盾，造成相互僵持的尴尬局面。

3 地区公共图书馆人本管理的完善对策

荔湾区图书馆附属于上级主管部门，长期以来，在清水衙门中是不存在竞争意识、激励机制的，有的只是默默无闻的劳作，与世无争，渐渐地就有了清闲安逸的社会属性。图书馆最重要的资源是人，是以人为主体组成的，是依靠人进行管理活动的，是为人的需要而运作、存在的。事业单位的改革，应树立以人为本的管理理念，制定公平、合理的竞争机制、利益机制和培训机制，优化人力资源，强化综合竞争实力，进而实现图书馆崇高的社会公益价值。

3.1 加强职业道德教育，提升图书馆社会地位

图书馆职业道德教育作为一种提高人的素质、造就高品位人力资源的活动，对提升图书馆在社会及民众心目中的地位起着至关重要的作用。

首先，主管部门应重视图书馆的建设，加大对图书馆的资金、教育、人力资源的投入，健全切实有效的教育机制和激励机制，完善馆员的人员配置，努力提升图书馆的社会地位。从“以人为本”角度出发，尊重馆员的劳动，使图书馆行业成为受人尊敬的行业。

其次，图书馆应加强自身的建设，加强馆员对政治思想、道德修养、工作能力的培训指导，引导馆员树立正确的职业观，加强各分馆之间的信息资源共享、互动、传递。馆员有了正确的理念，便能产生主观能动性，积极、主动地倾全力于工作之中，人本管理的工作目标才可顺利实现。

最后，应主动与各政府部门沟通协调，获取上级领导的支持和肯定；积极向社会宣传图书馆服务，获得公众的认同和尊重，通过辛勤有效的工作，获得各界人士的理解和参与，努力提高图书馆的社会效益，提高市民的图书馆意识和图书馆的社会地位，提高图书馆员工为图书馆事业奉献的信心。

3.2 精神、物质激励并重，营造图书馆和谐气氛

激励是人本管理的核心问题，激励是图书馆实施有效人本管理的重要手段，它既有利于实现图书馆工作目标，又有利于提高工作效率。美国心理学家马斯洛提出的需要层次论中，把人的需要分为生理需要、安全需要、社会交往需要、尊重需要和自我实现的需要等五个层次。马斯洛的激励理论认为，在某一种需要得到相对的满足之后，这种需要就失去对于行为的动力作用，或失去成为主要动力的作用；这时另一种需要就会产生，于是人们又继续采取新的行动来满足新的需要。所以，激励以人的需要为出发点。

激励在图书馆管理工作中处于非常重要的地位，调动人的积极性的最好办法就是设法满足其不同层次的需要，因为“人们奋斗所争取的一切，都同他们的利益有关”（《马克思恩格斯全集》第一卷，第 82 页）。在某种意义上说，“利益”等同于“需要”。管理者所要做的就是把目标细分，然后把满足需要与具体的个人目标挂钩，分别采取不同的激励方式，一方面积极创造条件，如物质、奖金、福利等，满足他们作为自然人的生理、安全方面的需要；另一方面，更要创造好的环境、条件，如公平竞争、人员任用、提拔、进修、培训等，去满足其作为社会人的社交、尊重、自我实现方面的需要，由此去充分调动图书馆人的积极性，引导其实现预定的目标。

3.2.1　培训教育相结合，缔造和谐的图书馆文化

制定完善的轮岗制度，一来，以“先培训，后上岗”为原则，按照我馆制定的劳动纪律和安全卫生的要求集中培训，二来，是岗位业务知识和技能的分散培训，分类排架、借还程序操作、书目查询、数据录入等，培训合格后再安排上岗。轮岗制度加强了馆员间的亲密合作关系，使馆员在各个岗位有计划地合理流动。通过轮岗以及培训不仅可以加快提升馆员的专业素质技能，拓展工作范围，锻炼适应能力，挖掘潜能，造就图书馆的复合型人才；而且可以避免馆员长期从事单一性工作而产生的枯燥厌倦，为馆员提供多样化的工作空间，增加工作的新鲜感，促进馆员间的亲密合作关系，营造图书馆和谐的气氛。

3.2.2　健全人性化管理，达到组织与个人的共赢

首先，应建立完善“以人为本”的人性化管理机制，创造一种条件公开、机会均等、择优录取、严格考评、公平竞争的良好环境。制定科学的考评体系标准，把考评与目标管理相结合，使考评真正起到鼓励先进、鞭策后进的作用。其次，目前推行的聘任制是人事制度改革的关键，改革图书馆过去的“终身职业制”，以合同为媒介确定用人对象的人事任用制度。这样不但可以激活图书馆人的活力，增强图书馆员工的竞争意识，充分调动人的积极性，引导图书馆员不断充实自己，实现自身价值，积极进取，提高工作效率，同时还能鼓励馆员参加各类在职培训，学习相关专业课程，提高各项专业技能水平，使馆员既乐于奉献，又实现自身的成功，从而达到组织与个人的共赢。

3.3　*以开放的服务观念，做和谐社会的表率*

“服务”是图书馆事业的生命线。公共图书馆作为融合多种学科的文化行业，面对外部环境的变化，尤需拓展服务内容、丰富工作内涵、更新管理手段，不断加强开放的发展观，采取开放的办馆理念，提升“以人为本”的对外开放服务，以适应时代的发展，充分发挥图书馆公益服务功能。

目前，为满足社会公众的需求，通过两分馆数据合并，实施区公共图书馆通借通还联网工程，实行书刊借阅“一卡通”，在全区范围内实现通借通还，打破“各自为政”的服务模式，实现资源共享和资源整合，并在各区街建立社区互动图书室，形成遍布全区的读书网络，建立“10 分钟读书圈”，想方设法把图书馆办到人民大众的身边，使读者真正享受到借书就在家门口的便利服务。我馆还通过流动图书车把书刊配送到社区、学校、部队、厂房区及干休所，把服务延伸到公众需要的地方。这不仅大大方便了各阶层读者随时随地使用图书馆，而且极大地扩展了图书馆服务的空间，取得了良好的社会效果。

公共图书馆是公益性的文化教育机构，其设备、设施应是全民共享的公共资源，那么每一位读者都是图书馆的主人。图书馆史学家约翰逊在《西洋图书馆史》一书中指出：“在书籍和图书馆的历史中，人的因素始终是最重要的。”图书馆诸要素中的核心要素是读者，读者是图书馆赖以存在和发展的根本依据，图书馆与读者是相互依存、不可分割的整体，图书馆的各项工作离开了读者就失去了意义。因此全心全意为读者服务是图书馆工作的重中之重，对读者充满人文关怀是图书馆与读者关系和谐的关键。

馆员与读者的关系是一种特殊的服务关系，包括业务服务和心理服务，同时是一种平等的关系。每个读者都享有平等的获得图书馆服务的权利。图书馆面前人人平等，这是图书馆界的“人权宣言”。作为图书馆员，在读者服务工作中善于感知其情绪，给予理解和辅助，是搞好馆员与读者关系的前提。培养这种能力，除了要有接纳读者、关注读者的意识，以一种关爱、尊重、平等的心态去对待读者，倾听读者的需求之外，还要善于换位思考，从读者

的角度去理解、感受，做到处处、事事体贴、关心、方便读者。这样，才能得到读者的信任和合作，改善馆员与读者的关系，增进彼此的理解，做好读者服务工作。

综上所述，“以人为本，构建和谐图书馆”的理念，为我们拓宽了图书馆思想的新天地，它道出一个永恒的真谛：图书馆与“人”息息相关，图书馆发展的真正原动力是人文精神。只有实施人本管理，图书馆事业才能够兴旺发达，才能够与时俱进，才能够健康发展。霍国庆先生指出：“图书馆学是一门研究人的学问，它的最终和最高目标是为人的全面发展服务。”人性化的管理理念是图书馆实现人才引进、开发与利用，把人才资源开发推向更高水平的先决条件；人本管理的目的不但在于赢得人心，达到事业健康稳定发展，还在于提高工作效率、加强馆员之间的沟通理解、真诚合作，消除彼此间的隔膜等。

而同样重要的还在于对外服务，公共图书馆作为融合多种学科的文化行业，面对多元化的外部环境，尤需以开放的发展观面对社会，以读者为中心，尊重读者、方便读者，以优质服务为读者所信赖。始终坚持社会主义公益文化事业的办馆方向，以真诚、融洽、开放的服务态度面向广大读者，为读者排难解忧，全心全意为读者服务。

多年来，荔湾区图书馆通过健全内部管理制度，不断更新思维观念，创新服务手段，扩大服务范围；不断完善自我，努力开拓图书馆工作新局面；不断提高服务水平和社会效益。通过开展社会教育，传播信息，普及科学文化知识，提高市民综合素质，推动社会文明转变，从而提高全民的图书馆意识，赢得社会支持、政府支持、群众支持，最终促进图书馆事业健康和向前发展。

参考文献

[1] 程亚男．图书馆工作概论［M］．北京：北京图书馆出版社，2000. 5 ~ 6，27 ~ 28

[2] 菲利普·吉尔．公共图书馆服务发展指南［M］．上海：上海科学技术文献出版社，2002. 84 ~ 85

[3] 黄俊贵，陈瑞春．适应经济发展，强化事业导向——珠江三角洲地区公共图书馆发展经验试谈［A］．广东文化艺术论丛［C］．广州：花城出版社，2004. 103 ~ 104

[4] 夏晓玲．马斯洛“需要层次论”在图书馆工作中的应用［M］．图书馆论坛，2007（3）：26 ~ 27

[5] 李玉梅，王宇，迟伟凡．论图书馆内部基本制度的建设与创新［J］．中国图书馆学报，2005（3）：94 ~ 95

[6] 陈成桂．人本管理——高校图书馆领导者的管理之策［J］．图书馆工作与研究，2005（4）：17 ~ 19

论公共图书馆期刊管理模式和服务方式创新

卢致尤①

（广州图书馆　510055）

摘　要：文章分析了网络环境下公共图书馆期刊工作的变化，针对这些变化，提出了公共图书馆要转变服务理念，创新期刊工作管理模式和服务方式。

关键词：期刊工作　网络环境　创新

随着计算机网络技术和多媒体技术的广泛应用，期刊文献发生了很大的变化，电子期刊的问世，给传统的图书馆期刊服务工作带来了极大的挑战。公共图书馆如何适应新形势的发展，如何满足读者对文献信息的需求，是摆在公共图书馆期刊服务工作者面前的一个新课题。面对资源的电子化、网络化，公共图书馆要更新服务观念，不能满足于一般服务工作的现状，应当顺应时代的发展，转变服务理念，创新期刊工作的管理模式和服务方式，加强期刊信息资源的开发与利用。

1　网络环境下期刊的变化

1.1　期刊的载体形态发生了变化

多样化是网络环境下期刊载体的一个明显特点，期刊载体由传统的纸质印刷型文献为主转向多类型载体形态，发展成为印刷型、电子型、网络型和以光、磁介质为载体的制品型。电子期刊走进图书馆，图书馆的期刊信息资源已发展成为印刷型、视听型、机读型、光盘型、镜像站型和网络型并存的文献信息资源。

1.2　馆藏结构发生了变化

图书馆的馆藏期刊文献不再局限于传统的印刷型文献资料，馆藏期刊文献结构由单一的印刷型文献为主转向多类型载体形式，其可分为现实馆藏和虚拟馆藏两部分。多年来，印刷型期刊是图书馆的主要文献收藏。现代信息技术的发展，无疑使以印刷型期刊为主的馆藏模式发生了极大变化。电子期刊以其容量大、检索快等优点倍受读者的青睐。因此，要想使图书馆能较好地满足读者对期刊文献的需求，其馆藏模式由传统单一的印刷型期刊向电子期刊和网上期刊转化是必然选择。

1.3　期刊的服务方式和手段发生了变化

传统的期刊服务方式已不能满足读者的需求，现今读者最需要的是文献中的信息，而并非全部文献。为读者提供信息，解决读者问题，是期刊工作的深化方向。过去期刊的服务方式只能局限于文献服务而不能深化为信息服务，从期刊原文中筛选信息的工作量巨大且费时，而电子期刊则具有高集成、多检索途径，能高效、方便获取信息。它检索速度快，筛选

① 作者简介：卢致尤，广州图书馆馆员。

信息的工作变得轻而易举，图书馆信息服务方式由以手工为主转向以计算机操作为主。

1.4 期刊的信息量发生了变化

期刊信息量的扩大化。随着社会的发展、科技的进步，信息的增长速度越来越快，期刊作为一种重要的信息传播媒体，其有限的容量与大量信息涌现的矛盾将会越来越尖锐，这客观上要求期刊的信息量越来越大。扩大信息量将是各类期刊求生存、求发展的重要策略之一。

1.5 期刊的流通速度发生了变化

期刊流通快速化。新型光盘期刊、网络期刊的出现，加快了期刊出版、流通的速度，同时，信息的时效性必然促使各类期刊加强这方面的竞争，从而使期刊出版、流通的速度越来越快。

2 网络环境下期刊管理和服务工作的创新

2.1 创新期刊管理模式

2.1.1 建立完备的规章制度

期刊管理应制定有效的规章制度。一般管理规定应包括中文报刊分编细则、采编数据质量控制办法、期刊阅览室工作人员守则、期刊阅览室管理办法、读者管理制度、规范读者行为的入室须知、工作人员岗位职责等，这些行之有效的制度明确了管理人员的岗位职责，规范了读者行为。

2.1.2 加强期刊咨询工作，开展深化服务

期刊咨询工作直接面向读者，是掌握读者阅读倾向和提高期刊利用率的有效途径。可广泛搜集期刊文献，从而满足读者的阅读需求；也可根据读者提出的科研课题需要，提供定题跟踪服务，使读者能方便有效地找到所需的文献资料。开发期刊信息，为读者提供信息服务，是期刊管理者应有的职责。随着期刊载体的多样化和管理手段的现代化，期刊信息服务也必须进一步深化。21世纪的期刊信息服务，不仅要宣传介绍馆藏期刊文献的分布，编制各类期刊目录，指导读者充分利用馆藏期刊查找所需信息，提高期刊的信息检索率，而且要进一步做好二次、三次文献开发。在向用户提供的二次、三次文献中，不仅要有针对印刷型期刊的文摘、综述、专题资料汇编、信息荟萃等，而且要有针对电子期刊的“数据库”式服务。

2.1.3 加强期刊管理手段的现代化

随着期刊载体的多样化和期刊流通的快速化，管理手段的现代化进程将越来越快。21世纪的期刊管理手段，不仅要对印刷型期刊在登录、编目、检索等环节全面实现计算机操作，而且在期刊阅览室内也需要实现对电子期刊的网络检索、网络访问、网络接收。就期刊阅览室而言，一要实现印刷型期刊管理现代化，二要实现电子期刊的网络化。

2.1.4 健全与完善馆藏报刊目录

馆藏报刊目录是揭示期刊信息、指导用户检索的重要工具，是连接用户与期刊的重要纽带。尽管现代化公共图书馆的自动化系统能方便地提供各种途径的检索，但是，传统的纸本目录仍旧发挥着重要的作用。馆藏报刊目录可以分类编排，使读者能对某一方面的期刊有一个总体的了解，更深入地把握馆藏，充分利用馆藏；同时编制刊名字顺索引，方便读者检索。

2.1.5 征求和考察新的期刊品种

期刊阅览室设置新刊建议登记本，请读者对本馆没有而自己认为需要订阅的期刊提出订购建议，提供尽可能详尽的期刊信息，供期刊采访人员补订或来年选订。对于新增订的期刊品种，也应随时掌握读者的利用情况，及时反馈读者意见，以便采访人员作出适当的调整。

2.2 创新期刊工作服务方式

2.2.1 更新观念，转变服务理念

随着信息技术的飞速发展，21 世纪的期刊及期刊管理将会有一个全新的模式。期刊管理将从低层次的“借书型”向高层次的信息服务型转变，从封闭型向开放型转变，从手工操作型向现代化技术型转变，从无偿被动型服务向效益主动型服务转变。所有这些转变，都要求期刊管理人员首先从观念上有一个清醒的认识，树立全新信息观念和大众服务观念，这是角色转换、更新能力结构的思想基础。

2.2.2 期刊管理人员更新专业知识

21 世纪的期刊管理，不仅是管理静态的图书，更重要的是管理动态信息，这就要求期刊管理人员必须提高专业知识水平，提高自身的文献信息开发能力。在这方面，有两个内涵，一是对于图书情报专业毕业人员来说，除了要不断更新、补充、丰富新知识外，还可根据自己的服务方向，掌握一定的非图书情报专业知识，以利于信息开发能力的提高；二是对于非图书情报专业毕业人员而言，首先要学习、掌握图书馆学、情报学的基本知识和图书馆工作的一般规律、方法，掌握期刊管理的基础知识。另外，随着改革开放的深入，国际交流与协作的加强，以及网络建设的全面铺开，加强所有管理人员的外语培训也是专业学习必不可少的内容。

2.2.3 加强以计算机为中心的新技术培训

21 世纪期刊及期刊管理改革的前提是以电脑为核心的信息技术革命和全球信息化浪潮的冲击，所以，以计算机知识为中心的新技术，是 21 世纪期刊管理人员必须学习和掌握的。在这方面，期刊管理人员首先应当解决的是计算机基本知识、普通软件知识、计算机应用操作，进而需要掌握一定的网络技术知识。

2.2.4 建立期刊信息服务导航系统

随着互联网技术的迅速发展，科学知识更新加快，信息分布极为分散，广大市民所需的各种科技信息不再集中在纸质期刊文献载体上。虽然现代信息技术和网络为用户查询信息带来了极大的方便，但由于信息量大，种类多，网络信息搜索引擎、文献信息检索途径各有其局限性、复杂性，读者要在众多的信息中准确、全面地检索到所需的信息资料也成了一件不容易的事情。公共图书馆应就广大市民的阅读学习需要，有重点地开发有关的信息，开展网上专题导航服务，建立网络信息服务平台和信息导航系统，使读者通过搜索引擎或检索入口，能快速有效地找到关于某一主题的数据信息乃至全文。

2.2.5 培养用户情报意识，提高检索能力

用户的情报意识决定其利用期刊文献的频率，用户的检索能力决定其利用期刊文献的深度。要培养用户的情报意识，就应进行宣传，使用户懂得情报在社会主义建设中，在人们的日常生活中的地位和作用。可开设文献检索与利用相关课程，不能开课的公共图书馆可采取讲座、辅导、展示检索工具等方式进行宣传，激发用户的情报意识，提高他们的检索能力。

2.2.6 加强期刊宣传、报道工作

期刊的宣传、报道是用户了解期刊，利用期刊的前提，是期刊信息价值得以实现的重要

环节。期刊工作人员必须做好这一工作。宣传报道的内容包括教育信息、科技发展动向、新的科技成果、学术研究动态、新期刊内容介绍、馆藏期刊介绍等。其形式也可以多样化，比如办期刊宣传栏、书本式新刊通报、复印张贴新刊目录、放映声像资料等。通过宣传，使用户将获得的知识、信息用于教学、科研与各项工作中，以实现期刊信息的价值。

2.2.7 加强期刊工作理论研究

期刊工作是一个多因素、多层次、多功能的综合体。要真正做好期刊工作，为用户提供优质服务，必须有期刊理论做指导。一个图书馆期刊部门倘若只是埋头搞具体的业务（如期刊采集、分编、登账、借阅、装订等），而不进行期刊工作规律的研究，不探求期刊工作的最佳方式和手段，那么只能停留在低层次、低水平上，在市场竞争中，将处于劣势。我们在进行期刊工作研究中，可借鉴国外期刊工作的经验，吸收国外期刊工作研究成果，立足本国实际，建立较完整的期刊工作理论体系与工作规范，指导期刊工作。

3 结语

在网络环境下，公共图书馆只有转变观念，树立新的服务理念，实行新的管理模式和新的服务手段，挖掘期刊文献信息资源的潜力，才能够适应当前的信息环境，迎接信息时代的挑战，满足读者的信息需求。

参考文献

[1] 丘艳明.论高校图书馆电子阅览室管理和服务的创新［J］.内蒙古科技与经济，2007（4）：132～133

[2] 任文香.21世纪的期刊发展趋势与期刊管理人员的角色转换［J］.平原大学学报，1999（3）：76～77

[3] 张声惠.论高校图书馆期刊信息资源的管理［J］.云南师范大学学报（哲学社会科学版），1996（1）：90～94

以新课程改革为契机提升中学图书管理员专业形象

李洁玲[①]

（从化中学图书馆　510900）

摘　要： 新课程改革将学校图书馆定位为一种重要的课程资源，图书管理员如何适应这一变化？本文试图从职业角色的转变及完善的角度提出思考，让图书管理员成为新课改的学习者、参与者和指导者，做到以人为本、贴心服务。

关键词： 新课程改革　中学图书馆　管理员

全面实施新课程是我国中小学教育的一场深刻变革，是夯实教育基础、推进素质教育、提升国民竞争力的重要举措，是事关全局、影响深远、涉及社会各方面的系统工程。《基础教育课程改革纲要（试行）》明确规定，“图书馆是重要的课程资源”。这项规定首先让学校的决策层对图书馆的作用的认识有了根本的改变，对图书馆“搜集、整理、收藏图书资料供人阅读”的功能有了进一步的认识。中学图书馆的功能作用得到了提升，图书管理员的角色也应相应转变。多年的工作经验让笔者体会到，中学图书管理员一定要以这次新课程改革为契机，按照科学发展观的要求，明确自身职责，做到以人为本、贴心服务，全力做好课程资源的后勤保障工作。具体要从以下三个方面进行角色转换。

1　图书管理员变保管者为学习者

美国图书馆专家认为：在图书馆服务所产生的影响中，图书馆的建筑物占5%，信息资料占20%，而图书馆员占75%。由此可见图书管理员的重要性。长期以来，学校图书馆被定位为资料中心和教辅中心，图书管理员兼管学校的收发工作，被定位为“搬运工”、“仓管员”。许多人认为图书馆工作无非是借借还还、开门关门、收集资料、看管图书，不需要什么专业知识与技能。在人员配置上，学校往往会把教学不胜任或老弱病残的教师安排在这个“无关要紧”的“舒适”岗位上。另外，由于图书管理员在待遇、职称等方面有别于其他教师，造成专业素养高的人员不愿意从事图书管理工作。从总体看，图书管理人员专业素质偏低、后继乏人，严重制约图书事业发展。

新课程改革“自主、合作、探究”的核心理念和基本要求，对图书管理员提出了全新的要求，管理员在这个核心理念的指引下，需要了解掌握各学科知识、技能、情感、价值观等目标要求和实施步骤，明确图书馆在课改中的地位和应发挥的作用，唯有如此，才能为配合新课程实施奠定基础。因此，一方面学校必须加强人员配置，把责任心与事业心强的、图书管理专业水平高的、充满活力的人员安排到图书馆工作；另一方面，图书管理员本身必须

---

① 作者简介：李洁玲，广东省从化市从化中学图书馆副馆长，助理馆员。

加强学习，更新思想，与时俱进。不仅要掌握基本的图书馆学专业知识，熟悉分类、编目知识，掌握计算机网络技术相关知识，还要根据新课程改革的核心理念和基本要求，加强各学科知识的学习和更新。

2　图书管理员变旁观者为参与者

图书管理员要变以往图书馆“坐以待借”的被动服务为主动服务。《基础教育课程改革纲要（试行）》指出：学校应充分发挥图书馆、实验室、专用教室及各类教学设施的实践作用。但由于长期受应试教育的影响，学生功课压力过大，整日埋头于课本、作业和题海中，很难抽出时间到图书馆阅览，更不用说参与图书馆实践活动了。究其原因，不仅与教育制度有关，而且与图书馆的服务不到位、缺乏吸引力也有十分密切的关系。图书管理员要在增加图书馆的凝聚力、吸引力上多下工夫，多花力气。

首先，为学校图书馆建设提建议。书库、阅览室、电子读物室以及宣传氛围、环境布置等，怎样才方便师生，方便操作？这些图书管理员最清楚、最了解，要为校长作规划出主意。

其次，联同一线骨干教师，积极协助学校图书采购工作。图书馆作为一种重要课程资源，其藏书质量直接影响新课程建设需要。教师需要什么书，学生需要什么书，什么书才适合教学需要、课改需要，什么书更适合学生阅读习惯、阅读需要，这些都需要图书管理员具体了解、精心整理才行。图书馆只有增加科普性、益智性、趣味性的图书，才能更好地激发学生的读书兴趣，使其主动学习，从而达到增进知识、增长智慧的目的。

再次，直接参与新课程资源的开发。图书馆作为资料中心，具有最丰富、最有价值的课程开发资源，而图书管理员熟悉馆藏资源，自身又有时间和空间优势，完全可以通过对文献资料的整合、重组编写出新的课程资料，直接为一线教学服务。同时也可以直接参与研究性的学习、阅读甚至写作等辅导工作。

3　图书管理员变看护者为指导者

传统的观念认为，图书管理员通常只做两件事情：要么是借还书籍，要么是管理阅览室，总的来说，图书管理员就是看护者。《中小学图书馆（室）规程》规定：“组织形式多样的读书活动，对学生进行课外阅读指导，包括图书和图书馆知识介绍、工具书使用方法、图书的选择和读书方法及读书卫生知识等方面的指导。有条件的学校可以开阅读指导课并纳入教学计划。”可见，图书管理员的职责不仅在于看护，更在于指导。

3.1　介绍馆内知识

特别重视新生入学时的图书馆知识教育。在发放阅览借书证时，要派发图书馆管理制度、图书分类排架知识等材料，让新生尽快了解图书馆、熟悉图书馆，从而充分利用图书馆。同时，在图书馆宣传栏上常设《图书馆知多少》栏目，专门介绍图书分类、阅读方法等知识。

3.2　推荐各类图书

利用图书馆宣传栏、讲座或学校广播电视等形式主动向师生提供馆藏文献、优秀图书、新书简介等信息，设立新书展示柜、新书陈列架，充分提高图书的使用率。

3.3 加强阅读指导

课外阅读种类繁多，部分学生不求甚解，为提高阅读能力、阅读效率，必须对学生进行阅读方法指导。例如，可以对学生选读作品加强指导，文学类、理工类、科普类、传记类等作品的学习计划怎样、安排怎样，都可以给学生建议。我们介绍的“泛读、精读、通读、跳读、速读、略读、再读、写读、序读、选读”十种读书法常挂在宣传栏上，以启发学生，帮助学生。

3.4 开展读书活动

图书馆可以组织作品欣赏、新书鉴赏、阅读经验、心得交流、报告会、演讲会、辩论会、研讨会，组织写作竞赛、图书馆知识竞赛等，对于成绩优秀者给予表彰奖励，进一步激发学生的求知热情。

3.5 组织读书社团

图书馆服务全校师生，人数多，工作量大，人手严重不足。建立各类读书社团，既可以提升学生读书的兴趣，培养学生实践能力，又可以协助图书馆开展各种活动。

总之，走近学生、走近教师、走近新课改，这是新时期教育赋予我们中学图书管理员的神圣职责。我们一定要自觉落实科学发展观，贯彻学校办学理念，不断提升自身综合素质，积极参与新课改活动，以人为本，贴心服务，为新课改的全面推进作出不懈努力。

参考文献

[1] 宋元诚. 中学图书馆在信息技术中的坐标 [J]. 中小学图书情报世界，2001（6）
[2] 任明德. 中小学图书馆工作指南 [M]. 北京：北京科学普及出版社，1993
[3] 乔青云. 浅议图书馆如何适应新课程改革 [J]. 中小学图书情报世界，2003（2）
[4] 李健. 适应新课程改革 改进中学图书馆工作 [J]. 当代图书馆，2007（3）

公共图书馆与新闻媒介关系的新思考

刘双喜①

（广州图书馆　510055）

摘　要：公共图书馆与新闻媒介在本质、社会功能、属性等各方面存在着一定的相似性，双方既是合作伙伴又是竞争对手。公共图书馆应把握好媒体沟通策略，协调好同政府、民众之间的关系，充分发挥新闻媒介的宣传平台和媒体监督作用，并努力扩大与新闻媒介之间的业务合作。

关键词：公共图书馆　新闻媒介　关系　信息

新闻媒介作为图书馆公共关系的重要对象，历来受到各级公共图书馆的重点关注。近年来，随着公共图书馆愈来愈重视公共关系的发展，相关理论研究开展得如火如荼。然而，目前的研究大都从图书馆的媒体报道角度来剖析，还未从理论和实践上全面把握两者之间的关系。

1　公共图书馆与新闻媒介的异同

根据《辞海》的解释，“媒介”一词有四种含义，除去它在绘画和艺术上的含义之外，主要含义有两种：①使双方发生关系的人或事物；②指各种信息的传输手段，如新闻广播等。可以说，“媒介”的现代性含义主要集中于第二个概念，任何信息的传播都离不开介质工具，当今尤以大众媒介居多，如电视、广播、报纸、期刊、网络等各种各样的传播媒介层出不穷，而被誉为“第五媒体”的手机发展势头异常迅猛，使传统的大众媒介格局发生着巨大变化。由于大众媒介的概念过于宽泛，并且该概念并未体现组织或机构的本质，而与公共图书馆发生重要联系的大众媒介主要是新闻媒介，所以本篇只着重探讨新闻媒介。从本质上来看，新闻媒介作为一种组织，主要提供的是精神产品和服务，具有信息的收集、加工和传播的基本功能。从功能和属性上来看，新闻媒介具有社会功能（雷达功能、控制功能、教育功能、娱乐功能）和产业功能，我国的新闻媒介还具有意识形态属性和产业属性等基本属性。

根据吴慰慈、董焱编著的《图书馆学概论》对图书馆的定义，“图书馆是社会记忆（通常表现为书面记录信息）的外存和选择传递机制。换句话说，图书馆是社会知识、信息、文化的记忆装置、扩散装置。无论其形态如何，各个社会阶段的图书馆都承担着知识、信息存储、整序、传递乃至增值服务的职能。图书馆系统收集、完整保存信息，系统开发和提供服务，使信息增值……”由此可看出，新闻媒介和图书馆在本质上具有一定的相似性，都离不开信息的收集和传播。而图书作为人类文明和文化的忠实记录者和传承者，本身就扮演

---

① 作者简介：刘双喜，广州图书馆馆员，发表论文多篇。

着大众媒介的作用。

根据于良芝教授编著的《图书馆学导论》对公共图书馆功能的概述，公共图书馆具有“社区记忆功能、信息产品消费功能、社区活动中心功能、情报中心功能、正规教育中心功能、自主学习中心功能、大众文化资料中心功能、研究支撑功能”八大功能。与新闻媒介的社会功能相比较，两者在信息提供、教育和娱乐功能等方面具有相似性。与图书馆对社会文化遗产进行大规模、有系统的保存类似，新闻媒介也在自觉或不自觉地记录和保存人类文化的遗产。

从公共图书馆和新闻媒介的管理机制来看，在我国双方大都隶属于宣传 / 文化部门领导和管理。同时，在意识形态方面，双方都必须在该领域与上级部门保持一致。

公共图书馆和新闻媒介在本质、功能、属性、管理机制等各方面都存在着一定的相似性，这些相似性为双方关系奠定了合作或竞争的基础。

2　公共图书馆与新闻媒介的关系

公共图书馆与新闻媒介关系的实际发展，可以用下边的金字塔形来表示。

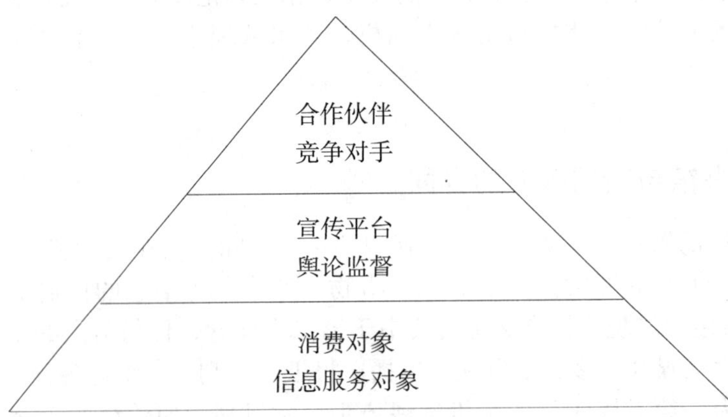

位于金字塔底端的是“消费对象和信息服务对象”，也就是说，公共图书馆是新闻媒介产品的消费对象。公共图书馆肩负着文献保存的社会责任，因此对各类新闻媒介的纸质和电子产品具有刚性需求。同时，新闻媒介作为公共图书馆的信息服务对象之一，对于公共图书馆拥有的海量信息资源具有较强的需求。这种相互依存关系构成了双方关系的基石。

位于金字塔中间的是“宣传平台和舆论监督”。当前，公共图书馆都在着力发挥新闻媒介的宣传平台作用，力图将本馆新馆建设、业务及活动开展等信息通过媒介向大众宣传。另外，新闻媒介也通过对图书馆事业发展的报道和评论，客观上发挥着舆论监督作用。以广州图书馆为例，该馆主动邀请新闻媒介对图书馆服务和发展规划进行评议，以期为图书馆发展赢得更加广泛的社会支持。

位于金字塔顶端的是“合作伙伴和竞争对手”。由于公共图书馆与新闻媒介之间的功能存在一定的相似性，因此，公共图书馆都愿意进一步深化与新闻媒介的合作关系，以共同扩大合作的影响力。近年来，国内各级公共图书馆在讲座、读书活动等方面与当地新闻媒介开展了大量的合作，特别是大型讲座活动中都有新闻媒介参与承办，以加强讲座活动的社会报道，扩大影响力。以广东省内两大品牌讲座——“岭南大讲坛”和“羊城学堂”为例，“岭南大讲坛”作为广东省委宣传部和省社科联联合主办的大型公益讲座品牌，其中的“公众论坛”系列虽然有广东省科技图书馆参与协办，但承办工作由南方都市报担当。而“羊城学堂”作为广州市委宣传部着力打造的公益性讲座品牌，具体承办工作由广州图书馆负责，但同时也邀请广州日报报业集团下属信息时报参与协办。新闻媒介凭着高效率和高覆盖的信息传递，在讲座品牌打造过程中发挥着无与伦比的优势。

但同时，新闻媒介也不可避免地成为公共图书馆的竞争对手。当今，一些大型新闻媒介凭借其强大的经济实力、宣传实力和人才实力等综合实力，在信息提供、活动策划组织等方面“时刻与图书馆竞争着社会成员的闲暇时间”，这无疑对图书馆的发展构成了一定的挑战。

3 如何构建良好的公共图书馆与新闻媒介关系

从当今公共图书馆与新闻媒介关系的实践来看，充分发挥和利用新闻媒介的宣传平台作用，并在此基础上开展业务合作仍然是双方关系的主流。当前，涉及公共图书馆的宣传主要不外乎以下内容：图书馆的重大建设和改造、业务拓展或活动组织、图书馆重大突发事件、图书馆开放与市民阅读等。而影响公共图书馆与新闻媒介关系的外在因素主要有两种：政府和民众。政府相关部门作为公共图书馆的直接主管机构，对图书馆的人事、财务、管理模式等重大事项拥有决策权，无疑对图书馆的公共关系也将产生间接影响。民众是公共图书馆最广大的服务群体，其来源广泛、构成复杂。因此，民众对于公共图书馆的直接印象和反映将对公共图书馆的外在形象产生影响。

从2009年广州图书馆的平面媒体报道统计来看，有关讲座、读书活动、展览等服务预告或报道占到报道总量的77%，有关图书馆新馆建设的报道占11%，有关图书馆开放与市民阅读的报道占12%。从报道的篇幅来看，有关图书馆新馆建设的报道量大幅领先。由于我国公共图书馆的独特管理机制，公共图书馆的新馆建设或改造作为重大文化项目往往由上级政府部门负责，因此，涉及此类项目的媒体报道图书馆都无直接话语权。但较大篇幅的报道往往对整个社会舆论有着直接的影响，因此媒体的报道情况将在客观上对公共图书馆的社会影响和声誉产生正面或负面的作用。

民众作为公共图书馆的直接服务对象，也往往成为新闻媒介追踪的对象。新闻媒介通过对民众关于图书馆的直接印象的采访和报道，客观上将对公共图书馆的社会影响和声誉产生正面或负面的作用。以2008年4月23日“世界读书日”为例，由于当日恰逢星期三，不少公共图书馆根据惯例进行闭馆，引起个别新闻媒介的关注。个别新闻媒介通过对部分民众的采访，认为“世界读书日”这个特殊日子，公共图书馆理应灵活调整向市民开放。显然新闻媒介的片面报道对公共图书馆造成了一定负面影响。实际上，公共图书馆的开放机制历来是约定俗成的，随意调整将扰乱图书馆员工的正常上班和休息时间。而“世界读书日”闭馆也并未剥夺民众的阅读权。

由此可见，在现有的公共图书馆管理机制之下，公共图书馆在构建与新闻媒介关系的时候，要特别注意协调好与政府、民众之间的关系，切实把握好突发事件和重大事项的媒体沟通策略。面对负面或失实报道，公共图书馆应采取正确的公关措施，主动站出来予以澄清，避免虚假消息和负面新闻的以讹传讹，误导公众，对图书馆的社会声誉产生不良影响。

除了需要全面把握新闻媒介的宣传平台作用之外，公共图书馆和新闻媒介还应发挥各自优势，加强和深化在讲座、读书活动组织、阅读促进等各方面的合作关系，努力使双方的社会功能在合作中得到充分发挥，呈现互利共赢的良好局面，最终造福于老百姓。当前，我国不少大型公共图书馆在这方面，积累了不少经验，这必将对其他公共图书馆的实践产生强烈的示范效应。

综上所述，公共图书馆与新闻媒介在本质、社会功能、属性等各方面存在一定的相似性，双方既是合作伙伴又是竞争对手。公共图书馆应把握好媒体沟通策略，协调好同政府、民众之间的关系，发挥新闻媒介的宣传平台和媒体监督作用，同时应努力扩大与新闻媒介之间的业务合作，使双方关系朝纵深方向发展。

参考文献

[1] 夏征农等．辞海［M］．上海：上海辞书出版社，2000
[2] 邵培仁，海阔．大众传媒通论［M］．杭州：浙江大学出版社，2005
[3] 刘友芝．现代传媒新论［M］．武汉：武汉大学出版社，2006
[4] 吴慰慈，董焱．图书馆学概论［M］．北京：北京图书馆出版社，2002
[5] 于良芝．图书馆学导论［M］．北京：科学出版社，2003
[6] 张锦，王海兰．大众传媒与图书馆社会功能比较［J］．大学图书馆学报，2000（6）
[7] 周向华．现代图书馆与媒体的关系［J］．现代情报，2008（11）
[8] 杨兴山．大众传媒时代我国图书馆的生存和发展［J］．图书馆学刊，2008（6）

浅议公共图书馆的管理与服务

蓝惠洁[①]
（增城图书馆　511300）

摘　要：本文通过对我国公共图书馆现状的分析，从社会角色定位、主要责任人管理体制、确定信息资源建设主体以及图书馆服务建设等方面探讨了图书馆的创新发展问题，提出了以创新的思维，以与时俱进的思想，在图书馆工作的各个环节进行全面的革新，以适应时代的不断发展以及广大读者不断增加的需求。

关键词：公共图书馆　管理　服务　创新思维

我国公共图书馆一直把图书资料的收集、整理、加工和利用作为其服务社会的基本职能，形成了较为稳定、静态的基本形象。社会各界对公共图书馆的理解与公共图书馆自身的实际情况大体一致。

阅读是人们获取知识的主要方式，也是提高民族素质的重要途径。然而随着生活节奏的加快和互联网的快速发展，阅读率不断下降，阅读危机引起了大众的广泛关注。无论是大城市的四级公共图书馆网络，还是中等城市的三级公共图书馆网络，以及具有行政编制保障和财政支持的市、区二级图书馆，因投资主体的不同，未实现资源整合，效益无法最大化。街道、社区图书馆因法律地位不明，人才资源缺乏，服务效益也不尽如人意。因此，如何应对来自各方面的冲击和压力，成为摆在公共图书馆面前的严峻问题。

1　图书馆面临的挑战

在我国社会商品经济、市场经济飞速发展的今天，公共图书馆事业的发展面临着巨大的挑战，最直接和最明显的表现就是计算机自动化、数字化、网络化技术日新月异的发展，其简便快捷的检索方式和链接方式、面向各阶层的服务形式、便于下载的高效应用模式和超越时空的使用条件、巨大的储存空间等都形成了对公共图书馆服务方式的直接冲击，不断挤压着公共图书馆的生存空间。

传统图书馆的服务模式重藏轻用，它已经不能满足新的社会环境下读者对信息服务个性化、多样性的需求。电视、广播、报纸、网络、声音、图像、电子文本、纸质书刊的多样化，直接冲击着图书馆的生存与发展。

读者信息需求的变化、获取信息方式的改变、互联网的迅速发展，对图书馆形成了新的挑战。

“高成本的投入，低效率的回报”和服务不到位等问题制约着图书馆的可持续发展。图书馆作为一个独立的信息机构，它的进步和可持续发展需要一定的经费支持，特别是在知识

① 作者简介：蓝惠洁，增城图书馆工作人员。

经济发展中，各类用户对图书馆信息服务的期望值及质量要求等都比以往大大提高，这无疑将对公益性服务的传统图书馆信息服务运行机制提出挑战。

2 图书馆服务创新

图书馆的服务应该变被动为主动服务。这种服务的提升以信息技术为依托，以信息资源经营为理念，以信息双向流通为方式，以满足读者需求为目的，从明确主体出发，创新思想、体制与服务，力图实现图书馆信息资源的最大效益。

2.1 加强图书馆服务宣传

加强图书馆宣传，如图书馆能提供的各种服务、信息获取的方式等。在图书馆经常会有读者拿着书跑到服务台说要购买，就是图书馆宣传服务不够的表现。因此，图书馆应该定期到各学校、社区等进行图书馆宣传与图书借阅引导，启用企业的“引进来”与“走出去”的经营理念，把读者“引进来”，把图书馆“推销”出去。

2.2 服务理念创新

从马克思主义哲学原理来讲，实践的不断积累与深化，在一定程度上就会升华为新的理论和思想。思想的创新就是在图书馆工作实践的基础上产生的，思想创新是公共图书馆各类创新工作之首，是其他创新的原动力。随着时代的进步与发展，图书馆事业从形式到内容等方面都在不断地发生变化。

公共图书馆思想的创新是一个渐进的过程。从服务上看，公共图书馆经历了20世纪50至70年代的提供纯公益免费的传统服务阶段，80至90年代受拜金主义影响，全行业躁动不安，大肆进行以文补文。进入21世纪后，政府对公共图书馆的公益性重新认识定位，全行业强调提高服务质量，逐步进入了由收费到免费的服务阶段；公共图书馆从过去的“人治”逐步向“法治”转变，各种管理规章制度不断强化完善，逐步向质化、量化方面过渡，有的图书馆甚至完善了绩效评定的量化指标。思想创新逐步向管理创新自然过渡是其发展的必然结果。

2.3 服务内容、手段创新

随着时代的进步和发展，人们对知识的吸收不再单纯从书本上获取，各种媒体、互联网等进入了千家万户，特别是电视和互联网对图书馆的冲击尤为突出，使亲自到图书馆获取资料的读者有了明显的减少。在服务读者这个“市场”里，公共图书馆的份额越来越少。在这样的大背景下，图书馆的服务工作如果继续墨守成规，势必中道落伍，所以公共图书馆进行服务工作的创新势在必行。

利用现代网络技术，丰富图书馆的服务手段。从等读者上门转变为送书上门，延伸馆外服务。利用计算机检索、光盘查询、网上查询等，开展丰富多彩的读书活动，提供图书馆网上解答读者工作、学习以及生活等多方面的问题咨询。

突破图书馆馆舍建筑的功能局限，建立自助图书馆。以图书馆的馆藏文献为依托，以RFID技术为核心，集各种高新技术为一体。在结构上集硬件设备（自助图书馆服务机）、读者系统、监控与管理系统、图书馆资源查询、预约借书、申办图书馆证、图书馆宣传等为一体共同运营组织。将服务机分设到各大社区，满足不同读者的需求。还可根据人群结构、阅读倾向，分为社区类服务点、普通工业区类服务点、高新科技园类服务点等，采取不同的配书策略，满足不同类型人群的阅读需求。此外，还应增加公布图书馆服务信息、视频播放等功能。

加强图书馆特色服务，突出品牌效应。还可在图书馆设立休闲区、书吧之类，让读者好像在咖啡厅或者西餐厅一样，可以边吃茶点边阅览、讨论书籍，在休闲与娱乐的同时享受读书的快乐，从而形成一种特有的“图书馆品牌”，让图书馆成为一个大众向往与热爱的地方。

3 图书馆管理创新

公共图书馆已逐步从过去的等读者上门、死守书摊的内向型服务转化为外向型服务，并在适应现代社会发展方面做了大量的工作，全行业图书文献资料的网络化、数字化、现代化由理论逐步向实际运用过渡，并取得了较大的进展。网上订购、查询、下载、上传、协作协调、资源共享以及诸如此类的业务工作已经将传统的业务工作逐渐取代和优化，过去难以实现的资源共享活动也因为网络技术的高度发展而变得简便易行。

3.1 管理体制创新

公共图书馆旧的体制由“仿苏”模式而形成。为适应市场经济和现代社会发展，需要进行体制创新。虽然这是一次阵痛，但这也是事业发展中一个难以处理而又不得不面对的问题。建立与当今社会环境相适应的图书馆管理体制与运行机制势在必行。

从管理体制入手，突破旧的管理模式。实行图书馆各功能室藏、借、阅、上网合一，开展多元化服务，开放性办馆，推行优质服务。公共图书馆加强与高校图书馆合作，加强分馆建设。

3.2 加强人才管理

为适应图书馆新的运行机制，建立相配套的人才管理体系。人尽其才、优势互补、合理配置。一方面建立以馆内培养为主的人才激励机制；另一方面，加强引进吸收图书馆的复合型人才，创造条件营造良好的工作与生活环境，充分调动图书馆员工的主观能动性，发挥其潜能。

3.3 业务推广与研究

我国学术界对公共图书馆的探讨潮此起彼伏，如“矛盾说”、“要素说”、“规律说”等，形成了“百花齐放，百家争鸣”的局面。但是，我国图书馆学研究长期受崇尚理论研究风气的影响，纸上谈兵的意味特别浓厚，这与国外图书馆学研究的趋势相去甚远。对新兴的技术，特别是数字化、网络化、自动化技术的研究偏少，重视不够，并且起步较晚。传统理论与新兴事物之间的角色转换还很慢，特别对于那些实用技术和手段的学习、研究、探讨和应用与国外还有很大的差距，所以需要首先对学术研究和技术推广等方面进行创新。

公共图书馆创新思维是新世纪图书馆事业发展的必然趋势，是社会进步的共同要求。作为公益事业之一的公共图书馆，一方面要坚持把握自己公益性的本质，把传统图书馆的服务工作搞得更好；另一方面又要不断以创新的思维、与时俱进的思想，在图书馆工作的各个环节进行全面的革新，以适应时代的不断发展以及广大读者不断增加的需求。

知识经济时代，文献信息量超常增长，任何图书馆都不可能做到悉数收藏。因此，图书馆的管理者必须具有社会意识和超前意识，用发展的眼光把握图书馆的现在和未来，在学习和吸收其他图书馆的科学管理经验和做法的同时，不能丢掉本馆的特色，只有这样，才能拓展文献资源的可持续利用空间和发展空间。

参考文献

[1] 张燕琴．图书馆服务创新原则探讨［J］．图书馆研究与工作，2005（2）：25～26
[2] 周英雄．城市化与社区图书馆的可持续发展［J］．图书馆论坛，2006（3）：29～31
[3] 陈茹，张秦．论公共图书馆的管理创新［J］．科技情报开发与经济，2008（31）：3～5
[4] 曾文．公共图书馆服务创新研究［J］．云南图书馆，2009（4）：42～75
[5] 武妘青．对当前公共图书馆读者服务创新的几点思考［J］．科技情报开发与经济，2009（19）：84～86

论公共图书馆突发事件中思想政治工作的开展

黄维文①

（广州图书馆　510055）

摘　要： 近年来，图书馆界对突发事件的研究越来越多，也越来越重视，但是没有将思想政治工作纳入到应对突发事件的防御体系中，这对研究图书馆突发事件来说，是不完整的。本文将从图书馆突发事件的类型、思想政治工作对应对突发事件的积极作用，以及如何将思想政治工作与应对突发事件结合起来三个角度进行探讨。

关键词： 图书馆　突发事件　思想政治工作

近年来，从美国“9·11”恐怖袭击事件、印度尼西亚海啸到中国南方低温雨雪冰冻灾害、手足口病、“5·12”汶川大地震、甲型H1N1流感、“4·14”玉树地震及屡屡发生的校园伤害等公共突发事件频频进入人们的视野，各个部门逐步建立起应对突发事件的反应机制。图书馆也纷纷建立起适合自己的、科学合理的应急服务体系。各界学者对突发事件的学术研究也逐渐深入，图书馆对自身突发事件的讨论研究更是方兴未艾。但图书馆界对突发事件的研究大多数局限于如何建立一个应急服务体系，对这个体系的研究多是着眼于“硬件”的建设，设备的完善与保养体系、人员的编排和组织系统等，却忽略了一个重要的问题——“软件”。何谓突发事件中的“软件”建设？本文定义为思想政治工作的开展。那么，图书馆的思想政治建设工作对应对图书馆内的突发事件能够起什么作用？图书馆应该如何把思想政治建设与应对突发事件结合起来，形成一个完整的应对突发事件的服务体系？这些就是本文探讨的内容。

何为突发事件？《中华人民共和国突发事件应对法》所称突发事件，是指突然发生，造成或者可能造成严重社会危害，需要采取应急处置措施予以应对的自然灾害、事故灾难、公共卫生事件和社会安全事件。

1　与图书馆有关的突发事件的种类

先看几个发生在图书馆里的突发事件例子。

某省图书馆内灭火系统二氧化碳气体发生泄漏，导致39人不同程度中毒。某大学图书馆突然停电，几个读者被困在楼层之间的电梯厢中，而图书馆领导和保安却不知如何施救。当请来电工施救，被困读者几近休克。武汉关山地区的某大学图书馆4楼天花板内的一根消防水管突然破裂，各楼层都遭受了水患，一楼的阅览室损失最为惨重，数千册图书被水淋湿……类似的突发情况在图书馆里时有发生。

---

① 作者简介：黄维文，广州图书馆工作人员。

在图书馆里可能造成危害的突发事件主要有：

1.1　自然灾害

因自然现象给图书馆造成的损失和影响，如水灾、暴雨、台风、雷电、冰雹、高温、地震、虫灾，等等。这些灾害除了可能造成图书馆馆藏资源和房屋设备的巨大损失以外，还可能对人员造成伤害。

1.2　水火事故

图书馆存放的大量书刊资料都是易燃物，历来是重点消防单位。因电线短路、电器的违章使用、抽烟、使用明火或是有意纵火等，都有可能引发火灾事故，造成重大的财产损失和人员伤亡；因水管爆裂、水龙头失灵或停水后未关水阀等，可能会造成水患，损毁馆藏、设备和房屋建筑。

1.3　房屋和设备损害

房屋年久失修或因书架和人员过于集中超过楼面荷载引起垮塌，设备老化和违章使用，危险物质泄漏等，均可能造成重大的财产损失和人员伤亡。

1.4　停电停水

因管道、线路故障或检修以及电力供应部门的拉闸限电等原因，可能会造成图书馆的临时性停电、停水，给图书馆工作带来一系列麻烦，包括阅览室无法正常开放、防盗设备失去监控效应、电梯间滞困读者、计算机系统无法工作或造成数据丢失等。停电停水后如果未作适当处理，还可能会造成水电恢复后的资源浪费、设施损坏，严重的还可能造成水火灾害。

1.5　治安事件

公共图书馆作为大型公益机构，往往会成为一些不法分子的目标，而一些偷盗分子也常常光临图书馆。读者之间因争抢座位、插队拥挤或其他不文明行为可能引起恶语相向、肢体冲突。图书馆工作人员的服务缺失或语言不当，可能激化与读者的矛盾，引发争斗事故。

1.6　公共卫生事件

图书馆是公共服务场所，相对封闭的阅览室和书库、人人利用的书刊和电脑，都可能成为严重的流行性疾病传播的途径，特别是当重大疾病流行的时候，图书馆更应当认真对待。

1.7　网络故障和黑客攻击

图书馆计算机网络系统因为设备故障、管理不当等内部因素和病毒侵害、黑客攻击等高技术犯罪，可能造成设备损害、网络瘫痪，甚至数据丢失，严重影响工作。

2　思想政治工作的开展直接影响突发事件处理的成败

图书馆面对各种各样的突发事件，已经认识到应当建立突发事件的应急处理机制，以降低突发事件发生的可能性，减少因突发事件造成的损失，但是却忽略了在突发事件当中思想政治工作的重要性以及必要性。在处理突发事件的过程中，思想政治教育发挥着稳定社会、动员社会力量、提供精神动力和智力支持等重要作用，思想政治工作开展得成功与否，将直接影响到突发事件处理的成败。

2.1　思想政治工作在图书馆突发事件中维护了广大干部群众的稳定

突发事件因其不可预料性，往往因可能造成灾难性后果而使人惊慌失措。在这个时候，如果思想政治工作做得不好，很容易造成不稳定的局面，造成更大的人员伤亡或者财产损失。相反，在处理突发事件的时候，如果能够把思想政治工作贯穿其中，则能指出目前面临的局面，以及正确的处理方法，让人们的情绪稳定下来，将有力地促进突发事件的处理。

2.2　思想政治工作在突发事件中最大限度地保证了人民生命财产安全

我们的思想政治工作坚持以人为本，将人民的生命安全放在首位，牢固树立“生命第一”的原则，把挽救人民生命和保障人们的基本生存条件作为处理突发事件和开展救援工作的首要任务。在“5·12”汶川地震、“4·14”玉树抗震救灾中，温家宝总理多次强调以人为本的重要性：“现在我们就是要想方设法救人。”这让灾难中的人们希望不灭，更加勇敢地面对突发灾难，继而会更加拥护我们的党和组织，从而创造出更大的经济价值和社会效益。

2.3　思想政治工作在突发事件中坚定了人民群众战胜突发事件的信心

在突发事件面前，对突发事件了解的缺乏，往往使人们出现思维短路的情况。因为无知容易听信很多谣言，非常不利于突发事件的处理，甚至会为处理突发事件带来很多的阻碍作用，以致错失良机。适时而良好地开展思想政治工作，会使人们对突发事件做到胸有成竹，正所谓“手中有粮，心中不慌”，对突发事件常识的宣传教育会让人们有动力支撑下去，从而对处理突发事件产生良好的促进作用。

2.4　思想政治工作在突发事件中的凝聚力功能

无论是1998年抗拒洪水、2008年年初中国南方低温雨雪冰冻灾害，还是2008年5月12日汶川大地震，我们能够成功抗击天灾、重建美好家园，都离不开“我们都是中国人”这一共同认知。温家宝总理在救灾现场说的一句话：你们的痛苦就是我们的痛苦，将全体中国人紧紧地凝聚在了一起。

2.5　思想政治工作在突发事件中注重人文关怀和心理疏导

突发事件不仅对人的身体和财产造成伤害和损失，也常常给人带来巨大的心理压力，往往会使人产生恐惧、绝望、无助、悲伤、内疚等情绪，卷入灾难事件的大部分人都会留下心理阴影。心理疏导是新时期新兴的科学有效的思想政治教育方法，它运用心理学的专门知识和技术，对教育对象存在的心理失衡、心理障碍、心理疾病予以调整，使思想政治教育有效进行。

3　如何将思想政治工作纳入图书馆应急服务体系

既然思想政治工作的良好开展在应对图书馆突发事件中有着不可忽视的积极作用，那么如何将思想政治工作纳入到图书馆的应急服务体系当中，就变得尤为重要。

3.1　明确思想政治工作的对象

思想政治工作是以人为对象，解决人的思想、观点、政治立场问题，提高人们思想觉悟的工作。图书馆，尤其是公共图书馆，思想政治工作的对象不仅仅是图书馆内部的员工，更应该把读者也纳入到被教育的对象当中来。因为图书馆是一个特殊的公共场所，读者的数量多且集中，当突发事件发生时，读者的应变能力和配合程度就变得非常重要。

公共图书馆经常都会有计划地针对读者举办大型的公益讲座、展览或者免费电影等活动，可以考虑在这些活动中插入消防安全及保卫等知识，提高读者对常见突发事件的了解和认识；也可以定期或者不定期举办提高读者应变突发事件能力的专场讲座或者展览；培训读者如何在突发事件中配合工作人员，使之更好地处理好图书馆的突发事件。

3.2 对图书馆内部员工的思想政治工作

首先，对图书馆内部员工的思想政治工作要始终走在突发事件的前面。应对突发事件，重在防御。应对突发事件的思想政治教育一定要和日常的工作结合起来，时时教育、常常教育。要把安全第一变成全体员工的共识。

其次，专业人员的政治思想一定要过硬。这里的专业人员指的是图书馆内专门从事消防及安全保卫工作的员工。他们是应对突发事件的主力军，可以说是整个救援工作的灵魂。因此这批人员的政治思想素质和业务素质就是重中之重。这些专业人员一定要把图书馆的员工和读者的生命安全，以及图书馆内的国家财产放在第一位。有了这样的觉悟，才能更好地应对图书馆发生的突发事件。

3.3 积极主动地确立以人为本的思想政治工作原则

做思想政治工作，既要关注人们的物质生活需要，也要满足人们的精神需要。要把握“人的思想”，要把理论信念教育作为思想政治工作的核心内容。在思想工作中，要把世界观、人生观、价值观的教育摆在重要的位置。着眼于人的德、智、体、美全面发展，要理解人、尊重人、关心人，不断开发人的潜能，促进人的发展。抗震救灾之所以取得重大胜利，一个很重要的原因就是，思想政治工作紧紧抓住了人的生命和价值这个根本。

3.4 及时做好员工和读者的思想政治工作

当突发事件发生时，需要讲究方式方法，才能使思想政治工作更好地为圆满处理突发事件发挥作用。

思想政治工作者在开展员工和读者动员中绝不能仅仅依靠开会和做动员讲话，要善于综合运用各种资源和方法，提高思想政治工作效能。首先，要善于沟通。突发事件思想政治工作中，沟通是最重要的工具。其次，要善于激励。它既包括正面的诱导，以提倡和鼓励的行为方式，激发民众无私奉献、团结协作、战胜困难的强大精神力量，也包括对破坏性行为的惩处。再次，要善于组织。

3.5 要注重对受灾员工和读者的心理干预

突发事件后的心理危机干预治疗，在发达国家已经非常普遍，在我国则刚刚起步。2005年我国在由卫生部等七部委制定的《关于进一步加强精神卫生工作的指导意见》中正式提出了要在重大灾害后积极开展对受灾人群的心理干预和心理救援，以降低灾后精神病的患病率。在2008年汶川地震、2010年玉树地震后，心理医生也在第一时间深入灾区一线对受灾群众进行心理干预治疗，使人们即使在山崩地裂、江河横流、房倒屋塌、丧失亲友等原有生存生活环境瞬间破坏，原有心理纽带、情感纽带和精神纽带瞬间断裂的惨烈情况下，也能够毅然决然地挺立起来、组织起来，流着血、忍着泪、带着痛，意志坚定、同心协力地与天斗、与地斗，而不至于在空前的灾难面前被吓破了胆、失落了心、丧失了斗志。这就是最成功的思想政治工作的典型范例。

3.6 结合图书馆自身的优势

图书馆的思想政治工作，应该多利用自身具有的优势，如图书馆有自己的技术优势、网络优势、文献资源优势。这些优势应该为思想政治工作所用，图书馆可以组织人力，把这些优势转化成知识链接，对员工和读者多加宣传，让人们明白，人人都可以通过学习，成为一名“保卫员”。

3.7 让以团支部为首的青年队伍充分发挥自己的作用

团支部带领的是团员和青年党员队伍，是图书馆的生力军。他们的思想政治性强，思维活跃，参与意识强，对未来和人生充满了希望，干劲十足。图书馆的思想政治工作和应对突发事件的工作，绝对不可以忽视这支队伍。

参考文献

[1] 王茂盛．浅析突发事件中思想政治工作开展的方法［J］．法制与社会，2009（2）

[2] 胡原民．谈谈图书馆突发事件的预警工作［J］．图书馆理论与实践，2008（5）

[3] 唐笑，钟晓光．思想政治教育个体价值在市场经济中的发展探讨［J］．现代商贸工业，2009（1）

[4] 孙仲祖．应对突发事件中发挥思想政治工作功能［J］．现代农业，2008（7）

[5] 吕胜军．思想政治工作如何应对突发事件［J］．党政论坛，2005（11）

论图书馆员如何在刻板印象中奋起

冯　莉[①]

（广州图书馆　510055）

摘　要：本文对传统图书馆员的刻板印象进行了描述，论述了新时代对图书馆员提出的要求，并对新时代图书馆员形象和能力的转变提出了建议。

关键词：图书馆员　职业形象　职业兴趣　职业精神

图书馆员形象是指在为读者提供服务的过程中，在读者中产生的印象以及由此得到的评价，是体现图书馆形象的一个重要窗口。

随着公共图书馆事业的跨越式发展及其承载功能的日益扩大，公共图书馆员的形象塑造已经成为公共图书馆建设的重要内容。过去存在于人们心目中的馆员形象势必发生根本性变化。图书馆员已不再单纯是“藏书楼”里的管理员和搬运工，而是“文献信息中心”的“导航员”、“咨询员”，是人类文明进步的使者，是建设和传播先进文化的重要力量。所以，在知识改变命运、学习伴随终生的新世纪、新阶段，科学地、完整地设计公共图书馆员形象，是公共图书馆建设的当务之急。

1　图书馆员的传统形象

图书馆员的传统形象是大众对图书馆员怀有的一种刻板印象。所谓的刻板印象，是指人们通过自己的直接或间接经验形成的对于某一事物较为固定的看法。直到有一天我们被称为“小姐”或“先生”的时候，骨子里突然间有一种奇异的东西在悄悄地膨胀。我们——图书馆员，到底是一群怎么样的人?

在图书馆书卷芳香的空气里“窝”得太久了，他们守在各个服务窗口，日复一日、年复一年重复着开门、关门、整架、打扫卫生之类的“体力劳动”。在一般人眼里，图书管理员应该比常人沾熏更多的书香，但也有人认为，他们无暇或很少读书，更不用说会产生多姿多彩的想法了。他们不读书，恰若一名厨师从来不在家做饭一样。

1.1　从电影中看图书馆员

电影作为传播媒介，以其文化性、艺术性和娱乐性影响着大众的生活与观念。以图书馆这一社会机构和图书馆员这一社会职业的性质和现实的特征为基础进行艺术加工，电影中的图书馆与图书馆员形象渐趋成型，它们反映着也影响着大众的观念。电影中的图书馆主要体现为人类的精神家园、信息中心、爱情滋生地或作案场所等。电影中刻画的图书馆员形象大多为女性，而且他们最主要的身份标签是眼镜。作为图书馆人应在观影之余审视自身的社会身份，善者而从，不善而改。

---

① 作者简介：冯莉，广州图书馆馆员。

目前，国内还没有人系统而全面地做过有关这方面的电影资源的搜集与整理工作，只有一些零散的个人观影记录，在纵向时间和横向分类方面都还没有比较系统的资源系列。在美国，爱达荷州布里罕扬大学马凯图书馆馆员马丁·赖许（Martin Raish）编制了一份“电影中的图书馆员”的目录清单。

在赖许的电影清单中，图书馆员的形象刻画具有非常集中的体现，基本上已经形成一种模式（stereotype），尤其是女性图书馆员，她们被定型化的程度远远高于男性图书馆员。从整体上看，似乎全世界的图书馆员都是这样的一副行头：中年，戴眼镜，头发向后梳成一个髻，穿着保守的工作服，经常把手指放在嘴唇上示意安静，总体上给人一种古板的四眼老太（old lady four eyes）的感觉。

再细分一下，可以将图书馆员的形象刻画分为以下三种，而前两种的形象定位也已基本定格。以赖许的清单为研究对象，从中提炼出高频词汇进行相应的归纳。

1.1.1　一般形象

电影中对图书馆员这类形象的刻画主要由以下这些词来形容：戴眼镜、安静严肃、平实、内向、羞怯、温和、整洁、老学究、博学、杂家、受尊重、神秘、清贫。

1.1.2　特殊形象

有小部分电影，它们刻画的图书馆员形象较上两种显得特殊，这种特殊性体现为要么清纯可爱，要么性感妩媚。形容这类图书馆员的词主要有美丽漂亮、年轻、金发碧眼。在这些电影中，图书馆员们一改传统形象的老气横秋或中规中矩，以时尚靓丽的形象出镜，让人眼前一亮。但即使是这类特殊的图书馆员，鼻梁上也少不了一副眼镜，给她们时尚的外表添置一个传统的饰物，等于安上了一个图书馆员的标签。

1.2　图书馆员“阿姨”现象

以下是一位高校图书馆员的心声：有好几次碰到学生向图书馆员咨询问题时开口便叫：“阿姨，我的书丢了，要挂失，到哪儿办呢?”　“阿姨，请帮我查一下我还能借几本书?”……这一口一声的“阿姨”让这位高校图书馆员迷惑：老师怎么变阿姨了？可能是学生为了拉近与馆员的距离而特意叫阿姨。但无论是哪一种意义上的阿姨，都说明学生并没有把图书馆员当作知识传播者的形象，在他们眼里，图书馆员和老师是不一样的。这从一个侧面说明了图书馆为教育教学和科研服务的职能体现得还不够强，图书馆员还需提高自身的文化品位。作为每天与各类信息、知识打交道的图书馆员，应提高服务质量，树立起自身形象，让学生能从心理上认同图书馆员在一定意义上也是老师，只不过这样的老师不站在讲台上，而是知识、信息的收集者、整理者、传播者，是一心为读者服务的默默耕耘者。

1.3　图书馆员形象模式化形成的原因

1.3.1　模式化形象的形成

这是由图书馆员这一职业特征决定的。图书馆是一个要求安静的场所，作为图书馆的工作者，馆员首先要做到自身的安静，才能维护环境的安静。因此馆员的性格中大多带有好静、内向的特征，又因他们每天坐拥书海，与知识和文明的距离十分接近，所以常给人博学通识的感觉，因此，眼镜就成为他们最主要的身份标签。

1.3.2　受环境影响

图书馆员需要保持安静，又因图书馆前台工作相对简单、重复，所以图书馆员的工作状态往往给人一种死气沉沉的单调感觉，长期的单调容易使人麻木。图书馆员是在相对封闭的空间内与书打交道的人，与外界环境的沟通机会不多，可能造成人际关系狭窄、缺乏社交活动等问题。这样可能会给人造成古板、严肃、刻薄等错觉。

1.3.3　女图书馆员的这一形象与传统观念有着深刻的关联

女性一旦与知识性活动相联系，其女性特征就会大打折扣，似乎图书馆不是那些时尚漂亮、金发碧眼的女性该涉足的场所，然而随着男女平等的愈演愈烈，女性地位的不断提高，知识型女性也越来越受青睐。

2　新时代公共图书馆员急需改变形象

拥有美好的形象是公共图书馆最宝贵的财富，它像一个巨大无形的磁铁石、一根有力无形的指挥棒，支撑、推动着图书馆的生存和发展。每一个馆员都是一道风景线，良好的职业形象要靠自己去创造。所以，为了图书馆顺应信息时代的发展，馆员应自觉地立言、立行、立德，把内强素质、外树形象有机地结合起来，努力塑造自己的良好形象，让图书馆这个窗口“亮”起来。

2.1　我是阳光的

打造公共图书馆的亲和力，当图书馆以亲切形象走进公众心里时，读者一想起图书馆，就感到亲切，当读者走进图书馆就像走进自家的书房一样舒适时，图书馆的价值和重要性也就得到了自然的体现，相应的外界对图书馆评价的提高也能促使从事图书馆工作的馆员提升对本职工作的认同。

2.2　我是奋进的

图书馆的工作总会给人一种安逸的感觉，每天都是一些简单而重复的劳动，有一些人早就把“终身学习”这四个字抛于脑后了。

在心理学的研究中，有这样一个实验——“青蛙实验”，心理学家把一只青蛙投入热水锅里，青蛙受到强烈的热刺激后，猛地跳出来。然后心理学家又将这只青蛙放在慢慢加热的冷水锅里，开始青蛙显得若无其事，甚至自得其乐。紧接着，出乎人们意料的事情发生了：尽管心理学家并没有在慢慢加热的冷水锅上面加上盖子一类的东西以阻止青蛙跳出，可是这只青蛙却不肯跳出，最后被活活煮死。为什么会出现这种情况呢?

生物学家的解释是：青蛙体内感应生存危机的器官只能感应环境中强烈的变化，而无法感应环境中缓慢渐进的变化。因此，青蛙对缓慢渐进的危机降临无动于衷，最终成了心理学家实验的牺牲品。舒坦使人松懈，安逸令人忘忧。

对一个人而言，最可怕的是缓慢渐进的危机降临，而不是突然的危机降临。因为突然的危机降临可以使人动员自身全部的潜能，并迅速地作出各种反应以摆脱危机；缓慢渐进的危机降临往往使人无法感觉到，甚至到了死的门槛也毫无反应，正所谓“生于忧患，死于安乐”。

“青蛙实验”对我们图书馆事业和图书馆员的启示是什么呢？在充满改革和竞争的年代里，每一个人都要有危机意识，要自觉克服自足的天性，通过不断地奋发进取，使我们的事业可以更好地发展下去。

建设一支高素质的馆员队伍。将来的馆员应是“学科专家”，具有广博的知识面、精通某一学科知识、熟悉各种信息源、具备信息检索能力，同时具有高尚的责任感和使命感，能为读者提供更广泛、更有针对性的阅读辅导。构筑新的知识体系，提高馆员服务层次，是新形势下塑造图书馆员形象的根本。传统图书馆员的知识结构主要以情报学、自然科学和人文科学为主，现代图书馆由于其服务对象的层次和需求越来越高，对馆员的素质要求也在不断提高，与此相联系的图书馆组织结构和馆员的知识结构也应随之改变。学习与交流可以让我们更好地认识外面的世界，同时让外面的世界更好地认识我们自己。

2.3　我是敬业的

树立正确的图书馆职业意识，首先要对这个职业保持尊重与敬意。中国的图书馆事业需要一批把图书馆当作事业而不仅仅是谋生饭碗的图书馆工作者。同样，图书馆员的职业认同虽然是一种内在的精神状态，或仅仅是一种认知状态，但是能够被图书馆员内化为一种自我约束的道德力量，并极大地影响图书馆员的职业行为。对于广大的图书馆从业人员来说，只有从内心深处认可自己所从事的职业，把为读者服务作为一项很有意义的事业来干，才能最大限度地激发工作热情。

很多人对图书馆的工作并不是十分了解，还停留在借书还书的层次。可能有不少的图书馆工作者都遇到过这样的情况，有人问干什么工作的，一听说是在图书馆，对方就“噢”的一声，不再说什么了，或者加一句：“那没什么事做，就坐在那里借借书而已。”刚才的热乎劲也没有了，弄得你不知说什么好。图书馆员无须因为这个而感到自卑或自我贬损。一个完整的社会由各种各样的行业组成，不同的行业发挥着不同的职能作用。

随着社会的进步，图书情报信息发挥着越来越重要的作用，人们也越来越认识到，图书馆职业不但有重要的社会价值，更有高深的学问，是一个有尊严的、值得尊重的职业。

3　建立图书馆员新形象不可缺失的几种能力

3.1　准确判断读者情绪的能力

这种能力在一线岗位尤其重要，准确判断读者情绪的能力是与读者建立融洽关系、提供优质服务的基础。要准确判断读者的情绪，关键在于捕捉他们的非语言信息，如语调、手势、体态等，并从中分析出其意义。

3.2　自我控制能力

当图书馆员在对读者进行服务时，部分读者由于认识偏差、情绪波动、意志薄弱及猎奇求异而出现一些消极心理，此时有些馆员不能平心静气地与读者进行情感沟通，不能根据读者实际选择信息内容，不能根据读者个性进行疏导，不能提高认识，不注重积极的心理调节，甚至不能控制自己的情绪，与读者发生矛盾。在日常工作中馆员也难免会遇上不顺心的事，个人情绪也会影响工作。一名优秀的馆员，能保持良好的心理状态，培养乐观的情绪，善于自我约束，随时调整自己的不良情绪，不把个人情绪带入工作中。

3.3　保持工作的激情

从事同样的工作，日复一日、年复一年，使得他们思想松懈。在这种环境中，再加上有时候有的图书馆聘任岗位数年不变，自己干多干少一个样，很容易滋生人的惰性。随着时间的推移，大多数馆员的斗志渐渐被消磨掉，进取心也一天天减弱。多数馆员不能够调整情绪，树立目标，自我激励，而是安于现状，不思进取，这既不利于馆员自身职业的发展，也不利于图书馆事业的建设。

图书馆员扮演着图书馆馆藏资源和读者之间的桥梁角色，一旦遭遇“七年之痒”，对日常工作必定产生重大的影响。在这个时候，一定要认识到这种心理现象是很正常的，选择离开或者在岗位上发霉都是消极的做法，重要的是，我们一定要认识到自己的工作岗位的重要性，我们是广大市民的书海导航员，我们的工作是何等的重要。

图书馆的工作其实并不是大众认为的那么简单，要真正做好更不是一件轻而易举的事。要做好图书馆的工作，不仅需要认真、细心的工作态度，还要具有过硬的专业技能，勤奋严谨的敬业精神以及不断自我挑战的创新意识。这就要求馆员要广泛认真学习，深入刻苦钻研，掌握时代脉搏，综合利用信息，大胆改革创新，不断总结探索，能够合理扬弃，善于有效传播。只要认识到这点，“七年之痒”就对我们无计可施了。

在知识型社会，面对大众如此刻板的印象，图书馆员应该积极奋起，更好地“武装”自己，忠诚于事业，热爱本职，才能顺利地把“刻板”转为“朝气”，图书馆事业的明天将一片辉煌灿烂。

参考文献

[1] 张立菊. 电影中的图书馆与图书馆员形象研究［J］. 图书馆建设，2008（6）：107～111

[2] 漆亚莉. 图书馆员不可或缺的职业精神——职业认同［J］. 贵图学刊，2007（1）：21～23

[3] 李欣业. 公共图书馆应重视馆员情商的培养［J］. 科技情报开发与经济，2008，18（11）：37～38

[4] 霍彩玲. 图书馆员个体素描［J］. 图书馆理论与实践，2008（1）：10～12

[5] 宋凤桂. 浅论21世纪的优秀图书馆馆员［J］. 江西图书馆学刊，2007（3）：90～91

[6] 邵利月. 图书馆员职业倦怠的应对策略［J］. 赤峰学院学报（汉文哲学社会科学版），2008，29（2）：88～89

[7] 黄碧. 高校图书馆与“阅读危机”［J］. 重庆文理学院学报（自然科学版），2008，27（4）：97～99

[8] 袁庆荣. 从“图书馆员阿姨现象”谈图书馆员素质［J］. 科技情报开发与经济，2008，18（16）：80～81

[9] 徐建华. 当代图书馆员的“快乐指数”值得关注［J］. 图书情报工作，2007，51（6）：5

[10] 张冬梅. 新形势下图书馆员形象的塑造［J］. 科技情报开发与经济，2007，17（1）：63～64

浅谈和谐图书馆的建设

唐　琼①

（广州图书馆　510055）

摘　要： 图书馆作为社会主义精神文明建设的重要基地，是构建社会主义和谐社会的重要因素。因此，只有以科学发展观为指导，用辩证的观点看待图书馆，处理好各种关系，才能使图书馆在构建和谐社会中发挥更大作用。

关键词： 图书馆　和谐　关系

"和谐"是中国传统文化的核心理念和根本精神。"和谐"两字原指音乐的合拍，"和"即"谐"，"谐"即"和"，引申表示为各种事物有条不紊、井然有序和相互协调。中国共产党第十六届四中全会正式提出了"构建社会主义和谐社会"的概念。构建和谐社会，就是要经济上不断提高生产力，不断创造社会财富，提高人民群众的物质生活水平；政治上推进政治体制改革，扩大基层民主；文化上不断创造社会主义新文化，体现社会和睦，弘扬社会正气。

和谐是人与人之间的和谐，也是事与事之间的和谐。图书馆作为社会主义精神文明建设的重要基地，是传播文明的窗口，也是构建社会主义和谐社会的重要组成部分。因此，我们要以科学发展观为指引，处理好图书馆的各种关系。

1　馆际关系的和谐

图书馆事业的发展，并不以某一个图书馆的水平为标准。和谐图书馆的建设体现在人文精神和科学精神的统一。图书馆之间的和谐关系主要体现在以下三个方面：

首先是一种互补关系。单个图书馆的资源建设在信息极速膨胀的环境下，显得苍白无力，"大而全"的思想早已不适应图书馆的资源建设，特色馆藏、重点馆藏成了图书馆立足的根本。同时，图书馆资源服务的盲点也随之而来，这就促使图书馆之间的互补和协调发展。图书馆只有进行资源的互补建设，才能使有限的资源发挥最大的社会效益。

其次是一种共享关系。资源共享，体现在一个"共"字，除了图书馆之间的资源要存在差异，进行资源的互补之外，还要求图书馆发展水平的协调性和平等性。图书馆联盟扩大自身服务覆盖面，就是为了弥补自身资源建设的盲点。企业兼并追求的是利益的最大化，而图书馆共享追求的是信息服务的最大化。

最后是一种发展关系。"大而全"的思想不适应于图书资源建设，同样也不适应于图书馆网络建设。在追求新图书馆建筑越大越好，设备越先进越好的同时，更应该考虑的是这个图书馆与周边图书馆的发展是否和谐，图书馆的设备和资源能否得到充分的利用、能否满足

① 作者简介：唐琼，广州图书馆工作人员。

读者的需求、吸引更多读者到图书馆来，更好地为广大读者服务。否则只会投入越多，浪费越大，无明显成效。

2 部门关系的和谐

部门之间按照机构职能分布，是分工合作关系。但部门与部门同样存在制度倾斜和利益冲突等问题，或大或小、或急或缓。处理不好，会影响部门之间的合作，甚至会影响同事之间的和谐关系，也导致工作难以开展。

内部部门与一线部门的关系。一线部门直接面对读者，为读者提供服务，内部部门在图书资源、办公环境、职工福利待遇等方面为一线部门提供有力保障，使一线部门无后顾之忧。各部门之间要相互协作、相互配合、相互帮助，共同承担图书馆运行过程中的一切风险和责任，共同为了更好服务读者而努力，而不是有功就抢、有过就推。部门之间的和谐主要体现在工作流程的和谐。

管理部门和业务部门的关系。图书馆是一个搜集、整理、收藏和流通图书资源，以供读者学习和参考研究的文化机构，必须要有具备相应专业技术的人员，才能形成各个业务部门，例如，图书馆的技术部、采编部、参考咨询部和中文借阅部、少年儿童借阅部等。图书馆的成绩都是靠业务部门去创造，而且业务部门也比管理部门容易出成绩，但也容易出问题。所以，当业务部门出现问题时，管理部门要认真分析，与业务部门加强沟通，不要把责任一股脑推给业务部门。管理部门和业务部门之间要建立一种互信的联络机制，为了各业务部门能平衡、可持续发展，共同地开展好各项工作，管理部门要公平、公正，本着“以业务部门为顾客”的理念，制定有利于业务部门科学发展的制度、方针。

3 人际关系和谐

建立以人为本的和谐人际关系，是构建和谐图书馆的关键。和谐的人际关系既包括良好的领导和员工关系，也包括良好的员工之间的人际关系，还包括良好的图书馆馆员与读者的关系。

首先，领导在工作中要时时处处体现人性化、情感性，在图书馆内营造一种和谐的人际关系。对馆员的工作给予信任，困难给予帮助，人格给予尊重，业绩给予赞誉，成就给予奖励；尊重馆员的权利和价值，尽量给予他们施展才华的空间。将传统的“硬”管理转化为人性化的“软”管理。另外，关爱馆员的身体健康，改善办公条件，优化办公环境，提供劳动保护，防止职业疾病，是和谐图书馆的重要体现。

其次，只有员工团结，相互支持，相互帮助，才能形成良好的馆风，才能秉承“一切为了读者”的服务宗旨为读者提供优质的服务。没有图书馆员间的和谐，就没有图书馆的和谐，诚信友爱是构建和谐图书馆的道德基础，能最大限度地减少图书馆工作的内耗和摩擦，使图书馆整体利益最大化，增强员工的价值认同和凝聚力。员工之间在承认彼此间差异性的同时还要保持良好的心态，相互协作，共同承担图书馆运行过程中的一切风险和责任。

图书馆员应以读者为中心，以“最大限度地满足读者需求”为己任，建立一种良好的信息交流与互动关系。“顾客是上帝”同样适合于图书馆的读者服务，馆员应该坚持“读者是上帝”的信念，而不是“是读者的上帝”。馆员要以关心、理解、尊重的态度对待所服务的读者，以积极的心态对待所从事的事业。馆员的真诚、热情和主动服务，能使读者称心、满意和愉快，是馆员与读者和谐关系的最好体现。

4　内外环境的和谐

图书馆是广大市民学习、研究、休闲的重要场所，是读者集中的地方。外部环境要与大自然和谐统一，内部环境要与读者阅读协调统一。其布局要体现人文关怀。图书馆作为知识的殿堂，优雅的阅览环境、丰富的人文科学知识、温馨的人性化管理、热情周到的读者服务都为构建和谐图书馆提供了环境和文化支持。

图书馆要与外环境相和谐。近几年，随着图书馆事业日新月异的发展，新图书馆建筑如雨后春笋般拔地而起，新图书馆的建筑在追求创新的情况下，还要讲究和谐，不能标新立异、鹤立鸡群。所谓和谐，就是建筑设计要以人为本，努力满足人们的要求；建筑要与自然环境很好地结合，建筑设计要努力创建周围良好的生态环境，营造人与自然的和谐，营造健康舒适的环境；建筑设计要贯彻可持续发展的方针，搞好资源的节约和综合利用，还要考虑延长建筑的生命。

图书馆内环境要与读者相和谐。图书馆的环境应该以温馨、典雅、宽敞、洁净为原则，大开间、一门式、借阅一体化已成为时尚的现代化图书馆的标志，要注意图书阅览和休闲环境的布置与设计。色彩要养眼和宜人，避免过多过重，使读者心理产生不良反应。书架不宜过高过低，避免读者够不着或弯下腰。对于少儿部的环境设计，无论是物品的摆放还是色彩的运用都要讲究和谐，要根据少儿的年龄特点和需求来布置。

党中央已经提出了建设和谐社会的目标，展现在我们眼前的是一幅自然和谐、社会公正、人心安定的美好图景。构建社会主义和谐社会，要与建设社会主义物质文明、精神文明、政治文明有机统一。建设和谐图书馆作为构建和谐社会的重要组成部分，图书馆人在构建和谐社会这一历史使命中有着不可推卸的责任，只有处理好图书馆的各种和谐关系，才能让图书馆的事业走得更远，让图书馆的和谐关系建设得更好。

参考文献

[1] 李俊．高校创新型和谐图书馆的构建［J］．郑州航空工业管理学院学报（社会科学版），2009（6）
[2] 刘安云．创建和谐图书馆之我见［J］．中国新技术新产品，2010（5）
[3] 程利平．构建和谐图书馆，营造良好学习氛围［J］．内蒙古科技与经济，2008（21）
[4] 刘伟．浅谈以人为本构建高校和谐图书馆［J］．网络财富，2010（4）

服务创新

少年儿童图书馆为外来工子弟学校服务探讨

李　琼[①]

（广州少年儿童图书馆　510120）

摘　要： 以外来工子弟学校学生为代表的弱势少年群体出现的成长问题引起了全社会的关注，本文从少儿馆为外来工子弟学校服务的必要性和可能性个角度出发，探讨少儿馆深化服务，支援外来工子弟学校的工作发展趋势。

关键词： 儿童图书馆　服务

近年来，外来工作者成为城市建设不可缺少的基础力量，改变了城市的总体面貌，也改变了城市的人口结构。伴随着外来工涌入城市而诞生了外来工聚居社区，外来工子弟学校等新事物也随之产生。因为户口问题带来的教育待遇不公平一直受到人们的高度关注，作为教育弱势群体的外来工学校存在先天条件不足、教育硬件设施落后、教师待遇偏低、师生流动性大等问题。这些办学环境的不足严重影响了学生受教育的质量，不利于外来工学校学生的身心发展，也有违社会的公平、公正的原则，因此社会上应该对外来工子弟学校投入更多的关注与实际支持。少年儿童图书馆作为为广大少年儿童群体提供服务的社会公益性机构，更肩负着不可推卸的扶持外来工子弟学校的责任和历史使命，这是由少年儿童图书馆的公益性所决定的。

1　少儿图书馆为外来工子弟学校服务的必然性和必要性

1.1　少儿馆的公益性决定了为外来工子弟学校服务的必然性

各级图书馆是政府利用公共资源——各级财政收入创办的公益性文化事业机构，这就决定了图书馆必须为社会公众服务，尤其是作为社会弱势群体的外来工子弟学校学生。1994年联合国教科文组织在其修订的《公共图书馆宣言》里规定了“图书馆必须为社会各成员提供无差别的公平的信息服务，而无论其年龄、种族、性别、宗教信仰、国籍、语言以及其社会地位”。作为教育行业中最薄弱环节的外来工子弟学校，最有可能获得的帮助来源就是少儿图书馆，这也是少儿馆义不容辞的社会责任。

为外来工子弟学校服务，是响应党中央建设和谐社会的大势所趋。建设和谐社会要求社会资源的合理优化配置，少儿图书馆的职责就是把优秀的文化资源输送给广大少年儿童，尤其是最缺乏书籍、缺乏文化滋养的外来工子弟学生。

1.2　外来工子弟学校的特殊性决定了少儿馆为之服务的必要性

外来工子弟学校是民办教育中的最薄弱环节，因为其校舍硬件设施配置差，导致软件配置也跟着差，很少有优秀的教师能够长期扎根在外来工子弟学校当中，和公立学校相比，教

---

① 作者简介：李琼，广州少年儿童图书馆工作人员。

师与学生的流动性都很大，学生长期处在不安定的流动环境之中。回到家中之后，大部分的家长也忙于工作疏于管教，这使得学生的身心成长过程缺乏引导陪伴。外来工子弟学校存在的先天不足，急切需要社会方面提供援助。

1.3　少儿图书馆为外来工子弟学校服务的可能性

作为社会文化教育主力军的公共福利机构，少儿馆具备充足的社会资源可以为外来工子弟学校提供援助。在硬件方面，少儿图书馆每年拥有充足的大额购书经费，馆藏文献丰富齐全；在软件方面，少儿馆拥有强大的人才队伍，尤其是教育学、心理学方面的人才，能为外来工子弟学校提供切实的帮助和支援。

同时，为外来工子弟学校学生等边缘弱势群体服务也是少儿馆事业发展的需要。少儿图书馆以往的服务对象主要以城市常住人口为主，尤其是馆舍附近一带的少年儿童。伴随着改革开放经济发展的进程，越来越多的外来工子弟学校涌现出来，少儿馆应该将关注点转向公共文化服务相对匮缺、更渴望获取知识和信息的外来工子弟。

2　外来工子弟学校的现状

外来工子弟学校一般地处较偏僻的城乡结合部，交通不便。在教育教学质量上，外来工子弟学校学生是天生的弱势群体。由于父辈经济贫困造成的后辈知识贫困与现代社会信息数字鸿沟问题，使得弱势群体的社会地位处于难改变的恶性循环当中。笔者在大学时代曾跟导师作过一个外来工子弟学校生存状态的调查，对此感受良多。

外来工子弟学校学生的课外阅读状况实在堪忧，他们缺少阅读的对象——合适的有益的书籍，同时也缺少阅读的时间，他们课外的时间被其他的杂事占满，缺少良师益友的引导。也许外来工们经济地位低、生存条件差，但小孩子们也有天性中不可磨灭的向上的精神追求，他们也一样追求真善美、追求知识、追求光明，但现实却限制了他们的这种追求和向往。作为图书文化知识传播工作者的图书馆从业人员应该为这种状态的改变作出自己力所能及的努力与尝试，逐渐改变这种社会资源不合理配置的状况，让每一个少年儿童都能在健康和谐的环境中快乐地成长，无论其经济社会地位如何。

3　少儿馆能为外来工子弟学校做些什么

3.1　少儿馆已经做了什么（以广州少年儿童图书馆为例）——外来工子弟学校服务工作现状

近几年，为了改善外来工子弟学校学生的阅读状况，广州少年儿童图书馆已经作出了很多努力和尝试，其中尤其以一系列的边缘地区分馆的建立以及2007年汽车图书馆的启动为里程碑，广州少年儿童图书馆（简称广少图）已经作出了大量的切切实实的工作和贡献。

3.1.1　分馆与图书流通点

为了最大限度地服务全市的少年儿童，尤其是地处偏僻的外来工子弟学校，广少图已经和社区街道以及外来工学校合作，开设了二十几个分馆以及图书流通点。尤其是2009年成立的位于白云区石井地区专门为外来工提供服务的外来工分馆，受到了广大外来工及其子弟的欢迎，家长可以在馆里借阅家庭教育方面的书籍，同时也可以为子女借阅教学辅导类的书籍。该分馆的成立进一步使得交通不便地区的少年儿童能够与城区小朋友一起，享受公共文化服务，分享社会发展的成果。一系列分馆的陆续成立受到社会的广泛关注和一致好评。

3.1.2 流动书车

2007年汽车图书馆终于在广州地区众人的期盼中投入运行，定期开进城市周边的学校、幼儿园和社区及偏远的从化、增城、花都等地的外来工学校，大大方便了学生使用少儿馆丰富的图书知识资源。在计划图书馆服务点的时候，广少图人做了大量充分的考察论证，以弱势社群、偏远城郊学校的小读者为优先服务对象，还争取减免了外来工学校图书证的工本费用，学生办证只需交押金。广少图加强了白云区、萝岗区、花都区、从化和增城两市的服务网络建设，大大改善了广州地区少儿类图书馆分布不均衡及外来工子弟学校图书文化资源贫乏的现状。汽车图书馆已经成为城乡结合部的少年儿童的良师益友，深入到他们的学习生活当中。

3.2 少儿馆还可以再做什么——探讨外来工子弟学校服务工作的发展趋势

3.2.1 拓展深层次服务

改变单纯送书模式，为学生提供信息咨询和导读服务。要深入调查了解外来工子弟学校学生的心理特点、阅读习惯和兴趣爱好，积极宣传图书馆的公益性质和功能作用，让他们更深一步了解图书馆、热爱图书馆、用好图书馆。

3.2.2 将读书活动的场所由馆内转向馆外

应针对外来工学校学生身心特性，开展一系列有益身心健康的读书文化活动，充分利用好小学生每周一个下午的课外活动时间，进行图书馆宣传推广活动。

3.2.3 开展校外辅导员工作站

收集外来工学校的名册，实行专人负责制，做到每一个外来工学校都有固定的具备教育学心理学背景的馆员担任其校外辅导员，协助学校老师解决学生的阅读困难问题，开展课外知识拓展工作，同时密切关注学生的身心发展，切实解决学生成长过程中遇到的一系列问题。

3.2.4 与其他单位联合

共同支援外来工学校，可以和社会其他机构，诸如志愿者组织、儿童医院以及热心企业合作，发动社会热心力量，调动社会资源，共同关注以外来工子弟学校学生为代表的少年弱势群体的身心健康成长。

参考文献

[1] 联合国教科文组织，国际图联. 公共图书馆宣言，1994

[2] 文明办馆求创新，奉献书海暖童心——广州少年儿童图书馆工作概况. 羊城少图工作（内部交流刊物），2006

非鉴证类查新与佛山创新互动之研究

全解生[①]

（佛山科学技术学院图书馆　528000）

摘　要：本文论述了非鉴证类查新与鉴证类查新的异同，并结合佛山的产业情况，论述了非鉴证类查新的难点及解决思路。

关键词：非鉴证类　查新　佛山　创新

1　非鉴证类查新

创新是民族的灵魂，佛山的经济方略是做大做强产业。做强的产业如建卫陶瓷、日用家电、建筑铝材、民用织品、不锈钢饰件、汽车配件、光伏元件、电光器件、显示器屏等，但尚未做强的产业诸如电力陶瓷、智能家电、车船壳铝材、特种织品、精密不锈钢件、汽车发动机、硅片制造、液晶材料等。虽然“做大”可以依赖基础，但是，“做强”必须注重创新。

创新的关键是选题，科研选题须比创新先行。著名科学家维纳说过：“知道自己该干什么，比知道干什么更重要。”中科院邹承鲁院士指出：“选题的首要是检索以确认在全世界没有报道过的。”

查新是选题的向导，广义的查新是针对事项的新颖性的检索和评估，针对科研课题和科技项目的查新称为科技查新。20 世纪 70 年代，欧美已形成“科技竞争情报”；80 年代，日韩也建立了“竞争科技情报”；2000 年 12 月，我国颁布《科技查新机构管理办法》和《科技查新规范》，查新被划分成鉴证和非鉴证两类。获授权和有资质的、报告具有鉴定力和证明力的鉴证类营利性查新机构，在重点大学和大城市的图书馆、情报所、研究院应运而生，业务快速发展，而无鉴定力和证明力的非鉴证类非营利性查新却步入低谷。

鉴证类查新的遗憾，早在 1979 年诺贝尔奖获得者杨振宁就批评“我国的科研项目有 40% 与国外的研究成果重复”，2001 年 1 月我国的查新《办法》和《规范》开始实施，时至今日，众多查新机构登载的统计数据均显示，我国科研项目与国外的重复率仍约为 30%，其中大部分是国外已公开的技术，严重浪费人力、物力、财力、时间。杨振宁的批评已历 21 年，查新《办法》和《规范》生效也已逾 10 载，而我国科研项目与国外的重复率却仅降了 10 个百分点。

广东省科技情报所的统计数据表明，佛山市委托科技查新的量连续三年占全省各市的第二位。2008 年的委托查新量占全省的 12.7%，其中，佛山科技局下达的项目要求鉴证类查新的量仅占两成，其他只需非鉴证类查新的量占八成，查新需求尤其非鉴证类查新需要较

---

① 作者简介：全解生，佛山科学技术学院图书馆工作人员。

大。另外，虽然佛山市无查新机构，但是其公立和高校的图书馆、情报所、实验室拥有的查新所需的图书、资料、信息并不少于许多查新机构，尤其是传统产业、特色经济方面的甚至更为丰富。佛山开展非鉴证类查新，受托方可做到仅收回成本，益于减轻委托方的费用；委托方可多提查新点，利于查准；委托和受托双方面谈判快捷、省时，便于查精；受托方熟悉当地创新方向，对确定查新点和选择背景文献有所参谋，利于查全。

非鉴证类查新须创新，有人将鉴证类查新当作“交钱叩章”，也有人在非鉴证类查新中“获得至宝”，可见，受托方的责任心至关重要。对于鉴证类查新，也许委托方可用付给加急费、额外向查新专家付费等方式求得满意的查新结果，但满意的不一定是客观的；对于非鉴证类查新，必须有所创新。例如，受托方的个人参与委托方的课题和项目，与委托方创新互动、风险共担、荣誉共享，激发出高度责任心，以便获取客观的查新结果，所以客观的一定是满意的。

过去两年，本人成功为一个省自然科学基金和一个省科技攻关课题、一个预开发产品完成了非鉴证类查新，成为前两个课题的项目第三参与人，为省科技部门的立项决策提供了前期依据，作为预开发产品否决人，为企业避免了重复开发。本人申报的“非鉴证类查新与佛山科研互动研究”课题，本人作为第二参与人负责的非鉴证类查新“我国图书内容索引的研究——以佛山科学技术学院图书馆为例”均已列入佛山市哲学社会科学“十一五”规划 2010 年度项目。

2　鉴证与非鉴证类查新的异同、优势

国内有多种关于鉴证类查新的目的和作用的说明，其中，中国科技大学查新站较为精炼简洁的概述为：①为科研立项提供客观依据，论证委托查新课题在论点、研究开发目标、技术路线、技术内容、技术指标、技术水平等方面是否具有新颖性；②为科技成果的鉴定、评估、验收、转化、奖励等提供成果是否具有新颖性的客观依据，以保证科技成果鉴定、评估、验收、转化、奖励等的科学性和可靠性；③为科技人员进行研究开发提供可靠而全面的信息。上述说明的第 1 条、第 2 条具有强制性，原因是科研立项的批准和科技成果的授予普遍由官方管辖，而官方只认可查新机构作出的查新报告所具有的鉴定力和证明力，所以委托方必须委托获授权有资质的查新机构作查新；第 3 条具有志愿性，原因是科技人员的研究开发讲究低成本地获得客观的查新结果，所以委托方更愿意选择在未获授权无资质的图书馆、情报所、实验室进行非鉴证类查新。此外，企业作新产品的论证、预研新技术的调查、预开发产品的抉择、鉴证类查新点和背景文献的提供等，均可委托非鉴证类查新。

非鉴证类查新有其独特优势。非鉴证类查新既不是简单的资料检索，也不是普通的参考咨询，除了要求高超的检索技巧之外，还需娴熟掌握分析、对比、综合技能。能够开展非鉴证类查新的图书馆、情报所、实验室等，多数是公立单位，人才济济，财政拨款充足，服务收费只保本不赢利，益于减轻委托方的费用。委托方可多提查新点，利于查准；委托和受托双方谈判沟通捷径，便于查精；受托方熟悉当地创新方向对确定查新点和选择背景文献有所参谋，利于查全。

非鉴证类查新适合于佛山市。虽然佛山市的经济实力与一些直辖市和省会城市不相上下，但却缺乏直辖市和省会城市享有的级别、财政、机构、纳资、地缘、人才等方面的优惠政策，难以效法大都市的创新模式，而只能选择以强新为主、创造为辅的创新模式，其经济

方略是做大做强产业。

非鉴证类查新必须有所创新。虽然科研人员查阅文献约占其课题工作量的50%，若通过图书情报工作人员查新，则可以大量节省时间。开展非鉴证类查新的单位，应将个人在查新服务中所取得的绩效记录入档、纳入考核、给以奖励。

非鉴证类查新的重点和难点。佛山市的图书情报工作人员开展非鉴证类查新，重点服务对象是正在从事研究的开发人员，正欲做强新品、预研发新技术、预开发新品的企业；重点服务方向是科研选题、科技课题申报项目、查新点和背景文献；重点检索资料是发达国家和中国的专利、国内的科技项目申报指南和立项目录；难点之一是查证已于学术会议和官方展会中宣读和展出过而日后有优先权获得知识产权的技术、方法、产品；难点之二在于查出信息与查新点的对比。

3 非鉴证类查新的思路和方法

仿照《科技查新机构管理办法》和《科技查新规范》制定非鉴证类查新工作人员管理办法和非鉴证类查新规范及实施细则，并且在其中列入以下内容：委托方和受托人相互自愿选择；委托方有邀请受托人参与课题的权利，受托人有接委托方邀请参与课题的义务；非鉴证类查新为非营利服务但可以收回成本。开展非鉴证类查新的单位和个人均应主动建立和强化与当地科研项目行政主管部门的联络，及时掌握主管部门的“项目征集”、“立项指南”、“立项目录”等信息，并及时在本单位的网站上公布这类信息和发布承揽非鉴证类查新的说明；深入当地大型厂矿和特色产业、企业的科研开发部门，为这类企业提供非鉴证类查新服务，诚恳参与这类企业的科研创新；细心关注正在着手科研选题的查阅者，一旦发现其需要提供非鉴证类查新服务，则不失时机地争取承担。非鉴证类查新应提供一、二次文献，如SCI科学引文索引、CA化学文摘、EI工程索引、WPI世界专利索引，等等。及时将检索到的信息与查新点作反复对比、分析、综合，以克服难点之一；交付查新报告之后的六个月内仍应跟踪因优先权而有可能获得的知识产权的相关技术、方法、产品，以克服难点之二。

公共图书馆利用社会资源提供特色信息服务方式探索

林志成[①]

（广州图书馆 510055）

摘 要：本文尝试探讨公共图书馆利用社会资源提供特色信息服务的方式，达到改善公共图书馆因拥有资源不足而产生服务弱势的目的。

关键词：开放存取 利用社会资源 特色信息服务

任何一个历史悠久的大型公共图书馆都会有资源不足的问题。基于公共图书馆的使命，所有公共图书馆都有这种欲望，就是利用其他图书馆或机构的资源，为读者、用户提供利用社会资源开展的服务，由此产生了共享资源的理念。

本文以广州图书馆的实践为例，尝试探讨公共图书馆如何提供利用社会资源开展的特色信息服务方式，达到改善公共图书馆因拥有资源不足而产生服务弱势的目的。

1 提供利用社会资源开展信息服务的诉求

1.1 公共图书馆是公共文献、信息、知识服务机构，是社会公共服务体系中重要的专业信息服务机构

以广州图书馆为例。广州是一个有2 000多年历史的文化名城，但作为广州市立公共图书馆，广州图书馆是在改革开放后才建立的。该馆在拥有资源方面有先天的弱势。2008年广州市委在《中共广州市委广州市人民政府关于加快发展现代服务业决定》中提出：提升中心城市功能，精心打造“广州服务”。配合此形势，广州图书馆不强调拥有文献信息资源的优势如何，而是强调服务效益为先导。广州图书馆是拥有专业的图书馆服务理念、有专业规范的图书馆人力资源、开放的公共服务空间；广州图书馆的劣势是其他专业的人力资源不足、专题特色资源不够丰富。

公共图书馆利用社会资源的优势，可以克服自身的短板，发挥最大的服务绩效。信息专业收集、整序分析与提供是当下图书馆社会信息服务的重要工作。21世纪是信息化社会，信息就是生产力。因此公共图书馆应进一步强化公共信息服务的作用。

1.2 资源是别人拥有的，信息品牌是自己拥有的

图书馆与古代的“藏书楼”定位不同。古代的藏书楼主要是为学人服务、为统治者服务，而现代社会的图书馆，从有“图书馆”这个名字起，就决定了图书馆不是为少数人开放的，而是为多数人提供文献、信息服务的机构。为公众服务是公共图书馆的必然定位。

美国学者威格纳认为“一个图书馆的馆藏将由存取而不是拥有来界定，大多数图书馆

① 作者简介：林志成，广州图书馆副研究馆员，信息咨询部主任。

资料将根据需要以电子形式或印刷形式来传输”，也就是说，图书馆将不再指望以自己的馆藏来满足用户的信息需求，拥有信息资源和自给自足的概念将让位于合作和资源共享。存取的关键在于信息是本地存取还是远程存取，对于用户来说，他不在乎信息是怎样获得或在哪里获得的。“拥有”与“存取”是相对而言的：资源共享 = 存取 + 拥有。图书馆或资源机构都欢迎拥有的资源被社会利用。单一的图书馆在了解其他图书馆或社会资源的信息后，也可通过合作“存取”的形式充分加以利用，实现公共图书馆强化公共服务的目的。

笔者认为：文献是历史的，是属于拥有者的；信息是现在的，是属于使用者的。信息资源是别人拥有的，信息服务品牌可以自己拥有。馆藏资源不丰富的图书馆，可以采用多种合作方式，利用别人拥有的资源为本馆读者、用户提供服务，满足读者的需求实现服务效益最大化。

2　利用社会资源开展特色信息服务方式探索与实践

2.1　利用社会机构的现成信息资源

公共图书馆利用包括政府机构在内的社会上其他机构的信息资源，为公众提供专项信息服务，是图书馆拓展信息服务功能的一个有效途径。

2.1.1　利用政府机构的现成信息、系统资源，向读者提供“政府信息公开”服务

社会经济的发展、企业商机的把握、人民群众自身权益的维护都离不开及时准确地获取各种信息，尤其是政府颁布的法规、条例、准则及实施办法等。人们对现行政府文件的利用需求量日趋加大，政府现行文件查询服务是时代发展的必然要求。

公共图书馆有向公众提供查询政府文件信息的服务，但图书馆不一定具备接收政府直接发文的资格。回溯收集旧文件是一件异常艰巨的事情，建设与之配套的数字化加工平台及系统等，都需要有巨大的人力与物力的投入。

在探索向读者提供查询政府现行文件服务的可行性时，广州图书馆了解到档案局有现成的政府文件收集与数字化系统，于是立即向档案局申请，在广州图书馆局域网内通过 IP 锁定授权方式，在图书馆的检索机上向读者提供直接进入档案局系统“广州市现行文件查询”服务。在图书馆地方文献室读者检索机设专项查询服务点，方便读者使用该查询系统，读者不用去政府机构，就可以查询到政府档案文件的全文，让市民可以通过图书馆免费获取政府档案文件资料，得到市民的广泛认可。

通过资源共享，实现“存取”是“拥有”的强有力的替代品的理念。公共图书馆利用政府机构的现成信息、系统资源，向读者提供“政府信息公开”服务，既大大拓展了公共图书馆的服务功能，为公共图书馆参考咨询服务工作增加新亮点，又节省了大量的资源建设中人力、物力的投入，实践了“存取 + 拥有”的理论。

2.1.2　利用社会机构拥有的资源，采用授权合作方式，整合本馆资源，向读者提供专项专题信息服务

授权合作方式的展览有别于只提供展览场地的引入展览，也有别于纯公共图书馆自办展览。广州图书馆在组织策划“万古不磨意，中流自在心——饶宗颐教授学艺兼修展”过程中，对授权合作方式进行了有益的探索，为后来与其他机构合作举办其他服务提供了借鉴。

香港著名学艺双修的饶宗颐教授是“海上丝绸之路”概念的首创者，解读饶宗颐，有助于我们更加深刻地认识广州这座历史文化名城。为促成“饶宗颐教授学艺兼修展”这个

雅俗共赏、有影响力的展览，广州图书馆取得了香港大学饶宗颐学术馆的授权，利用香港大学饶宗颐学术馆在香港举办“饶宗颐教授学艺双携展”的现成资料，将我馆所藏有关饶教授的著作书刊进行整理，并在广州及国内有关档案中查找补充线索，为香港“饶展”注入了新的研究素材，成功举办了一个新的展览：万古不磨意，中流自在心——饶宗颐教授学艺兼修展，得到了学术界的高度评价。展厅展览结束后，取得香港方面对使用资料的授权，编辑制作了可观性极强的精美的网上 Flash 版“饶宗颐教授学艺兼修展”网上展览，用最新传播方式向网上读者展示一个学艺双携的国学大师的风采，使更多的读者全方位地了解国学大师饶宗颐教授。

通过授权合作方式，实践了“存取 + 拥有”理论在信息资源共享中的作用，进一步强化了公共图书馆的服务功能和优势。

2.2 利用网上资源

美国学者威格纳和安德斯从经济学角度肯定了“存取”的价值，他们认为，“存取”所节省的不仅仅是获取资料的费用，还省去了这些资料的处理费用、排架费用、保存费用等。本节结合具体信息服务实例谈广州图书馆利用网络资源开展信息服务的实践。

2.2.1 利用网上资源，编辑公共信息小册子服务

网上信息资源的开发和利用，已经成为公共图书馆开展信息咨询工作的重要手段。一个公共图书馆的经费即使再多也是有限的。借助于网络资源不仅可以节省经费，还可以增加服务手段，所以，加强网上信息资源的开发和利用，已经成为公共图书馆提供公共信息服务的重要途径。

网上信息浩如烟海，需要严格掌握“准”字诀，做到准确、及时、管用。广州图书馆于2007—2009年先后开发了《圣诞节 VS 中国年》、《广州人看奥运》、《庆祝建国六十周年——中国世纪大阅兵》等系列主题热点信息小册子，向读者提供主动信息服务，有效扩大图书馆的社会影响力。从公共信息开发的角度为我馆在广州市公共文化信息服务中作出积极和有益的尝试，读者在阅读信息精品小册子时，会很容易体悟小册子所宣传的“享受广图信息、享受悦读人生”理念，这就发挥了公共图书馆在社会中引导阅读的作用。

2.2.2 利用网上资源，提供专题决策信息收集与整序服务

在网络环境下的参考咨询服务不再局限于公共图书馆收藏的文献，互联网为参考咨询提供了全球最大的信息资源库，不仅内容包罗万象，而且信息载体多种多样。网上不少有价值的免费资源，已经成为公共图书馆开展咨询服务必不可少的信息源。

网上资源有一个特点——泛，读者要在网上资源中找到自己需要的资讯，需要花费大量的时间，这为图书馆提供了专业信息收集与整序服务的生存空间。图书馆可通过自身的专业功能，对信息进行专业收集、筛选与整序，成为有参考价值的二次、三次文献，为机构和用户提供服务。例如，广州图书馆利用网上资讯为广州市人大常委会编制专题资料《人大信息摘编》、编发《广州市人大新〈办法〉众人谈》等“点题”专栏，这种服务配合人大代表提出议案和专项调研工作起到良好的借鉴作用，得到用户的高度评价。

目前，广州图书馆为广州市党政、社会机构的多份决策信息服务项目，互联网信息已经成为主要信息来源，图书馆发挥的作用更重要的是专业收集与整序功能，更充分地发挥“节省用户的时间”的图书馆学要义。

2.3 利用社会机构的组织资源及人力资源

2.3.1 充分利用政府机构的组织资源，提供“准”信息服务

信息服务贵在“准”，这个“准”包含三重含义：一是准确；二是及时；三是管用。

图书馆具有整合信息资源的专业人才和专业功能，政府机构、人大、专业机构拥有公务员、政府官员、专业人员等特殊群体的组织推广信息产品的渠道，拥有对信息产品需求倾向的准确资讯。图书馆与政府机构方面合作，就能发挥各自的优势，事半功倍地开发出针对性强的信息产品，目标明确地定向发行与推广信息产品。

广州图书馆近年利用与广州市委、市政府研究室长期合作编辑并发行《领导决策参考》的渠道，有针对性地开展专题信息专辑服务，对广州市委制定《广州市惠民66条》等政策性纲领性文件起了重要参考作用。广州图书馆与广州市人大常委研究室及选举联络工委合作编辑《人大信息摘编》、《人大代表履职参考》，分别面向人大领导及人大代表提供相关的参考资讯。虽然这些信息服务材料的收集编辑工作由图书馆方面来做，但具体信息专题的确定、收集信息的关键词资讯，主要来源于合作机构。图书馆主要利用合作机构的组织资源，起到提高编辑信息准确性的关键作用，也利用合作机构的组织渠道进行信息产品的发行，实施定点、定向投送，具有准确、及时、管用的特性，发挥信息资源“准”的最大效用。

2.3.2 利用专业机构的人力资源，为艺术专业设计人员、学生读者提供一个交流设计心得信息的平台服务

广州图书馆艺术设计资料室是提供专业创意设计类资料的专题资料服务室。该室专业性强，读者量不多，但创意设计类文献资源的效用半衰期短，在强调资源建设绩效评估的形势下，资源服务效益需要得到有效提高，才能保障这类型文献采购经费比例不下降。为此诉求，该室萌发了一个创意，策划在阅览室内开办设计类专业作品系列展览的举措，让该室的读者可以有一个展示设计作品的平台。筹办方式是让专业机构负责组织有关参展人员作品及承担展览制作费用，由此成功举办了多次专题设计作品展览，让该室形成了一个交流设计心得信息的平台，成为我馆特色信息服务的一个品牌。该室资源建设效益和服务效益得到有效的提高，现该室已经成为两家艺术设计专业高校的校外文献服务基地和实践基地。

2.3.3 利用社会上有许多热心公益事业的专业退休人士，为读者提供书评信息互动讲座服务

导读是公共图书馆读者服务工作的一项核心内容。通过书评信息，一方面可让读者增长知识，直接受益；另一方面可起到揭示馆藏促进文献利用的作用。传统上专家书评通常发布在学术性报刊上，与普通读者接触面小，不容易被普通读者知晓和接受。

社会上有许多热心公益事业且学有专长的退休人士，希望有一个发挥余热的平台。广州图书馆在阅览室内，尝试开展邀请社会上热心公益的专业退休人士开展小型互动式讲座活动。通过讲座，把馆藏中最有文化价值的东西推介给大众读者，改变原本束之高阁、让人望而生畏的特藏文献印象，受到喜欢专题资讯的读者的欢迎。

2.3.4 与专业机构合作，利用其组织功能和专业人士，合作举办公益英语俱乐部活动，为读者提供一个英语学习资讯、互动交流的信息服务平台

公共图书馆的外文阅览室，读者量一般较其他服务窗口少。为了提高读者服务绩效，组织信息交流主题活动是促进读者量提高的有效途径。2009年，广州图书馆试行在外文室内开展英语俱乐部系列活动。此后读者希望此俱乐部成为每周举行的常年活动，如果以现行工作人员的配置，在日常工作不受影响的情况下是无法承担常年每周组织这样的活动的。为此

广州图书馆与广州市翻译工作者协会、启德教育出国培训公司等专业机构合作，探索合作组织这个英语俱乐部活动的可行性。后来，由这些机构负责组织有兴趣的专业人士当义工，策划每个系列的主题内容，并负责大部分日常活动的组织、资料准备、主持工作。图书馆方面则主要负责统筹协调、活动场地硬件配合工作。由于组织活动结合本馆文献信息资源的推荐与导读，促进了本室文献资源的利用。自此，该室每周均举行一次英语俱乐部活动，成为受读者欢迎的一个品牌活动。但该室没有因此特别增加工作人员，这完全得益于利用社会机构的人力资源。

3　提供利用社会资源开展特色信息服务的利用方式及应注意的问题

3.1　直接利用

公共图书馆拥有超强人气的免费公共服务平台，这是许多社会机构包括一些政府机关在内所不具备的。它采取合作共建的方式，由公共图书馆提供服务平台，直接利用社会机构现成的信息资源、组织资源、人力资源，实现强强联合的共赢方式，是一种高效率提升图书馆服务质量的办法。

这种合作方式，符合双方的利益，并能体现出合作方现行负责人的业绩。为了避免因人事变动而产生对合作项目的影响，应该签订合法的合作协议，对合作内容进行法律规范，以保障合作项目不受人事变动等因素的影响，实现可持续发展。

3.2　重新整合

公共图书馆具有专业的信息收集与整序经验的人力资源，这也是许多社会机构所不具备和不完善的。公共图书馆与社会机构合作，对社会机构拥有的资源，结合公共图书馆自身拥有的馆藏资源、网上资源等进行重新整合，利用专业整序优势对信息资源进行二次、三次再加工，可以开发出更有价值的信息产品，令原始信息资源升值。

3.3　授权利用

社会机构对自身拥有的资源提供给公共图书馆利用。对于公共图书馆采购的馆藏资源，特别是数字化资源的再加工利用，无论是直接利用还是间接利用，都需特别注意对知识产权保护方面的问题，往往会产生版权方面使用的限制，这需要与产权拥有方签订授权利用协议，对使用的范围、利用方式、权利和义务进行必要的法律规范，这点尤其在利用境外资源时需特别注意。公共图书馆是法人机构，需要在提供信息服务时依法依规办事，形成良性的合法利用信息的习惯。

3.4　利用的成本问题

社会机构愿与公共图书馆合作开展相关服务，除了自身的服务推广需求外，也看重公共图书馆有专业规范的图书馆专业人力资源、开放的公共服务空间，可以令资源利用效益实现最大化。公共图书馆与之合作，可以充分发挥自身优势，向读者、用户提供更完善的服务。

公共图书馆利用社会资源提供特色信息服务所涉及的合作项目，需要注意图书馆自身的投入成本问题。公共图书馆投入成本应以固有的自身优势资源为主，这包括图书馆专业人力资源、公共服务空间、可掌握的馆藏文献及信息资源等。合作项目的经费资源的投入以节省为原则，要避免为片面追求效益而使投入超出公共图书馆的承受能力。通过发挥合作双方的优势，实现投入成本最低而效益最大化，产生 1 + 1 > 2 的效应，达到共享共赢的效果。

参考文献

[1] 范并思，胡小菁等. 变革中的国家图书馆数字信息服务［J］. 国家图书馆学刊，2009（1）

[2] 陈洁薇. 图书馆信息资源建设中“拥有”与“存取”辩证关系的探讨［J］. 现代情报，2010，30（3）

[3] 张静，张淑芬. 有效的资源共享是存取和拥有的总和［J］. 江西图书馆学刊，2005，35（1）

[4] 高红，支娟，胡月平，李国新. 我国公共图书馆政府信息服务的现状与国际经验借鉴［J］. 图书情报工作，2008，52（7）

[5] 王世伟. 城市中心图书馆发展若干问题研究［J］. 图书情报工作，2009，53（1）

以人为本实现图书馆服务理念和图书馆服务模式的创新

马学伟[①]

（广州图书馆　510055）

摘　要：本文阐述了图书馆新形势发展的要求，探讨图书馆服务创新的必要性，以及图书馆服务理念、服务方式、服务手段和服务管理等方面的创新，实现图书馆服务效益最大化。

关键词：图书馆　服务理念　服务模式　创新

以人为本，就是满足人的需要，实现人的价值，追求人的发展，体现人文关怀。图书馆要素主要包括人员、设备、馆舍、图书资料等，处于核心位置的是人。从图书馆本身而言，就是围绕“读者第一”、“用户至上”的服务理念，把以人为本思想贯穿于图书馆所有工作之中，把以人为本的服务理念作为图书馆一切工作的起点和终点。图书馆的服务宗旨是面向读者、方便读者，以读者为中心，与读者相互沟通并建立一种亲和、平等、相容的服务关系，为读者的文献信息需求提供保障，营造一种人性化的环境；最大限度地满足读者需求，充分发挥文献信息功能，让读者满意是管理活动的最终目标。在当代网络技术条件下，图书馆的存在形态及其信息资源采集、组织加工、信息服务、管理模式等方面将发生深刻的变革。图书馆服务创新主要包括服务理念的创新、服务模式的创新、服务手段的创新和服务内容的创新。适应新的历史条件与客观要求，图书馆必须改革传统服务模式，全面实现图书馆服务创新。

1　图书馆面临的主要问题

随着时代的发展，我国的图书馆事业取得了显著的进步，但离公众对图书馆的要求还存在较大的距离，图书馆服务与社会需求之间仍然存在着很大的供需矛盾。传统图书馆的藏书是以保存为主，形成了“重藏轻用”、“重管轻用”的办馆思想，“看书难”的现象依然存在。

图书馆服务模式滞后。由于计划经济时代的特殊历史条件，传统的图书馆形成了自我封闭和“小而全”、“大而专”、粗放的、以馆员为中心的、单一的服务。

服务方式的被动。传统图书馆的服务一般是被动等读者上门，服务基本是以图书馆为中心。图书馆的指导思想是尽可能把藏书收全，服务设施齐全，有比较舒适的环境。主要服务方式是馆内阅览、书刊外借、文献复制、参考咨询等，满足于书刊的借借还还。

文献服务的浅层。传统图书馆以收藏、加工、保存图书、期刊、资料等以纸张载体的文

---

① 作者简介：马学伟，广州图书馆馆员。

献信息为主。图书馆工作人员对文献信息的深加工很少，对文献的加工主要是对整体文献的加工和处理，也可称为“粗加工”。

图书馆分布不合理。图书馆集中在城区中心，边远地区图书馆数量少、条件差。有的领导把图书馆作为一项“形象工程”，因此追求豪华而忽视功能、位置。

2 现代图书馆服务模式的主要特点

2.1 开放式的服务模式

图书馆开始突破围墙，跳出固定场所，主动接触社会，摆脱了传统文献处理的限制。在信息的采集、加工、组织、服务方面，面向网络环境，以新的方式组织、控制、选择、传播信息，建立了辐射型的开放式服务系统。

2.2 主动型的服务模式

面对社会信息需求的不断增加，图书馆的服务已经开始走出图书馆，面向社会、面向需求、上门服务。在做好阵地服务的同时，工作人员主动与用户联系，了解读者需求，采用新的服务方式，主动为读者服务。

2.3 知识信息型服务模式

新型的图书馆信息服务人员，被称为“网上信息员”、“网上导航员”。信息服务人员已经从简单的机械劳动转向智力型劳动。图书馆从文献资料的收藏者和提供者，转变为信息产品的生产者、开发者和提供者。信息社会需要信息的深层次加工，图书馆开始从以文献单元的加工，深入到以知识单元为主的加工，图书馆的服务工作将从借借还还的服务转变为多层次信息咨询服务。

3 图书馆服务的有效途径

3.1 服务理念、模式

图书馆要实现其自身价值，其服务理念必须从以文献为中心向读者为中心转移。服务要建立在人性的基础上，要理解读者、关心读者、尊重读者、爱护读者，从读者的利益和需求出发，确立与和谐社会相适应的新理念。图书馆服务应以人为本、读者至上，以读者需求为中心，以读者满意为满意，尽可能满足读者的信息需求。从读者的利益和需求出发，重新整合图书馆的各种资源和服务功能，形成一个以服务为导向、互相协同，能够适应读者需求变化的服务体系。一切为了读者，开展多层次、多元化的服务，千方百计调动和激发读者利用图书馆的积极性，这是图书馆工作的根本宗旨。

完善规章制度。加强激励、约束和规范，推进制度创新改革。从服务形式、服务内容和实现途径等进行改革创新。图书馆服务制度能方便读者获取和利用知识信息。

图书馆应改变过去的服务模式，构建全新的图书馆服务模式。在了解和掌握读者的阅读需求的前提下，确立图书馆在服务体系中的主体地位，充分发挥积极性、主动性和创造性，不断探索图书馆服务创新的路子和服务模式。为读者提供文献信息服务，深层次地开发各种信息服务和特色服务。

具体地说，就是在做好借借还还的服务工作的基础上，充分利用现代计算机、网络、通信和多媒体技术等服务方式为读者服务。例如，从事网上资源专题镜像工作，筛选、整理网上杂乱无章的信息，建立有专业特色的网上资源图书馆；收集研究进展报告、综述、评论、专题调研报告等，为广大读者提供及时而全面的研究文献资料信息。

图书馆要与时俱进，根据读者不同的需求，提供多样化、个性化的服务，突破传统的图书馆服务模式，不断适应读者需求的变化，广泛整合各种类型的文献资源，形成图书馆新型的服务模式和服务格局，不断满足读者日益增长的借阅服务需求，提高馆藏资源的利用率。

3.2　服务手段的创新

传统图书馆的文献整理工作是对馆藏文献加以登记、分类、编目和排序等，主要采用手工操作。在当代信息化、网络化条件下，从传统的图书资料管理方式转化为用计算机技术进行网络信息服务是大势所趋。实现图书馆服务手段创新必须进行文献信息处理技术的创新，即用计算机来处理文献信息及其他各种数据。

服务手段的创新就是要改变传统单一、被动式的服务方式，采用主动介入、导向式的新的服务手段，为读者提供全方位、深层次的信息服务，服务必须有成效，能帮助读者解决实际问题。要发挥网络化优势，提供电子邮件和图文传真等多种服务，以读者满意为标准，用人性化、信息化、网络化等极富创造性的服务手段来赢得读者。

3.3　激励机制的创新

图书馆应始终坚持“以人为本”的观念，建立起让每一位馆员都有机会施展才能的激励机制，努力营造尊重、和谐、愉快、进取的氛围，激发员工的工作热情、想象力和创造力。

建立政策、感情、奖惩激励机制。制定和落实各项具体政策和措施，发挥业务骨干作用，并在进修培训等方面加以倾斜；注重感情交流，以爱心与馆员相对，激发员工工作积极性；利用工作本身激励，根据工作需要，将能力与兴趣结合安排相应的工作；对于成绩显著的员工及时给予奖励，对于造成损失的员工给予处罚。

馆员参与管理。提倡馆员参与管理的意识，图书馆的重大决策要充分征询员工意见，有选择性地采纳馆员提出的合理建议。

参考文献

[1] 范广兵，初景利．泛在图书馆与学科化服务［J］．图书情报工作，2008（1）
[2] 张文芳．图书馆服务质量评价模式和指标体系初探［J］．农业图书情报学刊，2008（1）
[3] 陈晓菊，钱树云．图书馆服务质量评价体系的探索［J］．情报杂志，2008（6）
[4] 邹忠民．网络环境下信息服务的特点及图书馆发展探索［J］．中国图书馆学报，2001（1）
[5] 程亚男．再论图书馆服务［J］．中国图书馆学报，2002（4）

浅谈公共图书馆拓展社会服务新思路

郭应佳[①]

（海珠区图书馆　510220）

摘　要： 本文阐述了公共图书馆社会服务的新方法、新思路，以及公共图书馆拓宽社会服务的意义。公共图书馆只有拓宽社会服务领域，才会有一个更扎实的社会根基。

关键词： 公共图书馆　社会服务

作为社会公益事业部门的公共图书馆，其主要社会服务功能就是为所有市民提供书籍借阅（包括通俗读物、期刊和参考书籍）、公共信息传播、互联网的连接等文化服务。联合国教科文组织《公共图书馆宣言》中对公共图书馆服务的核心作了详细解释，包括：从小培养和加强儿童的阅读习惯；支持个人教育和自学教育，以及各级正规教育；提供个人创造力发展的机会；激发儿童和青年的想象力和创造力；促进文化遗产意识、艺术欣赏意识、科学成就意识和科技创新意识；提供各种表演艺术的文化表达途径；促进文化间的对话，并支持文化的多样性；支持口述传统；保证民众获取各种社区信息；为地方企业、社团和兴趣团体提供充足的信息服务；促进信息能力和计算机使用技能的发展；支持和参与各年龄群体的识字活动和计划，在必要时，组织发起此类活动。

当前，公共图书馆的社会服务一直围绕"阅读"这个核心来开展工作。每年的"世界读书日"活动、"图书馆服务宣传周"活动、"全民读书月"活动等，都是利用"阅读"的主题，把市民与图书馆紧紧联系在一起。然而，为了让公共图书馆服务更贴合社会大众的需要，更加融入社会，公共图书馆的服务方式还需要不断地拓展，公共图书馆还需要引入更丰富的社会服务，以及让社会参与图书馆服务，才能跳出目前的框框，走出一条新的路子。公共图书馆只有不断开拓社会服务功能，才能够让更多的市民走进图书馆，享受图书馆的服务。

1　拓展图书馆社会服务的意义

1.1　成为社会维护信息公平的典范

图书馆本身就有提供社会知识与信息让广大市民公平享受的责任。在此前提下，不同阶层、不同群体之间，无论贫富、文化差异，都可以到图书馆平等享受获取信息与知识的权利。这是一个社会民主化与和谐的体现。公共图书馆应拓宽社会服务领域，吸引更多的人群利用图书馆，公平获取，平等享用。

---

① 作者简介：郭应佳，海珠区图书馆副馆长。

1.2　体现图书馆价值

图书馆的社会价值主要体现在两个方面：一是促进社会进步，二是促进社会和谐。广大市民通过利用图书馆，一方面获取知识，开启智慧；另一方面愉悦情感，净化心灵。因此，图书馆的社会服务将深深扎根于为市民提供精神与文化的食粮。只有充分拓宽图书馆的社会服务，才能让图书馆与市民紧紧结合在一起，体现社会的进步与和谐，图书馆的社会价值才会得到充分体现。

1.3　拓宽图书馆可持续发展的空间

随着互联网技术的飞速发展，图书馆作为文献信息交换平台的作用在不断弱化。市民在获取信息时更多的是选择在网上查阅，而不是到图书馆。统计显示，市民到图书馆借阅图书的总量在不断减少。因此，图书馆有必要拓宽自己的社会服务以获取更大的生存空间。只有通过拓宽社会服务，才会吸引部分已远离图书馆的人群重新走进图书馆，让图书馆持续发展下去，避免被弱化及边缘化的命运。

1.4　提升图书馆服务平台

实现优势互补、资源共享。作为社会公益事业部门的公共图书馆，在政府的不断投入下，已拥有一定的文化资源与社会资源。然而，只有拓宽图书馆的社会服务，才能吸纳更多的社会资源参与到图书馆的建设上来。只有这样，图书馆才能成为向市民提供各种社会资源服务的平台，而广大市民也可以利用图书馆这个平台，享受不同社会资源所提供的服务。

2　图书馆拓展社会服务新内容

2.1　让图书馆参与更多的社会服务

2.1.1　开展公益讲座服务

近几年来，广州市各图书馆的公益讲座开展得越来越兴旺。省委宣传部推出的“岭南大讲堂”，市委宣传部推出的“羊城学堂”等都在广州市各类型的图书馆开展。

公益讲座，作为一种直接面对市民的主动的知识传递方式，既为主讲者提供了表达其研究成果的空间，也让广大市民通过与讲师的交流，达到知识提升的效果。这种双向的信息传递与交流，使大家从中获得共鸣，从而产生积极的社会意义。公益讲座已逐步成为公共图书馆的主要社会服务方式之一。

公共图书馆把公益讲座作为拓宽社会服务的内容之一，既能充分发挥图书馆作为市民信息交流、学习平台的作用，又能吸纳社会各界的智力资源，长期性地开展丰富多彩的各类型讲座。通过图书馆精心的策划，社会各种资源的充分协作，图书馆的公益讲座成为城市文化的一个特色品牌，从而提升了城市的文化品位与广大市民的综合素质，也扩大了图书馆的影响力。

2.1.2　开展社区信息服务

公共图书馆的社区信息服务应该逐步成为图书馆信息化服务的主要内容之一。早在20世纪七八十年代，在美国已有公共图书馆开展最早期的社区信息服务。早期的公共图书馆社区信息服务主要是以信息和引荐服务为内容，图书馆员的主要工作就是收集与整理各种组织机构和设施的信息，使居民充分认识自己的个人权利，如福利、健康、住房、财政和社区文化活动。1980年，英国图书馆协会公布研究报告《社区信息：公共图书馆能做什么》，对社区信息服务的概念作了明确界定：“社区信息服务是帮助个人或团体解决日常生活问题，参与民主进程的服务。该服务的重点是人们所面临的有关重要的问题，即与家庭、职业、权力有关的问题。”

进入 90 年代，随着互联网技术的不断发展，利用网络获取社区信息已成为居民生活必不可少的内容之一。因此，公共图书馆充分整合资源，为社区居民提供丰富以及详尽的信息，将成为图书馆社会服务的重要手段。

目前，社区信息服务已逐渐发展到以网络为媒介开展服务。公共图书馆通过了解与汇集本社区政府部门的网站、本社区相关信息网站，然后建立链接，从而便于市民利用图书馆的门户获取更多本社区的政策性信息。另外，公共图书馆可以与本社区公共服务体系合作，提供医疗卫生、文化体育、公共安全、社会福利和社会服务等与公众密切相关的服务性信息。最后，公共图书馆可以建立地方特色文献数据库，向本社区居民提供本社区的历史文化信息。

2.1.3 支持社会团体开展公益服务

公共图书馆支持社会团体开展公益服务，是公共图书馆开展社会服务的一个新尝试。目前，社会上有很多公益服务团体，如“灯塔计划”、“麦田计划”。“灯塔计划”是一个面向农村教育的纯公益性质的群众性的义工活动，它不以营利为目的，不谋求商业利益，对偏远农村地区教育提供支持，以加强师资力量、传授更丰富的知识和协助改善思维模式为主。“麦田计划”是一个纯民间的助学团队，致力于改善中国贫困山区孩子的教育环境，包括为贫困山区中小学生提供读书资助、兴建校舍、成立图书室等项目。另外，广州还有各所高校团委组织的义工团体，如华南理工大学理学院组织的“阳光小组”；广州仲恺农业工程学院组织的支点义教小组等。这些团体都希望通过社会各方面力量的支持，为有需要帮助的地区进行支教、捐助等活动。

公共图书馆与社会各公益性团体有着一个共同的特点，就是都具有公益性，因此两者之间应为相同的理念开展合作。通过支持公益性社会团体开展服务，图书馆可以承担更多的社会责任，拓宽服务理念。“灯塔计划”、“麦田计划”都先后在海珠区图书馆开展过公益宣传活动，其中包括图片展览、现场招募义工和募捐活动。另外，海珠区图书馆作为中介方，把广大市民赠送的图书转交给各个义工团体，让他们在开展下乡活动时在当地创建图书室。通过这些支持工作，公共图书馆一方面成为广大公益团体与市民之间的一道桥梁，让彼此的支持有了更密切的联系；另一方面，公共图书馆通过这些工作，承担了更多的社会责任，成为社会服务中不可缺少的重要角色。

2.2 让社会参与图书馆服务

2.2.1 吸纳义工开展图书馆服务

义工，也称为志愿者，是指那些在没有任何报酬的情况下，基于道义、信念、良知、同情心和责任感而自愿从事社会公益事业的人或团体。目前，社会上已有不少学校、单位、企业机构等组织了相应的义工团体或志愿者团体。

公共图书馆，作为社会公益事业单位，有着为社会无偿提供各类型文化服务的本质，因此，引入义工服务机制，与各机构开展义工服务合作，将有助于图书馆服务的开展。公共图书馆通过引入义工服务机制，让志愿者参与图书馆服务，将使社会更清晰地了解图书馆的服务理念与定位。因为义工本身有着双重的角色：读者与管理员。因此，通过义工服务，他们既能从读者的角度向图书馆提出服务需求与设想，又能通过参与图书馆管理工作，深入了解图书馆服务的意义与本质，从而更关心与支持图书馆建设，并有效地向广大市民群众作宣传。

公共图书馆引入义工服务机制，招募义工开展图书馆服务工作，符合社会文明发展的潮流，也是一个社会文明进步的标志，它将对社会的和谐建设起到重要的作用。

2.2.2　让社会团体支持图书馆的阅读服务

目前，社会上有很多群体自发组织一些读书俱乐部或者读书小组。以广州为例，针对少年儿童的亲子读书组织就有“红泥巴”和“公益小书房”。这些读书小组会在节假日组织家庭在户外开展阅读与亲子活动。另外，唐宁书店、学而优书店也不定期地组织各类型的读书活动，很受社会人士的欢迎。

公共图书馆与这些读书俱乐部、读书小组有着共同的理念，那就是分享阅读的快乐。因此，公共图书馆可以通过支持读书俱乐部的活动，实现图书馆拓宽服务空间的目的。首先，公共图书馆可以向读书俱乐部或读书小组提供活动空间的支持。目前，有些读书小组的活动只能在户外或者公共场所进行。图书馆可以提供适当的场地，与读书俱乐部合作，提供活动场地，保证活动的定期开展。这样可以吸引这类型的社会团体走进图书馆，开展活动。其次，图书馆可以在阅读图书方面作出支持。随着活动的深入开展，这些阅读团体的图书需求也在不断增加，这时，图书馆可以在图书方面作出支持，让他们选择图书馆的馆藏开展读书活动，甚至可以采购活动需要的图书，然后借给他们开展活动。这样，使各读书小组加强了对图书馆馆藏的认识，逐步了解图书馆，成为协助图书馆开展阅读服务的有力支持。

公共图书馆通过拓展社会服务功能，完善社会服务体系，体现了公共图书馆的社会价值。图书馆只有不断服务于人的思想与交流、服务于文化的存储与共享，才会成为广大市民的精神家园，才会成为读者心中的殿堂。

参考文献

[1] 郭绍全. 传统与创新：对公共图书馆公益性及延伸服务的思考 [J]. 当代图书馆，2008 (3)

[2] 那艳. 公共图书馆公益性讲座业务的实践与探索 [J]. 河北科技图苑，2008 (1)

[3] 王玉波. 国外图书馆社区服务的进展研究 [J]. 图书馆，2008 (5)

[4] 伍晓燕. 论国内城市公共图书馆义工服务的高效管理 [J]. 科技情报开发与经济，2008 (19)

[5] 张彬. 图书馆价值与图书馆文化 [J]. 福建图书馆理论与实践，2008 (3)

浅议以活动构建公共图书馆终身学习的文化平台

——以广州图书馆为例

张江顺[①]

（广州图书馆　510055）

摘　要：本文阐述了目前民众阅读率下降及其对公共图书馆传统借阅服务的巨大影响，分析了公共图书馆以活动构建终身学习文化平台的现状和巨大发展潜力，指出以活动为主体构建公共图书馆终身学习文化平台应注意的一些问题。

关键词：活动　公共图书馆　终身学习　文化平台

公共图书馆在促进市民终身学习方面一直发挥着积极的作用。随着网络的发展和普及，人们的学习方式发生了根本性的转变，公共图书馆如何应对由此带来的挑战，采取什么样的方式构建民众终身学习文化平台成为公共图书馆需要重新梳理和思考的问题。本文从民众阅读率下降及其对公共图书馆传统借阅服务产生的巨大影响入手，分析指出公共图书馆在促进民众终身学习方面的作用及其发展潜力，并通过数据对比分析指出公共图书馆在构建终身学习文化方面所能发挥的功用，最后指出以活动构建终身学习文化平台时应注意的问题。

1　重新审视公共图书馆促进终身学习功能的实现

1.1　公共图书馆在促进终身学习中的作用

教育功能是图书馆的一个古老功能，现代图书馆职业一开始就自觉地把大众教育确定为自己的使命，认为图书馆应该是全体社会成员的教师。图书馆实践也表明，当代社会图书馆职业的教育功能不是在减弱而是在增强。

日本竹内悊教授针对社区图书馆是否应该把终身教育看作是自己的中心任务指出：终身学习是现代社区居民的基本需求。善于创造性思维和工作的人，毫无例外地都是一生中不断学习的人，终身学习的基础在于个人。

21 世纪是终身学习的世纪，各国都把终身教育放在重要的议事日程上。各国公共图书馆都把广泛普及和推广终身教育作为自己的中心任务，并开设学习中心，开展各种读书辅导活动。

1.2　公共图书馆在促进终身学习方面采取的主要方式

图书馆一直以来都把促进阅读作为本职业的主要使命，与教育使命并重。公共图书馆也一直倡导促进阅读。于良芝教授在总结促进阅读的不同观点时指出：“在这些不同观点的背后，其实存在一个共同的隐含价值观——通过书面形式表达的思想优于其他形式（如口头）的思想；阅读文化优于其他文化（如电视文化）。这种对印刷品的价值观在图书馆职业有着

① 作者简介：张江顺，广州图书馆馆员。

根深蒂固的影响。事实上，20 世纪后半叶以来，英、美等国图书馆职业队伍所开展的阅读促进活动的主要目标之一就是与电视等媒体竞争读者的休闲时间。”

“不难理解，这种价值观与使命感的结合在数字化时代会出现很多困惑。在数字化时代，到底什么样的活动构成阅读活动？……目前，图书馆职业对这些问题的态度还不明朗，但从阅读促进活动看似乎还在沿着传统的价值观进行。”

2 网络环境下学习方式的变化给公共图书馆带来的挑战

网络的飞速发展使人们的学习方式发生根本性变化。“图书馆 vs Google” 是图书馆界面对人们获取信息方式变化危机的一个表现。社会阅读习惯的改变给依靠传统借阅方式的公共图书馆带来巨大挑战。

根据第五次全国国民阅读调查结果统计，2007 年，我国国民图书阅读率为 48.8%，比 2005 年的上一次调查结果微升 0.1%，这是自 1999 年此项调查开展以来图书阅读率首次上升。在 1999 年、2001 年、2003 年和 2005 年进行的四次调查中，这一数字分别是 60.4%、54.2%、51.7% 和 48.7%，呈连年下滑趋势。

互联网阅读率比 2005 年提高了 17.1%，迅速拉近了与图书阅读率的距离，以 44.9% 位列第四。互联网阅读率大幅攀升，表明新一代读者的阅读习惯正在发生根本性变化。电子读物拥有越来越多的读者也印证了这一点——调查显示，在过去一年中，有近两成有读书习惯的国民阅读过电子图书，听说过电子书的人占全部被调查者的 47.4%。据估算，目前，全国固定阅读“手机报”的人约为 251 万，固定阅读电子杂志的人约为 227 万。

3 网络环境下学习方式的改变给公共图书馆带来的机遇

3.1 网络普及促进了民众使用公共图书馆进行终身学习

据中国互联网信息中心调查统计，与 2007 年相比，网民在 2008 年的平均每周上网时间略有提升。但是，由于新增网民上网时长略低的影响，网民的平均上网时间增长有限。考虑到网民总体的巨大规模，网民总体实际花费在互联网上的总时间较 2007 年要大大增加。

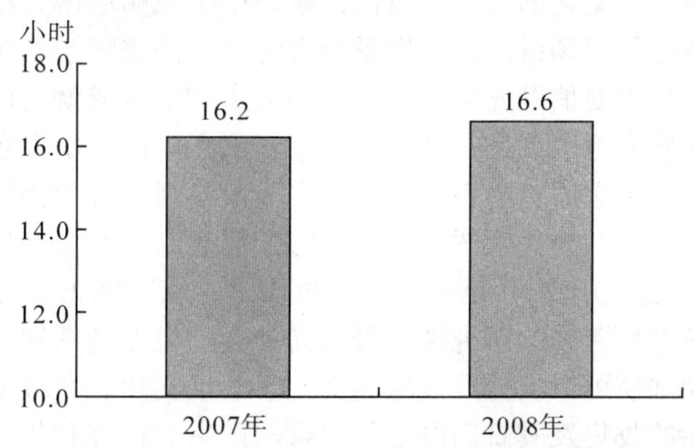

2007 年与 2008 年网民平均每周上网时长对比

在民众阅读率持续走低和互联网用户人数不断攀升的情况下，公共图书馆出现了相对应的一些现象。以广州图书馆为例，2004 年全年读者外借人次为 911 034 次，2008 年外借人次下降到 763 804 次，下降了 16.16%，传统借阅方式不断走低。使用图书馆网络服务的读者越来越多，图书馆网站访问量 2007 年为 825 112 人次，2008 年访问量达 121.3 万人次，同比增长 47.06%，年点击率首次突破百万大关，网站累计点击率超过 300 万人次，业务量再创新高。

3.2 网络普及促进了公共图书馆活动更好开展

网络的普及使民众获取信息的途径更加便捷，但网络的虚拟性使得民众尤其是社区民众对社区活动场所的需求日益加大，这直接反映在民众对文化活动的需求与目前文化活动场所的缺乏所形成的鲜明对比上。在 2007 年对公共场所满意度的调查中，休闲娱乐活动的丰富性得分较低，为 68.3 分。这也说明，国内各城市中图书馆、音乐厅、博物馆等文化活动场所的数量较少，质量更难以保证。

另一方面，公共图书馆在传统借阅服务不断下降的情况下，活动人次迅速攀升。以广州图书馆为例，2004 年到馆参加图书馆举办的讲座、展览、亲子坊等活动的人数为 387 634 人次，2008 年参加活动人数增加到 738 376 人次，增长了 93.22%，翻了近一倍，来图书馆参加活动的人数已经接近图书馆传统借阅的人数（见下表）。

	2004 年	2008 年
全年外借人次	911 034	763 804
全年参加活动人次	387 634	738 376

4 以活动为主体构建公共图书馆终身学习文化

4.1 展示当地优秀文化，构建学习型社区

目前，公共图书馆基本上是采取“以展促藏”、“以藏推展”的发展模式开展各种文化活动，为民众培养终身学习文化。以广州图书馆为例，2007 年举办“饶宗颐教授学艺兼修展”，该次展览是在广州市推进文化强市建设、打造书香羊城背景下的一次大型活动，旨在弘扬国学，唤起大众对传统文化的自觉、自信，领略中华文明的博大精深，体悟大师的独特魅力。配合此次展览举办了两场讲座，分别邀请香港大学饶宗颐学术馆艺术统筹主任邓伟雄先生和中山大学历史系教授姜伯勤先生就饶宗颐的艺术和学术成就与市民进行交流。本次展览的特色在于，首次在岭南地区展出了饶宗颐教授在国立中山大学广东通志馆和广西无锡国专时期的相关档案资料。本次展览吸引了 1.2 万多人次参观，日均接待观众 600 人左右。读者反馈的结果显示，本次活动对民众树立终身学习的思想起到积极的作用。

2008 年举行的纪念改革开放 30 年——“南粤风华一家”赠书暨苏家杰先生装帧设计作品展涉及苏氏家族的各类型资料的研究性收藏，向社会提供专题的知识、信息和文化展示服务。收集的资料类型和规模可以支持开展家族文化、女性文化、区域文化、时代文化等领域的专门研究。这些藏品的收集及其日后的延伸收藏对图书馆保存和传递本地文化起到了积极作用。

4.2 展示外地文化，促进文化交流

为了纪念中日邦交正常化 35 周年，促进中日友好文化交流，让广州市民进一步了解日

本文化、经济和中日文化交流等情况，2007 年广州图书馆举办了系列讲座。其中，教育、旅游、企业管理、动漫文化受到民众的热烈欢迎，促进了广州市民对日本文化的了解。

2008 年为了纪念广州—法兰克福友好城市结好 20 周年，广州图书馆举办了一系列活动："法兰克福'日复一日'：亚历山大·保罗·恩莱特的摄影日记"展和德国当代精品图书展，对促进友好城市间的文化交流起到了积极作用。

4.3 传统以图书为主的文化交流

公共图书馆以图书交换进行文化交流由来已久，比较典型的有上海图书馆的"上海之窗"。"上海之窗"是上海图书馆代表上海市政府在建立友好协议关系的境外图书馆及友好城市的图书馆内设立的图书专架，它通过赠送与展示中国内地的最新出版物使海外读者领略到悠久深厚的中华民族文化，了解生机勃勃的今日中国社会状况，对增进国外对中国和上海的了解，提升中华民族的整体形象，具有积极的促进作用。"上海之窗"在揭幕时包括 500 册由上海图书馆捐赠的中文、外文或中外文对照图书，主要介绍中国历史、文化经济、文学、旅游等。上海图书馆在"上海之窗"成立后还将每年按照一定数量对展示书籍进行补充。"上海之窗"可以在受赠图书馆内的专门阅览室集中展示，也可在公共阅览区域辟出一些开放书架，以"上海之窗"为指示标记。自 2002 年 9 月第一扇"上海之窗"在南非德班市图书馆开设以来，上海图书馆已在世界各地开设了 17 家"上海之窗"。

5 以活动为主体构建终身学习文化平台应注意的一些问题

5.1 活动定位

公共图书馆是提供公益性服务的文化事业机构，因此，图书馆的展览服务必须以坚持公益性为宗旨，始终贯穿教育读者、传播知识的主线，避免以营利为目的的展览服务以及过于商业性的展览，使之与图书馆作为知识殿堂的氛围相吻合。

5.2 多形式推出本地优秀文化

目前公共图书馆在对外文化交流过程中主要采取的是以图书交换的方式推出本地文化，在民众阅读率不断走低的情况下还应该采取展览、讲座等受民众欢迎的形式推广本地的优秀文化成果。

5.3 合理规划图书馆空间

传统借阅方式虽然逐步下降，但在长时间内还会是图书馆的主要服务内容。但活动的开展往往会影响到图书馆的阅览环境，所以应该在馆内空间规划上予以充分考虑，使活动与传统阅览互相促进又避免造成不良影响。

各种活动的开展为公共图书馆的发展注入了巨大活力，公共图书馆应该抓住这一机遇在活动定位、馆内空间规划、人力协调、设施配置等方面作出重大调整，才能使其在促进民众终身学习文化方面发挥更大的作用。

参考文献

[1] 吴建中. 21 世纪图书馆新论 [M]. 上海：上海科学技术文献出版社，1998. 172 ~ 173

[2] 于良芝. 图书馆学导论 [M]. 北京：科学出版社，2003. 193 ~ 194

[3] Zhao Mingyu. *Beijing Yule Xinbao*, 21 April, 2006

[4] 中国互联网络发展状况统计调查，http：//www. cnnic. net. cn/uploadfiles/doc/2009/1/13/92209. doc
[5] 公共空间连续两年成为居民最满意的指标，http：//blog. sina. com. cn/s/blog_ 4aa034c701007poy. html
[6] 庄蕾波．上海图书馆“上海之窗”建设和发展［J］．图书馆学刊，2006（6）：106
[7] 王世伟．图书馆展览服务初探［J］．图书馆杂志，2006（10）：23

少儿图书馆开展讲座活动的思考

冼秀慧①

（广州少年儿童图书馆　510120）

摘　要：本文分析了成人图书馆与少儿图书馆开展讲座活动的区别，探讨了少儿图书馆开展讲座活动对于提升青少年阅读能力以及促进和谐社会构建的重要意义，提出了少儿图书馆开展讲座活动的策略和方法。

关键词：少儿图书馆　讲座　讲座策划

随着社会的进步，图书馆的职能也在不断发展变化。从最初的“藏书楼”到现在的社会文化中心，图书馆的职能在不断地发生变迁。

近年来，公共图书馆的公益讲座蓬勃发展，已经成为一些公共图书馆的核心业务和城市或地区的文化新亮点。然而少儿图书馆的讲座活动却处于起步阶段，犹如未经雕琢的璞玉，亟待我们少儿图书馆工作者去挖掘。

1　图书馆讲座的历史

1.1　图书馆讲座的开端

图书馆讲座的历史是伴随着图书馆的产生而逐渐发展起来的。创建于公元前3世纪的埃及亚历山大图书馆提出了理性、开放、对话的图书馆精神。中国国家图书馆在20世纪50年代至60年代，先后有茅盾、郭沫若、老舍等文化名人举办过讲座。在国家图书馆的带领下，图书馆讲座如雨后春笋般出现在全国各地。

1.2　图书馆讲座运营模式的变化

随着知识经济的到来和终身教育、学习型社会理念的不断深入，讲座业务在公共图书馆得到了长足的发展。其中，图书馆讲座的运营模式经历了三个各具特色的阶段：

第一阶段是建国初期，讲座内容以时事、政治为主。由于是免费讲座，没有任何经济上的回报，而图书馆的经费有限，讲座活动举步维艰。

第二阶段是20世纪80年代中期，随着改革开放的深入，市场经济意识逐步加强，图书馆讲座的模式从无偿向有偿转变，讲座的内容也以市场需求为导向，向多元化的讲座服务发展。

第三阶段是今天图书馆讲座蓬勃发展时期。图书馆讲座以公益性的免费讲座为主导，内容更趋多元化，囊括科技、经济、教育、艺术等领域，已经形成一系列富有特色的讲座品牌。

图书馆的讲座从无偿到有偿再回归无偿，似乎转了一圈回到了原点，但是无论是讲座的

① 作者简介：冼秀慧，广州少年儿童图书馆工作人员。

内容，还是受众的层面都得到了很大的扩展。周末到图书馆去听讲座，接受文化的熏陶成为了一种时尚文化。

1.3 图书馆讲座的现状

大部分的省、市级公共图书馆都开展了讲座业务。笔者对全国25个省、市、自治区的公共图书馆（成人图书馆）网站进行了简单分析，发现在网站首页上明显发布讲座信息的有22个图书馆，20个图书馆的讲座具有专有名称，如上海图书馆的“上图讲座”、广州图书馆的“羊城学堂”等。同时，笔者抽取了25个市级以上少儿图书馆的网站并进行了简单分析，结果发现没有一家少儿图书馆在首页显示“讲座”专栏，只有两家少儿馆的讲座具有专有名称。

所查网页上的讲座信息	成人图书馆	少儿图书馆
首页上显示“讲座专栏”	22	0
讲座具有“专有名称”	20	2
讲座预告	22	无法统计

从以上资料可以看到，讲座活动在全国各地的成人图书馆遍地开花，图书馆讲座真正成为一种群众文化，有效地促进了学习型城市及文明城市的创建。可是，少儿图书馆的讲座活动规模与成人图书馆相距甚远。

2 少儿图书馆开设讲座的意义

2.1 有助于丰富少年儿童的课余生活

以一年365天计算，除去寒暑假以及国家的法定节假日，学生在校时间大约为200天，仅占全年天数的60%，对将近40%的校外时间，少儿图书馆是学生休闲学习的最佳选点。如果少儿图书馆仅仅依靠图书显然是缺乏魅力的。现代的少儿图书馆不仅仅是藏书楼，还是开展多元文化的活动中心，开展丰富的阅读活动有助于吸引少年儿童走进图书馆、利用图书馆。讲座活动以时间短、信息量集中为特点，有助于不同层面的学生更大程度地接触课外知识、培养阅读兴趣。特别是寒暑假期间，讲座活动能给远离课堂的学生带来熟悉感和亲切感，使他们在轻松愉快的环境中收获知识。

2.2 有助于提升少年儿童的阅读能力

国家图书馆詹福瑞馆长在《读书与人生》的讲座中谈到少年时期是培养阅读兴趣和阅读能力的重要阶段，该时期的阅读并不以获取知识为主，而更重要的是培养阅读的兴趣和能力。他提倡一种“无界域”阅读，只要是健康的书籍，都鼓励学生阅读。同时，也鼓励学生进行适度的超年龄阅读，如国学经典、四大名著等，使他们在阅读的广度与深度上有所增益。

但是作为学生，知识量有限，让他们自主地涉猎不同学科的知识显然有一定的困难，而在讲座中有名师的指引，学生就能够在短时间内了解某一学科的概况，如果这一学科激发了他内在的兴趣，那么就会促使他查找相关的文献资料。讲座活动就如同为学生打开了一扇通往无涯学海的窗户，让青少年能够一览阅读的美好风光。少年时期的阅读基础打好了，便能够在往后的人生中享受阅读的乐趣，在知识的海洋中恣意遨游。

2.3 有利于和谐社会的构建

第一，少儿图书馆的公益性免费讲座，其服务对象是全体青少年以及全社会的教育工作者，每一个个体都是平等的，讲座为图书馆与青少年、教育工作者之间搭起了沟通的桥梁。

青少年根据自己的兴趣自由地参与不同的讲座，在轻松、愉快的氛围中收获知识。讲座活动能够令青少年更深入地了解图书馆的社会服务功能，更深入地认识公平、平等的教育理念，为他们今后更有效地利用图书馆和形成终身学习的良好习惯打下坚实的基础。

针对家长、教师的讲座有助于帮助他们了解青少年的成长需求以及了解家庭、学校教育的前沿动态，对于构建和谐家庭、和谐校园起到非常重要的作用。同时，公益性的免费讲座有助于树立少儿图书馆良好的社会形象。

第二，少儿图书馆讲座是学校教育的延伸，与学校教育形成资源互补。现代社会提倡素质教育的理念，强调学生的多元化发展，但是学校的教育不能满足所有学生的发展需要。少儿图书馆作为公益性的社会机构，能够根据不同的需求开展相应的讲座，为广大青少年提供一个接触课外知识的途径。如教育部规定京剧入课本，曾引起社会上关于地方特色的剧目该如何定位，地方性的传统文化是否会因此被淹没等的议论。广州少儿图书馆适时推出了广州历史文化专题讲座——“说古广州”。以“讲古”的形式娓娓道出广州的历史文化，同时让青少年了解已经入选广州市非物质文化遗产的“粤语说书”艺术。学校教育为广大青少年打开了学习京剧之门，而图书馆讲座则开启了了解地方文化的窗口，两相辉映、相得益彰，共谱和谐之曲。

3 少儿图书馆讲座活动的策划与开展

少儿图书馆讲座活动作为一个刚刚起步的“朝阳产业”，如何开展至关重要。省市级的成人图书馆开办讲座已经有一套成熟的模式，我们要加以借鉴、学习，走有少儿特色的讲座之路。

3.1 以公益性为主导

图书馆讲座的运营模式经历了从无偿到有偿再回归无偿的循环。今天，随着国家图书馆掀起的免费之风，我们可以看到图书馆的定位和发展趋势必然是坚持公益，免费服务。讲座作为图书馆开展读者服务的一种形式、一种教育资源，必须以公益性为主导，把平等、无偿服务作为办好讲座的宗旨，向广大青少年、家长、教育工作者敞开讲座大门。

免费并不是几句空口号，一个成功的讲座需要充分的调研、优良的师资、广泛的宣传等因素配合，少儿图书馆要想取得讲座活动的成功，必须得到各级部门的支持。如中山图书馆的“广东学术论坛”是由广东省立中山图书馆、中国经济体制改革杂志社、广州市社会科学联合会、《南方都市报》联合主办的；广州图书馆的“羊城学堂”则由广州市委宣传部、广州市社科联主办，广州图书馆承办。

这是一个讲求协同合作的社会，图书馆并不是讲座活动的唯一主办单位，其中“政府牵头、联合举办”的模式更值得我们学习。一方面，上级主管部门的参与有助于提升讲座的品牌，获得资金等各方面的支持；另一方面，联合举办使我们的人脉得到扩展，能够邀请更多的名师学者参与讲座，同时能够使讲座得到更广泛的宣传。

3.2 明确定位

针对少儿及其家长开展的讲座活动随机性比较大，时间上也缺乏连贯性，没有形成很好的品牌效应。从讲座策划上说，讲座主题凌乱、听众定位缺失、时间分布随意性强等，这些都导致了讲座活动不能持之以恒地有效举办。

3.2.1 具有特色的讲座名称

名称是彰显个性的重要特征，为讲座起一个简明易记、朗朗上口的名称有助于强化读者心中的讲座形象。国家图书馆的“文津讲坛”借用古代藏书楼的名称，给人以神圣的文化殿堂、丰富的馆藏资源、五千年文化的源远流长的总体印象。广州少儿图书馆的“羊城少儿学堂”既代表了浓郁的地方特色，又体现出图书馆作为学生第二课堂的重要作用。

3.2.2 具有吸引力的讲座内容

讲座是否受欢迎很大程度取决于它的内容。举办讲座不是一蹴而就的事情，必须通过多方面的调查研究，分析受众的特点，配合社会热点，才能明确讲座的主题。选取受读者欢迎的主题，才能有效吸引读者的兴趣。如厦门市少儿图书馆的“成长论坛”与广州少年儿童图书馆的“粤语说古”讲座受到了教育工作者和青少年读者的热烈追捧。此外，考虑到孩子的接受能力，讲座时间最好控制在90分钟以内，在内容上加入互动环节，现场派送一些小礼物，既能活跃气氛，又能提升少年儿童的参与热情。

3.2.3 具有魅力的讲座嘉宾

确定了讲座内容以后，就要邀请相关专家进行分析、演绎。专家的学术水平、人格魅力、讲课的方式方法都对讲座能否顺利开展起到至关重要的作用。如央视的《百家讲坛》栏目，历史、文化都有涉及，但是开播的初期，收视率仅是中等水平。但是自从于丹、易中天等教授开坛论道以后，倾倒了无数观众，创下了收视新高。

3.3 及时到位的讲座宣传

在现代营销学的理念中，宣传是关系活动成败的重要环节。讲座活动也是如此，在讲座举办前，要充分了解主讲者的背景资料、讲座内容等情况，通过多种途径向广大读者进行宣传推广。

3.3.1 张贴海报、派发免费入场券

在图书馆内张贴海报是一种有效的宣传方式，能够使读者提前知道讲座的信息，吸引有兴趣的读者参与讲座活动。首先，宣传海报的语言尽可能简洁，最好设有悬念，能够勾起读者的兴趣。其次，海报的内容尽可能丰富，包含系列讲座的信息，让读者可以有所选择地参与讲座。免费派发讲座入场券是一种新型的宣传方式，不仅可以调动孩子的积极性，还可以有效地估计参与讲座的人数，控制讲座的规模。

3.3.2 图书馆网站宣传

在网站上预告讲座信息，能够起到更大范围的宣传作用，但是纵观少儿图书馆的网站，鲜有讲座专栏。本文抽取的25所少儿图书馆中，没有一所在网站首页显示“讲座”专栏，讲座信息往往包含在“最新活动”之中，对于过往的讲座无迹可寻，不利于读者了解少儿图书馆讲座的概况。另外，讲座的随机性和不定期性使得人们很难对讲座进行跟踪，很难选取合适的讲座参与其中。

3.3.3 新闻媒体宣传

讲座举办以后，要对该期讲座进行综合报道，为下期讲座作铺垫。既可以在讲座前刊登讲座预告，也可以在讲座后，开辟专栏，根据讲座内容刊登相关文章，使更多的读者了解讲座的内容，提高他们听讲座的热情。

3.4 依托现代技术，扩大讲座活动的影响力

由于图书馆的座位有限，现场听讲座的读者只能是少部分人。随着现代信息技术的发展，在取得主讲者同意的前提下，我们可以对现场讲座进行拍摄，以音频或视频的形式发送到网络上，读者可以上网直接点击收看，以此扩大活动的影响力。

讲座已成为图书馆服务创新的重要内容之一。少儿图书馆依托讲座的平台，延伸和拓展图书馆的读者服务，能够拉近与读者间的距离，塑造良好的公益形象，促进学习型城市与和谐社会的构建。

参考文献

[1] 戴永清．对区域图书馆讲座资源共建共享的思考［J］．科技情报开发与经济，2007（18）：15～16

[2] 拱佳蔚．合作创新共同发展——上海图书馆讲座活动的资源整合与服务实践［J］．图书馆杂志，2005（9）：35～36

[3] 王志军．试论中小型公共图书馆讲座的策划［J］．河北科技图苑，2007（6）：77～78

[4] 龙梅宁．图书馆讲座功能与构建和谐社会的思考［J］．青海社会科学，2007（6）：182～185

[5] 李红，石焕发．公共图书馆讲座与公众科学文化素养［J］．晋图学刊，2007（5）：77～79

图书馆自助服务探讨

赵志光[①]
（越秀区图书馆 510180）

摘 要： 本文阐述了图书馆自助服务模式，分析了自助服务与传统服务的优势及不足，介绍了自助服务质量评价模型及评价方法。

关键词： 图书馆 自助服务 优劣 服务评价

20世纪80年代中期，国外的自助银行、自选商场开始进入中国，以省时、方便等特点而受到大众的欢迎和接纳，同时也因其节省成本、降低了交易费用而被许多服务行业推广使用。自助服务模式逐步成为快捷、方便、时尚的代名词，成为便捷服务模式的标尺。随着自助服务理念的推广、图书馆开架借阅方式的普及，图书馆也逐步引入不同的自助服务模式，使得自助服务迅速地推而广之，受到了读者的青睐。自助服务以读者为中心，满足读者个性需求，符合读者崇尚舒适、自由的人性化服务氛围，深受广大读者的欢迎。

1 图书馆自助服务的历史沿革与扩展

1.1 借阅一体化服务——读者自助服务的雏形

从图书馆诞生之日开始，图书馆就从未停止对其服务模式革新的追求和探索。图书馆的服务模式从闭架借书、开架阅览、借阅一体化到现今的多元化自助服务模式的发展，符合了“印度图书馆学之父”阮冈纳赞在1931年提出的著名的图书馆学“五定律”中的第四、第五定律，即节省读者的时间、图书馆是一个生长的有机体。

尽管借阅一体化服务仅仅是读者自助服务的初级形式，与现今多元化的自助服务相差甚远，存在局限性，但它毕竟突破了图书馆传统的封闭服务模式，改变了读者只能被动地接受服务的状态。并且，它在加大图书馆开放性和读者自主性方面迈出了关键的一步，为当今图书馆自助服务模式和运行机制奠定了基础。

1.2 多元化自助服务模式和内容

在图书馆传统的服务模式中，读者处于被动服务地位，对图书馆的服务项目、手段、内容没有选择的余地，只能被动接受，这容易造成读者与图书馆员之间矛盾、摩擦的发生。为此，图书馆通过对服务模式的创新，在原有服务流程中的获取图书这个环节上进行了改进，实行了开架借阅。虽然是在传统服务环境下，但开架借阅却成为最早的一种读者自助服务的形式，它强调读者的自主性，让读者自由选择书籍。

进入信息化时代，图书馆又开始不断革新，从开架借阅这种简单的读者自助服务形式演变为让读者借助一定的服务设施，在一定的服务流程指引下，根据自己的需求，自主地、灵

---

① 作者简介：赵志光，越秀区图书馆馆员。

活地、能动地完成馆藏资料和信息资源的查阅、收集、鉴别、传递与利用，完成以前由图书馆员包揽包办的很多工作，从而使读者在查询和索取文献信息的过程中实现自我服务。

目前，世界上对自助图书馆的表述方式有很多，如无人服务图书馆、图书自助服务站、图书馆 ATM、城市街区 24 小时自助图书馆等。经过对各种自助服务形式进行分析归纳，笔者认为可将自助服务归纳为阵地自助服务、网络自助服务、电话服务等三种服务模式。

1.2.1 阵地自助服务

阵地自助服务又称自助图书馆，是指在图书馆或街区的特定区域中，由读者根据各自的需求自行地完成文献资源的阅览、查询、借出、还回和利用等环节的服务。常见的阵地服务形式有：全功能形自助图书馆、门禁加自助借还设备的街区自助图书馆、ATM 式自助图书馆。服务功能有自助借还书、自助办证、自助打印、自助复印以及自助存缴款等。

1.2.2 网络自助服务

随着用户信息需求的改变，要求服务范围广、服务时间长、易于用户操作的网络自助服务模式应运而生。它借助于图书馆网站，利用自助服务平台，实现用户根据个人兴趣、特点、时间安排，自行利用图书馆的各种资源，完成诸如文献查询、收集、鉴别、传递与利用工作。

网络自助服务是图书馆最丰富多彩的服务方式。除了纸质图书的借还无法实现网络自助服务外，基本上传统图书馆的读者服务均可以在网上实现。例如，读者信息查询、图书续借、图书查询、图书到期提醒以及读者预借及预借史、财经及财经史、借阅及借阅史查询、参考咨询服务、特色资源服务、电子资源服务等都是常见的网络自助服务内容。

网络自助服务还是图书馆最廉价的服务方式。图书馆只需要一定的数字资源，就可以服务大量的读者。而且网络服务可以提供 24 小时服务，读者可以在自己选定的任何时间利用图书馆，不受图书馆开、闭馆时间的限制。同时，通过信息网络，读者不必亲临图书馆，可以在自己选定的地点，比如办公室、家庭，甚至于火车、飞机、轮船等交通工具上享受网上图书馆服务。网络自助服务将“各尽所能，各取所需”变为现实。

1.2.3 电话自助服务

随着 Call Center 和短信服务的广泛应用，图书馆界逐步重视电话语音、短信的自助服务功能，开始利用电话语音、短信来开展一系列辅助服务工作，为读者提供全方位、多元化的服务。目前，图书馆电话语音、短信服务一般提供书刊信息查询、信息发布、服务投诉意见与建议、到期提醒和超期催还、预约到书提醒、续借、扣缴欠款、修改读者证密码、挂失读者证等功能。

2　自助服务与传统服务的优劣利弊

对比范畴 / 服务模式	传统服务	自助服务
服务方式	手工方式，读者须通过馆员提供各项服务。	自动化、开放式，读者自主、自我、能动地服务。
	分析：读者由被动地接受服务变为主动地为自我服务。打破了图书馆员工作和读者之间彼此分割的局面，让读者在查找信息资料的过程中，充分享受到自我服务的自由。	
服务内容	主要围绕馆内开展各项服务：咨询、检索、外借、阅览、文献复制、视听、参考咨询服务等。	除馆内的各项服务外，还提供局域、远程网络服务：网上查询、预约、续借、书刊资料检索等。
	分析：提高图书馆的服务层次，令读者服务工作更加多元化。通过网络资源，实现资源共享，为读者提供更加详尽的服务信息内容和更为方便快捷的使用途径。	
服务对象	以本区域读者为主，异地读者为辅。	不受地域、国界限制，可为任何一个读者和信息用户提供服务。
	分析：扩大服务范围，满足社会需求。	
服务人员的职责范围	以馆藏书刊资料为中心，为读者提供其所需信息的各种服务。	以网络信息系统管理和技术服务为中心，为读者提供各项以自主形式为主的服务。
	分析：图书馆员的角色从基本的手工借还图书操作转向“信息导航员”。对图书馆的技术服务质量和馆员的综合业务素质提出了更高的要求，以满足读者深层面服务的需求。	

从上表对比中我们不难看出，自助服务比传统服务更具优势。但它毕竟是一个新生的服务模式，在走向完善成熟的过程中有其不足之处。

3　服务质量评价

根据自助式服务的特点，可采取以定量为主、定性为辅的评价方法，利用由美国服务市场营销专家提出的全面质量管理（SERVQUAL）模型，对图书馆自助服务模式进行质量评价研究，以期进一步完善图书馆个性化自助服务体系和提升图书馆自助服务质量，更好地服务于读者。

3.1　服务质量评价模型

SERVQUAL将服务质量分为五个层面：有形设施（tangibles）、可靠性（reliability）、响应性（responsiveness）、保障性（assurance）、情感投入（empathy）。每一层面又被细分为若干个问题，每一个问题的设置应尽量使其具有通用性、可比性。通过调查问卷的方式，让读者对每个问题的期望值、实际感受值及最低可接受值进行评分。评分标准应进行标准化、规范化的设计，并有具体的量化指标。通过对读者调查问卷的评分进行综合计算，得出服务质量的分数，当分数没有达到设定值时，说明提供的服务没有达标，必须尽快改进；当分数只达到设定值时，说明只是保证了正常服务，且所提供的服务也仅仅达标而已；通过对照这个指标体系的得分情况，能发现自助服务质量存在的问题，以期从中找出图书馆自助服务的有效模式，为构建具操作性的自助服务系统提供参考。

3.2 服务质量评价应用意义

一是从用户角度出发来确定自助服务有哪些方面需要改进，体现图书馆“五定律”的核心思想“读者第一”；二是将自身的服务质量与其他图书馆相比较，寻找差距，提高自身的服务质量水平和改善服务模式。

自助服务模式作为一项新型的服务方式，有着旺盛的生命力。如今它还处于成长期、摸索期阶段，仍需要传统的服务工作与之有机结合。随着现代信息技术的不断发展、自助服务系统的不断完善、自助服务质量的不断提高，自助服务模式将会有更好的发展。

参考文献

[1] 金泽龙．论图书馆自助服务的利与弊［J］．图书馆工作与研究，2005（1）

[2] 江倩．图书馆扩大自助服务的利与弊［J］．图书与情报，2004（4）

[3] 幻金炜．浅谈开架借阅中存在的问题及对策［J］．图书情报通讯，2003（3）

[4] 吕秀云．大学图书馆自助式信息服务模式［J］．图书馆界，2003（3）

[5] 李鹏．服务质量评价 SERVQUAL 模型比较及其修正［J］．统计与决策，2007（21）

[6] 朱影．图书馆自助服务发展趋势探析［J］．图书馆学研究，2007（12）

还书箱在中职学校的应用

刘志成[①]

（广州市医药职业学校图书馆　510430）

摘　要：本文对作者所在图书馆的现状和存在的问题进行了分析，指出了引入还书箱的好处，并详细阐述了还书箱的实施方案，最后介绍还书箱的使用效果。

关键词：图书馆　管理　还书箱

随着教育事业的发展，近年来广州市医药职业学校的办学条件在不断地改善，并且逐渐扩大招生规模和壮大师资力量，因此在校师生人数迅速增加，给学校图书馆的管理工作带来了一些新问题。作为学校的图书馆管理人员，笔者针对这些新问题进行了深入的研究，在借鉴各大高校和公共图书馆管理经验的同时，通过不断地探索，最后将还书箱引入到中职学校的图书馆管理工作中，从而有效地解决了目前出现的新问题。

下面，首先对图书馆的现状进行简单的分析，然后指出设立还书箱的好处，并详细介绍我校的还书箱实施方案，最后谈谈引入还书箱后所取得的成效。

1　图书馆的现状分析

目前，我校图书馆采用自动化管理系统，图书流通工作实现计算机化管理。随着师生人数的迅速增加，读者利用图书资料的需求越来越大。下面是我校图书馆近三年的流通总人次统计：2007 年为 28 098 人次、2008 年为 32 489 人次、2009 年为 46 916 人次。由此可见，图书借阅和归还工作量相当大，而且呈现逐年上升的趋势，尤其是图书借、还的高峰期相对集中于某一时段，如在课余时间，特别是中午和下午放学后，读者到馆率较高；学期初、期中考、节假日前后、新生入学后等时间段，都会有一个图书借、还的高峰。为了应对高峰期，图书馆管理人员采取了延长开馆时间的方法，如周一和周五的中午延长借阅时间 1 小时 30 分、周二和周四的下午延长借阅时间 2 小时 15 分。由于管理人员有限，在延长开馆的时间里，只能采取轮值制度，每次安排一名管理人员值班，但面对日益增大的读者和书刊流量，一个管理员要同时顾及流通和读者管理两项工作，很容易出现管理工作混乱的局面，也难免出现差错。随着师生人数的日益增加，不但管理人员感到压力越来越大，而且读者的抱怨也越来越多。因此，光靠延长开馆时间已经不能满足读者日益增长的需求，必须在现有的基础上引入新型的管理理念，加强人性化管理，提高图书馆的管理水平。

---

① 作者简介：刘志成，广州市医药职业学校图书馆助理馆员。

2 设立还书箱的好处

要解决上述问题，设立还书箱，拓宽还书渠道，这是一种有效的解决办法。设立还书箱，就是在校内的多个地方设置书箱，让借阅者将要归还的图书投放到书箱里，最后由图书馆管理人员定期回收，并办理归还手续。设立还书箱有以下好处：①能增加读者还书的渠道。由于学校作息时间的关系，图书馆的借、还书高峰集中在课余时间，在这些时段很容易出现“借、还书难”的情况。而设立还书箱可以增加学生还书的渠道，使学生不用集中在某一时段涌到图书馆还书，既减少了排队等候的人流，也大大减轻了管理人员在高峰时段的工作压力。②能提高图书馆管理工作的质量。有了还书箱，图书馆管理人员就可以进行“错峰”工作。所谓“错峰还书”，就是管理人员在上课期间，回收还书箱里的图书，并办理归还和相关手续。这样一来，既可以缓解流通高峰期工作的压力，又能提高工作质量。③能提高图书资源的流通率和利用率。由于师生工作学习繁忙，容易造成图书滞还，设立还书箱，扩充了还书渠道，可以减少图书逾期归还现象，提高还书率，也就提高了流通率，从而让资源得到更好的利用。

3 设立还书箱的实施方案

3.1 还书箱的容量设计

根据我校图书馆的流通数据统计，每天借、还图书的数量平均在1 000册左右，其中归还图书500册左右，因此，把还书箱容量设计为100册左右为宜。

3.2 还书箱的结构设计

参照邮筒的结构，还书箱采用水平投放方式比垂直投放方式好，因为这样可以避免图书在投放过程中的翻转和撞击，减少图书封面折叠、书脊开裂、书页脱落的现象。根据我校图书馆书籍流通量，将还书箱大小和结构设置如下：①还书箱内部尺寸为50cm×50cm×110cm；②还书箱分为上下两层，如下图所示，每层高度为55cm，③每层设置一个投放口，投入口的尺寸分别为：5.5cm×28cm（上投入口）、3.5cm×28cm（下投入口）；④在每层的底部铺垫海绵、纸屑等缓冲材料，以减轻图书撞击还书箱底部的力度，减轻图书的损坏程度。

3.3 还书箱摆放位置的设置

根据流通数据的统计，学生借、还图书的数量为教职工的10倍。因此，还书箱摆放的位置以方便学生为主。根据我校的学生情况和建筑分布，在以下三个位置设置还书箱：

（1）学生阅览室：由于部分学生经常会利用课外时间到学生阅览室阅读报刊、杂志，在这里设置还书箱，可以方便这些学生还书。

（2）女生宿舍管理处：由于我校男女生比例为1：5，其中在校住宿的女生有2 239人，占学生总人数1/2，因此，在女生宿舍管理处设立还书箱。

（3）传达室：在学校传达室设立还书箱，可方便走读生和实习生还书。

3.4 还书箱的使用管理办法

（1）还书箱仅限在流通书库非开放时段使用。读者使用还书箱时间见下表：

地点	时间
学生阅览室	周一、周三、周日：16：00～18：00
女生宿舍管理处	周一至周四、周日：21：00～22：00
学校传达室	周一至周五：11：30～13：30

（2）为维护读者的利益，还书箱的开启和点收权限为图书馆管理人员。回收图书的时间为：周一至周五8：30～9：30。

（3）实际归还图书的册数，以图书馆点收为凭。投入还书箱内的图书，其还书日期以流通书库下一个开放单元为准。读者可于还书的下一工作日，通过公共查询系统查询个人借还信息，以确认还书手续是否完成。超期图书，系统自动将超期违约金作为欠款记入读者个人账户。

（4）因还书箱容量有限，如遇还书箱满或有无法投入还书箱内的大型硬皮书，应在开放时间内到流通书库还书。

（5）有勾画、破（污）损等情况的图书，工作人员在进行还书操作时会按章处理。

（6）对破坏还书箱的行为将交由相关部门严肃处理。

4 还书箱的应用情况及成效

学校图书馆使用还书箱后，在短时间内已初见成效。根据统计，刚设置还书箱时，平均每天还书36册；使用还书箱一个月后，共还书763册；现在，平均每天还书近119册。目前，还书箱每天的还书数量仍呈上升趋势，而且读者逾期还书率比原来下降了30%、滞还图书比原来减少27%、图书借阅人次提高了56%、图书还回人次增加了65%。使用还书箱在方便读者的同时，真正实现了从功能到效能的转变，其产生的良好效果更为明显，收获更大。

还书箱应用一段时间后，图书馆工作人员做了一个跟踪调查。调查结果显示，随着还书箱的不断完善，它逐渐得到师生的认可和接受。教师们认为，建立了还书箱后大大方便了师生还书，并表示积极支持还书箱的工作，希望还书箱工作越办越好。自从使用了还书箱，图书馆管理人员能按时、认真细致地回收图书，大大减少了学生们因滞还图书所产生的借书成本，因此，学生们再也没有抱怨“借、还书难”。他们都喜欢使用还书箱，并能自觉按照规定使用还书箱，尤其是走读生和外出实习的学生，就更加喜欢还书箱了，因为使用还书箱大大节省了他们的还书时间。更为重要的是，图书馆管理人员觉得高峰时段的工作压力大大减轻了，工作质量也得到了提高，图书逾期归还现象大幅度减少，还书率和流通率都提高了。

自从加入还书箱这一新元素以后，在为师生们解决“还书难”的同时，有效地杜绝了差错的出现，实现了还书箱的服务工作零投诉，促进了读者与图书馆管理人员之间的和谐发展，使他们对图书馆的服务工作满意度不断提升，使图书馆能为广大师生提供更全面、优质、高效的服务。此外，还书箱的服务工作还起到了“调节器”的作用，推动和辐射图书馆各项服务工作的落实与提高，使图书馆保持全面、稳步发展的良好势头。

总之，还书箱作为媒介，有利于满足课后读者集中大量的还书需求，有利于缓解放学后读者借、还书高峰期出现的混乱现象，有利于减轻图书馆人员相应的工作压力，有利于提高图书资源的利用率，有利于提高图书馆的管理水平。使图书馆对读者的服务得以延伸，是图书馆全天候为读者服务的一种不可小觑的补充，它能实现为读者提供层次更深的服务效能。

参考文献

[1] 胡艳华. 还书箱中的图书馆服务新理念 [J]. 硅谷，2009（13）

[2] 便民服务新举措——广东省中山图书馆设立闭馆还书箱 [J]. 图书馆论坛，1993（3）

[3] 陈永红，谢淑红. 说说图书馆的还书箱 [J]. 图书馆建设，2004（3）

[4] 卢士樵，刘美玲. 大学图书馆设置还书箱之策略 [J]. 世纪桥，2007（9）

[5] 江西省教育装备与勤工俭学管理中心. 中小学图书馆管理与服务 [M]. 北京：北京图书馆出版社，2007

[6] 任德明. 中等学校图书馆理论与实践 [M]. 北京：警官教育出版社，1995

图书馆个性化信息服务的问题与对策

朱惠芳①
（增城图书馆　511300）

摘　要： 随着网络和信息技术的发展以及信息爆炸式的增长，用户信息需求日趋个性化，图书馆传统的信息服务模式越来越难以满足用户的信息需求，于是个性化信息服务应运而生。个性化信息服务是基于信息用户的信息使用行为、习惯、偏好、特点及用户特定的需求，向用户提供满足其个性化需求的信息内容和系统功能的一种服务。鉴于此，本文对图书馆个性化信息服务的问题与对策进行了探讨。

关键词： 个性化信息服务　图书馆　用户

随着网络信息资源爆炸式的增长，用户可以跨越时空的限制，通过互联网络在全世界范围内获取自己所感兴趣的信息。用户面临的问题逐渐从如何查找信息，转变成了如何从信息海洋中筛选出自己所需要的信息。并且用户类型复杂，其信息需求也呈多样化发展。传统的、被动的、千篇一律式的服务已很难适应用户的需求。因此，用户信息需求的特定性与信息资源分布的庞杂性之间的矛盾也日益加剧。作为图书馆核心业务之一的信息服务，也面临着巨大的机遇与挑战。这种形势下，个性化信息服务应运而生。它是信息服务提供者针对特定用户的信息需求主动地提供服务，能够一对一地满足用户特定信息需求，实现从“人找信息”到“信息找人”的变化，是图书馆信息服务的发展方向。如何满足用户个性化的信息需求，为用户提供准确、方便的信息服务，不仅是图书馆，也是整个信息服务业所必需思考的问题。

1　图书馆个性化信息服务的特征、内容

个性化信息服务是信息服务的新领域，是信息服务机构借助信息和网络技术主动为用户提供的能满足用户个性需求的信息服务。它是一种全新的图书馆信息服务方式，它的互动性、自主性强，相关度高，正日益受到信息服务业和全社会的关注。其主要特征有：

个性化信息服务本质特点是以用户为中心，前提是满足用户需求，即以用户的需求为导向并提供与之适应的服务功能和设施，并以用户需求组织信息资源，提供为其所需的信息服务。图书馆要顺应用户的多样化信息需求，就应该为个体用户提供网上学习和生活空间及个性化服务，为特定群体用户构筑专业化、课题化服务平台。

一方面，网络信息资源过度膨胀；另一方面，网上信息资源组织缺乏或不够理想。通过导航式分类主题目录组织信息资源太过简单，不仅层次多、烦琐，而且质量难以保证。利用网络搜索引擎固然可以得到大量的结果，但其精确度差，充斥着垃圾信息。个性化信息服务

① 作者简介：朱惠芳，增城图书馆助理馆员。

变换了组织网上信息资源的角度，尝试从特定用户与群体的需求出发组织信息资源，可以有效地实现同类信息及有关联信息资源之间的整合，剔除冗余信息，最终达到改善网络信息环境的目的。

互联网的易用性和可近性使其成为人们获取信息的首选，同时也构成了对图书馆传统服务方式的威胁。要使图书馆继续生存就要找到履行其核心目的的收藏、组织、分发信息和传播文明的新途径，适应网络的发展对图书馆来说至关重要。数字图书馆只有创建一个以更直接、交互、实时的方式响应用户需求的环境和服务，使用户可以无缝地、关联地针对个人存取信息，才能在这个新的网络信息环境与新的信息提供者进行竞争，才能更好地生存和发展。

个性化信息服务可以为数字图书馆用户提供简化的、直接的用户界面及专深的信息内容，极大地改善了用户的信息检索环境。同时，个性化信息服务也成为数字图书馆了解用户信息需求和资源使用情况的窗口。它通过智能代理可以自动跟踪用户在利用数字图书馆中的某些规律，即时地捕捉用户信息需求的变化，从而改进数字图书馆的服务。

2　图书馆个性化信息服务存在的问题

2.1　设置不健全

个性化信息服务要求向用户提供个性化需求的资料信息。而这些信息对用户来说往往很难查找，这就需要图书馆进行检索、鉴别、筛选，重新整合后提供给用户个人。目前我国图书馆在机构设置、采购、加工与服务间的联系不够，协调困难，不利于资源的有效配置，个性化服务缺乏基础性工作作基础；将信息资源建设、信息服务、用户教育等个性化信息服务中不可分割的组成部分人为地进行部门之间的条块分割，各扫门前雪，同样存在彼此间缺乏联系和协调困难的问题，这无形中构成了图书馆个性化信息服务开展中的障碍性因素。

2.2　服务理念欠缺

缺乏创新，服务模式老套、僵化，对用户的信息需求、变化及需求心理的了解不够，对不断发展变化的学科专业知识的态度冷漠，似乎永远都只想作为而不想入门等，这种信息服务的理念和意识严重制约了图书馆个性化信息服务的开展。

2.3　接受意识欠缺

一是个性化信息服务往往会增加用户的压力，用户需要不断学习新的知识来了解服务和作出正确的选择。如果这种服务的价值量大，对用户的帮助大，则会得到认同。但是如果这种服务价值量很小，则会被认为是在浪费用户的时间；二是用户并不是时时都需要个性化的服务。比如用户只想随意找本杂志消遣，如果服务接连要求用户回答需要哪一年哪一类哪一期的杂志后才能翻阅，用户就会感到烦琐。这些问题在一定程度上影响了图书馆的信息服务工作质量，图书馆的个性化信息服务工作的开展不可避免地受这一因素的影响。

2.4　图书馆信息资源不够丰富

目前图书馆提供的数据和参考文献等信息资源，很难全面满足用户的个性化信息需求。从信息资源内容的建设来看，存在内容交叉重复、知识关联度不高、数据库资源联系不够紧密、科学知识的内在联系不明显、信息资源系统大多为二次文献等问题。由于以上这些方面问题的存在，图书馆个性化信息服务的发展必然会受到影响。

2.5 个性化服务反馈不力

图书馆开展个性化信息服务最重要的评价指标是服务是否到位，因此服务效果的获取和评价在图书馆开展个性化信息服务方面的作用至关重要。而目前在我国图书馆个性化信息服务中，服务信息反馈方面普遍做得不是很好：一方面，尽管个性化信息服务系统有服务反馈功能，但要么反馈信息的内容方面涵盖不全，要么由于进行反馈信息收集的方式不方便而收集不到反馈信息，更有甚者，有些系统根本就没有个性化信息服务的反馈功能；另一方面，对于得到的用户反馈信息，不能进行及时、正确的处理，有关问题不能得到有效解决和调整，从而得不到用户的信任，这种服务反馈也将很难长久维持下去。

3 图书馆实施个性化信息服务的对策

3.1 改善用户关系

个性化信息服务成功与否的关键就在于它能否获取用户的信任。实行转移，将信息服务的重心放到用户的需求上。这包括要以用户的需求为依据提供服务功能、设施，按用户需求建立的信息环境并组织信息资源，提供优质信息服务。按实际需求，通过用户档案，为用户提供便利。确保用户个人隐私并尊重用户选择，不能进行没征得用户同意的业务。

3.2 增强个性化服务的动力与服务

完善图书馆投入与效益运行机制。以社会效益为前提，同时提倡经济效益。试行“经营图书馆”的服务理念，建立竞争机制，提高图书馆事业发展的可持续性，为用户提供个性化信息服务的动力。

个性化信息服务为用户建立用户档案。通过用户档案为用户提供定制的信息点，定向推送信息资源，开展网络信息专题服务。

3.3 建立个性化信息服务反馈机制

服务质量的改善与提升离不开服务效果的反馈与绩效评估。绩效评估在前面已谈到，它对于个性化信息服务同样适用。有文献表明，个性化定制服务的效果并不一定如同信息服务机构设想的那么乐观，可见用户信息的及时反馈以便系统及时作出相应的调整对服务质量的影响是多么重要。要了解服务的真实情况，就要认真对待用户的反馈信息，建立畅通的反馈渠道，认真细致地做好统计、汇总、分析工作，确定系统所吸引的用户类型、市场份额、访问频次、兴趣等，在此基础上进行服务效果差异的分析，解决问题，改进服务质量。

3.4 注重服务人员的人际沟通能力

除了对现有从事个性化信息服务人员加强人际沟通能力的锻炼和在认识上的强化外，还需考虑选用那些本身人际沟通能力就较强的人员，即在其他条件同等的情况下，考虑选择人际沟通能力强的人员作为图书馆个性化信息服务的工作人员。

随着人们在工作学习中对知识使用的需求及人们个性的延伸，传统的服务方式已不能很好地满足用户个性化的需求，用户呼唤更加多元化、个性化的信息服务方式的出现。个性化信息服务内容、方式的研究将成为一个热点问题在图书情报界展开。

参考文献

[1] 田稷. 图书馆多粒度个性化信息服务［J］. 情报杂志，2003（7）：46

［2］谭赛霞．论数字图书馆个性化信息服务［J］．中国西部科技，2006（30）：87～89
［3］董忠田．图书馆个性化信息服务的基本理念［J］．图书馆学研究，2006（9）：124～130
［4］杨小云．个性化信息服务——图书馆服务新的理念［J］．科技情报开发与经济，2006（18）：69～72
［5］杜春光．个性化信息服务模式研究及策略分析［J］．国家图书馆学刊，2005（2）：154～157
［6］刘卫忠．图书馆个性化信息服务模式研究［J］．图书馆论坛，2006（5）：89～94

如何构建少年儿童的阅读环境

丁少芬[①]

（广州少年儿童图书馆 510120）

摘　要：随着时代的发展和社会的进步，少年儿童的阅读环境已经发生了巨大的变化。本文在文献研究的基础上，分析了家庭、学校、社会这三个主要环境因素对少年儿童阅读习惯的影响，提出了社会机构与图书馆多层面构建良好阅读环境的策略。

关键词：少年儿童　阅读环境　图书馆　策略

中国在经历了30年改革开放的现代化建设后，更加深刻地认识到科技创新和全民文化素质的提高对于中华民族的意义。以计算机、网络化和数字化技术为主体的现代化信息技术正把人们带入一个多元化的社会。丰富的网络信息资源、海量的信息存储、高速的信息传输、开放的信息市场，时时处处改变着读者的阅读环境和阅读方式，也影响着少年儿童图书馆的服务方式和手段。图书馆必须顺应软、硬环境的变化，将读者、资源和技术紧密结合，营造良好的阅读氛围。

1　国内外少年儿童的阅读环境

1.1　把全民阅读作为国家战略

在新中国建国60周年之际，为进一步深入贯彻《中共中央办公厅、国务院办公厅关于加强公共文化服务体系建设的若干意见》精神，中国图书馆学会、少年儿童图书馆专业委员会向图书馆界倡议，在2009—2010年间开展“全国少年儿童阅读年”活动，目的是让孩子亲近书籍、喜欢阅读、习惯阅读，在阅读中快乐，在快乐中成长。

在2009年4月23日“世界读书日”，温家宝总理专程到商务印书馆和国家图书馆，与编辑和读者交流读书心得，并提倡“读书好、好读书、读好书”，推动全民族养成读书的良好习惯。温总理说：“书籍是人类智慧的结晶。读书决定一个人的修养和境界，关系一个民族的素质和力量，影响一个国家的前途和命运。一个不读书的人、不读书的民族，是没有希望的。我非常希望提倡全民读书。”这是一个大国总理发自内心的声音，也是一个具有悠久阅读传统的民族迎接伟大复兴的深切期盼。

世界上很多国家都用尽各种办法推动全民阅读。在美国，布什政府在2001年年初发布了《不让一个孩子落后》（*No Child Left Behind Act*）的教育改革议案，其中指出，美国存在两个民族：一个能阅读，另一个不能阅读。该议案中关于阅读改革的力度之大令全球瞩目，仅2001年就为“阅读领先”行动投资了9亿美元。

---

① 作者简介：丁少芬，广州少年儿童图书馆馆员。

1.2 把养成良好阅读习惯作为一门科学

知识既不能遗传，也不能赠与，更不能复制和购买，只能靠自己一点点努力去学习、去积累。养成阅读习惯是一门科学，需要国家、社会团体、家庭和个人共同努力，形成合力。

2009 年 4 月 16 日，新闻出版总署连续第六年公布了向全国青少年推荐的百种优秀图书书目，作为全民阅读的重要组成部分，这已经成为一种制度并形成了良好的品牌效应和社会影响力。

德国的一项研究表明，一个人在 13 岁（最迟 15 岁）前如果无法养成阅读的习惯和对书的感情，那么他今后的一生中，将很难再从阅读中找到乐趣，阅读的大门可能会永远对他关闭。德国出版商适应不同年龄阶段的“阅读阶梯”，出版了形式多样的图书，有的书与儿童的玩具并无区别，从小就培养孩子对图书的亲近和兴趣。

1.3 纸质阅读与数字化阅读相互补充

现在的少年儿童阅读的时间越来越少，坐在电脑前的时间越来越长，很少有人能够将一本书完整地读下来。网络所拥有的巨大存储量和强大的检索能力，正是读者和出版社梦寐以求的传统图书的拓展功能。另外，在纸质图书价格节节攀升的今天，电子网络图书是最便宜的阅读方式。少年儿童接触新鲜事物速度快，他们更喜欢尝试新的生活方式，通过互联网，会让他们找到阅读的惊喜。

数字化阅读虽代表着总体趋势，但又无法替代传统纸质阅读，两者相互补充、共同发展，将会构成现代阅读形态的两大体系。第九届深圳读书月首次纳入网络阅读，给校园网络文学以更多的关注，而深圳“图书漂流活动”更是以网络为重要载体开展。别出心裁的“中国网民读书节”也在网络传媒的推动下应运而生。

2 少年儿童阅读环境的分析

2.1 少年儿童阅读习惯受成长环境的影响

我们可以清楚地看到，一个儿童的健康成长，一个人从自然人变成社会人，离不开三个环境：第一个环境是家庭，家庭教育是与生俱来的遗传教育、生命教育、启蒙教育、基础教育；第二个环境是幼儿园和学校，学校教育是集体教育、系统教育、标准化教育、正规教育和共性教育；第三个环境就是“无孔不入，无处不在”的现代传媒、公共文化教育机构、图书馆组成的一种最丰富的集大成教育，是一种最自由、最快乐、最便捷、最生动的互动环境。

以上三个主要环境因素，显然对于推广阅读风气、提升少年儿童阅读能力具有巨大的影响。三者影响少年儿童阅读能力的目的虽然是异曲同工，但又客观存在着个体的差异。

2.2 少年儿童阅读环境遭“功利性”扭曲

由于各种原因，相当多的少年儿童缺乏阅读习惯，将阅读视为家长、老师强加的任务，而体会不到读书能改变命运的千古真理和阅读的乐趣。

长期以来，我国的教育基本是围绕升学的指挥棒在转，对于一切与升学无关的课外阅读，名义上是提倡，但实际上却是限制甚至禁止。面对繁重的课业压力，中小学生难得有空余时间阅读自己喜欢的图书，同时，家长和老师也总是强调要把时间多用在学习上，少看或者不看“没用”的课外书。

在各大书店的销量统计中，教材参考、考试辅导类书籍占了很大比重。一种新的“读书有用论”正在悄然流行，即非“有用”的书不读，而“有用”在这里有着极其严格而狭窄的定义。

我国儿童读物种类的不足也是难以从小培养孩子阅读习惯的一个重要原因。我国每年都有近万种儿童图书出版，但是这些图书绝大多数是诸如唐诗宋词、古典童话、新老三字经这样的书，往往带有很浓的道德教化色彩。心理学家指出，这些儿童图书未必适合孩子们阅读，也难以引起他们的兴趣。而且家长们往往过早地把读书看作孩子获取知识的主要方式，而忽视对孩子阅读兴趣的培养和引导。孩子如果从小就觉得读书是一件苦事，长大后就不会愿意主动读书了。

3 构建少年儿童阅读环境的策略

3.1 完善全民的文化理念

阅读要从娃娃抓起，从小培养国民的阅读习惯。要实现这一目标，有效的措施包括建立儿童和青少年阅读体制，建立“全民阅读”的长效机制。全民阅读活动的背后，是需要家庭与社会之间的密切配合和长期努力作为支撑的，如果仅仅满足于一般意义的号召，很容易停留在形式上。比如，倡导读好书，首先要求出版单位建立多出好书的工作机制，确保给读者提供优秀的精神食粮，还有请权威部门定期推荐好书，也是长效机制。解决困难群体的阅读需求，就需要通过建设公共文化服务体系，加大社区图书馆、文化阅览室的建设力度，更好地为社区居民服务。城市、社区和乡村应把全民阅读活动作为先进文化建设的重要方面、作为基层群众文化活动的重要内容，积极开展读书比赛、读书演讲等活动。各类传媒要大力宣传全民阅读的意义和内容，广泛交流各地开展全民阅读活动的有益经验，为全民阅读活动营造浓厚的社会氛围。

3.2 少年儿童图书馆阅读环境的建设

少年儿童图书馆作为少年儿童接受终身教育的起点站，一直以培养自主阅读者为服务主题，而其阅读环境的开放性和多元化，则与其他环境因素在共同打造儿童阅读环境的过程中形成良性互动，并显示出独特的优势。

3.2.1 趣味性阅读环境

提供多姿多彩的少年儿童阅读场所。少年儿童的天性是活泼天真，对新奇的事物有着强烈的兴趣，对色彩也不例外，少年儿童喜爱的颜色是单纯而鲜明的，大人觉得“闹”的红色、黄色和绿色等很纯正的颜色，正是孩子非常喜欢的。少年儿童图书馆的阅读场所多以原色与纯色为基调，旨在激发少年儿童的想象力和创造力。辅之多种鲜艳颜色的组合还往往具有令孩子们安静下来及表现得很乖的奇特效能。图书资料的多色标陈列给孩子们留下深刻印象，一眼就能寻找到所需的图书；书架及阅读桌椅的异型组合，构成自由活泼和无拘无束的阅读空间，给孩子们在“家”的感觉。优美舒适的阅读情境与“悦”读心境的相互映衬，更有利于激发少年儿童的阅读兴趣和提升阅读能力。

3.2.2 主题性阅读环境

设立儿童游艺室、动漫阅览室、故事室等部门，让服务更专业化，满足不同年龄段孩子的需要。比如，儿童游艺室的服务对象大多是学龄前儿童，可以在室内布置卡通动物贴画，或在墙上画上鲜艳的花朵和绿树等图案，桌椅、设备也卡通一点，并充分考虑设备的安全性。另外，馆员的服务也应更无微不至、更贴身，馆员应该具备一定的早教知识，注意寓教于乐，让孩子在游艺活动中开发智力，培养孩子的动手和动脑能力。

3.2.3　“一站式”阅读环境

当少年儿童刚刚开始认识世界、认识生活、迈出人生道路第一步时，他感知世界事物就是靠阅读，读人、读物、读环境。这一点，香港中央图书馆的玩具图书馆就给了我们很好的启示。该玩具图书馆集知识性、趣味性和娱乐性为一体，提供启发智能的玩具和教育教材供家长与子女在馆内使用；倡导玩具及游戏的教育性，推广游戏的意义和价值以助儿童成长；倡导家庭游戏的重要性，为父母提供一个与子女一同游戏的机会，以培养亲子关系，从小培养儿童使用图书馆的习惯。图书馆把环境氛围布置得新颖时尚，对文献资料进行整合，把各专题特色的载体集中一处，让低幼儿童和家长在一个空间里就能满足借、阅、视、听、玩的需求。读者可以任意往来，穿梭于各区域，和父母静静地读上一会书，或到玩具区自由玩耍，再上机看看童话故事，玩玩在线小游戏，内容完整多样，临走时还可以借几本图书和几张光盘回家，服务非常人性化。

3.2.4　网络阅读环境

通过调查数据，我们不难看出少年儿童读者对纸质文献的利用明显地高于对其他媒介的利用，但家长给我们的反映是孩子在家中喜欢看光盘，并利用计算机上网查资料，甚至尝试在线阅读。少年儿童图书馆应审时度势，不断创新服务方式，以适应读者的需求，实现自身的价值，将在保留儿童图书馆丰富多彩的传统服务方式的基础上，致力于把传统图书馆的服务延伸到网络上，形成传统与网络结合的服务方式。在流通服务方面，开辟网上借书、网上阅览，将传统的借阅服务拓展到网络上，从而打破时空的限制，拓宽服务的领域。在参考咨询方面，开拓网上查询、检索、网上专题信息等服务，发展少年儿童图书馆的参考咨询服务，这能满足那些难于到馆的儿童工作者查询有关儿童信息资料的需求。在阅读指导方面，开展网上导读、网上读书活动以及网上培训，将传统的活动形式与网上活动形式有效地结合起来。

3.2.5　提供专业的服务氛围

以事业发展需求为原则，培养知书识礼、温文尔雅的馆员。馆员要适应少年儿童阅读行为、阅读方式、阅读兴趣的变化，努力学习教育学、儿童心理学、外语和计算机等知识，做到一专多能。同时，要熟悉了解少年儿童文学的种类、各种题材如童话、故事、寓言、小说、神话、传说和民间故事等的特点，对少年儿童文学的重要进展、事件、人物、著名的儿童文学奖项、各国及各时代文学的特色，都要有比较全面的了解。馆员还要善于开展各种形式的导读活动，给孩子们的阅读带来新的动力，从而达到培养、提高少年儿童读者阅读能力的目的。

4　结语

阅读环境的形成与发展并不完全是自然、自发的。无论是家长还是老师，无论是政府职能部门还是图书馆，大家都希望通过完善阅读环境，使更多的孩子从小养成良好的阅读习惯，在大量的阅读中获取科学文化知识，成为善于学习并乐于终身学习的人，从而具备足够的能力适应纷繁复杂的社会。

参考文献

[1] 黄俊贵．提升阅读理论构建阅读社会［J］．图书馆论坛，2005（6）
[2] 范并思．政府公共图书馆服务理念的根本转变［J］．图书与情报，2007（5）
[3] 刘洪辉．少年儿童图书馆服务永恒的主题——培养自主阅读者［J］．图书馆工作与研究，2005（4）
[4] 孟绂．少年儿童阅读规律研究［J］．图书馆工作与研究，2003（5）
[5] 郑小英．网络环境下公共图书馆的未成年人读者服务工作［J］．图书馆论坛，2005（8）
[6] 戴静．美国图书馆儿童服务工作的发展历程及对策［J］．中小学图书情报世界，2005（1）

公共图书馆的青少年阅读辅导服务探讨

陈丽纳[①]

（广州图书馆　510055）

摘　要：本文阐述了阅读辅导的定义，叙述了公共图书馆对青少年进行阅读辅导的必要性，介绍了图书推荐、编制书目、间接阅读辅导、阅读方法辅导及在线阅读辅导等几种辅导形式，并提出建议。

关键词：阅读辅导　公共图书馆　青少年

1　阅读辅导的定义

阅读辅导是图书馆为读者提供的一种以用户为中心的服务。为满足读者的阅读需求，图书馆员不仅要有渊博的知识，而且要有客观的态度。当你向某人推荐一本书时，你所从事的就是阅读辅导。一般人这样做是以一种友好的姿态，而对于图书馆员、图书销售人员来说，则是一种职业、一门学科、一种艺术。要想成为一名成功的阅读辅导人员，不仅要理解这种文化，还要学会倾听并理解读者。

《图书馆学和情报学词典》对阅读辅导的解释是：阅读辅导是由经验丰富并善于发现用户阅读需求的图书馆员提供的服务。基于对用户以往的阅读喜好的了解，阅读辅导人员向用户推荐特定的图书或特定著者的图书，也可编制推荐图书的目录，并与其他教育机构合作。

《中国大百科全书：图书馆学、情报学、档案学》对阅读辅导的诠释是：图书馆员对读者在阅读目的、内容、方法等方面给予直接指导和帮助的活动。它是图书馆服务的基本内容之一，其作用是提高读者的阅读能力，即选择文献、利用文献、理解读物和消化知识的能力。

阅读辅导人员根据读者的阅读需求、阅读偏好向读者推荐适合他们的图书。公共图书馆为青少年提供的阅读辅导服务是在青少年的阅读需求及其阅读喜好的基础上提供符合其要求的文献资源。青少年是介于儿童与成年人之间的一个群体，每个图书馆可以根据文化和国家背景的不同确定各自服务的青少年群体。图书馆服务的青少年年龄段一般被界定为 12 ~ 18 周岁，但根据国家和文化背景的不同，有的年龄界定会超过 18 周岁，包括所确定年龄段的所有人，不受种族、宗教、文化背景、智力或身体能力的限制。

2　公共图书馆为青少年提供阅读辅导的必要性

2.1　有利于青少年的健康发展

未来经济和社会的发展依赖于那些受到过良好教育、具有经济生产能力的青少年一代。

① 作者简介：陈丽纳，硕士，广州图书馆馆员。

只有身体健康、智力发展、具有职业心理和求职能力以及公民意识且道德发展良好的青少年才能承担起这样的重担。然而，西方文化的传入使青少年受到思想自由化的影响，更加强调个性、平等、自由，对外国文化更加关注，对我国的传统文化则变得淡漠；青少年的学习生活压力越来越大，心理问题比较普遍；网络时代的信息种类多、数量大、内容良莠不齐，造成青少年阅读困难；青少年热衷交际，但真正趣味相投的朋友并不多，时常会感到无聊迷茫。公共图书馆做好青少年的阅读辅导服务，可以促进传统文化的传承；传播科学的阅读内容和正确的阅读方法，有利于青少年健康人格的塑造，使他们学会自我调适；为其阅读指导方向，远离有害信息；为青少年提供交流场所，扩大交际面等。

2.2 为青少年提供阅读辅导服务有极大的发展空间

整个社会都应为促进青少年的健康成长而努力。在课堂教育之外，图书馆开展的阅读辅导工作，是学校教育的有力补充，能够正确引导青少年充分利用课余时间来汲取知识。同时，图书馆拥有丰富的文献资源，馆藏资源中有大量适合青少年阅读学习的图书资料，如能善加引导，不但可以促进资源利用率，同时也让青少年养成爱读书、读好书的习惯。但不容忽视的是，在目前的实际工作中，为青少年服务仍是公共图书馆的软肋，尤其是为14~18周岁的青少年提供的服务仍处于十分尴尬的地位。按照某些公共图书馆的规定，14周岁以上的青少年要到成人阅览室，但成人阅览室的设置又没有考虑青少年的特点，因此，造成了公共图书馆不能满足青少年阅读需求的局面。因此，在基于青少年独特需求的基础上，图书馆为青少年提供的服务应从为儿童服务转变为过渡性服务，满足青少年教育、信息、文化、娱乐等方面的需求，促进其读写能力、终身学习、信息素质以及娱乐阅读的提高，这将是公共图书馆今后需要加大发展力度的一个方面。

2.3 为学生在校外提供一个良好的阅读环境

随着国家对教育的重视，图书馆成为教育学生的重要阵地，学校对图书馆的投入也逐渐加大，中学图书馆获得了长足发展。但这仅限于部分经费充足的图书馆，仍有很多中学图书馆常年得不到经费支持，处于半关闭的状态。比较好的中学图书馆常常能够主动开展阅读辅导工作，举办不少活动以促进学生阅读，如华东师范大学附属中学的读者俱乐部办得有声有色，吸引学生主动参与。同时，由于中学图书馆受学校寒暑假以及学生上课时间的限制，所提供的服务常常受到影响。在这种情况下，公共图书馆应主动出击，构建适合青少年的馆藏，设置青少年阅览室、体验馆等，吸引中学生到图书馆来，为学生假期提供一个良好的阅读环境。

3 阅读辅导的形式

3.1 图书推荐

图书推荐是将青少年感兴趣的图书在一定空间按照一定的顺序排放，突出其重要性，吸引读者注意。图书推荐是大多数图书馆开展阅读辅导服务都会采取的形式之一，但是，面向青少年的图书推荐有它与众不同的地方，最大的特点就是推荐图书的内容不同，要体现青少年的需要。

图书推荐最重要的是选择青少年感兴趣或符合其需求的图书，选择标准可通过图书馆对本馆的青少年读者展开调查获得，了解他们的兴趣爱好、关注热点等，依照青少年的爱好总结出几个相应的主题，再根据这些主题选择推荐的图书。1999年，美国曾对11~18岁的

3 072名青少年进行了调查，结果显示最受他们欢迎的主题是侦探、冒险、恐怖、真实故事、科幻、浪漫、运动等，这为开展青少年阅读辅导服务提供了可靠的依据。图书推荐还可依据“馆员推荐”进行，馆员根据工作经验提出建议，推荐青少年利用率较高的图书，此外，比较普遍的还有获奖图书推荐等。图书推荐中也应包括关于青少年心理、生理方面的书籍，使青少年有正确的渠道了解自身特点，并为那些有心理或生理问题而又不愿意求助于他人的青少年提供帮助。还要有关于国内外名著的推荐，每个图书馆都藏有丰富的国内外名著，通过推荐，既表现了图书馆对名著宣传的重视，也可吸引更多青少年的注意。当然，除了根据青少年的需要、偏好进行推荐外，图书馆还应有意识的推荐一些有利于青少年健康成长的书籍，如哲学、励志等类型的图书。

一般情况下，青少年感兴趣的主题经常与社会热点相连，具有一定的时效性。这就要求图书馆跟踪青少年的需求，不断更新推荐图书，保持其新颖性、时效性才能引起青少年的长期注意，达到阅读辅导的目的。

3.2 推荐书目

推荐书目是阅读辅导服务传统而又最为重要的形式之一。它与图书推荐一样，需要选择青少年感兴趣或符合其需求的图书，编制主题书目、著者书目等，为青少年阅读提供指导，为图书馆员开展阅读辅导服务提供参考。国外长时间在公共图书馆工作的阅读辅导人员会根据自己在工作中的经验，为青少年编制阅读书目，按照书名、作者或主题排列，有的还包括内容简介，既可以为其他馆员的阅读辅导工作提供帮助，也便于青少年在其中找到感兴趣的图书。

在我国，推荐书目的历史由来已久。最早的推荐书目是为了指导学生应付科举考试，一些家塾和书院除了要教授的课程之外，还要布置一些课外阅读书，这些参考性的学习书目，可以说是推荐书目的一种雏形。此外，还有一些推荐性的书目不是针对考试，而是为了指导读者选择书籍，有计划地阅读，用以开阔视野、增益知识、治学修身。例如，胡适的《一个最低限度的国学书目》、梁启超的《国学入门书要目及其读法》、《要籍解题及其读法》与《最低限度之必读书目》、章太炎的《中学国文书目》等都是立足于优秀传统文化的著名推荐书目。青少年继承优秀传统文化是必要的，但推荐书目一定要与青少年阅读兴趣、阅读需求相一致，否则，容易造成青少年阅读需求与推荐书目的脱节，不能达到推荐书目的目的。

公共图书馆在编制推荐书目方面具有先天的优势：人力资源相对充足、馆藏资源丰富、长时间为青少年提供阅读指导所积累的经验以及方便展开针对青少年的调查等。因此，公共图书馆有义务为青少年编制合适的推荐书目，为其查找资料提供线索。

3.3 间接阅读辅导

开展青少年的阅读辅导工作不仅仅是图书馆的职责，在充分发挥图书馆作用的基础上，还应尽可能利用社会上的一切有效资源，为青少年提供阅读辅导服务。间接阅读辅导就是读者向读者推荐图书、作者向读者推荐图书，而图书馆要做的工作是提供一个良好的交流环境，促进读者与读者、作者与读者之间的充分交流。组织以图书和阅读为主题的活动是最普遍的间接阅读辅导服务的方式之一，如图书讨论组、作家见面会和阅读俱乐部等。

根据心理分析理论，青少年脱离儿童时期对父母的依赖和模仿行为，开始学习独立思考。亲子沟通会由于认知经验与需求的差异，导致冲突增加；青少年转而偏好和同辈一起做他们喜欢的事。建立青少年讨论组或阅读俱乐部就充分利用了同辈的作用，使他们相互影响，形成良好的阅读习惯。讨论组或阅读俱乐部吸收的都是同龄人，为他们提供宽松的阅读环境，组织各种辩论或阅读活动，加强他们之间的交流，经过思想的碰撞更容易产生新的想法：读过什么书、喜欢读什么书、感受是什么、对他们产生的影响等，通过沟通，寻找自己最喜欢或最有价值的书。另外，相互之间交流思想、看法，也能促使青少年独立思考，不仅可以让青少年多读书，同时，通过阅读中的不断思考能在潜移默化中影响他们的成长。

3.4 读书方法辅导

公共图书馆对青少年开展阅读辅导服务，读书方法的辅导是非常重要的。“三步读书法”是我国历代学者所推崇的读书方法：概括了解读物的内容；在掌握内容大意的基础上，对重点的内容作深入的钻研，做到真正地理解读物的内容；在理解全文重要的内容之后，再将各部分内容联结起来，形成一个有机的整体，并做到“应当记忆的记忆起来，应当体会的体会出来，应当研究的研究出来”。阅读方法正确，可以达到事半功倍的效果。广州图书馆首页的“阅读推荐”栏目下设有“读书方法”的介绍，包括孔子、苏轼、毛泽东的读书方法，余秋雨的“畏友”读书法，老舍的“印象”法，以及“五遍读书法”、全脑读书法、十种读书法等读书方法，有利于读者了解各种读书方法，并从中选取适合自己的读书法，以达到事半功倍的效果。我们不可能要求青少年严格按照某种方法来读，但是要通过图书馆的工作促使青少年养成适合自己的阅读习惯，尽量做到阅读前要大致浏览一下，清楚要讲的内容，重点内容做到精读、细读，并把阅读内容作为一个整体来思考，锻炼其思维能力。

3.5 在线阅读辅导

随着计算机网络技术的迅速发展，图书馆开展阅读辅导服务的形式也有所变化，读者除了利用图书推荐、推荐书目、阅读方法的辅导以及进行面对面的阅读辅导外，还可以利用网络进行在线阅读辅导，而读者在使用在线阅读辅导时的匿名特点，使其更加容易接受。在国外，图书馆采用两种方式为读者提供积极的在线阅读辅导服务：同步（实时聊天式的阅读辅导）或异步（电子邮件或表单式的阅读辅导）。

公共图书馆网站提供数字参考咨询服务，开展在线阅读辅导服务。在线阅读辅导兼具有数字参考咨询的优、缺点，图书馆应充分利用它的优点，来为读者服务。青少年一般对网络充满兴趣，很有可能成为网上阅读辅导使用者的重要组成部分。

另外，图书馆还可以在网上建立针对青少年的阅读辅导俱乐部，青少年在网上也可以自由地交流、发表意见。针对青少年的阅读需求、阅读喜好，在网上进行图书推荐、编制书目、撰写书评等。一定数量的图书馆也可以联合建立青少年阅读辅导的专门网站，加以宣传推广，同样会受到大多数青少年的欢迎。

4 对公共图书馆为青少年阅读辅导的建议

4.1 培养有兴趣的专业馆员参与青少年阅读辅导

读者向馆员咨询的问题一般是文献的分类、馆藏地点等，青少年读者的咨询问题也大多如此，对图书馆比较熟悉的青少年读者也会直接找到所需文献，艺术、漫画、文学类居多。一般而言，青少年读者根据自己的阅读喜好、关注热点等向馆员咨询的很少，一方面是因为馆员数量少、时间有限，不太可能提供深入的阅读辅导服务；另一方面则是馆员缺少阅读辅导服务的专业知识。发起面谈、激发兴趣、表达需求、易于接近等，这些都是做好阅读辅导工作不可缺少的特质。谈话最好是由馆员发起的，保持目光交流和真诚的笑容，使青少年感觉他是受欢迎的，因为主动的服务才能拉近读者和馆员之间的距离，便于工作的开展。因此，需要吸收有兴趣为青少年服务的馆员从事这项工作，通过发现问题、解决问题，认清阅读辅导工作的本质以及各种条件，在不断提升自己的前提下，开展持久有效的阅读辅导。

4.2 与中学图书馆合作

中学图书馆日益成为促进学生课外阅读、引导学生阅读习惯形成的生力军。在过去的几年中，各中学都举办了丰富多样的读书节活动，如“我和书的故事”征文、“我和父母同读一本书”、书签设计、手抄报、名著改编等，都吸引了中学生的热情参与，形成了广州读书节的特色。此外，各图书馆还开展了多种多样的阅读辅导活动，既有一般的好书推荐、新书推荐、新生入馆教育、图书馆义工等，也有极具特色的课外阅读选修课，这些活动使图书馆员工积累了丰富的为青少年开展阅读辅导活动的经验。因此，公共图书馆可以在充分利用自身资源优势的基础上，与中学图书馆展开积极合作，共同组织活动，为中学生的课外阅读活动提供场地或人员指导，利用中学图书馆的人力优势，开展最适合青少年阅读辅导的活动。

4.3 吸引青少年主动参与管理

高中学生每学年必须参加一周的社会实践，获得2个学分。高中三年中，学生必须参加不少于10个工作日的社区服务，获得2个学分。这项规定促进了中学图书馆学生义工的快速发展。广东省实验中学的“图书馆义务管理协会”就是由学生组成并实行自主管理的，不仅调动了学生的参与热情，培养了学生的自我管理能力，还在一定程度上解决了中学图书馆人手不足的问题。华南师范大学附属中学图书馆的读者俱乐部也是由学生自己管理，包括二手图书交换、读书讲座、共享资源等内容。由此看来，中学生完全有能力参与图书馆的工作和管理。而公共图书馆阅读辅导服务的对象中有相当一部分是中学生，尤其是寒暑假，中学生的比例相对较大，发挥这部分中学生的主观能动性，使其主动参与管理，从而带动其他青少年的参与热情，扩大阅读辅导服务的影响力。

阅读对青少年的成长具有不可替代的作用，良好的阅读习惯有助于青少年良好人格的形成。青少年是民族的希望，公共图书馆有条件也有义务为青少年阅读习惯的养成贡献自己的力量。

参考文献

[1] J G Saricks, N Brown. Readers' advisory service in the public [J]. *Australian Library Journal*, 1998, 47 (3): 294

[2] What is readers' advisory. *Genreflecting* [EB/OL]. [2010-07-21]. http://www.genreflecting.com/Readers%20 Advisory.html

[3] Readers' advisory [EB/OL]. [2010-07-21]. http://lu.com/odlis/

[4] 周赟. 试论中学生课外阅读指导 [J]. 图书情报通讯, 2005 (1): 61~62

[5] Reader's Advisory Strategies [EB/OL]. [2010-07-21]. http://www.ala.org/ala/mgrps/divs/yalsa/yalsamemonly/yalsamounder/yalsamotopics/readersadvisory.cfm

[6] Guidelines for Library Services For Young Adults [EB/OL]. [2010-07-22]. http://www.ifla.org/en/search/node

[7] 李广建. 青少年阅读心理与读书疗法 [M]. 北京: 海洋出版社, 1997

[8] Teen Read Week Survey 1999 [EB/OL]. [2010-07-21]. http://www.ala.org/ala/mgrps/divs/yalsa/yalsamemonly/yalsamounder/yalsamotopics/readersadvisory.cfm

[9] YALSA's Book Awards & Booklists [EB/OL]. [2010-07-21]. http://www.ala.org/ala/mgrps/divs/

yalsa/booklistsawards/booklistsbook. cfm
[10] 钟智锦. 推荐书目的发展概况及前景分析 [J]. 图书情报工作, 2003 (3): 89~92, 108
[11] 王淑仪. 公共图书馆的青少年阅读推广服务探讨 [J]. 台湾图书馆管理季刊, 1996 (4): 53~60
[12] 读书方法 [EB/OL]. [2010-07-23]. http: //www. gzlib. gov. cn/readcommend/dsff/dsff_ index. do
[13] Barry Trott. Advising Readers Online: A Look at Internet-Based Reading Recommendation Service [J]. *Reference & User Services Quarterly*, 2005, 44 (3): 210~215
[14] 全日制普通高级中学课程计划 [EB/OL]. [2008-03-28]. http: //www. eol. cn/20011113/3009514. shtml

图书馆流动服务的创新探讨
——以广州图书馆为例

袁晋峰[①]

（广州图书馆　510055）

摘　要：汽车图书馆是广州图书馆一道与广大市民息息相关的“免费移动快餐”。自1987年开办以来，伴随着居民文化需求的不断加大，流动服务点从10个增加到30个。本文就技术、宣传、车位、布点以及运行架构等方面的问题进行论述。

关键词：汽车图书馆　流动服务　移动服务

1　面临的问题和不足

1.1　新技术发展及读者群老年化

笔者通过实地观察并做相应的读者问卷调查发现，服务点的读者需求一直在加大，希望能增加到点的次数、藏书能再丰富些，甚至增加些能体现与时代同步及贴身性的科技辅助服务，如短信通知等。同时，在较早开设的服务点中可以看出读者的年龄段在不断老化，新科技阅读方式（如手持阅读终端MP5等便携电子阅读终端设备）也在不断吸引影响着年轻人及有能力掌握新潮阅读方式的中青年人。如果遇到某些大型的社区点，瞬间上车的读者较多时，由于借还书的柜台较狭窄，会令管理员比较忙乱，甚至于已经简化了的快速办证及查询的解答都无暇顾及。

1.2　宣传和配套设施

首先，笔者通过系统观察和历史上随车服务的记忆与管理员交流发现，停车的位置经常被部分业主甚至是属地管理方挪用或挤占，从而导致车载借阅无线设备无法服务，这是“业务数据暴跌”和“读者投诉增多”问题的源头。从这次调研中得知，员村点因为读者的投诉，图书馆迫于无奈向读者解释不能正常到点服务的原因，然后读者向所属区委申诉，继而进入区委与当地街道办的争执和调解的程序中。广州市员村点的事件印证了停车位和供电不稳定的破坏力。而且，有些点在下午5点后下班高峰期的收费车位比较紧张，即使能勉强停车，也只能被“限时”停车，交了费也无济于事。所以，如果车停靠的位置不稳定，服务时间自然就很难足时足量，读者的心态浮躁也在所难免；读者的信心一失，自然新生的借阅源泉就会慢慢枯竭，数据下滑也不奇怪了。

其次，笔者在实地随车调研中观察得到，几乎所有的服务点都没有一个标示着“广州图书馆流动服务点”的宣传牌，即使有，也残缺不全，信息也很久没有更新。对于一个新

---

① 作者简介：袁晋峰，广州图书馆助理馆员。

设立不久并在开设当日有媒体的报道且受到当地小区重视的流动服务点来说，宣传的作用已经非同一般，更何况对那些设立的时间更长，没有任何宣传的设施的服务点来说，意义更加重大。开设时的宣传固然是头等大事，设立后存在期间的宣传同样不可忽视，因为这关系到服务点借阅流量的持续和开发，更因为靠口碑去传递信息很难准确、全面地体现细致、贴身和良好的服务形象。

1.3　布点规划

广州这几年因为道路开发、地铁施工、私车发展和上路的公车越来越多，市区交通因车流量导致的堵塞日益严重。所以，汽车图书馆的流动服务点一定程度上也受到了影响。例如，沙涌服务点就是因为地铁的施工而被撤销。此外，房地产的发展或者某些老国企的搬迁和倒闭，都会对流动服务点的运作带来不利影响。例如，邮电通信设备公司、仙娜灯饰厂、园艺公司的点都因为企业搬迁或倒闭而变得可有可无。前者是因为科技园的搬迁而使员工的生活区变为居民生活小区，后者是因为属于典型的国企倒闭案例而使读者群变得较单一。

1.4　运营组织架构

流动书车的司机归行政部门管辖，而管理员则属于业务部门。一方面，对于安全行车以及车的基本维护检测都需要司机去注重和跟进；而另一方面，管理员需要不断跟进停车点是否稳定，并需关心借阅设备及照明等。如果管理员将太多精力花在协调停车位的问题上，就会影响借阅服务的质量。

2　专业运作和模式创新

2.1　提高运作效率

要提高运作效率需设公关协调专员，组成由主管决策人、公关协调专员、书车管理员三方运转的人员架构，提高汽车图书馆的运作效率。

汽车图书馆的业务职责分工主要有政策业务、公关业务、后勤业务、读者业务四大类。

政策业务是指汽车图书馆的管理规定以及服务方式和品种的制定和策划，搜集各项涉及政府管理的法规和有利于业务开展的政策性文件以备参考。借阅部门当然是政策业务职责所属的主体，也就是业务主管决策人的身份。如果新馆的行政架构有条件，应该成立专门的汽车图书馆流通业务部，以奠定一个专职、高能、持续运作的基础。

公关业务是指应该有相应的专职负责人对口协调停车点的问题，面对计划新开设的点以及旧点出现停车难的状况，要求公关人员必须发挥公关技术力量与当地的街道办等相关所属政府机构打好交道，包括各项缴费、报批的手续甚至协商宣传展示牌的安置等。专职人员可以是部门架构内的编制，也可以是公关部门的编制。对于新馆，最理想的是公关部有专职的分管员。但是，公关业务的开展必须从属于政策业务的授权。

后勤业务指专职的公关协调员负责安排相关的技术工（包括司机）对停车点电源的接驳维护以及车载借阅设备的常规检修等，包括车本身的正常年检及各种专业维修。保证出车前所有设备能正常运转使用或者有后备车能应急顶替。因此，它不仅是公关协调员后勤业务要求的体现，同时，也是对运载图书和借阅设备的车的要求——就是能提供服务的书车也必须有 2 辆以上的规模。同时，这也是与新馆服务有机辐射效应互补的最基本物质的基础。

读者业务是指书车管理员面对读者所有的图书借阅手续和咨询服务的解答，包括车上所有书籍的更新及设备的整理，甚至是车运行后所有的与读者业务相关的临时调度（指应该充当车出发后车上的最高指挥者）即因应区别于总馆阵地服务运作方式的特殊性操作建议和执行。司机与管理员之间在车上只是主管与协管的关系。只有把所有属于公关业务、后勤业务这两项业务类的事情从现在的管理员身上分离出来，改变“一把抓”的特色，管理员才能做到“专心、专注、专业服务”。

上述的架构形成了，业务就自然清晰、流畅。只有这样，才能加强对服务点所属行政机构的公关协调，签订有相当法律约束力的服务协议，督促、保证有专用的停车位置、有相应的接电供应设施、有标志性的服务点宣传牌展示、有运行良好的借阅设备和车辆正常的到点服务。

2.2 改变粗放型发展模式

首先，把同市中心城区各行政区内停车和供电问题相对较少或者读者量较多的质优点列为优先维护和重点发展对象，以点带面，吸引周边的居民流量，树立各区的优质流动服务形象。例如，可以先把海珠区的南石头点、白云区的同德花园点、天河区的棠下小区点列为重点服务点，使其有最充足的力量去协调、加强停车位的最大化和稳定；同时，适当调整减少同区其他点的服务时间，保证重点服务点的服务时间有足够多的增加量，并且尝试做好“流动服务点宣传展示牌的试点”。也就是说，先重新抓好流动服务点的“质”，再去追求流动服务点的“量”。即使某些点会因为客观上不可调和的矛盾，服务的时间有所减少，我们也应该让读者明白这只是暂时的。短暂的缩短是为了以后能提供更多的优质服务。例如，邮电通信设备公司的点因为停车点的限制可以撤销，新港加油站的点因为人流量少及安全性低可以撤销，机场西生活小区中心以及员村的点因为环境位置的特殊性可以缩短服务时间或改点，广州芭蕾舞团的点可以转型作集体借阅点。

其次，吸收群众性文化集结地的优势，争取与各行政区的群众文化广场或者较有影响力的文体活动中心的联合，构建一个由上层政府机构主导，由我馆承接的流动服务点。在天河体育中心及各区的青年文化宫等布点，也可以适当在各大型企业内设集体借阅服务点给予流动服务补充和延伸。如果条件合适，调整到位，群众文化广场类的点也可以作为各区和重点服务点，也就是“标志性示范点”。

在白云区同德花园点的周边有同德乡、上步村等密集社区，也有人流量较旺的同德文化广场，如果设点能兼顾周边居民文化所需，更具“西部流动点”的代表性。

随地产建设布点不是一个稳定而持久之计，因为业主车位及巨大的商业利益不可能为流动书车提供独立而稳定的停车保证，更加不会因为车位而改变它原本的建筑规划。

2.3 引入“流动公交”的理念

要引入“流动公交”的理念，首先要学会使用“循环流动”的服务方式。

循环流动式服务，是指每辆书车在每一个工作服务日在同一个行政区内各个社区流动服务点循环流动服务，从第一个服务点起流动到最后一个服务点，然后再回到第一个服务点服务直至服务时间结束。这种服务方式以优先安排并增加或保证重点服务点的服务时间为原则，其他点限停 1 小时，保证每点之间途中所需时间有半小时以上。同时，每天出车的点安排 3 个为宜，如果同区的点较多，可以先分为 1 区、2 区，依此类推。这种方式最大的好处就是，让重点服务点居民读者在每个月的同一天都可以享受到服务。以海珠区的点为例：南石头（10：00 ~ 12：30）→新港加油站（13：30 ~ 14：30）→晓港中马路（15：00 ~ 16：00）→南石头（16：30 ~ 18：00）。

在国外流动服务车的运作方式中，俄罗斯发展得比较早，其“巡回服务路线”的实施方案可以作为广州图书馆流动书车服务长远规划的借鉴。如果能建成每一个停车的地方就是一个港湾形状的车站式服务点，那么所有停车位的供配电、宣传展示牌的设置、安全性借阅环境的保障、服务点位置的明确等问题都可以迎刃而解，甚至可同相关部门合作，构建汽车图书馆运作的资金链。虽然我们可以有条件地借鉴，但是，需要视路政及交委等相关部门的协商情况而定，然后逐步地循序渐进。也就是说，要先把我们固定的服务点模式变为中期规划的“循环流动”的服务方式，然后再向“流动公交”的服务模式转变，这需要一个较长的过程。

2.4　利用无线通信、物流配送以及地铁

流动服务是图书馆服务体系中不可或缺的活力部分。流动图书馆的进一步发展是图书馆总馆阵地服务的有机延伸，而移动通信技术恰恰是能提供有机延伸的活力催化剂。对于流动服务点的读者来说，通过“短信通知”，能够接收由无线信号传送“到点前的信息”、“借阅的信息”、“服务变更的信息”等，比能经常到总馆接受服务的读者更有需要，而且更觉得贴身和便利。因为，能提供越来越人性化的服务，能享受到越来越普及的手机带来的移动便利，我们的流动服务就更能应对电子书等“潮流阅读”的冲击，提高中青年群体对流动图书馆服务的关注和接受度。因此，对于流动图书车所承担的职责就是，推广“手机电子书”的应用。具体来说，就是把流动服务点可持续发展的读者、对于有强烈电子阅读需求的这类群体引入到我馆“电子书”的阅读中去，给予流动服务点办证的读者更多移动阅读的便利和权利。例如，优先免费开通电子书下载阅读的功能。

广州图书馆虽已有盲人阅览专区，但是，对于其他行动不便的伤残人和独居老人来说，这依然是一个空白。本来，流动图书馆其本身的流动服务性质就应该很好地填补这一个空白，因为这可以有效弥补总馆阵地服务上的不足。或者“残障服务”并不应该成为图书馆的主要业务，但是要意识到能够真正照顾到这一群体，本身就是图书馆业务一项实实在在的和谐服务内容、一种亲民的进步举措。如果要实施“残障服务”，我们的流动书车必须配置一辆中巴式专用小车。它主要的功能就是为了满足弱势群体的需要，体现的作用是保证残障读者、独居老人等特殊群体有一个享受图书馆服务的平台硬件。当然，可享受服务的范围不可能无限扩大，可申请服务的条件其实也并不难界定。例如，只能面向中心四区社区的居民，如果是老人院等的可安排为“集体借阅点”预约服务，至于申请条件，也可与残联及老龄委等机构协商认定。

面对有高层次需求“预约服务”的读者，我们应该引入速递业务，不过需要支付一定的费用，而这部分费用是由速递公司与读者之间的协议所产生。也就是说，读者预约的图书到馆后，读者可选择自动配送到家或者是自行到馆取书，如果希望速递配送，那么收书前必须认可并交付相关费用，费用由速递公司上门收取。虽然，通过与速递公司的联合，载体本身并不是我馆的书车，但是，同样是能体现我馆“流动服务”的另一种延伸。

在地铁广佛线上的交界站口设“中转士多”，让同城化服务的体系奠定一个可操作的基础。其最基本的功能就是首先满足于两地往来频繁的工作者使用两地图书资源上的便利，然后就是能最大的实现两地居民享受“一体化”服务的试点铺开。在这个“士多”站，读者能实现两地的通借通还，能自助查询两地图书馆的图书信息，通过流动书车对异地归还的书刊能在较短的距离中定时归类到各自的馆藏地。流动书车扮演了一个传送大使的角色，为两地读者的同城化服务无缝地“联起来”。

参考文献

[1] 陆锐梁．“移动”的阅读和“不移动”的图书馆服务［J］．科技情报开发与经济，2008（19）：11
[2] ttdown123. 流动图书馆服务．互动百科词条，［2010－04－27］http：//www. hudong. com/wiki/% E6% B5% 81% E5% 8A% A8% E5% 9B% BE% E4% B9% A6% E9% A6% 86% E6% 9C% 8D% E5% 8A% A1
[3] 孙萍．图书馆实现移动服务技术方案的比较［J］．图书馆工作与研究，2008（10）：59

高职院校图书馆工学结合办学模式下的创新服务

林　静[①]

（广州铁路职业技术学院　510430）

摘　要：作为高职院校教学和科研活动的重要支柱的图书馆，如何适应工学结合办学模式的变化已成为高职院校图书馆面临的新课题。新的办学模式要有新的服务模式，这也是高职院校图书馆遇到的前所未有的挑战。本文对高职院校图书馆的现状与工学结合办学新模式下图书馆服务的新特点以及配合新模式办学下的图书馆具体创新服务措施进行了探讨。

关键词：图书馆　工学结合　办学模式　创新服务

工学结合在高等教育和职业教育领域越来越受到重视。2006 年 3 月教育部颁布了《教育部关于职业院校试行工学结合、半工半读的意见》，2006 年 11 月教育部发布了《关于全面提高高等职业教育教学质量的若干意见》，把工学结合、半工半读作为高职教育人才培养模式改革的重要切入点和示范性高职院校建设的标准之一，再次强调提出要改变以学校和课堂为中心的人才培养模式，大力推行工学结合、半工半读制度。根据《国务院关于大力发展职业教育的决定》，教育部、财政部启动了国家示范性高等职业院校建设计划，也是将工学结合作为高等职业教育人才培养模式改革的重要切入点提到日益重要的地位。在新的形势下，全国高职院校纷纷思考和探索工学结合、半工半读办学模式，加快推进职业教育人才培养模式的根本性转变。作为高职院校教学和科研活动的重要支柱的图书馆，如何适应高职院校工学结合办学模式的变化已成为高职院校图书馆面临的课题。

1　高职院校的特点和图书馆的现状

近几年高职教育的规模扩展得很快，但人才培养模式的改革未能及时跟进，基本上还属于“本科压缩型”。高职院校大部分教师缺乏生产实践的锻炼，受传统普通高等教育的影响，课程体系和教学内容过分强调理论的系统性，教师习惯于“粉笔 +黑板”的授课方式，学生习惯于听理论、背理论、考理论。这种以学校和课堂为中心的人才培养模式不利于实践能力和职业素质的培养，严重影响高职人才培养的质量和特色，进而影响到高职教育的生存和发展。高职院校工学结合是一种学生学习与工作相结合的教育形式，是高等职业教育人才培养模式的重大创新和深刻变革。它的最大特点是学生学习的开放性、实践性和职业性。实施工学结合对于高职院校学生来说，意味着走出纯理论讲授的教室，以“职业人”的身份参与实际工作，在工作实践中学习成长。

高职院校图书馆素有“学院的心脏”之称，是学院进行教学和科研活动的重要场所。

① 作者简介：林静，广州铁路职业技术学院图书馆助理馆员，发表论文多篇。

高职院校图书馆要顺应时代发展的潮流，成为当前高等职业教育教学改革的前沿阵地。长期以来，由于主客观条件的限制，高职院校图书馆一直被认为是文献资源的管理部门，其发展局限于收藏文献资源等方面。读者服务工作也仅仅围绕借借还还进行进行，图书馆处于坐等读者上门、“守株待兔”的被动式服务。随着社会的发展，现代技术的进步，特别是高职院校教学改革的不断深入，在工学结合办学新模式下读者对知识信息的需求不断深化，高职院校图书馆必将被赋予更新的形式、更新的功能。因此，高职院校图书馆必须要及时调整方向、提高认识、转变观念、更新观念，把创新意识融入图书馆事业中，主动抛弃一切不合适的观念和行为，充分发挥图书馆的资源作用，拓展图书馆的教育职能，从传统管理模式向新的办学管理模式转变，思考和探索工学结合、半工半读的办学模式，加快推进职业教育人才培养模式的根本性转变，从而更好地发挥图书馆的作用，提高高职院校图书馆的工学结合办学模式下的服务效率。

2 工学结合模式下高职院校图书馆服务的新特点

2.1 文献信息内容的转变

工学结合模式培养的是学生的综合职业能力。这种能力是在学习掌握专业知识和职业技能的基础上，通过对专业知识和实际技能的运用、迁移和类比，并与相关的一般能力相整合而形成的。它由专业能力、方法能力和社会能力构成。专业能力是指学生运用所学专业知识和专业技能解决实际问题、完成职业工作任务的能力；方法能力是指学生具有不断获取新信息，能随着科技的发展不断学习、更新知识和技术的能力；社会能力是指一个人在工作学习和社会生活中应具有的交流与协调能力、竞争与合作能力、团队精神、责任感和抗挫折的能力等。高职院校图书馆要根据工学结合办学模式的变化和学生需求的变化，加强图书馆新技术信息建设，以就业为导向，以能力为本位，以技能为中心，以职业道德为核心，调整和充实图书馆文献信息资源建设和服务工作思路，主动适应学院教学改革的需要，尽可提供学生所需的文献信息资源，包括学生到企业学习或实习所需的新内容。

2.2 读者利用文献资源的方式从集中借阅转向分散借阅

在传统的文献资源借阅服务中，学生一般只是到学院所在地的图书馆借阅资料。在工学结合办学模式下，学生有大量的时间分散在各地的企业，在各个学习场所学习或实习，文献资源借阅服务的对象扩大到社会各地。在各个地方学习和实习的用户都是图书馆的服务对象，只要有计算机终端联网或信件能到达的地方，就能接收到图书馆信息资源，学生的借阅方式从集中馆内借阅转向分散各地借阅。

2.3 读者对文献资源的需求向广泛性和及时性转变

过去，学生文献资源需求的范围主要集中在本馆所收藏的馆藏文献资料上。在工学结合办学模式下，由于信息技术、因特网技术的发展给图书馆用户提供了寻求广泛信息和及时性信息的条件，要求图书馆提供的文献资源不仅是馆内藏有的文献资源，还包括馆藏以外的文献资源；也不局限于纸质文献信息资源，还有电子文献信息资源。学生更多地使用与自己所学专业有关的最新网上信息资源，而这些文献资源已经渗透到社会和网上各个文化和科学研究领域。因此，读者对文献资源需求的广泛性和及时性构成了他们现在的特点。

2.4 服务手段由传统方法向现代化转变

科学技术和网络技术的发展对高职院校图书馆的服务工作提出了新的要求，传统的服务已满足不了网络环境下读者的需求，高职院校图书馆要利用远程检索系统及校园网将网络信息资源和馆藏信息资源结合起来，充分利用联机检索技术、光盘检索技术、因特网网络技术，使学院师生可以不受时间、地点的限制，在馆内、馆外的学生都可查阅本馆的文献资料，打破了图书馆的围墙限制，并可在网上办理预约、续借手续，还可以推荐优秀书目、最新书讯。凡是通过因特网、校园网、E-mail 传送的文献信息，学生都可以不受任何时间、地域限制提出咨询问题，图书馆可利用常见问题解答数据库、电子邮件、电子公告板、交流、共同浏览等形式及时提供准确可靠的答案，实现图书馆与校内校外师生的双向交流。

3　高职院校图书馆根据工学结合办学创新服务新模式

服务是图书馆永恒的使命和一切工作的核心。在制定图书馆各项业务工作和发展规划时都应以服务为核心，一切从为读者服务出发，即全员全程服务读者。

3.1　牢固树立读者第一的服务宗旨

人们在界定服务概念时，大多认为应该是被服务方主动要求而服务方被动实施。这体现了对被服务方的尊重。过去的图书馆一直采取学生填写索书单，馆员按需求借书的方式。即使有的图书馆现在已经采取全开架服务，也都是由学生自己选书。这样的流通手段弊端在于学生取非所需，盲目借还。这样使得学生浪费大量时间，又因为反复的借还浪费了馆员的劳动力。反之，服务方站在主动的位置，从读者踏入图书馆第一步就根据其需要进行指导则事半功倍。这也就是常说的人性化服务。工学结合办学模式下的图书馆必须具备这种人性化服务，在服务过程中要重视学生的各种现实需求和潜在需求，满足学生全面发展的需要。图书馆只有牢固树立“以人为本”的理念，才会把人性化服务落到实处。图书馆的技术装备与信息资源建设都要围绕工学结合办学模式展开。要掌握工学结合中学生所需的各专业信息资源，为开展主动服务打下良好基础，图书馆员必须加强学习了解本院校的各专业信息，能够较全面、准确地掌握各专业藏书情况，强化服务意识，实现服务方式多元化、服务内容综合化，提高阅览、检索、网上查询等全方位服务的质量。加强与读者沟通，取得读者的支持与协作，最终使读者满意。

3.2　加强工学结合文献资源的建设

文献信息资源是图书馆对工学结合办学模式服务的物质基础，馆藏文献资源的合理与否直接影响为工学结合模式教学服务的质量。任何一个部门、信息中心都不可能在有限的人力、馆舍、经费的情况下，把所有的信息采集齐全、加工整理并迅速传递。如何建设一个合理的文献信息资源保障体系，是图书馆做好工学结合办学模式服务工作的重要环节。这要求我们正确处理各种馆藏文献信息之间的结构比例关系，全面均衡地提供文献信息，构建一个合理的文献信息体系，要求我们进行详尽而科学的调查研究，弄清楚各方面的文献信息要求是什么；然后根据读者的多少、专业设置的多少、文献需求的不同特点等，制定出一个经费分配标准，拿出一个相对科学而完善的方案和采购计划，构建一个科学合理的图书馆馆藏文献信息资源体系，为需求多样的读者提供全面、均衡、和谐的文献信息服务。同时应加强实验、实训方面的文献信息资源建设，尽量避免重复，实现资源共享，发挥文献的最大效应。高职图书馆文献资源建设要以学院和社会企业的需求为依据，组织文献采集、收藏，既要考虑学院基础课、理论课的文献的收藏，还要照顾到工学结合的各专业文献资源的收藏，逐步形成高职院校图书馆工学结合办学模式下独具特色的藏书体系。

3.3 优化和开发图书馆工学结合文献资源

挖掘潜力，做好文献资源开发及服务工作，就是要求高职院校图书馆要遵循图书馆活动的规律，拓展图书馆的信息服务，系统、高效地对本馆馆藏及网络信息资源进行选择、组织和整理，这是高职院校图书馆主动适应工学结合办学模式的重要内容。高职院校图书馆在进行文献资源开发及服务工作时应考虑师生需要，从师生最迫切需求的领域去考虑信息资源的开发，根据现有的人力、物力、财力、技术、设施等可能条件，采取各种方式方法，最大限度地开发现有的文献资源，使其得到充分的利用，将最新的教学资料筛选、提炼为二次或三次文献，供师生参阅使用。在充分利用馆藏资源的同时，还要开发虚拟馆藏资源，另外特别要突出特色文献资源开发及服务。高职院校图书馆经过多年的建设，在文献信息资源收藏的基础上逐渐形成了自己独特的风格和资源优势。图书馆要优先开发自己有特色的专业信息资源，发挥本院校专业资源的优势。工学结合文献信息资源的开发在项目选择上要有重点并尽快实现规模化，文献信息资源的开发在技术手段上要鼓励创新，形成自己独特的方法、技术。根据师生的需求有目的地进行不同类型、不同深度文献信息、资源和网络信息资源的开发及服务，建立信息库，加速信息流通。

3.4 为读者提供方便快捷的文献传递服务

这是传统远程服务在网络环境下的延伸和拓展，是网络环境下图书馆为满足读者的实时需求、提高服务效率而采取的服务方式，主要是指由文献信息提供者将储存信息的实体（不论何种形式）传递给使用者的活动。高职院校图书馆通过邮寄或互联网向院内外的读者提供各种原始文献服务，包括本馆收藏的印刷版、光盘版和网络版数据库文献资源等。通过邮寄或互联网向院落内外的读者提供各种原始文献服务，为读者提供体现人文关怀的个性化信息服务，包括推送服务和以读者为中心的智能化系统。

个性化服务是“以读者为中心”的图书馆理念的具体体现，它代表了图书馆界为改善图书馆服务所做的不懈努力。它为读者提供了一个满足个人需求的框架与工具，在这个框架内，读者可以自由地支配属于自己的资源与工具。高职院校图书馆特别要利用工学结合办学模式中各专业与校企合作的信息挖掘、知识发现、智能代理等技术对各种信息资源进行过滤，使读者得到所需要的个性化信息精品，然后利用电子邮件、频道推送或建立用户个人网页等方式传送给用户。另外，创造条件为读者提供实现自我服务的自助服务方式，并逐步扩大自助服务的内容，主要包括开架借阅、网络查询、网络续借、网上预借等。有条件的还可开设自助复印、自助外借、自助还书、网上互借等高级服务。随着读者信息素质水平的提高和图书馆服务意识的不断增强，高职院校图书馆应逐步扩大自助服务的内容，使之上升为高层次的服务形式。

3.5 做好读者检索教育和提高馆员素质

随着图书馆事业的发展特别是数字化进程的加快，各种服务项目的增加和更新，不仅要求图书馆工作人员要具备图书馆学专业知识和计算机技能，也要求读者具备查找信息和利用信息的能力，这是工学结合办学模式下新时期高职院校图书馆面临的教育和提高馆员素质的新课题。这一课题要帮助工作人员和读者不断适应工学结合办学新模式下图书馆特别是数字图书馆的新环境。高职院校图书馆创造条件开设“文献检索和利用”，使大学生和教工学会检索信息的技能，从而更好地利用图书馆。图书馆的读者教育应强调工学结合个性化的培训，注重提高读者现代信息意识和信息分析能力以及信息检索和获取有用信息的能力，能及时、快速地从庞大的文献信息海洋中获取自己所需要的知识，为读者在今后的工作和生活中的自助服务打下良好的基础。

图书馆的建设、馆员队伍的建设是根本，要不断优化馆员队伍结构，提高馆员的综合素质。一方面按照高职教育工学结合高速发展的需要，高起点合理配置图书馆人才，根据现有状况，有计划、有针对性地引进图书馆学专业人才；另一方面要有计划地对现有馆员开展一系列关于工学结合办学模式的培训，加大图书馆员的智力投资，开发图书馆的人力资源，加快人才培训，实现终身教育，要把图书馆的工作变成一个永无止境的学习过程，变单一型人才为复合型人才。网络时代的到来，图书馆员必须具备相应的网络知识和技能，要懂得全球网络信息的识别、组织和服务，懂得一些不同学科的网络信息系统的技术及其应用，还要懂得数据库理论和知识，以便更好地服务各种类型和专业的读者。图书馆可实行轮流换岗制，防止因图书馆工作分工过细，造成图书馆员视野不宽、能力单一。工作人员要在不断地轮岗中，适应各种岗位，了解图书馆全貌并树立全局观念。

高职院校图书馆要真正适应工学结合办学模式新形势的发展，必须转换思想观念，树立新的教育思想和办馆理念，优化资源配置，强化现代化管理，以人为本，服务至上。这样才能真正适应学院的发展，为高等职业技术教育事业作出应有的贡献。

参考文献

[1] 杨雪琴．谈基于工学结合人才培养模式的高职院校图书馆文献资源建设［J］．河北科技图苑，2009（3）

[2] 丁海晖，林伟峰．高职院校图书馆适应新形势发展的理念［J］．浙江水利水电专科学校学报，2004（4）

[3] 王斌．高职院校主动适应工学结合办学模式之我见［J］．高校教育研究，2008（9）

[4] 郑晓兰．网络时代图书馆的信息资源开发与利用［J］．甘肃政法成人教育学院学报，2004（2）

[5] 江源．高校图书馆服务理念与服务模式创新［J］．上海管理科学，2009（10）

[6] 刘紫婷．高职院校工学结合人才培养模式的实践与探讨［J］．中国高教研究，2007（8）

以新馆建设为契机，创新图书馆服务
——以深圳图书馆为例

田春艳[①]

（广东外语外贸大学图书馆　510420）

摘　要： 本文以深圳图书馆新馆为例，阐述了信息环境下现代公共图书馆建筑的新特点，以及随之出现的图书馆服务的创新和变化，阐述了图书馆建筑与图书馆服务理念的关系。

关键词： 图书馆服务　图书馆建筑　图书馆理念

2008 年 9 月，国家图书馆二期暨国家数字图书馆正式开馆，建筑面积 8 万余平方米；同样在 9 月，杭州图书馆新馆开放，面积达 4 万余平方米；同年 10 月，湖北省图书馆新馆动工，总建筑面积超过 10 万平方米。图书馆新馆建设在全国各地兴起。与此同时，信息和网络技术的飞速发展使图书馆赖以生存的信息资源形态、服务功能和模式都发生了很大的变化，对现代图书馆的建筑架构和布局提出了新的要求和挑战。本文以深圳图书馆新馆为例，阐述现代公共图书馆新建筑的特点，旨在探讨信息时代如何优化公共图书馆的建筑布局以更好地为公众服务。

1　信息时代图书馆建筑的新特点

1.1　空间开放灵活

与传统图书馆建筑空间封闭固定、平面布局分散相比，现代图书馆建筑普遍而言相对开放灵活、空间组织方式集中。现代公共图书馆秉承开放理念，坚持人人都能走进图书馆、图书馆也走近社会大众。因此图书馆建筑从选址、布局、空间组织方式等各方面，都向社会成员充分开放——馆址方便到达，内部普遍采用大开间软隔断，馆内资源最大限度地接近用户等，这些举措扩大了文献信息资源的交流，让社会公众都能享受图书馆的各项服务，方便地获取知识与信息，真正将图书馆建成了一个开放系统。

1.2　功能丰富多样

上海图书馆馆长吴建中博士说，今天的图书馆不仅能满足人们的阅读需求，而且能满足人们的情报需求、教育需求和娱乐需求，成为存储和传播知识的中心，成为终身教育和文化娱乐的中心。现在的公共图书馆建筑，很多已成为城市的标志，又与周边的整体环境巧妙融合、相得益彰，再加上内部装饰营造的浓郁的文化氛围，这都让图书馆日益成为一个文化中心、文化现象。新的建筑理念和模式，实行大开间、大开放，整个图书馆通透明亮，环境舒适，穿行其中身心放松，更有报告厅的讲座、咖啡厅的香浓咖啡、交流空间的热烈讨论等。

① 作者简介：田春艳，广东外语外贸大学图书馆馆员。

诸如此类传统图书馆无法想象的服务，都已在现代图书馆变为现实，并已成为吸引读者进入图书馆的重要因素。

1.3 楼宇智能化

现代信息技术和互联网的飞速发展，涌现了海量的数字信息资源和网络信息资源，使图书馆资源的类型和结构日益多元化，出现了传统的实体馆藏资源和虚拟馆藏资源并存的局面。信息时代的图书馆，除了建设实体馆藏资源，更要大力建设虚拟馆藏，传统图书馆建筑显然已无法满足这样的要求。新的图书馆建设，在这方面有着无可比拟的优势。现代图书馆建筑普遍采用综合布线、智能门禁和高端服务器系统，整座图书馆高度智能化。遍布的网络节点、正在逐渐普及的无线网络、拥有几百台电脑的电子阅览室，这些是科技发展对图书馆建筑的要求，是信息时代图书馆建筑的显著特征。

1.4 自助设备日渐普遍，信息共享空间开始萌芽

与传统图书馆读者进入图书馆后与图书馆的一切关联都必须通过与图书馆员的互动来完成不同，现代图书馆在建筑上很好地体现了读者参与的理念。日益普遍的自助还书箱、越来越先进的自助复印机和自助借还机、随处可见的检索机等，让读者进入图书馆后能够自己体验和参与，实现真正的自由行走。与此同时，信息共享空间概念的传播，使现在的图书馆在新建馆舍时已经开始考虑引入和建设，这正是读者参与的最好说明。

2 深圳图书馆

深圳图书馆新馆位于深圳市行政文化中心区内、风景秀美的莲花山前，总建筑面积近5万平方米，设计藏书容量达400万册，提供阅览座位2 000个，网络节点3 000个，日均可接待读者8 000人次。

2.1 开放、平等、自由、服务

深圳图书馆一直强调服务立馆，这是他们的办馆思想和方针。在新馆落成开放之际，更是将“开放、平等、免费”作为服务的理念和宗旨，并在实践中予以贯彻落实。新馆建筑实行全开放、大开间、无间隔的模式，空间灵活，弹性可变。整个图书馆的建筑内部，完全敞开通透，几乎没有墙和门的概念，读者在馆内可以自由漫步、尽情享受。新馆开放后不分户籍，敞开办理借书证，向所有人开放所有阅览室，并在全国率先实行办证和一般性服务完全免费，打印、复印等仅收取成本费，让大家切实感受到这是一个真正的公共图书馆，享受到了平等、免费使用图书馆的权利。

2.2 高度智能

深圳图书馆不仅外观大气，而且建筑内部更是高度智能化。入口外有24小时自助还书机，用户将图书投入后通过机器操作可以立时实现还书，并能提供打印凭条，而不像常见的还书箱，最终还需人工完成还书手续。同时，馆内也分布有许多自助借还机，用户通过登录自助图书服务系统，完全自主完成借、还过程，无须动用工作人员。据统计，新馆开放后，图书日均外借量约1.2万册，周末高峰达3万册，其中95%是通过自助设备完成的，而几乎所有的还书量都是通过自助方式完成的。此外，新馆还有先进的自动化密集书架，工作人员通过液晶显示屏输入需要取用的书刊分类号，系统会自动定位打开所在书架，并同时启用照明系统。

深圳图书馆还是国内首家大规模全面应用无线射频识别RFID技术的大型综合性图书

馆。在应用过程中，深圳图书馆通过自己强大的技术力量，进行了很多创造性的研究和改造，开发了文献智能管理系统，研制了智能书车，这些都解决了很多难题，如实现了文献定位导航、减少了错架乱架等。而此前介绍的大规模的自助借还模式的完成，也是依赖于 RFID 的应用。并且，RFID 技术的创造性应用还产生了一个重要成果，就是城市街区自助图书馆在深圳的出现。

设备的高度智能化，大大节省了图书馆的人力资源成本，同时又开创了以自助服务为主的服务模式，让读者有一种“我的图书馆”、“我是图书馆的主人”的欣喜感和满足感。

2.3　合理创新的功能布局

深圳图书馆新馆内部功能布局，整体而言着眼于读者的需求和便利，根据资源利用率的高低来组织资源走向，既合理又有创新。中文报纸、大众期刊这些利用率比较高的资源都分布在一楼，同时为了方便出入，视障阅览室也设置在一楼。二、三楼为图书借阅区，提供中外文图书的借阅服务；四楼为信息服务区，提供多媒体视听、电子阅览、信息咨询服务、网络服务等；五楼为专题服务区，按专题类型分为商贸、法律、时装、东盟信息资料中心及外文报刊区，主要针对研究型读者提供专题文献阅览及咨询服务；六楼为特藏服务区，提供深圳地方文献阅览、台港澳文献阅览、保障本图书、缩微资料和古籍文献阅览。概而言之，1～3 楼主要面对普及性文献和大众类读者，4 楼主要面对电子资源和技术类读者，5～6 楼主要面对参考保障文献和研究型读者。同时行政和业务办公用房与读者区完全分开，采用独立的通道。这样的布局，符合用户规律，将读者人流和书流完全分开，减少了读者流动和图书馆业务工作带来的干扰，既节省了读者时间又有效避免了由此而形成的喧闹，保障了图书馆安静的环境。依照专题而设立的服务区，打破了传统图书馆按文献资源类型分区的模式，将同一主题的文献，包括中外文报纸、期刊、图书、数据库等全部集中，让读者在一个区域内可以比较全面地找到自己所需的某一主题的资料，省去了以往因资源分散在不同区域、不同楼层，读者不得不来回奔波的辛劳，不仅节省了大量时间和精力，更让同一行业的人员有了相互认识和交流的空间。因为通常情况下，进入专题服务区的读者，多是这一专题领域的专业人士或是对这一专题有着浓厚兴趣的读者。这样的专题区，无疑为他们提供了相互沟通交流的场所和机会。

2.4　富有创意的家具设备

深圳图书馆新馆内的家具设备不仅美观大方，与建筑整体风格协调一致，满足了图书馆的功能需求，而且在细节上非常富有创意。

图书馆充分调动全体员工的积极性，鼓励大家参与图书馆的建设。在一线长期接触读者的员工们，对读者的喜好和需求有一定的了解，为家具配置提供了很多既有效可行又充满创意的思路和想法。每排书架中有一个活动架，刚好是一般人伸出胳膊就比较舒适的高度。这个活动架，平时滑进去完全看不到，不占用空间也不影响整体，拉出来既可以充当读者在挑选图书时临时的阅览桌，又给工作人员倒架、整架、排架等业务工作提供了一个缓存的空间。为了方便读者，服装主题区域的阅览桌不同于一般阅览区，采用的是转角弧形阅览桌，便于放置设计图纸和开本不规则的设计类书刊参考资料。采编部等后台支持部门的工作用桌，一侧的柜子拉出来立刻成为一个简易床铺，解决了后台工作人员中午时间长却没有地方休息的问题。图书馆在这些设备上用心良苦，目的就是努力为读者和员工创造一个舒适惬意的环境。员工通过参与图书馆的建设，不仅充分展现了集体智慧的无穷力量，增强了主人翁的姿态和使命感，更让员工实实在在地感受到了集体的关怀和温暖，提高了工作效率，同时也给读者一种舒适愉悦的享受。

2.5　浓郁深厚的人文情怀

深圳图书馆新馆不仅现代化程度和科技含量高，而且展露了深厚的人文情怀。一楼设有视障阅览室，有专门的无障碍通道和洗手间，与一般图书馆出于卫生和安全考虑忌讳设立餐厅不同，深圳图书馆为方便读者和员工，在与图书馆大楼相通的裙楼和图书馆七楼分别设立了读者和员工餐厅，解决了进入图书馆后就餐困难的问题，有效节约了大家的时间。此外，家具设备的选择与配置也处处体现出以人为本的理念。单阅览桌就有好几种规格，报纸阅览桌是有一定倾斜角度的，这样看报时不会太辛苦；自然采光稍弱处的阅览桌上装置有台灯，这样读者可以根据需要自己来调节照明；还有一些阅览桌，中间设有高度合适的小挡板，既保护了读者隐私，又没有过分遮挡视线给人压抑的感觉而影响整体效果。馆内陈设的大量盆景、绿色植物等，不单只是装饰了环境，在读者感到疲惫时抬眼欣赏一下身边的绿色，身心都得到了放松，真正感受到了图书馆对人的细微关怀。单独设立的员工通道、洗手间以及茶水间、活动室等，为他们创造了一个相对舒适的工作环境和氛围，充分表现了图书馆对员工的体贴和关心，让员工可以安心地投入工作，更热情地为读者服务。

2.6　突出自助服务模式

前面已经阐述过深圳图书馆的高度智能化，馆外有 24 小时自助还书机，保证读者即使不进图书馆也能随时还书；馆内分布有大量的自助借还机，读者不用通过工作人员也可以自己完成借、还，一方面节省了人力，提高了读者参与的程度，另一方面也有助于保护读者的隐私。如果说新馆建筑内外大量分布的自助借还设备，让读者来到图书馆可以在图书馆内实现完全自助服务，那么已经投入使用的城市街区自助图书馆，则让距离图书馆较远的读者不用花费大量时间和精力亲临图书馆，在社区就能就近完成图书馆的办证、借还、查询和预借等服务，突破了传统图书馆地域和时间的限制，像银行 ATM 一样 24 小时自助服务，方便又经济。深圳全市已经完成 40 台自助图书馆的布点并投入使用，预计未来两三年将达到 300 台。届时深圳图书馆的服务将延伸到城市各个角落，让市民能平等享受图书馆服务，保证了公众享受文化福利的公平性。

2.7　功能丰富的文化中心

深圳图书馆已不再是传统意义上作为城市文献集散中心的图书馆，正逐渐发展为城市的文化中心。越来越多的市民选择到图书馆度过节假日和休闲时间，大量学生到图书馆度过寒暑假，图书馆已经成为公众业余文化休闲生活的一部分。定期在一、二楼展览大厅举办的展览，五楼报告厅每周举行的讲座以及培训教室里的各种培训，都吸引了大量的公众走进图书馆。图书馆已成为深圳市民享受终身教育的知识殿堂、陶冶身心的文化场所，成为深圳的文化品牌。

3　图书馆建筑带给图书馆服务的发展方向

3.1　图书馆功能无限扩展

近年图书馆建筑的蓬勃发展告诉我们，图书馆不但不会消亡，并且“正在成为现代及未来社会不可或缺的社会文化设施，而且通过其宏伟生动的形象、丰富多彩的活动预示着图书馆功能无限扩展的可能性”。福赫特博士认为：“图书馆建筑将仍然发挥作用，特别是公共图书馆将显示出越来越大的社会价值。图书馆将成为很好的聚会场所，成为社区跨种族和语言障碍的桥梁，成为社区的信息中心，受到社会广泛的尊重和信任。”

越来越多新建的公共图书馆建筑，已经用建筑内部的功能分区和设置明确告诉我们，现代公共图书馆不再只是收藏图书资料的地方，也不再是单纯的信息中心，而是正逐渐发展为公众业余学习、休闲、文化和交流的中心，成为市民日常生活的组成部分。因此不难想象，未来的图书馆建筑在满足无限扩展的图书馆功能上必将会有更多的创新和发展，图书馆的功能会越来越丰富，图书馆与大家的联系也会越来越紧密。

3.2　开放灵活有新意

未来的图书馆建筑将更为开放灵活、“平易近人”。图书馆建筑很可能不再是独立的图书馆，而与其他公共服务机构、居民住宅甚至商业设施融合在一起，餐饮、康体等配套设施和服务也可能相伴相随。图书馆真正融入民众的日常生活，成为民众生活中不可分割的一部分。这样的模式在新加坡已经得到验证，并且反应非常好。新加坡图书馆突破传统的设计框架，将许多图书馆设于人流密集、交通便捷的大型购物中心和住宅区，真正做到便民服务。许多家庭出门休闲娱乐时转进图书馆阅读休息，有些家庭主妇到超市购物之余走进图书馆借书，孩子们放学去社区的儿童图书馆做作业、玩游戏。

3.3　以人为本始终是主线

现代科技在图书馆的应用只是手段与方法，而不是目的。未来图书馆不是由机器堆积起来的硬建筑，而是使读者感到温馨的知识乐园。因此，伴随着高新技术的大量应用和图书馆功能的日益多元化，各种人性化设计在未来的图书馆建筑中，将表现得更为鲜明突出和淋漓尽致，以人为本的服务理念将得到更大程度的彰显。无论是图书馆员还是各种不同类型的读者，都将从图书馆建筑中感受到最大限度的尊重与关怀。

新建筑无疑给图书馆带来了新的发展契机，但是我们必须认识到，如果没有与之相对应的新的服务理念和举措，无论拥有多么华丽的建筑，图书馆也不会成为读者的天堂。归根结底，图书馆吸引读者的是服务，服务是图书馆永恒的主题，是我们创造图书馆事业的春天的唯一法宝。

参考文献

[1] 谭祥金．图书馆建筑的实体与灵魂——以深圳图书馆新馆为例［J］．公共图书馆，2009（2）：25～28

[2] 吴建中．国际图书馆建筑大观［M］．上海：上海科学技术文献出版社，1999

浅谈公共图书馆服务创新的方法

何启文①

（广州图书馆　510055）

摘　要：本文从深化公共图书馆传统服务、深入社区服务、拓展公共图书馆动态服务及发挥公共图书馆文化休闲功能等方面阐述了公共图书馆开展服务创新的方法。

关键词：公共图书馆　服务创新　方法

公共图书馆作为积累、保存和传播人类文明和文化成果的专门机构，是公众接受教育的场所，是社会公益文化事业的重要组成部分。它对提高人民素质、推动社会进步发挥着重要作用。但随着计算机技术的发展、网络时代的到来，读者的阅读方式改变了，通过互联网，读者足不出户便可阅览丰富的材料。走入图书馆的读者越来越少，传统图书馆服务受到巨大冲击，使具有社会教育职能的公共图书馆渐渐被冷落了。这种种现实形势的变化给各个公共图书馆带来了诸多挑战。由此可见，公共图书馆服务的创新已经势在必行。

1　深化传统服务，加强公共图书馆的核心竞争力

1.1　加强对社会弱势人群的服务

城市弱势群体可分为残疾人、老年人、少年儿童、监狱犯人、医院病人等，在我国城市中大量的人属于弱势群体。公共图书馆宣言中规定每个人都有平等地享受公共图书馆服务的权利，由于弱势群体的经济能力低下、社会地位低下，图书馆服务与其还存在着较大的距离，公共图书馆应当根据这些群体各自不同的特点调整服务方向和内容。广州图书馆在2001年开始为盲人读者专门开辟了阅览室，面积达100多平方米，阅览座位40多个，购置了300多件MP3和2 000多册盲文点字图书，配备专供盲人读者使用的盲文电脑12台，并建立了“盲人电子阅览室”网站，转录了上百种有声读物和电子图书，使盲人足不出户就可以阅读该馆的馆藏资源。深圳图书馆针对外来人口专门组建了培训中心，举办了计算机培训班、广州话速成班等，使他们能较快地融入当地社会。这些都表明，只有通过图书馆的热情服务，向弱势群体打开大门，或者走进他们的生活，逐渐地发展这个群体的读者，才能使他们真正成为公共图书馆的用户，通过利用公共图书馆来提高生活质量，从而促进社会的和谐、包容和平等。

1.2　加强公共图书馆的特色馆藏服务

一个图书馆有它吸引人的特色，就有它存在的价值，这种特色愈浓，其生命力就愈强。在加强特色馆藏服务方面，公共图书馆应注意做好以下方面：

---

① 作者简介：何启文，广州图书馆助理馆员。

（1）特色馆藏资料必须反映当前的潮流和社会的演变。图书馆的特色馆藏建设应服从公共图书馆的公共性定位，将特色馆藏建设与大众需求相结合。特色馆藏不仅是一种特色，而且是一种大众接受的名片、品牌和标志，成为图书馆向本地大众读者宣传的宣传点。这有利于提高图书馆的知名度，获取各方面的支持和认同，从而促进图书馆特色的彰显。

（2）特色馆藏建设要突出本土人文特点。本土人文特点是特色馆藏建设的核心竞争力，越是地方的东西，越有地方色彩；越有地方文化内涵，就越是世界的。具体来说就是把图书馆的公共性与地方文化建设相结合，变成一种大众认可，同时具有地方人文特点的馆藏。如东莞图书馆粤剧图书馆的建设，粤剧是具有鲜明岭南地方特色的一个剧种，在东莞有着悠久的历史和深厚的群众基础。近 10 年来，东莞成为国内粤剧演出的主要市场。基于这一独特的地方戏剧文化，东莞图书馆于 2005 年成立了东莞粤剧图书馆，通过收集、整理粤剧粤曲及其相关的文献资料，为读者提供文献查阅、视频点播等服务项目，开展粤剧艺术展览和文化交流活动，成为东莞地区集收藏、整理、展示、欣赏、学习、研究等功能于一体的粤剧文献资料中心，保存和传承了粤剧艺术，弘扬了地方优秀文化。

1.3　加强公共图书馆的网络和数字化服务

现代技术的发展，网络化浪潮的兴起，使公共图书馆的服务也有了新突破，绝大多数的图书馆服务都可以借助网络来进行，改变传统的服务方式。为加强公共图书馆的网络和数字化服务，要做好以下几个方面的工作：

（1）利用网络技术加深公共图书馆与读者的交流。公共图书馆可以建立网上读者协会等读者组织，这种方式有利于公共图书馆增强对读者的了解，发送服务的内容，提高服务的水平，也可以增强公共图书馆对读者的吸引力，扩大读者对象的范围。

（2）增加用户信息素质培训服务功能。公共图书馆通过合作化数字参考咨询网络可以制作网络检索培训教程、数据库使用培训课件，采用网上课堂的形式，让读者可以随时浏览、学习如何利用互联网和使用数字图书馆，没有了时间和空间的限制，使读者完全自由地掌握学习的进度。

（3）提供更多的自助检索服务。公共图书馆的合作数字参考咨询网可以提供三项服务：一是加强知识库的建设，提供读者自助检索，提高解答速度；二是进行电子资源的整合，通过异构跨库检索平台提供用户网上检索，以便提交更准确、更有针对性的文献传递请求，提高服务效率；三是利用网络导航服务，围绕一定的学科专业或专题，对网上信息资源进行筛选和优化，对有关网站、网页做链接或镜像，协助读者快速找到所需要的信息。

（4）组建以图书馆员为主力、以学科专家志愿者为特色的参考咨询队伍。通过选拔和培训，图书馆合作数字参考咨询网可以组建一支知识结构合理、熟悉网络化数字化资源、熟练掌握网络技术和信息检索技能、信息综合处理能力强、团队协作精神好的图书馆咨询队伍。同时与社会志愿服务组织合作，吸收社会上各学科领域的专家一起参加数字化参考咨询服务，提供知识导航。

（5）利用网上讲座、网上展览传扬各种优秀的社会文化。公共图书馆通过网络传播的方式进行宣传和推广，可让更多的人不用走出家门或办公室就能通过图书馆的网站了解和学习优秀的文化，扩大其受众面，更好地发挥讲座和展览的作用。

2　深入社区，扩大公共图书馆文化服务的受惠面

2.1　拓展公共图书馆馆外文化服务

可以利用公共图书馆分馆和流动汽车图书馆服务点作为阵地，举办文化活动，扩大图书馆公共文化服务的影响和范围，让远离城市中心图书馆的市民也有机会享受到高水准的文化服务，这在一定程度上也是对公共图书馆平等服务原则的践行。2004 年以来，广州图书馆先后与潭岗劳教所分馆、广东省女子监狱分馆、汽车图书馆服务点广州邮电通信设备有限公司等联合举办新春联欢会、演讲比赛、诗文朗诵比赛等各类活动，丰富了相关单位群众的精神文化生活。

2.2　发展社区图书馆

社区图书馆是为特定地域内的所有居民服务的图书馆，一般与社区所在地区的公共图书馆合办，以社区为依托，以文献、文化活动为载体，具有社会性、开放性及多元性的社会文化活动场所。社区图书馆在社区发展、文化建设、信息交流、休闲娱乐等方面起着重要作用。

按照社区的人口规模合理设置社区图书馆的布局，是公共图书馆接近读者的一个很好的办馆模式。社区图书馆的形式有街道图书馆、大型住宅小区图书馆、企业图书馆等。例如，东莞图书馆理想 0769 社区分馆是东莞富通新家园房地产开发有限公司于 2006 年在理想 0769 社区内部建立的住宅小区图书馆，是东莞图书馆第一个社区分馆。目前，在东莞图书馆的指导下，理想 0769 分馆拥有藏书 2 万多册，以“方便业主，服务社会”为出发点；在布局上体现“家庭式书房”形式，在馆藏上以文学、少儿类为主；在管理上与东莞图书馆实现通借通还，为社区居民提供了一个设施齐全、环境舒适、气氛良好的精神家园。

2.3　设立图书“漂流站”

公共图书馆可以根据藏书建设的特点，挑选出一部分图书或者通过读者捐献的形式，在公共图书馆或其他大型文化活动场所设立图书“漂流站”。居民可以在“漂流站”随意取阅图书，阅览后再放回任意一个“漂流站”，这样可以促进部分图书的传阅。公共图书馆也可以根据当前社会流行的热点来确定图书漂流的主题，如广州市 2009 年 8 月“书香节”提出的“图书漂流迎亚运”等，以促进民众对这类知识的认识和分享，还可以建立一个“漂流”图书网站，以促进民众对各类图书的阅读交流。

3　融入社会文化进程，拓展动态服务

社会的经济、文化等各方面在不断变化发展，公共图书馆应该紧密联系这些社会生活的内容，把讲座和展览与它们联系在一起，发挥图书馆在信息传播中的动态功能。

3.1　拓展公共图书馆讲座服务

公共图书馆的讲座以往都是作为图书馆业务的补充而存在的，没有进入图书馆核心业务的范围。近些年来，不少图书馆把讲座服务与所在城市和地区的文化科技社会发展相结合，使图书馆讲座服务成为社会文化教育发展的平台。要拓宽公共图书馆讲座的服务领域，就要做到：

（1）讲座内容要紧扣时代脉搏。在当今社会，公共图书馆是一个城市或乡镇街道的文

化中心和信息枢纽，图书馆依据其资源优势举办的讲座应紧扣时代脉搏，阐释社会发展的热点、难点，使人们更快捷、有效地获得某一专题的资讯，为人们构建一个文化交流传播的全面、开放、思辨的舞台，凝聚“学习型”人群。

（2）讲座题材要广泛。讲座题材的广泛性体现了人们的精神文化需要的日益旺盛与多元化选择。为了最大限度地满足广大人民群众日益增长的精神文化需求，不少公共图书馆不断开拓新的讲座题材，涉及公众关注的政治时事、文史、民生、宗教、伦理、经济、道德、美育、艺术等方方面面，努力把专业性、学术性、知识性、趣味性结合起来。讲座邀请的演讲嘉宾涉及专家、学者、社会成功人士等，内容方面高雅而不晦涩，通俗而不庸俗。

（3）讲座合作要倡导多元化。近几年公共图书馆举办讲座已经跳出了单枪匹马的束缚，采取与机关、企业、媒体等广泛合作的方法，强强联合，优势互补，力争打造优良的文化传播阵地。比如，“羊城学堂”是由中共广州市委宣传部、广州市社会科学界联合会主办，广州图书馆、《广州日报》理论评论部等单位协办；由广州市文化局主办、广州图书馆承办的“广州文化讲坛”启动至今也有两年多时间，获得了社会各界的一致好评，现已成为广州地区一个较有影响力的品牌讲座。

3.2 拓展公共图书馆展览服务

随着图书馆建设高潮的到来和图书馆建筑空间的扩展，图书馆展览服务原来作为图书馆的边缘业务得到了长足的发展，正逐步成为新时期图书馆读者服务的一项重要业务。发展图书馆展览服务，重点要做好：

（1）办展策划、选题。图书馆在办展策划方面，应当具有专业的眼光和广阔的视野。首先要考虑的是公众性和受众面，展览的选题既要考虑时事政治，也要考虑文化艺术等诸多方面。很多重大的纪念日或是重大的事件都可以作为展览选题的亮点，如成都图书馆和德国歌德学院北京分院联合举办“足球，世界的语言”摄影展等。

（2）办展宣传。公共图书馆办展宣传可以采用多种方式，如召开新闻发布会，通过各类新闻媒体（包括报社、广播、电视）的报道，通过图书馆自己的宣传栏、宣传单和网页，图书馆展览场所外的大幅宣传广告，编辑印制有关展览的刊物，使图书馆的展览推广具有全面性和立体感，或者请一些上级单位或新闻媒体作为共同主办或协办单位。这样，宣传的主动性和有效性都会得到加强。

4 发挥公共图书馆的文化休闲功能

休闲是人的一种正当内在的精神需要。随着新世纪图书馆服务功能的不断拓展，休闲功能已得到相当程度的重视，休闲文化应运而生。公共图书馆应在保证读者需要的前提下，加大休闲文化的建设力度，多为读者提供休闲资源。不管是实体的还是虚拟的，都应切实抓好，以丰富读者的休闲生活，让读者能乘兴而来，满意而归。

要发挥文化休闲功能，首先要打造文化休闲审美空间。一是设备、设施的齐全和环境的舒适、轻松与亲切；二是美感，即构成环境设施的种种艺术语言、形式、手法等相映形成审美意趣，使人们在活动中得到心理满足和精神享受。其次要打造交流互动空间。交流与互动是图书馆发挥文化休闲功能的有效形式，也是图书馆发展的趋势。交流互动空间，就是让读者感到宽松与亲切的思想交流与文化共享的场所。打造交流互动空间，可以设立报告厅、多功能厅、展览厅、影剧场、个性化学术研究室、放映室、视听室；可以在图书馆一隅建立半围合空间，让读者可以休憩、等候、轻声交谈与讨论；也可以设立美术馆、小剧场与书屋。

公共图书馆还可以举办内容丰富、形式多样、读者喜闻乐见的文化休闲活动，如读书专题报告会、作品展示会、名人名曲欣赏会、文艺演出等。

参考文献

[1] 束漫. 公共图书馆服务研究 [M]. 北京：国家图书馆出版社，2009
[2] 王世伟. 现代城市图书馆公共服务论丛 [M]. 上海：上海社会科学院出版社，2007. 107 ~ 108
[3] 潘拥军. 刍议城市公共图书馆的文化休闲功能 [J]. 图书馆论坛. 2007 (3)：17
[4] 鄢小燕，邹桂芬. 关于图书馆服务创新的思考及建议 [J]. 图书馆论坛，2008 (2)：181
[5] 吴静. 对图书馆讲座工作的几点思考 [J]. 图书馆工作与研究，2008 (5)：79
[6] 梁月萍. 浅谈公共图书馆公益性讲座——以广州图书馆为例 [J]. 科技情报开发与经济，2008 (12)：18

数字资源与信息技术

资源信息化

——论公共图书馆拓展盲人信息服务新方向

叶伟君[①]

（广州图书馆　510055）

摘　要：本文以广州图书馆盲人信息服务的过去与现状为例，讲述该馆为盲人提供信息服务的特色，并探讨未来公共图书馆盲人信息服务的发展趋势。

关键词：盲人　资源信息化　信息服务　方向

为了保障社会中更多的弱势群体能够充分享受公共图书馆公益服务的权利，体现在图书馆面前人人平等的原则，广州图书馆于2001年筹备成立了盲人电子阅览室。2004年开始采购盲人设备及书刊，2005年开始办理盲人书刊借阅证。2005年，盲人电子阅览室配备了盲人专用电脑2台、盲文图书1 600多册。随后几年，又相继购入了录音机、CD播放机及点显器等设备。

盲人电子阅览室的成立，不但使盲人读者认识了公共图书馆，图书馆的相关工作人员也借此了解了盲人信息资源的特点及其逐渐由保守向信息化发展的方向。盲人信息资源服务方式随着盲人读者对信息需求的变化而更加多元化和更具有实效性。

1　传统信息资源的优点与缺点

1.1　盲文书刊资源种类少、内容含量不高

2004—2009年盲文书刊使用情况

年份	2004	2005	2006	2007	2008	2009
购入盲文书刊	1 687	116	0	73	111	111
借阅量	N/A	125	77	188	88	45

当盲人信息服务还处于萌芽阶段的时候，公共图书馆馆藏印刷型盲文书刊仍然是他们吸收文化知识最直接的途径。因此，从上表中可以看到，自2004年开始的几年间，盲人对盲文书刊还是有一定的需求的，但是由于不是所有的视障人士都能独自出行，因此，广州图书馆盲人书刊的借阅率不高。

广州图书馆每年都会把盲文出版社出版的盲文书纳入馆藏，但是盲文出版社每年出版的书都很少，也跟不上现在的信息发展。有一些好的作品很难及时制作成盲文版图书。即使有

① 作者简介：叶伟君，助理馆员，广州图书馆技术部电子阅览室工作人员。

了其他的电子设备，如录音磁带机，CD 播放机等。但是由于一般盲人的生活并不宽裕，所以还是有不少人在使用那种旧式的、成本低而且可以反复录音的 walkman。旧式 walkman 耗电量比较大，而且录音质量也一般。磁带里面的内容要存到电脑里面的话，要经过几重步骤，一点也不方便。

1.2 视障读者专用电脑成为盲人与外界紧密联系的纽带

而盲用电脑的使用率就一直比较高，虽然开始的时候只有区区两台，但是一直都有盲人来使用，从未间断。虽然那时候学过使用读屏软件的盲人还很少，但是，这两台盲用电脑反映出了信息化向盲人靠近的趋势。视障人士通过自己操作这些电脑，接触到了早已在 20 世纪 90 年代开始爆炸式发展的互联网，感受到了互联网上多姿多彩的信息。虽然不能亲眼看到，但是却可以通过声音亲耳听到。听和思考，使视障人士保持了与时俱进的力量。随着便携式阅读设备的出现，更是让盲人资源由传统型向数字化形式转变跨出了一大步。

2 数字化信息资源在盲人信息服务中突显优势

2.1 信息承载量大

盲文书的体积相当大，厚度平均有 5cm 左右，例如，一套四本《马列主义》教材制作成盲文书，就变成 22 册 16 开大开本。有些篇幅较长的小说，一般都有 4 本左右，盲人来借的时候，要么就拿一个大袋子装，要么是拿绳子捆起来才能带走。再加上他们行动不方便，借一次盲文书可能是一件非常复杂的事情。而且，盲文书的保管必须很小心，因为字都是印在纸上，是凸出来的，一旦被大力压过，盲文就很可能被压平，字也就摸不到了，一本盲文书就算作废了。除此之外，重量也是不可忽视的一个问题。基于以上两点，把书借回家是很不方便的，因为体积大、重量也大。来到图书馆把书借回去之后，如果想再借给其他盲人看，还要把这一捆或一袋的书拿过去。就算是有邮递服务，甚至是快递服务，这种书本的传递周期也需要很长，一般要 3 天以上。数字化资源则不同，只需要一张 SD 卡，或者手掌般大小的读书机，就可以快捷地存储各种资源。要和其他盲人分享，也只是需要带上一张小小的 SD 卡，便可实现。而且，现在的存储器容量越来越大，以现在已经达到 G 级的存储卡来说，放入上千本 50 万字级别的电子书是轻而易举的事情。

2.2 发行速度快、品种丰富、利用便捷

残疾与贫困有着密切的关系。一个家庭有残疾人，就会对家庭有限的资源形成沉重的压力，以至于导致家庭贫困。虽然残疾人在社会上处于弱势地位，这导致了残疾人的贫困状态，但不容否认的是，知识贫困也是残疾人陷入贫困状态的重要原因之一。过去的传统服务提供的只是缓慢而少量的阅读资源，对于扩展盲人的科学知识、社会常识还没有发挥出很大的作用，而丰富、快捷的电子资源则可以带来海量的知识。

根据盲文出版社的介绍，该社建社 56 年来，盲文出版社共出版 7 000 多种、500 多万册盲文书刊和其他盲人读物。而根据中华人民共和国 2009 年国民经济和社会发展统计公报，2009 出版图书 70 亿册（张），单纯是一年的出版量就已经超过了盲文出版社总出版量的好多倍。相对这个数字，网络小说的出版速度，最快可以一个星期出一章。而且有些网络小说是在互联网上走红后才从出版社印刷出版的。对于互联网上的小说，盲人可以第一时间看得到；而如果等盲文书出版，那是更长久的事情了。

盲文文献出版册数有限，而各类数字、网络资源，无论是数量及品种可以说是不可尽

数。对于一些免费的电子文献，只要简单的复制就可以供多人阅览。而收费的资源，只是需要网上购买就可以立即得到，如APABI电子书参考，一般电子书的价钱不会超过10元。电子读物的传递也是相当方便，只要从网上下载就行了。据了解，一本盲文图书的成本一般要上百元。虽然现在越来越多的图书馆提供免费的盲文借阅服务，但较多的是市区级图书馆，那些离盲人距离相对较近的单位所收藏的盲文书的数量却始终没能达到万本。

广州图书馆的一名盲人读者曾说，很想看一本多年前出版的书。对于视力残疾人士，就算是找到了原文书，怎么阅读也是一个问题，何况这种书根本是没有盲文版的。如果要专门把该书制作成盲文书，不知道要用多长时间，而且还没有考虑成本因素。即使公共图书馆配备纸质文献盲文扫描的服务，但扫描和校对也是需要时间的。图书馆通过上网查找，很快就找到了这本书的电子版，然后下载，作一些简单的处理，就可以放到盲人专用的电子阅读器上。整个过程只需要半个小时。在短时间内为盲人解决了无障碍阅读问题。

2.3 信息载体类型多样，给盲人读者阅读带来不同的选择

阅读，是生活必不可少的一部分。随着信息技术和电子技术的进步、发布平台的多样化，各类多样化和小型化手持电子设备逐渐把丰富的电子资源带到盲人的身边。读书机的体积大小已经和一个手机无异，它可以把txt文件的内容朗读出来，也可以播放MP3，单是凭借这种功能，就已经可以把大量的资源传播给盲人了。

盲人平时生活接触的资讯，最多的可能是来自收音机。由于行动不便，他们很少出门，所以和其他人的接触不是很多。对于健全人来说，现在的电子纸阅读器、移动3G阅读手机都可以用来作为移动阅读的工具。除此，MP3、掌上游戏机、掌上视频播放器都是可用于阅读的工具，只是阅读体验比不上专门的电子阅读设备而已。可见，阅读是所有人都需要的，同时它也不拘泥于任何形式。

对于视力不健全的人，阅读就是要依靠听。至今，广州市残联已经发放了2 000部简易读书机给盲人，另外还有盲人自己购买读书机。总体来说，社会各界的支持使拥有读书机的盲人越来越多，他们所需要的电子资源的品种和数量也是越来越多。据盲人协会主席指出，就盲人的性格而言，他们喜欢与常人无异，公共图书馆与社会相关服务机构应该将盲人读者与普通读者平等对待。实际上，适合普通人阅读的大部分电子资源同样也适合盲人阅读。

3 可供盲人读者阅读的免费数字资源的获取

因为盲人接受外界信息的途径主要是通过触摸和聆听，声音是可以传递大量信息的一个通道，那么，公共图书馆就应该把声音文件作为盲人电子资源的建设范围。如何把各种收集到的数字资讯转换成声音，就是公共图书馆盲人数字信息资源服务过程中重要的环节了。

3.1 网络免费数字资源的整理

网上的免费电子资源非常多，盲人非常喜爱的网络资源包含免费网络小说及图书馆藏各类电子资源。公共图书馆可定期搜集相关的电子文献资源，上传至盲人资源共享网，供他们在局域网范围内阅读。另外，也可利用公共图书馆馆藏资源，为盲人读者提供资源共享服务，如广州图书馆馆藏的APABI电子图书和龙源期刊数据库。

因为盲文版期刊数量不多，而网上的电子期刊的内容图片格式较多，所以盲人一般很少主动阅读期刊。而龙源期刊数据库有文字版，盲人读者可以利用读屏软件来阅读。现时的龙源期刊数据库，共包括1 500多种人文大众类期刊，在此基础上根据社会大众读者的阅读习

惯及刊物特性划分为时事政治、党史党建、管理财经、现代文学、综合文化、综合艺术等九大类。而且龙源还有TTS语音朗读版，就是经过TTS处理后生成的音频文件，可以存放到盲人自己的电脑上。

3.2 为盲人收集和播放无障碍电影

无障碍电影是由上海市残疾人联合会、上海图书馆、上海电影评论学会共同发起的一项旨在丰富残障人士文化娱乐生活的公益性事业。无障碍电影是指给普通电影配上手语画面、剧情旁白和人物对话字幕后，专供视听残障人士欣赏的电影。无障碍电影为视听残障人士欣赏电影提供了“盲道”和“手语”之便利，让国内外的优秀影片也能同残障人士亲密接触，使他们可以像普通人一样享受到社会主义先进文化的优秀成果和世界各国美好的电影艺术作品，陶冶情操、净化心灵，提升他们的思想境界和文化修养。无障碍电影工作室计划从明年起，将在3年内制作完成100部无障碍电影，建成世界上首个无障碍电影库。今后，越来越多的盲人能“看”上电影，越来越多的聋人能“听”到电影。

作为公益服务的拓展，公共图书馆可以专门采购无障碍电影光盘。比如，在还没有购买到无障碍电影光盘之前，广州图书馆就曾经和残联与义工团体合作，利用电子阅览室的投影仪、电脑等设备，专门为盲人读者开展专场电影播放活动，在活动过程中，邀请著名的播音员现场为盲人解说电影，此举受到盲人读者的热烈欢迎。

在未来，广州图书馆的新馆建成后，有先进的视频播放室，可以用于播放这些无障碍电影，丰富残障人士的精神生活。这对于提高残障人士的知识水平，使他们更贴近社会，是非常有意义的。

3.3 将各类视频资源转换成适合盲人阅读的格式

实际上，可以向盲人提供的内容还可以是一些视频和音乐。公共图书馆馆员可以为盲人查找一些通过听就可以理解的视频，并提取出声音部分，转换成音频格式之后再给盲人使用，从而扩宽盲人可阅读的资源范围。

比如，目前广州图书馆经过调查，发现多数盲人都是做按摩师的，而按摩学是他们学习中医学的一部分，盲人很需要广泛了解“中医学”这个领域的知识，但是市场上没有很多适合盲人阅读的、系统的中医学教程。另外，如某些经典医学著作《黄帝内经》、《温病学》汉字版和原文朗读版都是以文言文为基础，文化水平不高的盲人对于文章的理解有困难。图书馆员有机会接触各类网上教育资源，特别是一些著名老专家所教授的大学医学课程的视频比生涩的文言文教材要容易理解得多。但是一般的盲人缺乏查找并保存这些视频的能力，在这种情况下，广州图书馆馆员通过主动为盲人读者查找并提供已转换为MP3格式的教学资源，盲人读者对此非常喜欢。

其实，除了中医学的视频可以提取声频之外，网络上还有很多视频资源，内容包含有学习、娱乐等方面，都可以转换成适合盲人聆听的数字资源，这对于丰富盲人的生活有很大好处。

盲人读者作为弱势群体的一部分，也属于公共图书馆的服务对象，他们同样有权利享受图书馆带给他们的优质信息资源。作为服务提供者，公共图书馆相关机构和馆员有义务站在盲人读者的立场上，考虑他们的实际需求，为盲人提供更有实效性、多元化的数字信息资源。只有这样，才能让更多的盲人读者了解图书馆，了解逐渐信息化的数字资源，继而使公共图书馆帮助盲人读者掌握更多的知识，让他们可以更好地在社会上立足。

参考文献

[1] 李菲，宋向春，律洲．基于共享理论的图书馆盲用信息资源建设［J］．长春师范学院学报（自然科学版），2009（10）

[2] 谭绣文．让盲人平等利用公共图书馆——广州图书馆电子阅览室盲人读者问卷调查的延伸［J］．国家图书馆学刊，2006（3）

[3] 王子舟，夏凡．图书馆如何对残疾人实施知识援助［J］．图书情报知识，2007（2）

[4] 肖红．应尽快建构我国盲人有声读物服务系统［J］．江西图书馆学刊，2002（2）

利用数据挖掘技术支持图书馆文献采访决策初探

柯欢玲[①]

（广州少年儿童图书馆　510120）

摘　要：本文对数据挖掘技术的概念进行了详细的阐述，并对在数据挖掘技术支持下的图书馆文献采访决策的可行性进行了论述，探讨了数据挖掘技术在制订图书馆文献采访计划过程中的应用问题。得出数据挖掘日益成为图书馆信息化决策系统的重要组成部分和图书馆信息化发展过程中非常重要的技术支持的结论。

关键词：数据挖掘　图书馆　文献采访　决策支持

文献采访既是图书馆业务工作的关键环节，也是图书馆服务工作的重要基础。建立根据读者需求、馆藏量、利用率、关注率等指标动态和实时调整的采访策略，高效地利用有限的购书经费，科学地制订文献的采访计划，既能快捷地满足读者动态的阅读需求，又能最大限度地满足中长期的馆藏计划，这是文献采访工作面临的主要问题。

1　传统的文献采访策略

（1）维持不同学科文献的适当比例。图书馆不仅要关注不同类型读者的需求，还要维持馆藏文献结构的完整性，这就必须考虑各个学科内容的合理搭配。即使在一段时间内非常流行探险小说，也不能将所有购书经费都用于购买探险小说，而应当结合现有馆藏图书的学科分布、藏书数量以及发展趋势，调整不同学科的图书占总采访金额的比例。

（2）依据图书管理人员的经验采访。经验法是指负责文献采访的图书馆工作人员在制订采访计划时，根据自己对馆藏资源的了解和对图书需求的判断，凭借已有的经验决定采访的书目及其数量，最终确定文献采访计划。这种做法的优点是文献采访人员长期从事本职工作，对图书馆的现实情况有充分的了解，工作效率较高。但经验法的主观随意性很强，受文献采访人员的个人认识水平和主观判断能力的限制。

（3）进行一般性的统计分析。馆藏管理系统每天都会产生大量的文献借阅数据，通过一般性的统计分析，可以由读者类型和文献特征等方面的数据来了解这些信息之间的对应关系，可以满足一般的信息服务需求。

但是现代图书馆的核心服务已经提升到知识服务层次上，其注重的是隐含在显性信息中的隐性知识。如果缺乏有效的技术，文献采访者对读者的真实需求往往难以准确把握，这就极易导致计划制订缺乏全面性，最终花费了大量资金购置的图书却不能很好地满足读者的实际需求。因而，图书馆迫切需要一种更加高效、更加科学的方法来进行文献采访工作。

① 作者简介：柯欢玲，广州少年儿童图书馆参考咨询员。

2 数据挖掘技术简介

数据挖掘（data mining）是近年来随着人工智能和数据库技术的发展而出现的一门新兴技术，又叫数据库中的知识发现（Knowledge Discovery in Database，KDD），它是指从海量的、不完全的、有噪声的、模糊的、随机的实际应用数据中，识别并提取出隐含在其中的有效的、新颖的、潜在有用的信息和知识。相对于传统的数据分析（如信息查询、报表分析）而言，数据挖掘的本质区别在于其使用的是基于发现的方法，运用模式匹配和其他算法决定数据之间的重要联系。数据挖掘的好处在于其客观性，在没有明确假设的前提下去挖掘信息、发现知识，不仅能对过去的数据进行查询和遍历，根据历史数据推知未来；并且能够对将来的趋势和行为进行预测并自动探测以前未发现的模式，从而很好地支持人们的决策。

基于数据挖掘的文献采访策略的基本思路是：利用计算机管理数据库积累的文献借阅流通资料，利用数据挖掘技术得到读者借阅频率较高的文献信息，通过对馆藏结构和阅读倾向的公正、客观的统计分析，快速而且准确地得知读者需求信息，依据读者的需求来决定文献采访，最大限度地满足读者的需求，优先考虑需求缺口比较大的文献，准确掌握未来的文献建设动态，从而指导图书馆的文献采访决策，提高读者服务的质量。

3 数据挖掘技术在图书馆文献采访决策中的应用

3.1 数据挖掘技术在文献采访决策中应用的可行性分析

目前，数据挖掘技术发展成熟，已在电信、金融、制造等领域得到广泛应用，并取得了巨大回报，这对数据挖掘技术应用于图书馆文献采访决策有良好的借鉴作用。数据挖掘技术能够为图书馆在数字资源的组织和管理、服务质量的提升和服务方式的拓展等方面提供技术支持。

我国图书馆系统经过多年建设，累积了大量的流通数据，可以为数据挖掘技术应用于文献采访工作提供良好的物质基础。一方面，文献采访人员利用数据挖掘技术，可以方便地对文献借阅数据进行处理，分析文献的利用状况，从而准确把握读者的现实需求；另一方面，数据挖掘结果可以为采访文献提供客观、科学的分析报告和趋势预测信息，提升决策的科学性、准确性和前瞻性。因此，利用数据挖掘技术支持图书馆的文献采访决策是现实可行的。

3.2 数据挖掘技术在文献采访决策中应用的几个方面

（1）收集读者借阅信息。根据业务流程数据库的集成数据进行数据挖掘，得到读者对文献资源的使用频率表，对读者进行分类，从而快速精确地对适合不同类别读者的文献资源进行聚类。

（2）确定文献采访的重点。通过数据挖掘技术对流通数据库和采访数据库中的历史记录进行关联分析和序列分析，得出文献的利用率以及文献的拒借集合和频繁借阅集合，为采访文献提供客观科学的分析报告和趋势预测信息，从而指导采访人员对文献种类进行科学的筛选，帮助采访人员确定采访文献的重点和复本数量，优化馆藏结构，保障图书馆文献资源体系的科学性和合理性。

（3）管理文献采访的经费。图书馆的文献采访经费是有限的，各门学科之间如何分配，各种载体如何均衡才能使这些资金经济、高效地发挥效益，是一件令人头疼的事。传统图书馆的文献采访计划大多由专门采访人员独自确定或与少数专家商讨决定，这不可避免地带有主观性。运用数据挖掘技术对图书馆的借阅流通记录、检索请求进行分析、挖掘，得出文献的利用率，有针对性地补充和丰富馆藏，从而实现采访经费的合理配置。

3.3　利用数据挖掘技术支持图书馆文献采访决策的过程

数据挖掘在支持图书馆文献采访决策中的应用过程如图所示，包括收集业务数据、数据预处理、数据挖掘、分析结果并作出采访决策5个步骤：

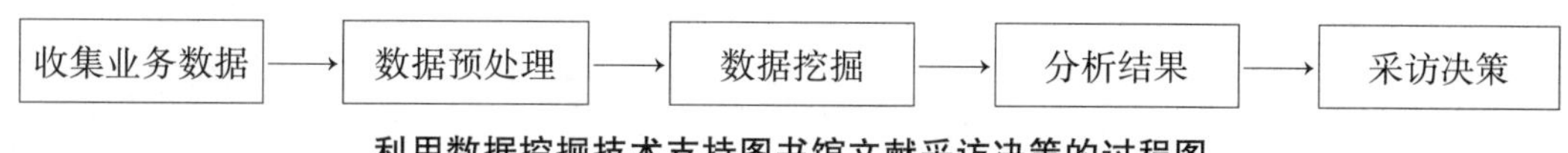

利用数据挖掘技术支持图书馆文献采访决策的过程图

（1）收集业务数据。业务数据是进行数据挖掘的数据源，主要是指图书馆自动化系统数据库里的采访、编目、典藏、流通等的业务数据。具体包括读者个人信息（如证号、姓名、性别、读者类型、年龄、文化水平和联系方式等），馆藏文献信息（如书名、索书号、作者、出版社和馆藏位置等），流通借阅信息（如借阅记录号、书名、索书号、读者证号、借阅时间和归还时间等），文献检索信息（如检索字段、检索内容和检索时间等）。其中，流通借阅信息和文献检索信息是数据挖掘技术应用的主要对象。通过统计、归类、分析，可以了解文献的现实使用情况和读者的借阅诉求，从而对读者的需求进行挖掘和预测分析。

（2）数据预处理。从图书管理自动化系统导出的原始数据通常会存在一些不完全的、有噪声的、模糊的、甚至是不一致的数据。必须对这些数据进行预处理，以提高数据挖掘的效率。数据预处理过程包括数据清洗、数据集成、数据转换和数据归约。数据清洗（data cleaning）主要是对原始数据进行填补遗漏、平滑噪声、消除异常，以纠正数据的不一致；数据集成（data integration）和数据转换（data transformation）是将数据通过合并或转换成为适合挖掘的数据类型；数据归约（data reduction）则是在保持原有数据集的完整性和结果相同性的前提下将数据集进行精简，使挖掘效率更高。

（3）数据挖掘。经过数据预处理之后的数据集合中蕴藏着一些潜在的规则和知识，可以利用关联分析、遗传算法、粗集、决策树、神经网络、聚类和可视化等多种数据挖掘的方法加以发现。通过对读者个人信息和流通借阅信息进行关联分析，可以了解某类读者和某类文献之间的关联度。挖掘频繁文献的借阅、检索和续借的情况，可以知道读者对哪类文献比较感兴趣。通过对不同性别、年龄和文化水平的读者借阅和检索信息进行聚类分析，可分析出不同类型读者的借阅需求和倾向。

（4）分析结果并作出采访决策。利用数据挖掘技术，获得读者借阅和检索频率较高的文献，或需求缺口较大的文献以及读者的借阅倾向、关注焦点等方面的信息，得出各类文献的利用率和需求情况，为采访文献提供科学合理的分析和预测报告，从而指导采访人员对文献种类进行科学的筛选，作出科学准确的采访决策，合理地确定采访的复本量，及时补充短缺的文献，剔除过时的文献，从而优化图书馆的馆藏结构。

未来的图书馆将是一个信息服务中心。数据挖掘则日益成为图书馆信息化决策系统的重要组成部分。图书馆的相关工作人员要充分把握图书馆的现有条件，利用图书馆的信息技术潜力，构建高效的挖掘系统，对读者的需求进行分析，为文献采访提供参考决策，有效提高采访质量，使馆藏建设进一步靠近读者需求，真正实现图书经费使用和馆藏结构的合理化。

参考文献

[1] Jiawei Han，Micheline Kamber. *Data Mining*：*Concepts and techniques* [M]. Morgan Kaufmann Publishers，Inc. 2001
[2] 黄晓斌. 网络信息资源开发与管理 [M]. 北京：清华大学出版社，2009

依托移动阅读平台，“点亮”盲人阅读未来

陈　荧[①]

（广州图书馆　510055）

摘　要：本文阐述了保障盲人群体阅读的意义，指出了目前盲人阅读存在的问题，提出了依托移动阅读平台，“点亮”盲人阅读未来的思路，并对盲人移动阅读发展存在的问题进行了分析，提出了相应的对策。

关键词：盲人　移动阅读　电子阅读器　手

我国目前约有 1 691 万人视力残疾，由于各种原因，造成了他们的双眼视力障碍或视野缩小，以至于不能进行一般人所能从事的工作、学习或其他活动，严重限制了他们的生活空间及思想范围。他们是特别需要帮助的社会群体，在获取知识方面也处于不利地位。平等的信息获取和使用体现出一个国家对于人类基本权利的尊重，也体现出社会的文明与进步。因此，保障更多的盲人更好地享受阅读的权利、共享社会文明成果、感受社会人文关怀，具有深远的意义。

1　盲人阅读服务现状

1.1　服务模式不够丰富，服务面受到限制

我国仅有一家盲人出版社——中国盲文出版社，盲文书刊也就 2 000 多种，盲人有声读物品种也较少，资源内容比较单一，大多是一些文学作品和医学书籍；而时效性强的盲文图书更新很慢、知识老化，不能满足盲人读者日益增长的文化需要。公共图书馆日益重视为盲人提供服务，但在传统服务上，服务对象还是以到馆的盲人为主。虽然《中华人民共和国残疾人保障法》指明了盲人读物邮件免费寄递，但该条款规定的盲人读物就是指点字书，不包括有声资料及相关的播放机，而且免费寄递指的是平信，不包括快件、挂号。由于担心图书寄递遗失以及人力成本、挂号成本等问题，目前，为盲人提供送书上门服务未能较好地开展，也因此限制了盲人的受益面。

1.2　网络信息获取存在较大障碍

盲人在网络阅读方面的障碍主要表现为网页障碍、信息获取障碍和基础设施障碍。2006 年年底联合国所进行的一次调查发现，在全球所有的网站中，盲人能够浏览的网站只有 3%。虽然数字图书馆的建设开展得如火如荼，但是有相当多的数字资源即使拥有访问权限，却还是不能方便地为盲人所利用。另外，由于盲人就业情况、经济情况、技能等原因，能拥有上网计算机和能使用计算机的盲人数量还比较少。可见，网络信息的获取对于盲人来说，还是存在相当大的障碍的。

---

① 作者简介：陈荧，广州图书馆技术部主任，副研究馆员。

2 国内外移动阅读领域发展概况

目前，移动阅读主要分为利用手机阅读和利用电子阅读器阅读。这两种移动阅读方式都呈现出快速发展的良好势态。

2.1 利用手机阅读

在国内使用的盲人手机有两种：一种是专门为盲人生产的手机，手机所有的功能都能通过语音的形式输出，盲人通过语音系统所给出的信息作出相应操作，包括发送短信；另一种是在某些装有智能手机系统平台的普通手机上安装一个屏幕语音导航软件，让盲人能够操作手机上部分或全部的功能，这种手机因为样式新颖，可选机型多，且可安装一些个人需要的软件，较受盲人欢迎。在国外，除了国内使用的这种语音方式的盲人专用手机或软件外，还有一种把普通手机的显示屏换成可触摸的盲文点字显示手机，也较受欢迎。在手机的内容服务方面，手机阅读的内容主要有 RSS 收割的信息、手机报、手机杂志、手机小说等。手机阅读已经成为移动互联网用户使用频率较高的应用之一。手机阅读潜在的巨大商机已引起运营商对手机阅读领域的重视。

2.2 利用电子阅读器阅读

电子书阅读器以其方便携带、容量大、专业性强、支持格式多等优点深获用户青睐。早在 2006 年，索尼就推出了采用阅读舒适、高效节能电子纸屏幕的专用阅读器产品。2008 年年底，索尼阅读器 2.0 版在英国发行，用户可以利用索尼阅读器连接网站购买下载图书，可供购买下载的图书约有 4 万种。该阅读器支持播放 MP3 文件，阅读文本格式包括 BBEB 图书格式、pdf 、Jpegs，并支持和微软 Word 文档之间的转换。2007 年 11 月美国亚马逊公司推出了自己的具有无线网络功能的电子纸阅读器 Kindle，提供了高速宽频无线网络服务，可以在线优惠购买亚马逊的电子图书，还可以订阅报纸、杂志、名人博客等。2009 年 2 月，亚马逊公司又推出了更薄、更轻的 Kindle2 产品，再次得到了市场的全面响应。Kindle 书店已经拥有超过几十万种图书供用户下载，其中包括纽约时报刊登的 112 种最畅销图书中的 101 种及大量最新发布的图书，但 Kindle 的资源只能使用亚马逊公司的专有格式。亚马逊公司也考虑到了用户的特殊需要，向用户提供了几种转换文件的渠道，用户可以通过这些方式将一些 Kindle 无法直读的文件转换成其专有的 Mobipocket 格式。

国内主流的电子阅读器有翰林阅读器、易博士电子阅读器、汉王电纸书等。这些电子阅读器支持多种格式，提供语音朗读、键盘英文、拼音输入等多种功能。在内容服务上，截至 2009 年年底，翰林阅读器未能提供预装的版权图书，用户阅读的内容需要自行寻找；易博士电子阅读器已能阅读方正 Apabi 电子图书几十万种、龙源期刊约 90 种以及多种电子报纸；汉王电纸书国学版预装 500 本正版图书及《国学备要》，后续可通过汉王书城下载更多图书，汉王书城已经有几千本正版图书可供下载。在为盲人提供听书阅读器方面，国内目前的市场中已有阳光听书郎、瑞德盲人语音听书机等适合盲人使用的专用设备，这些设备支持语音导航功能、电子书阅读功能，并能存储一定数量的电子书籍。2008 年 9 月，国家图书馆为读者提供手持电子阅读器外借服务，读者可通过馆内电子图书资源平台下载阅读约 38 万册电子图书。2009 年 5 月，上海图书馆为视障读者提供听书阅读器外借服务，外借服务开展一个月来，视障读者对听书阅读器普遍反映良好。2010 年 3 月，番薯网在北京召开了主题为“自由自在‘云阅读’全球首款中文图书搜索引擎发布仪式”，携手中版集团数字传媒有限公司、万榕书业等多家国内知名出版机构签署战略协议，并与翰林电子书、易博士电子书、易狄欧、汉王、大唐等多家移动阅读终端厂商达成了战略或意向合作，共同启动番薯网“云阅读”平台。这预示着电子阅读器用户往后有望可以随时随地登录番薯网搜索下载几十万册的图书资源。

3 盲人移动阅读发展障碍及对策

移动阅读领域迅猛的发展势头，给盲人朋友带来了福音。依托移动阅读平台，未来盲人的阅读生活将是多姿多彩的。但目前，盲人要普遍利用移动设备来获取知识和信息还是存在不少的障碍。存在的问题主要有：①盲人使用的移动设备在操作的便捷性、信息检索的方便性上与盲人的需求还存在较大的差距；②移动阅读的信息内容还相当贫乏；③信息资源的无障碍获取还存在较大的障碍；④广泛开展盲人移动阅读服务所必要的设备、网络通信费还需得到大力的支持和保障。基于上述问题，可以采用以下措施来促进和保障盲人阅读的权益。

3.1 完善并优化移动阅读设备的硬件平台和软件平台

由于盲人的视力问题，阅读设备所有的按键、所有功能提示、正在阅读的内容等都需要以自然、清晰的声音提示。在操作按键的设计上，需要方便盲人掌握按键分布规律、代表的意义并能够快速操作；在众多信息的内容中，需要方便盲人快速地获取他们所需要的信息。因此，在现有的移动阅读设备上，需要依据声音导航、使用方便快捷、信息可检索等原则进行设备外观、操作界面、功能设计的改造与优化，并整合优秀的 TTS 语音合成引擎。在输入法方面，也需要考虑引入适合盲人学习与使用的输入法。在为盲人提供的输入法方面，中山大学富明慧教授发布了半方盲文输入法，该研究成果在试验阶段就已受到全国盲人朋友的广泛欢迎。但如何更好地在移动阅读设备中内置该输入法，还需要有关设备供应商加强这一应用平台的研发，以便早日造福广大的盲人群体。

3.2 形成信息无障碍工作推进机制

在信息无障碍工作的推进上，工业和信息化部早在 2008 年就发布了中华人民共和国通信行业标准《信息无障碍—身体机能差异人群—网站设计无障碍技术要求》。在移动阅读产业方面，工业和信息化部也正在积极推进相关标准的制定。这些标准的制定与推出，为丰富盲人移动阅读资源奠定了坚实的基础。但目前存在的问题是，备受关注的信息无障碍标准在实际实施中遇到了很多难题。对提供服务和产品的企业而言，信息无障碍工作是一项公益性的事业，需要企业不断投入但在短期内却无法为企业带来直接的经济效益，因此难以提高企业参与贯彻落实的积极性。在信息无障碍建设的落实上，美国国会在 1998 年修订的康复法案中要求联邦政府机构网站实现无障碍，要求参与联邦政府信息技术和电子产品、服务采购竞标的企业必须要保证它们的产品或服务达到信息无障碍的标准。这种做法值得我们借鉴。信息无障碍的推进可以从政府网站开始进行改造，对于提供服务和产品的企业，可以通过资金资助或出台扶持政策，选择一些影响面较大的服务和产品进行试点改造，通过试点解决部分服务和产品涉及的产业链联动的信息获取障碍问题，并通过展示信息无障碍改造成功后试点企业形象的提升以及潜在的收入来带动更多相关企业主动地实现信息无障碍设计，从而推进信息无障碍产品与服务逐渐呈现出产业化、规模化、可持续性发展的良好局面。

在保障盲人阅读盲文书方面，现有的《中华人民共和国著作权法》第二十二条已明确指明“将已经发表的作品改成盲文出版可以不经著作权人许可，不向其支付报酬”。但在如何保障盲人利用已经发表的移动阅读作品的方面却未有描述。在新的阅读服务体系下，笔者建议对著作权法的第二十二条进行进一步的修订，增加对于已经发表的移动阅读作品，盲人可以通过盲人专用移动阅读设备进行免费阅读，从而更好地保障盲人群体的阅读权益。

3.3 加大盲人移动阅读服务基础设施的投入

盲人移动阅读的实现需要移动设备和通信网络的支撑。由于盲人就业和经济情况不理想等原因，设备拥有和网络带宽租赁的普及要全部依靠盲人自己来配置存在较大困难。因此，对于家庭困难的盲人，建议政府、社会机构能免费或优惠提供盲人专用设备和带宽租赁。另外，建议政府加大公共图书馆、文化站等公益服务机构在盲人服务设施建设方面的投入，并且要求专款专用和落实绩效考核。通过充分发挥公共图书馆、文化站、星光服务点等公益机构的服务职能，大大提高盲人群体的受益面。

参考文献

[1] 陈荧. 盲人的眼睛——广州地区公共图书馆盲人服务实践与发展对策研究 [J]. 图书馆建设，2008 (10)

[2] 楼向英. Mobile2.0 背景下的手机阅读 [J]. 图书馆杂志，2009 (10)

[3] 穆青. 3G 时代手机出版产业开发对策研究 [J]. 出版发行研究，2009 (6)

[4] 全球电子书阅读器品牌与区域产销总检视与趋势展望. [2010-02-12]. http://gb-www.digitimes.com.tw/tw/rpt/rpt_show.asp? CnlID=3&v=20100212-090&ct=1

[5] 林春裕. 工信部：中国手机阅读活跃用户数量超 1.55 亿. [2010-01-15]. http://www.iimedia.cn/4830

[6] 金朝力. 电子书阅读器大战一触即发 [N]. 北京商报，2010-02-10

[7] 截至 2009 年 5 月底中国移动电话用户数达到 6.8 亿. [2009-07-22]. http://www.china.com.cn/economic/txt/2009-07/22/content_18185778.htm

[8] 视障读者的口袋图书馆——上海图书馆推出听书阅读器外借服务. [2009-05-11]. http://www.nlc.gov.cn/yjfw/2009/0511/article_920.htm

[9] 手机阅读成 09 年移动互联网用户使用频率较高应用之一. [2010-03-30]. http://www.techweb.com.cn/news/2010-03-30/569425.shtml

[10] 张冰馨. 3G 时代的来临：2010 年电子阅读器市场将井喷. [2010-02-23]. http://www.bkjpress.com/Html/Article/20100223/2812.html

[11] 张冰馨. 工信部力助电子阅读器产业标准统一. [2010-03-15]. http://www.gsiic.com.cn/Article/201003/20100315153113_114279.html

[12] 信息无障碍焦点问题及解决方案. http://info2.10010.com/profile/xwdt/ztbd/file1281.html

对缓解图书馆电子阅览室资源不足的思考

谭绣文[①]

（广州图书馆　510055）

摘　要：本文通过了解电子读物的概念以及国内免费电子读物的发展特色，指出了电子阅览室应该充分利用这些免费电子读物，并对免费电子读物的利用进行了探讨。

关键词：电子阅览室　免费电子读物　阅读器

1　引言

随着互联网的普及、电子资源的不断丰富，以纸质文献为主的传统图书馆服务方式已无法满足读者更高层次的信息需求。许多图书馆早已认识到电子阅览室的重要性，并纷纷建立了自己的电子阅读室。电子阅览室已成为图书馆现代化、数字化建设的重要标志之一。但在经费不足的情况下，不少图书馆的电子阅览室缺乏电子资源，仅能查查书目、使用互联网以及一些常见软件。电子阅览室的资源更觉单调、服务更显单一。在电子资源缺少的情况下，这样的管理会使读者认为到电子阅览室获取的内容非常有限，致使读者不愿再到电子阅览室来。针对这一现象，笔者认为图书馆管理者不能光靠等经费的方法去解决问题，在经费不足的情况下，图书馆应利用免费电子读物或新型的阅读方式以缓解电子阅览室资源不足的问题。

2　电子读物

所谓电子读物是指以数字代码方式将图、文、声、像等信息存储在磁、光、电介质上，通过计算机或类似设备使用并可复制发行的大众传播体。目前电子读物的类型有电子图书、电子期刊、电子报纸和软件读物等。

2.1　电子图书

电子书又称 E-Book，电子书供应商将书的内容制作成电子版后，以低于传统纸质书籍的价格在网上出售。一般购买者用信用卡或电子货币付款后，即可下载使用专用浏览器在计算机上离线阅读。由于电子书很多是与纸制版同步推出的书籍，受版权限制，一般都需要付费阅读，所以图书馆要得到电子书一般也需要向电子书供应商支付一定的费用才能提供给读者使用。目前图书馆主要购买的是“超星”数字图书、“Apabi”电子图书及“书生之家”电子图书等。

① 作者简介：谭绣文，馆员，广州图书馆电子阅览室主管，发表论文多篇。

2.2　期刊全文数据库

期刊全文数据库是指电子资源集成商经各出版社授权在一定时期内获准将该出版社所出版期刊的全文内容揭示整合于单一平台，并置于统一的服务器上，形成收录学科广泛、内容海量的数据资源平台。期刊全文数据库收录全、范围广，有很大的学术利用价值，但阅读它同样需要支付一定的费用，而且购买费用常常不低，特别是外文期刊全文数据库。

2.3　电子报刊

本文指的电子报刊是电子报纸和电子杂志的统称。与传统报纸、杂志相比，概念上大体可将电子报刊区分为传统报刊电子版和多媒体报刊两种模式。

2.3.1　传统报刊电子版

传统报刊电子版出版形式和内容基本等同于普通印刷型报刊，仅仅是发行上采用的是非纸质载体，其内容是按照纸质报刊的内容原封不动地保留出版的。简单来说，就是载体属电子型而非纸型，故称为传统报刊电子版。

2.3.2　多媒体报刊

多媒体报刊在内容、出版、发行、阅读等各个环节都采用电子化的形式。也就是说，其制作过程可将文字、表格、声音、图像、动画以及视频等需要刊登的内容以电子信息的形式送到计算机进行电子化信息编辑、排版、传输、处理制作成完整的电子报刊。其发行是采用计算机网络进行发送、接收。阅读也是直接利用计算机进行阅读、剪报、摘录、存储、检索。这样的电子报刊仅模仿传统刊物翻页样式，但由于其制作过程的各个环节皆采用现代网络技术和计算机技术，使读者阅读时既可选择报刊、栏目和文章，查阅背景材料，还可以利用媒体技术看到图文并茂的彩色动画或带有声音的报刊或参加读者评论和讨论，所以称为多媒体报刊。

2.4　电子阅读器

电子阅读器是电子读物的载体，电子书、电子期刊、电子报纸和软件读物都是传统的印刷书籍的电子版本，它们可以使用个人计算机或用电子书阅读器进行阅读。所有用来看电子图书、期刊、报纸的这类硬件设备都可以叫“电子阅读器”。市场上的电子阅读器品种繁多，有软件的也有硬件的。软件的电子阅读器主要是下载到电脑上，运行浏览器即可阅读电子读物；硬件的电子阅读器主要指手持电子阅读器或掌上电脑，可随身携带阅读。

3　国内免费电子读物的发展特色

电子书、期刊全文数据库通常不是可以免费获得的，图书馆获取这两类电子资源很大程度上需要充足的经费支持，因此笔者认为图书馆电子资源的建设，一方面离不开政府经费的支持，另一方面图书馆应该积极了解并正确认识免费电子资源，只要充分利用这些免费电子资源，就能在一定程度上缓解经费不足的问题。下面谈谈目前国内免费的电子报刊的发展特色。

3.1　传统报刊电子版并不过时

前文说过电子报刊有两种不同模式，这两种模式各有特点。在内容制作方面，既使多媒体报刊大多也是通过与传统报刊等媒体合作获得，包括 ZCOM、Xplus 在内的主流多媒体期刊网站，其主要内容都是通过与传统媒体合作来获得。所以，传统报刊电子版具有传统报刊的权威性、可读性和实质感，这些都是现有多媒体报刊所不能及的，这也是不少读者喜欢看传统报刊电子版的原因。由此可见，传统报刊电子版并不是过时的东西。下面列举一些免费的软件或网站，我们也能从这几家资源供应商的口号中体会到传统报刊电子版并不过时。

3.1.1 “8点报”阅读器

“8点报”是一款将传统报纸电子化的客户端软件。通过电脑即可免费获取全国各地最新报纸的电子版内容。该软件的官方网站（http：//www.15525.com）有一段这样的介绍：“天天八点，免费看报。在每天8点钟之前发布当天最新的本地知名报纸，让用户每天上班时坐到电脑面前，就可以看到本地的权威报纸，而且是原汁原味的、与当地发行的纸质报纸一模一样，让您看得舒舒服服。”

目前，“8点报”已经成为了一个大型的电子报纸平台，可以提供1 900多种报纸及8种期刊供读者免费阅读。

3.1.2 “AB报”网站

AB报是一个读报网站，其官方网站（http：//www.abbao.cn）的口号是：“原汁原味原版报纸——这就是我们的独一无二的特色！”该网站还有一个特色就是看报纸不需要下载安装专用阅读器（其他电子报刊提供商一般都需要读者下载安装相应阅读器才能阅读），使用IE浏览器连接该网站，就可看到原版报纸。

目前，AB报网站已收录了134份报纸的电子版。

3.1.3 “Zubu Reader”阅读器

Zubu Reader是悦读网（http：//www.zubunet.com）提供的电子期刊阅读软件。其官方网站介绍说：“该软件具有拟真的翻阅效果，即时递送的下载方式、自由分享的方法、方便存储的图书馆功能，还有原汁原味的内容；结合悦读网，无论在任何地方，都可以获取源源不断的原版杂志下载资源。”

悦读网和前面介绍的几种电子报刊软件或网站最大的不同是它是一个以提供电子杂志为主的网站。目前，悦读网提供数十种电子杂志免费下载，独家提供《三联生活周刊》、《互联网周刊》、《计算机世界》、《英才》、《财富圈》、《个人电脑》、《瑞丽》等知名电子杂志的订阅。虽然该网站部分杂志是要付费订阅的，但是该网站仍能提供相当一部分免费订阅的杂志。

3.2 多媒体报刊是电子报刊发展的新趋势

多媒体报刊与传统报刊电子版相比，由于其内容全部都基于纯数字技术，查询功能更为强大，而且在内容的表现形式上是声、图、像并茂，读者不仅可以看到文字、图片，还可以听到各种音效，看到活动的图像。总之，可以使人们得到多种感官的享受。另外，多媒体报刊中极其方便的电子索引、随机注释、超级链接、互动交流以及实时数据传送服务等更使得它具有信息时代的特征，这也是传统报刊电子版所不能比的。虽然多媒体报刊目前在国内尚处于起步阶段，但它在各种传媒系统（如电视系统）和计算机上网络的出现，已经打破了以往的发行、传播形式，也打破了人们传统的时空观念，它将会更加贴近人们的生活，更加密切人与人之间思想、感情的交流，更好地满足新时代人们对文化生活的更高要求。可以说，多媒体报刊已经是电子报刊发展的新趋势。

3.3 “掌上”电子阅读器随身携带

在数字化的今天，报纸已经从纸质媒体开始向数字媒体迈进，人们的阅读习惯也有了翻天覆地的变化。一种新的阅读设备——“掌上”电子阅读器（E-Book Reader）出现在人们的视野中。这些阅读器体积小、重量轻、支持多种文件及图片格式，通过互联网、电脑就能够获得各种最新的资讯，下载各类的电子报纸杂志，黑白的显示屏幕高度模仿纸质的阅读感觉，即使读者长时间阅读都感觉非常舒适，相对电脑阅读优势明显，是一种更方便、更经济的阅读方式，同时也是一种绿色环保的阅读方式。

4　免费电子读物的利用

通过以上介绍我们可以看到，这些免费电子读物形式各式各样、内容丰富多彩，而且各有特色，使不少读者的阅读习惯发生了改变，满足了人们对信息的需求。图书馆电子阅览室应该充分利用这些免费电子读物缓解电子资源不足的问题。因此，正确认识免费电子读物是非常重要的。

电子读物常见的利用方法一般有在线阅读利用、直接下载阅读利用和阅读器下载阅读利用以及打印阅读利用等。不管哪种方式，阅读这些电子读物和使用各种阅读器都不是复杂的问题。然而，在电子阅览室的管理中，笔者认为还需解决好一些实际问题，才能较大程度地提高这些免费电子资源的利用效率。

4.1　改善硬件及网络环境

阅读电子读物一般需要安装相应的浏览器。例如，前面主要介绍了电子报刊和电子图书这两种常见的免费电子读物，一般来说，电子读物的版面比较大，为了使读者能获得较好的观看效果，应该尽可能在显示器屏幕尺寸较大的电脑上安装浏览电子报刊的软件，如使用19寸或以上的显示器。这样可以减少读者需要放大和拖动滚动条的次数，提高阅读质量。

除计算机外，电子阅览室应尽可能配备其他自动化设备。例如，读者有时需要将部分电子资源打印下来，因此，图书馆可配备一些可供共享使用的计算机外围设备，如打印机和扫描仪。另外，阅读电子资源还必须具备比较好的网络环境，对上网速度的要求也是比较高的。因此，工作人员除了做好硬件设备的更新和维护外，还必须做好网络环境的更新和维护工作。

4.2　掌上电子阅读器外借服务

目前，许多信息供应商为了推销其产品，以免费试用的方式向公共图书馆提供设备或网上资源。2010年，广州图书馆与广州金蟾软件研发中心有限公司合作，该公司向图书馆提供了近50台型号为M218B的“易博士”电子阅读器，图书馆随即开通了免费外借服务，该电子阅读器仅巴掌大小、携带方便，阅读器内能存储近10种报纸、100种期刊、100册漫画和近1 000册电子图书。读者可采用无线上网的方式自行下载当天的报纸杂志，还可以在广州图书馆数字资源平台随时更新“Apabi”电子图书。

4.3　建立电子资源导航系统

目前，由于各种电子资源数据来源于不同的信息供应商，支持平台没有一个统一的标准，导致不同电子资源数据格式不同，检索界面也有很大差异，浏览器也各式各样，从而引发了检索途径和使用方法的不同。而且各电子资源在资源建设上重复情况严重，同一电子读物往往会在不同供应商的阅读平台都能找到，正是由于这些因素，常常造成用户无所适从，读者查询要花费很多时间。因此，图书馆应该建立起自己的电子资源导航系统，为读者提供方便、快捷、行之有效的查找途径。读者利用图书馆的电子读物导航服务，就能根据指引找到自己需要的读物，从而形成有序的信息资源服务，节省读者查阅的时间。

以广州图书馆电子阅览室为例，该馆已把常用的网站设置在IE打开页面上，读者只要登录上网，就可根据该室提供的导航页面浏览相关的网站。

4.4　做好读者上机辅导及相关培训工作

电子读物作为一种新的知识传播媒体，要求读者具备一定的计算机知识和基本操作技能以及信息检索能力。图书馆是公共场所，读者年龄及个体差异较大，因此，做好读者上机辅导和采用多种形式进行读者培训工作非常重要。

图书馆可以充分利用电子阅览室内的设备、设施，举办形式多样的电子读物专题讲座、光盘演示以及计算机基础培训等活动，逐步提高读者对电子读物的认识，提高读者对计算机设备的操作能力。通过各种形式的培训活动，让读者能全面了解电子读物的功能和特点。对相关技术的使用进行详细说明，从而吸引读者最大限度地利用电子读物。

4.5　重视各种电子读物的宣传推广工作

图书馆应通过宣传橱窗或图书馆网站电子公告栏及时宣传各种电子读物。具备动态信息发布显示屏的图书馆则可以对电子资源出版时间、最新内容进行动态宣传介绍。及时做好电子阅读器的操作指南、电子资源导航系统的操作指南、电子资源库等相关宣传资料的发放工作，让读者全面了解图书馆免费电子资源的开放服务信息。图书馆还可以和各级图书馆共同举办免费电子资源的宣传活动，扩大宣传面，使广大的读者都能了解图书馆的电子资源，提高电子资源的利用率。

知识传播是图书馆的基本职能，正确认识免费电子读物并加以利用也是图书馆信息化建设的重要内容。电子阅览室在经费有限的情况下，完全可以根据实际情况去利用这些免费资源。信息时代使人们的阅读习惯发生了很大改变，图书馆在宣传、推广和使用这些电子读物中必将扮演重要角色。

参考文献

[1] 贺振中. 电子读物的阅读与使用 [J]. 家电检修技术，2008 (12)
[2] 姜琳. 正确认识电子期刊与期刊全文数据库 [J]. 农业网络信息，2007 (5)
[3] 百度百科. 电子书. http://baike.baidu.com/view/1190368.htm
[4] 查国伟，唐巍. Magmaker：引领期刊电子化的2.0时代 [J]. 中国传媒科技，2007 (2)
[5] 徐燕. 浅谈电大电子期刊的利用率 [J]. 吉林广播电视大学学报，2008 (2)
[6] 魏文涛. 正确认识和利用免费读物 [J]. 科技信息，2008 (17)

论公共图书馆特色网络信息资源建设
——以广州图书馆为例

陈深贵[①]
（广州图书馆　510055）

摘　要：近年来，公共图书馆特色网络信息资源建设取得重大进展，相继建成了一些具有浓郁地方特色的网络信息资源，取得了良好的社会效益，但同时也存在一些问题。本文以广州图书馆特色网络信息资源建设为例，探讨了特色网络信息资源建设中存在的问题以及提出了解决问题的建议、策略和应注意的问题。

关键词：公共图书馆　网络信息资源　特色

1　引言

网络信息资源是以数字化形式记录，以多媒体形式表达，存贮在网络计算机磁介质、光介质以及各类通讯介质上，并通过计算机网络通讯方式进行传递的信息内容的集合。按照信息的媒体形式，网络信息资源可分为文本信息资源、超文本信息资源、多媒体信息资源和超媒体信息资源等类型。图书馆网络信息资源是存在于图书馆网络中的、各种经过图书馆处理存储的数字化信息资源的总和，是为了满足读者信息需求、提供网络检索服务的各种信息。本文中，笔者将特色定义为“人无我有，人有我优”。地方文献作为独具特色的文献品牌，是图书馆特色化服务的坚强后盾和主力军，在特色就是注意力的今天，地方文献资源浓厚的地方特色使它在网络环境中如鱼得水。因此，加大地方文献在网络环境下的开发和利用，是图书馆建设特色信息资源的一个重要内容，也是赢得网络空间的重要手段之一。公共图书馆网络信息资源建设应以建设特色数字资源、编制各种特色数据库为基础，以网络地方文献资源建设为重要发展方向，注意保持重要网络地方文献资源的系统性和完整性，形成合理的特色信息资源建设体系。

2　特色网络信息资源建设现状

2.1　特色网络信息资源建设类型和特点

从网络信息资源存在的格式来看，广州图书馆网络特色文献信息资源主要有以文字、图像、音频、视频等形式存在的资源。

广州图书馆自建数据库主要有：

广州地方文献书目数据库。该数据库收录广州图书馆地方文献室收藏的地方文献图书书

---

① 作者简介：陈深贵，广州图书馆助理馆员。

目数据，其中大部分著有文摘，并可供检索。截至 2009 年 9 月，该数据库共收录图书 14 767种，22 550 册。

广东历史文献书目数据库。收录文献对象包括粤人著述、寓贤著述、广东史料、粤版图书。截至 2009 年 10 月，该数据库共收录广东历史文献目录信息 8 250 多条，并同步建立了广东历史文献著者信息库，收录 6 560 多位著者的信息。

广州人物数据库。它是广州图书馆承担的文化部科研项目，从 1999 年开始研建。该库收录古往今来在广州活动过、并具有一定影响力的人物的相关资料，资料范围为在书刊、网络等各种载体上正式出版或发表的相关的人物资料。现已收录 5 000 多个人物的全文资料，具有较强的检索功能，能满足比较深入的专题研究需要。

专题书目检索主要有：盲文书目检索、广州地方志联合目录、广州地区公共图书馆联合目录、馆藏光盘目录、馆藏音像资料目录。

主要的专题特色网络信息资源有：

有关专题分为“民俗风情”、“映象广州”、“书香弥漫”、“动漫频道”、“广州风物”、“品味亚运·奥运”、“广州风物 ”、“食在广州”、“民间风俗特色”、“在线展览” 等专题网络资源导航或专题数据资源，从不同的侧面介绍了具有广州特色的地方信息。特别值得一提的是“南都广州” 专题网络信息资源，该专题与《南方都市报》合作，数字化了该报关于“广州地理”、“广州人文”、“广州民俗” 等的专题报道，具备系统性、专业性和特色化，全面介绍了广州的方方面面、历史沿革，是不可多得的、认识和研究广州的文献资源，更为地方文献数字化共建、共享提供了良好范本。

除以上主要以文本形式存在的资源，广州图书馆依托自有资源建设音频和视频数据库，主要有：

“粤睇粤精彩”。该库以馆藏音像资源为依托，通过“粤剧”、“粤曲”、“粤语相声”、“粤语古仔”、“粤语童谣”、“食在广州”、“商贸旅游”、“广州名人”、“广东音乐” 等特色栏目的多媒体资源，尽显广州人经久不变的好精致、爱悠闲、重务实的性格特点，具有浓郁的地方特色。

讲座点播多媒体数据库。依托面向社会公众的公益性讲坛——“羊城学堂”、“广州文化讲坛” 和国内外其他讲座资源建立多媒体数据库，提供视频或音频点播，甚至提供现场直播，供读者和用户点播学习，取得了良好效果。

2.2 特色网络信息资源建设存在的问题

虽然广州图书馆特色网络信息资源建设取得良好成绩，但是也存在一定的问题。主要有：

（1）数字化不足。广州历史悠久，具有浓郁地方特色的文献信息资源很多。但是相对于众多以纸质形式存在的地方文献信息资源，广州图书馆的地方文献数字化建设就显得落后。纸质文献信息资源会随时间流逝而变得脆弱甚至有可能失去使用价值，而数字化这些文献既有利于保存又便于用户使用，进而发挥地方文献信息资源的效益。

（2）后续投入不足。特色数据库建设是耗时长、投入大的工作，需要长时间建设才能形成规模、发挥作用，如果投入不足或后期维护跟不上，很容易成为死库而使前期投入变成沉没成本。如广州图书馆曾经建立的“广州社团” 数据库、“广州地方法规” 数据库、“走进广州” 数据库、“设计素材图表库”、“馆藏艺术图像” 数据库等由于后期投入不足等原因，没有进行及时更新，从而造成了资源的浪费。

（3）宣传推广不足。进行网络信息资源建设是为了更好地使用资源。如果建设完成之后就以为大功告成而不做宣传推广，结果往往是资源被束之高阁，“养在深闺无人识”，很少被人利用而达不到预期的效果。特别是自建数据库，由于知识产权的问题，有IP访问限制，只供馆内局域网的人使用，如不加宣传推广，则难以使其发挥作用，造成辛苦建成的宝贵资源闲置。

（4）保障机制不足。特色网络信息资源建设，特别是要耗费大量人财物资源的数据库项目建设，需要建立制度来保障。如果没有规则和制度加以指导和规范，受主要领导个人喜好影响大，容易造成指导方针摇摆不定，定位不准确，从而造成项目实施人员无所适从，影响特色数据库建设积极性。

3　特色网络信息资源建设对策

公共图书馆均有自己的特色馆藏。加强特色馆藏的建设，将自己的特色馆藏文献数字化并提供上网服务，将是对其他图书馆的虚拟馆藏的最好补充。图书馆可根据本地经济发展的需要，针对特定用户的信息需求，把有地方特色的文献信息收集起来，通过加工分类，建立各类专题数据库或专题资源，并使这些数据库标准化、规范化，形成有地方特色的信息产品，提供给用户使用。

3.1　特色网络信息资源建设原则

网络环境下，图书馆信息资源是否具有特色，是评价图书馆服务水平的重要标准，进行特色网络信息资源建设应遵循以下几项原则：

（1）特色化原则。在特色就是注意力的今天，加大地方文献等信息资源在网络环境下的开发和利用，是图书馆建设特色信息资源的一个重要内容。应在充分利用传统馆藏优势的前提下，围绕本馆的服务对象、研究范围大力开发建设特色网络信息资源，依托本馆实体文献信息资源建设特色数据库，选题必须是在馆藏基础上充分体现地域特色、专题特色。

（2）系统性原则。应注重掌握和发挥本馆特色网络信息资源的特点和优势，形成系统、完整统一的特色馆藏体系，为读者提供系统、优质、便捷的特色服务。在资源建设中要有系统观点，要有前瞻性，保证技术、软硬件配置和信息资源建设在各实施阶段的统一性及可继承性。

（3）效益最大化原则。特色网络信息资源建设的目的是为了满足用户的文献信息需求，利用率是馆藏信息资源使用效益的最佳体现。评价特色信息资源的价值和存在的意义在于它是否能用、有用、实用和好用。因此，各图书馆应掌握不同层次读者的不同需求，以实用为原则，确立所建数据库的主题、规模，提高信息资源的效益。

（4）标准化原则。特色网络信息资源建设必须坚持标准化和规范化，可检索性强，尽可能向国际标准靠拢，与国际惯例衔接，使信息资源的共建共享成为可能和现实。

3.2　特色网络信息资源建设影响因素

影响特色信息资源建设的因素有内部因素和外部因素，即图书馆自身基础和条件与信息源状况和用户现实需求。而根本上取决于社会的信息需求，因为信息资源开发利用的最终目的就是向用户提供便捷、及时、准确的信息，以满足用户的信息需求。

3.2.1　内部因素

要确保特色网络信息资源建设项目特别是特色数据库建设的正常进行，需要得到有关领导的支持与相关组织机构的大力配合；需要投入充分的人力、物力和经费作保障，要系统、全面考虑各种人力资源的配置。同时，需要得到财政扶持与资助，并保证所需特色网络信息资源与设备资源，包括信息资源来源是否有保障、是否易控制，数据采集的渠道是否能保持畅通、特色信息资源是否具备特色、权威性、先进性等。

3.2.2 外部因素

信息用户需求是影响特色信息资源建设的重要外部因素。建设特色网络信息资源的最终目的是满足信息用户的信息需求。所以，图书馆应采取各种方式对读者的需求进行调查，如问卷调查、网站访问日志分析等，从而真正做到信息资源为用户所需、为用户所用。信息源也是影响特色信息资源建设的重要因素，要建设特色网络信息资源，必须要保证信息资源来源渠道畅通。

3.3 特色网络信息资源建设策略

3.3.1 特色馆藏数字化

公共图书馆特色网络信息资源建设应以建设特色数字资源和特色数据库为基础，以数字化地方文献资源建设为重要发展方向，尽可能地满足用户的信息需求。同时，要注意保持重要网络地方文献资源的系统性和完整性，形成合理的特色网络信息资源建设体系。广州图书馆拥有丰富的特色资源，收藏海量反映岭南文化遗产、地方文史资料、地方政治经济文化的信息资源，可选择系统性强、质量好、使用率高的信息资源加以数字化。如广州图书馆系统收藏近几十年的广州三大报纸（《南方日报》、《羊城晚报》、《广州日报》），这些反映近几十年来广州（广东）方方面面的变化的珍贵历史资料，具有重要的价值。而随着时间流逝，纸张逐渐脆化，如不尽快数字化，这些珍贵资料将很有可能失去使用价值。可探讨与报社等机构合作，将这些珍贵资料数字化，共建共享珍贵信息资源，建立特色数据库，既可保存珍贵的历史文献资源，又可满足市民的信息需求。

3.3.2 网络化开发

随着互联网的普及，特别是我国“政府上网工程”和“企业上网工程”的全面实施和推广，区域经济和文化的发展越来越受到重视。有关地方历史、经济和社会发展的网络信息不断涌现，为地方文献工作提供了新的素材。收集、加工、利用网络地方信息资源是当今地方文献工作的重要内容之一。网络地方信息资源的主要建设方式有：①建立相关地方特色网站的导航。②筛选网上地方文献，建立网络地方文献专题数据库；根据本地区历史文化特点和用户的需求，有计划、有目的地对网上地方信息资源进行筛选、链接、下载、分类、组织，建立地方文献数据库，有效地补充馆藏实体地方文献资源的不足，从而最大限度地满足广大用户的需求。③整合网上地方文献信息资源，建立地方文献网络门户；可结合已有的广州数字文化网、广东历史文献书目数据库系统、广州人物数据库系统、广州地方文献书目数据库系统等，将目前的广州地方文献扩展为广州记忆网，进一步扩大收录资料的范围，收录有关岭南文化特别是广府文化方面的文献、多媒体资料、广州亚运会的相关资料。

4 特色网络信息资源建设中应注意的若干问题

4.1 知识产权保护

在特色网络信息资源建设，特别是特色专题数据库建设中需要大量运用到其他单位或个人的成果。图书馆要在适应知识产权保护的基础上，通过运用合理适度的法规调整和解决好特色网络信息资源建设与知识产权保护之间的关系。

4.2 标准化和规范化

标准化和规范化是信息资源建设的生命，是建设高质量特色网络信息资源的根本。特色网络信息资源建设应着重注意标准化和规范化问题，确保特色信息资源的可使用性和易使用性，降低使用难度。

4.3 特色信息资源的质量

高质量是特色网络信息资源建设的根本要求，对信息资源进行严格筛选是保证特色网络信息资源质量的重要环节。信息资源的选择必须建立在对信息资源的正确评价、统筹规划和有效筛选的基础上，以保证数据库的质量。

4.4 加强对用户宣传和普及教育活动

图书馆员用心将特色网络信息资源建设出来后，如果忽略了对它们的宣传与推广，使它们处在“养在深闺无人识”的境地，那是极大的浪费。因此，在建立了特色网络信息资源之后，图书馆需要借鉴市场营销的各种手段，对特色网络信息资源进行宣传和推广，使特色网络信息资源的效益最大化。

参考文献

[1] 黄晓斌等 . 网络信息资源开发与管理［M］. 北京：清华大学出版社，2009

[2] 蓝青 . 网络环境下公共图书馆报刊信息资源的开发与利用［J］. 情报科学，2002（2）：165 ~ 168

图书馆网络信息资源组织的动因及对策

李少鹏[①]

（广州图书馆　510055）

摘　要： 网络环境下，信息环境的变迁、用户需求的转变、需求层次的提高，这使得作为传统信息服务机构的图书馆面临挑战和机遇。本文分析了网络环境下图书馆网络信息资源组织的动因，提出了网络信息资源组织的原则与提升网络信息资源组织有效性的对策。

关键词： 图书馆　网络信息资源　数字图书馆　网络资源组织

网络的迅猛发展使之已渗透到人们工作与生活的各个方面。网络快捷方便，拥有海量信息，得到了用户的广泛青睐，成为用户获取信息的主要渠道。然而，网络信息的无序、无限、动态却又给用户利用信息造成极大的障碍。信息环境的变迁，促使用户的需求呈现出个性化、深层次等特点。作为传统信息服务机构的图书馆如何应对环境变化的挑战，如何满足用户需求的变化，是图书馆在新环境下必须深入思考和解决的课题。

1　图书馆网络信息资源组织的动因

1.1　图书馆自身发展的内在需要

图书馆参与网络资源组织是由其本质决定的。网络环境下，图书馆服务面临丰富的网络资源、商业信息服务机构等所带来的前所未有的冲击。另外，图书馆在信息资源组织方面的独特优势为解决网络资源的无序、动态提供了有效手段。因此，充分发挥图书馆信息组织优势，向互联网提供高质量的信息资源的同时充分利用互联网丰富的资源，将图书馆信息服务纳入互联网环境下的全球信息服务，这是实现图书馆发展的内在需要，也是图书馆的未来发展的趋势。

1.2　网络资源有序化、关联性、标准化是重要推动力

网络信息发布自由、随意，缺乏必要的过滤、质量控制和管理机制，使得网络资源混乱无序、无限、高度动态。同时，现有数字资源系统内的数据对象很多是孤立的，并且数字资源系统存在大量异构、异质现象，这无疑给网络资源的利用带来极大障碍，使得网络资源的利用效率极其低下。通过信息分类、编目等方式对网络资源进行整合、加工、组织，以提高网络资源的规范性、有序化和结构化，促使各种资源、数据库相互渗透，保持信息资源体系的内在关联性和整体性，进而为用户构建统一的资源检索通道或平台，消除网络资源障碍。而承担知识积累和信息传播的图书馆具备传统的信息资源组织优势，所以将责无旁贷地承担起网络资源的组织重任。

---

① 作者简介：李少鹏，广州图书馆助理馆员。

1.3　用户需求是网络信息资源组织的根本动力

满足用户需求是现代图书馆存在与发展的内在动力，是图书馆工作的终极目标。随着网络技术、学科和专业技术的发展，信息环境发生了巨大的变迁，用户的信息需求也随之发生了变化，由单一性转向多样化、一般性转向知识性、模糊性转向精确性、滞后性转向及时性，呈现出深层次、个性化、多样性和时效性的特点。图书馆为满足用户的需求，就必须适应网络环境和用户需求的巨大变化，充分发挥自身信息资源的组织优势，利用先进的技术、设备，大力整合、组织网络资源。用户需求是推动图书馆进行网络信息资源组织最根本的动力。

1.4　网络资源组织是信息服务的基础和平台

网络环境下，图书馆在信息社会中所起的核心作用就是提供信息服务，服务人员只有在信息资源整合、组织的基础上才能为用户提供准确、个性化、深层次的信息服务。同样，信息检索也是对信息在一定程度整合、组织和开发。

数字图书馆是图书馆发展过程中一个阶段性的标志和里程碑，是在图书馆系统外部推动力和内部驱动力的双重作用下发生和实现的。外部推动力主要来自于图书馆赖以生存的信息环境的变化，内部驱动力主要是图书馆因无法及时满足社会需要和广大用户信息需求而产生的自我变革动力。在信息环境发生巨大变迁的条件下，数字图书馆为满足用户需求所收藏的必须是经过筛选、有比较高价值、服务于特定用户群体的资源。而网络信息资源无序、无限、动态的特性，与数字图书馆的资源存在巨大的需求落差。因此，数字图书馆必须对网络资源进行过滤和整理，对它们进行系统性和整体性的把握，揭示信息间的关联，实施组织甚至挖掘，这是数字图书馆满足用户需求和适应环境的需要，也是数字图书馆的历史使命。

2　图书馆网络信息资源组织原则

图书馆参与网络信息资源组织与管理势在必行。图书馆应充分发挥自己分类加工、组织整序文献信息的专业特长，对网络信息资源进行有效的组织与管理，进而成为网上信息资源的中心枢纽。与此同时，图书馆网络信息资源是依据一定的目的和需要而进行的系统性工作，涉及用户的需求、图书馆的自身利益、资源的特点、技术的可行性、网络信息资源的无限性和开放性以及动态性等内容。所以，在组织网络资源的过程中必须依据一定的原则和标准来规范相关工作，唯有如此，网络信息资源组织的强大功能和优势才能发挥出来。

2.1　针对性原则

用户的信息需求是图书馆信息资源组织的根本。图书馆在确定信息资源组织的内容、载体形式与组织模式时，要以用户的信息需求为依据，以需求带动网上信息资源组织的有效性，并根据用户结构及需求的变化，不断调整信息资源组织的结构与模式。

2.2　标准化原则

图书馆网络信息资源组织要遵循通用协议或格式，用统一规划、标准和运行规则来指导数字资源的组织。这样既可以避免人力、物力、时间上的浪费，又可为信息资源实现共建共享、数字图书馆的建设打下坚实的基础。标准化包括硬件、软件、书目数据、通信协议、安全保障技术等方面，其中数据格式、描述语言和标引语言的标准化是主要内容。

2.3　特色原则

用户获取网络信息资源的个性化要求每个图书馆都必须以特色化网络信息资源来吸引用

户。选择某一种或几种特色资源作为内容或形式选择的标准。加强富有特色的数字化文献资源的开发，建立各具特色的数据库，构筑自身的“核心收藏”和“核心访问”资源体系。

2.4 联合原则

建设数字图书馆必须走联合之路，整合、组织网络信息资源同样如此。任何单一的图书馆都不能组织所有的网络资源。只有通过图书馆间的协同发展，才能形成互为补充、互为利用、互为推动的资源保障体系。图书馆只有将网络资源的建设纳入到整个地区、国家和全球信息网络中去，才能拥有众多的用户和求得自身的长远发展。

2.5 互补性原则

网络信息资源不论是在内容、数量上的组织，还是在形式上的组织，其结果都是对馆藏文献信息进行补充。所以，网络信息资源组织应以网络信息获取为补充，特别是开放存取资源，与印刷型文献相辅相成，形成布局合理、结构优化、功能强大的文献信息保障体系。

3 图书馆提升网络信息资源组织的对策

网络信息资源组织是提升网络信息服务机构面对用户信息素质日益提高而改进自身的信息服务水平、提升信息服务层次的重要途径。因此，发挥图书馆信息组织优势，向互联网提供高质量的信息资源的同时，充分利用互联网丰富的资源，将图书馆信息服务纳入互联网环境下的全球信息服务中，实现对网络资源的组织是图书馆未来发展的趋势。

3.1 图书馆信息资源内容组织

编目与分类是图书馆业务的基础，也是网络资源实现有序化组织、深层揭示的基础。网络环境下，规范化、标准化、高水平的编目和分类能满足网络资源检索及发展要求，能有效组织和扩充馆藏资源。

3.1.1 网络资源编目

到目前为止，并未形成国际通用的网络资源著录格式，但 MARC 和 DC（Dublin Core，都柏林核心元数据）是目前运用最广的格式，这两种格式各有优劣。MARC 是长期制定和控制良好的标准，属于受控编目，编目数据质量高。在图书馆界，MARC 格式有其不可替代的优势，MARC/AACR2 编目能够且应该被拓展到处理互联网资源上。OCLC 主持的一系列网络信息资源编目项目充分证明，图书馆采用 MARC 格式为网络信息资源编目，已成为组织网络资源的一种有效方式。但 MARC 也存在编目速度慢、成本高、专业性强、流程复杂，难以应对数量庞大的网络资源的缺陷。DC 在网络资源描述方面具有灵活、结构简单、易于理解、可扩展性及兼容性好等特征，作为网络资源描述的雏形，DC 有望成为国际通用的网络资源著录的一种标准格式。无论采取哪种方式，统一与制定国际通用的网络资源著录格式是未来发展的方向。另一方面，海量的网络资源编目已超出单个图书馆的能力，合作编目成为各国图书馆编目的共识。

3.1.2 主题分类一体化体系

网络资源的复杂、异构及异质，使多检索途径成为迫切要求，“分类主题一体化”成为网络资源组织的理想模式。它是将分类法与主题法有机地融合为一个整体，实现分类系统与主题系统的完全兼容。两者的结合既能充分发挥各自的特有功能，又能互相配合、互相补充，发挥最佳的整体效应。用户可随意选择检索途径，信息检索极为方便。

3.2　全面提升图书馆网络信息资源服务水平

网络资源内容的组织为资源利用奠定了基础，但要实现将信息、知识提供给用户则需要集合多种有效的服务方式。

3.2.1　建立元搜索引擎统一平台

搜索引擎是使用最广泛、最方便、最具个性化的资源组织方式。2005 年 OCLC 发布的报告指出，89% 的用户从搜索引擎出发查找信息，而只有 2% 的用户从图书馆网站开始查找信息。同时，异构、异质的网络资源严重影响到搜索引擎效率，为实现资源的有效组织，图书馆需要建立元搜索引擎统一平台，集成、整合各种资源，包括整合图书馆的 OPAC 资源、建立具有关联性的资源体系，使网络资源检索方便、快捷，同时扩大图书馆的影响力。目前，元搜索引擎中的佼佼者有 Dogpile、ProFusion、MetaCrawler、Vivisimo 等。如 Dogpile 可以调用 Google、Yahoo、Ask Jeeves、Bing 等 20 多个独立的互联网搜索引擎、新闻组搜索引擎、FTP 搜索引擎等。它采用 Vivisimo 先进的自动聚类技术，对来自元搜索引擎的结果进行相关性比较，聚合生成并提供最符合查询提问无重复的结果列表，以达到网络资源的高效集成、整合的效果。

3.2.2　建立网络资源导航库与主题网关

网络资源导航库与主题网关主要解决搜索引擎查找信息过量，查全率、查准率低的缺陷，其成为网络资源组织的新模式。网络资源导航库根据用户的需求特点，以学科、领域、主题为单元，按照一定的资源选择标准和评价体系对网络资源进行搜集、选择、描述和组织，并提供浏览、检索、导航等增值服务。从某种程度上来说，它就是模拟和借鉴传统文献的处理技术和经验，对网络信息资源进行受控管理和组织利用。主题网关是针对特定学科或主题领域，对具有一定学术价值的网络资源进行导航。为达到网络资源导航的有效性，必须遵循以下原则：①揭示内容，保证用户通过导航网站获取到的是最终的和最有价值的信息；②贴近用户，即导航内容定位应针对某一特定的用户；③有效导航，确保导航链接的可用性，避免“死链”等无效链接；④内容完整：导航库涵盖内容尽量全面、齐全，尽可能地链接与该学科相关的资源。

3.2.3　构建实时、互动交流平台，提供个性化、精品知识服务

网络环境下，用户需求的多元、智能、高效等特点、客观上要求建立与之相适应的服务模式。知识门户以信息资源（包括网络资源与内部资源）的组织为基础，以用户需求为导向，通过对某一主题资源的深层次挖掘、分析、组织，通过知识推荐系统，采用定制、主动推送方式，动态地为用户提供针对性强、高质量的信息资源。同时，知识门户具备互动、交流的功能，用户通过参与、体验方式，实现用户、咨询员、特定领域专家之间的直接交流，有效消除显性知识与隐性资源共享的障碍，更好地提供个性化、知识性的服务。

目前，比较有代表性的知识门户有 ISP Knowledge Portal、E-Knowledge Portal、EcoPort 等。国内有上海社科知识门户，它由上海社会科学院与上海图书馆联合成立。尽管还不是很完善，但随着研究的深入、网络技术的发展，知识门户要实现的一站式服务、用户体验和用户参与将是未来图书馆发展的重要方向，是图书馆对网络资源进行有效组织的重要服务方式。

4 加强网络信息资源组织标准和制度建设

网络信息资源组织是一个系统化工程，涉及面广，要实现方便、快捷、有效的信息资源体系，提高信息资源整合的质量，就必须在信息资源的整合过程中遵照一系列完整的标准，并在资源的开发、产品化和组织管理的过程中遵循它，这样才能实现网络信息资源的理想整合。

在图书馆网络信息资源的整合中涉及的主要标准有 Z39.50 协议和 OAI 协议。Z39.50 协议主要应用在书目信息的共享和互操作上，是在图书馆领域广泛应用的一个国际标准。它具有丰富的语义、良好的互操作性和强大的功能，能屏蔽不同服务提供者的数据库间的异构性，使用户能够以统一的接口查询所有的 Z39.50。OAI 组织由数字图书馆联盟、网络信息联合会、美国国家科学基金会等机构联合资助。OAI 要求所有的资源拥有者遵循一定的协议，只要资源在网上，用户就一定能检索到。另外，OAI 还规定了统一的元数据标准 DC（Dublin Core）以及相应的元数据采集标准。

要实现网络资源组织的有效性和可持续发展，必须高度重视政策法规的制定和知识产权问题。网络环境下图书馆信息资源的组织是一项涉及多行业参与和协作的系统工程，复杂、投资大、回收期长，需要制定完备的投资保障、知识产权法、数据库保护法等信息资源开发和建设的法律法规来作为行动指南和工作保障。我国即将出台的《公共图书馆法》及各地积极制定的图书馆条例、法规，将协调不同行业、主体间的利益和职责，规范各方面的行为，确保信息资源的有效开发。知识产权是开展信息资源整合的重要前提，是全世界信息服务机构所面临的共同课题，需要通过立法等手段加强图书馆工作人员的法律意识，在法律允许的范围内开展整合工作。只有正确处理这一问题，信息资源才能做到最大的整合和实现最佳的效果。

参考文献

[1] 初景利. 复合图书馆理论与方法［M］. 上海：上海交通大学出版社，2009

[2] 古琦. 网络信息资源组织管理与利用［M］. 北京：科学出版社，2008

[3] 常青. 面向用户的图书馆网络信息资源组织［J］. 情报科学，2007（3）：412～414

[4] 欧阳剑. 新网络环境下用户信息获取方式对图书馆信息组织的影响［J］. 中国图书馆学报，2009（6）：97～102

[5] 王翠萍，杨冬梅. 知识门户的个性化服务现状及优化研究［J］. 中国图书馆学报，2009（5）：117～122

[6] 杨丹. 网络环境下信息资源编目［J］. 情报资料工作，2004（1）：30～31

[7] 刘建准. 基于用户信息需求的网络信息组织［J］. 情报杂志，2004（6）：64～65

[8] 陈新添，朱秀珍，田笑含. 网络环境下用户信息需求的趋势、障碍和对策［J］. 现代情报，2007（6）：16～18

我国机构知识仓储研究文献计量分析

高　屹[①]

（广东省科技图书馆　510070）

摘　要：本文利用文献计量分析的方法，对被 CNKI 收录的有关机构仓储研究领域的论文进行统计，并对论文的发表时间、期刊分布、著者分布、单位分布、基金资助、主题内容等方面进行了分析，探讨了我国在机构仓储领域的研究现状及发展趋势。

关键词：机构知识库　机构仓储　文献计量　主题分析

机构仓储（Institutional Repository，IR），又称机构知识库或机构库，是指以收集、组织、存储学术机构（包括大学和大学共同体等）相关数字知识资源为主要任务，并将其中绝大部分资源对任何网络用户免费开放的知识库。IR 的概念最早由学术出版与学术资源联盟（SPARC）研究小组于 2002 年提出，近年来，机构仓储已经日渐成为我国图书馆和情报学领域的一个重要研究方向。作为一种重要的开放存取资源，机构仓储的建设与发展对促进资源共享、扩大学术交流具有重要的价值。本文运用文献计量分析方法，对我国机构仓储研究领域的文献进行了分析，探讨了我国机构仓储研究进展、现状和主要发展趋势，以期为推动机构仓储建设工作提供依据。

1　数据来源

本文所有的原始数据均来源于 CNKI（中国知网）“中国学术期刊数据库”，检索时间为 2010 年 6 月，检索时限为 2003 年至 2010 年 5 月，检索策略采用“篇名”进行精确检索，关键词为“机构仓储” + “机构知识库” + “机构库”。经检索、分析、筛选后共得到相关文献 206 篇，分别按照题名、作者、关键词、单位、期刊来源、基金、出版年等字段下载数据后，导入 Excel 进行统计分析。因部分杂志社送稿及 CNKI 数据库更新滞后等原因，本文不排除截止检索日，仍有部分 2010 年数据统计不全的问题。

2　统计分析

2.1　机构仓储研究领域论文的时间分布

一般来讲，某一研究领域的理论水平和发展速度是可以通过某一时期内研究人员在该领域发表的论文数量客观反映出来的。通过文献计量方法对 2003 年至 2010 年 5 月期间我国有

① 作者简介：高屹，副研究馆员，现任广东省科技图书馆信息咨询部主任，主要从事科技查新、文献计量统计分析方面的研究。

关机构仓储研究论文数量进行统计分析，得到论文随时间变化的分布情况。

表1　机构仓储研究论文年份分布

年份	论文数量（篇）	所占比例（%）	年份	论文数量（篇）	所占比例（%）
2003	0	0	2007	25	12
2004	1	0.5	2008	51	25
2005	3	1.5	2009	85	41
2006	16	7.8	2010	25	12
累计	20	10	累计	156	90
合计	206（篇）		年均	29.42（篇）	

从检出的相关文献可以看出，自2004年以来，我国在机构仓储研究领域共发表论文206篇，平均每年29.2篇。2002年国际上首次提出IR的概念，而我国在该领域的研究最早起步于2004年，其标志是上海图书馆吴建中撰写的《图书馆VS机构库——图书馆战略发展的再思考》一文，2005年我国共发表相关论文3篇，从2006年开始该领域的研究日益受到重视，论文数量与上一年相比呈现倍数增长，尤其2007年至2010年5月间研究成果呈现迅猛增长的发展态势，每年都有大量相关论文发表，累计量占研究论文发表总量的90%。目前2010年统计数据尚不全面。

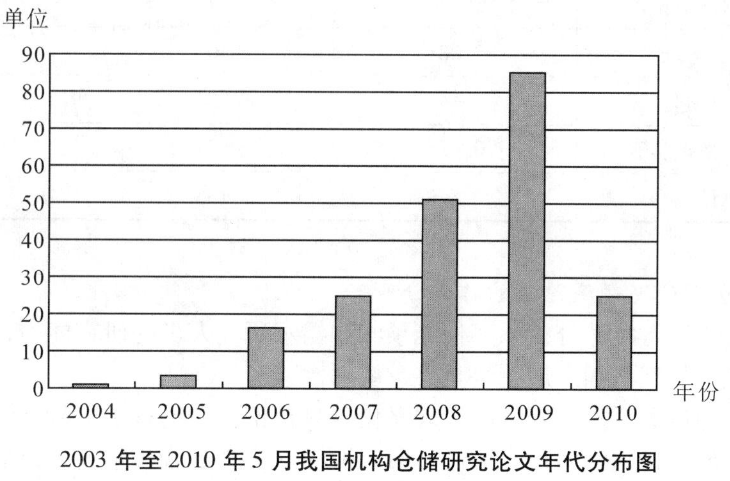

2003年至2010年5月我国机构仓储研究论文年代分布图

2.2　机构仓储研究领域论文的期刊分布

学术期刊通常是科研成果发表的重要载体，因此通过研究论文发表的期刊分布，就可以揭示某一研究领域科研成果的发展状况。通过文献计量分析得知，2004年以来有关机构仓储研究的206篇论文分别分布在54种期刊上，表2所示为其中发表论文数大于或等于5篇的14种期刊。据统计，该14种期刊总共刊载本领域研究论文135篇，占总量的65%。

从表2可以看出，载文量较多的14种期刊中，除《科技情报开发与经济》外，其他刊物均为图书情报领域的期刊，其中有9种还是2009年度图书情报领域的核心期刊，由此可以看出机构仓储研究在国内已经得到图书情报界研究人员的相当重视。核心期刊中载文量最多的是《图书情报工作》，共发表论文22篇，影响因子比较高的是《图书馆建设》和《图书馆论坛》，分别发表论文11篇和5篇。根据期刊评定中的“2/8定律”，我们可以认定这14种期刊是近年来IR研究领域的核心刊物，此外还有科技类、经济类、教育类和大学学报类，载文量均不多。

表2　发文量在5篇及以上的期刊及影响因子（2004年至2010年5月）

刊物名称	影响因子	文献数量（篇）	比例（%）
图书情报工作	1.146	22	11
现代情报	0.621	20	10
图书馆建设	1.746	11	5
科技情报开发与经济	—	10	5
图书馆学研究	1.229	9	4
情报科学	1.081	8	4
情报理论与实践	1.043	8	4
情报探索	0.618	8	4
情报资料工作	1.358	8	4
图书馆杂志	1.172	8	4
现代图书情报技术	1.124	7	3
图书馆论坛	2.081	6	3
图书馆学刊	—	5	2
农业图书情报学刊	0.485	5	2
总计		135	65

2.3　机构仓储研究领域论文的作者分布

对论文的作者进行统计分析，不仅能预测和揭示研究人员的研究能力，还对进一步了解机构仓储研究领域的现状和发展趋势具有重要的意义。

科学的进步促进了合作，合作的出现又使得科技论文中涌现出大量合著现象。我们通过论文的合作情况能分析出学术研究方法和研究取向。论文的合作情况可以通过论文合著率以及合作度进行分析。合著率是指合著论文占论文总数的比例，合作度则是指每篇论文的平均作者数。

如表3所示，在206篇论文中，由一位作者独立完成的有116篇，占总数的56.3%；由两位作者合作完成的论文有58篇，占总数的28.1%；由三位及三位以上作者完成的有32篇，占总数的15.5%。这206篇论文共涉及333位作者（包含合著情况），其合作度为1.617，合著率为43.7%。这表明，近年来国内在机构仓储领域的研究基本上是以独立研究为主，但合作研究、甚至是跨机构合作研究也在日渐增多。

表 3 论文合著情况统计（2004 年至 2010 年 5 月）

作者人数	文献量
1	116
2	58
3 人及以上	32

从作者的发文量来看，有 17 位作者（含非第一作者）发文量在 3 篇以上。其中中国科学院国家科学图书馆兰州分馆马建霞（发文 10 篇）、中国科学院国家科学图书馆兰州分馆祝忠明（发文 8 篇）、湖南商学院图书馆何琳（发文 7 篇）、吉林大学管理学院邓君（发文 6 篇）、南开大学信息资源管理系王颖洁（发文 6 篇）5 位作者属于目前国内在机构仓储研究领域的高产作者，其发文量均在 5 篇以上。其中中国科学院国家科学图书馆兰州分馆马建霞和祝忠明发文量位居前列，但是均以合著论文居多，而何琳和邓君全都是独立发表的论文。其他作者更多为瞬时著者，7 年间只发表一篇论文，并未能很好地对该领域进行继续研究。

2.4 机构仓储研究领域论文的机构分布

对 206 篇论文的机构进行统计分析得出，从地域分布来看，在 2006 年至 2010 年 5 月期间，北京、东北、江苏和浙江地区的作者发表关于该领域的论文比较多，北京市的 11 家单位发表论文 35 篇，东北三省的 10 家单位发表论文 39 篇，江苏省的 16 家单位发表论文 32 篇，浙江省的 11 家单位发文 24 篇，广东省的 10 家单位发文 11 篇，湖南省的 4 家单位发文 17 篇，上海市的 8 家单位发文 14 篇，甘肃省的 3 家单位发文 18 篇，陕西省的 2 家单位发文 6 篇，河北省的 6 家单位发文 7 篇，福建省的 4 家单位发文 6 篇，天津市的 5 家单位发文 8 篇，山东省的 5 家单位发文 6 篇，河南省的 4 家单位发文 4 篇，四川省的 5 家单位发文 5 篇，云南、广西、安徽、江西各省都是 2 家单位发文 2 篇，由此可见对该领域的研究在全国已经得到了普遍重视。

表 4 为 2005 年至 2010 年 5 月期间发表论文在 3 篇以上的单位统计。从表中可以看出，中国科学院国家科学图书馆、中国科学院国家科学图书馆兰州分馆以及佳木斯大学、吉林大学和湖南商学院是目前国内在机构仓储研究领域发文较多的几家单位，并且对该领域的研究能够保持良好的延续性，能够连续几年都发表相关论文，这些单位应该也是目前国内在该领域研究的领军机构。

表 4 发表 3 篇及以上论文的作者单位与发表时间对应表

作者单位	发表时间						总计（篇）
	2005	2006	2007	2008	2009	2010	
中国科学院国家科学图书馆	1	2	3	3	3	8	20
中国科学院国家科学图书馆兰州分馆			3	4	7	1	14
佳木斯大学				2	8		10
吉林大学			1	2	4		7
湖南商学院				3	2	1	6
北京邮电大学		1			4		5

（续上表）

作者单位	发表时间						总计（篇）
	2005	2006	2007	2008	2009	2010	
湘潭大学			1	2	2		5
中国矿业大学				1	2	2	5
嘉兴学院	1	3		1			5
西安外国语大学			1	4			5
上海大学					5		5
浙江大学		1		2	1		4
黑龙江大学					4		4
武汉大学			1	1	1		3
福建师范大学				1	1	1	3
南开大学		1	1		1		3
浙江林学院		1	1	1			3
浙江师范大学		1	2				3
南通大学				2	1		3
徐州师范大学			1		1	1	3
南京大学		2			1		3
江苏大学				1	2		3
中南大学					3		3
辽宁工程技术大学					3		3
大连理工大学			1		2		3
上海交通大学			1	2			3

2.5 机构仓储研究领域论文的资助分布

通过对基金资助的统计分析，可以了解国家和地方对某一研究领域的重视程度。在206篇论文中，有54篇论文分别受到国家、教育部、中科院、各省市以及高校等不同级别的项目基金资助（见表5），甚至有个别论文是同时获得几项基金资助的。由此也可以看出，近年来我国已经加大了在机构仓储研究领域的投入，研究环境也因此变得更好。

表5 获各级基金资助论文数统计（2004年至2010年5月）

级别	类别	篇数
国家级	国家自然科学基金	2
	国家社会科学基金	10
	国家科技图书文献中心（NSTL）项目	1

（续上表）

级别	类别	篇数
教育部	哲学社会科学研究重大项目	2
	人文社会科学研究重点项目	1
	新世纪优秀人才支持计划	1
中科院	国家科学图书馆项目	3
省市级	浙江省图书馆学会项目	1
	浙江省社科联项目	4
	辽宁省社科联项目	2
	江苏省教育厅人文社科项目	10
	河北省科技计划项目	2
	甘肃省自然科学基金项目	1
	广东省自然科学基金项目	1
	广州市哲学社会科学发展“十五”规划项目	1
	广西教育厅科研项目	1
	天津市“十一五”社科研究规划项目	1
高校	湖南省高校图工委项目	6
	其他各校	4
合计		54

2.6 机构仓储研究领域论文的主题内容分布

主题是一篇文献的内在特征，对文献的研究主题进行分析，有利于了解我国机构仓储研究的现状和水平，从而明确今后的重点和发展方向。通过对206篇论文的标题、关键词和文摘进行阅读分析，大致可将其主题划分为五个方面，如表6所示。

表6 主题分布情况统计（2004年至2010年5月）

研究主题	论文数（篇）	所占比例（%）
基本理论研究	46	22.3
构建问题研究	102	49.5
相关技术研究	21	10.2
国外机构仓储研究	20	9.7
发展与对策研究	18	8.7

其中，基本理论研究包括IR的起源与发展、概念、研究现状及综述等；构建问题研究包括构建模式、原则、机制、版权问题、长期保存、政策和策略、开放获取等；相关技术研究包括软件介绍、软件对比研究等；国外机构仓储研究主要包括国外或中国港澳台地区的

IR 政策研究及其实施情况对我国的启示；发展与对策研究主要包括面对 IR 的发展，图书馆应该如何应对挑战。

3 结论

3.1 鼓励研究人员的持续性研究

通过上述分析可以看到，虽然论文数量逐年增长，但目前我国在机构仓储领域持续高产的作者并不多，除了少数几家机构以外，绝大部分研究机构在连续性上存在着不足，多为瞬间作者，因此应该重视对该领域的持续性研究，可通过更多的基金资助来创造良好的研究环境，鼓励研究人员的积极性，从而推动该领域的进一步发展。

3.2 加强合作研究

目前我国在 IR 研究领域发表论文的合著率已经接近 50%，但是对于跨机构合作的情况还不太普遍。虽然中科院国家科学图书馆和中科院国家科学图书馆兰州分馆已经开展合作研究，但是合作论文数并不多。如果目前国内在该领域的领军机构能够强强联合，互相取长补短；另外一些发文连续性不好的机构，如果也能够参与交流合作，将会更好地促进机构仓储研究的发展。

3.3 机构仓储的构建问题是该领域的研究重点

通过统计分析可以看出，2006 年以来，我国在 IR 领域发表的绝大部分论文研究的是机构仓储的构建问题，高达 102 篇，占到总量的 49.5%。从而也要求研究人员在今后的研究中，更加重视对学术信息资源组织、开放获取、知识产权、长期保存以及机构仓储评价等有关问题的研究。

参考文献

[1] 焦丽．我国机构知识库研究的现状、实践与热点［J］．科技信息，2009（11）

[2] 田玉晶．我国机构知识库研究述评［J］．科技情报开发与经济，2009（16）

[3] 董文鸳，袁顺波．聚集学术机构知识的中心：机构库探析［J］．图书馆杂志，2005（8）

[4] 陈宏东，张春燕．基于文献计量的国内机构知识库研究综述［J］．现代情报，2010（3）

[5] 边际．基于文献计量的机构知识库研究综述［J］．情报探索，2009（10）

[6] 金瑛．机构仓储存储行为影响因素研究述评［J］．图书馆建设，2010（4）

[7] 姜颖，孙坦等．国外机构仓储建设危机及对策研究［J］．图书馆建设，2010（4）

[8] 柯平，王颖洁．机构知识库的发展研究［J］．图书馆论坛，2006（6）

[9] 都平平．机构仓储的存储模式分析［J］．情报理论与实践，2009（11）

论图书馆电子阅览室建设管理与信息素质教育

刘一宁①

（广州医学院图书馆　510182）

摘　要：电子阅览室是图书馆事业发展的必然趋势和向数字化过渡的重要标志。本文论述了电子阅览室的建设管理以及维护工作中需要注意的问题，针对“网吧现象”进行了分析，提出了信息素质教育是电子阅览室必须面对的重要课题的观点，并提出了要加强对电子资源的宣传，提高读者和工作人员的信息素质，为读者提供更优质的服务，发挥电子阅览室的服务功能等建议。

关键词：电子阅览室　建设　管理　读者　信息素质教育

电子阅览室是网络信息时代以计算机技术、多媒体技术、网络通信技术为基础的现代化多功能阅览室，是读者利用多媒体计算机、通信、网络设备掌握知识、获取信息资源、查阅与检索文献的重要场所，是文献检索课和计算机课的实习课堂，是信息素质教育的主战场，是教学科研活动的基地，是情报信息中心和数字化图书馆的雏形。

建设和管理好以计算机网络为核心的电子阅览图书室，有利于改变传统阅览室藏书机构和单一的印刷型藏书模式，弥补图书馆场地不足的缺陷和藏书量逐年减少的问题。电子阅览室主要功能是利用计算机设备和网络平台及馆藏资源优势为读者提供上网服务、文献检索和阅览服务、随书光盘借阅服务、音视频服务等一般浏览、专业检索服务，其具有信息量大、涵盖面广、检索途径多、检索速度快、检索命中率高的特点。电子阅览室的建设和管理要紧跟时代的步伐，开放化、虚拟化、免费化和功能分区管理是大势所趋。

1　电子阅览室建设的内容

图书馆可根据自身的经济实力和需求选取不同特点的单机设备、局域网、多媒体等类型的硬件环境建设电子阅览室，也可采取“品字形”和“四方形”两种融资租赁技术运行模式建设电子阅览室，增加和更新电子阅览室的设备数量、引进国外的先进设备。电子阅览室要争取资金投入，保证正常运营，加强业务培训，提高专业素质，转变服务定位，为实现图书馆信息主导地位的运行提供保障措施。

1.1　电子阅览室的基本建设

1.1.1　环境与布局

选择图书馆中层，注意通风、光线、照明、防晒；靠近机房，方便布线，节约资源，提高效率；室内空间大，留有添加设备的余地，读者出入便利；远离书库及易燃易爆物存放场所，房间两侧设便于疏散的安全出口（两个以上）。室内采用开放式的设计，光线自然，布

---

① 作者简介：刘一宁，广州医学院图书馆副研究馆员。

置优雅，装饰绿色，温湿度适宜。环境设计要注意：风格、色彩、照明、家具、绿化、温度、噪声、气味等方面的问题，根据功能的不同，可分为工作区、阅览区和设备区进行管理。

1.1.2 设备配置

设备配置遵循符合主流发展和国际标准化的原则、电子阅览室系统的稳定性和安全性原则、电子阅览室存贮介质的可扩展性原则。做好电脑的购置，配置保护卡，注意外围设施硬件方面的配置和收费系统、监控系统、软件方面的安装。注重网络系统和设备的安全、管理制度、硬件配备和软件环境，网络的建立选择合适的网络技术、网络设备、交换机、服务器，选择合适的微机（客户机）和操作系统。

1.1.3 资源建设

资源建设是电子阅览室建设的核心，包括本地资源、远程访问期刊、图书、学位论文、会议文献、会议文献数据库、报纸、专利文献。常见的数据库有 CNKI 全文数据库、万方数据库、维普数据库、书生电子图书、超星数字图书等。开发网络资源，建立“虚拟馆藏”，供读者在线浏览使用，将本馆的特色馆藏开发成特色数据库供读者上网查询。

1.2 电子阅览室的制度建设

1.2.1 制度化管理

制定和完善规章制度，明确电子阅览室工作人员的职责，确定管理规范，提高服务效率，建立有效的学习制度，制定资料管理制度、读者管理制度、合理收费制度和各种紧急情况下的安全预案等，规范入室读者，落实岗位责任制。

1.2.2 经常化维护

维护好设备是维持电子阅览室正常工作的前提，主要包括对系统、网页、磁盘、电子设备的管理，做好硬件的维护、系统的备份与恢复、计算机病毒的防治、杀毒软件和防火墙的安装等，经常给系统打补丁、硬盘保护卡，重视电子阅览室的管理与维护，制定完善的规章制度，做好计算机病毒的防治工作。

2 电子阅览室存在的主要问题

2.1 建设管理方面

电子阅览室的系统、科学化建设、宣传和培训工作需要加强，电子网络资源利用率低，不安全因素、健康隐患、有害信息多，发挥信息素质教育作用不够，经费不足、设备更新缓慢；工作人员思想素质和业务能力不高，管理态度不好，服务意识不强，网络知识水平低；文献检索课教材内容陈旧，师资水平较差，信息素质教育教学缺乏系统性和完整性等。

2.2 电子阅览室趋向“网吧化”

电子阅览室的读者大致可分为四种类型：学习型、研究型、应用型和娱乐型。其生理和心理状态大致有：完成作业、查找资料、玩电子游戏等娱乐活动、参与网络社交活动。但据有关统计，娱乐型的读者数量大大超出其他三种类型读者的数量，读者对电子阅览室的认识有限，上网目的不正确，信息素质差，患有玩游戏、聊天、浏览不良信息、看电影网络四瘾；有些读者还破解盗用账号密码、浏览不良网站、用黑客手段攻击服务器等，而真正用于上机完成作业、查阅学习资料、检索情报信息、阅览随书光盘等学习目的而利用图书馆电子资源的读者却寥寥无几，电子阅览室趋向“网吧”。即便如此，电子阅览室与“网吧”在服务内容、目的、性质上还是有本质的区别：电子阅览室是在网络环境下，以计算机、网络通信技术为基础，综合电子型文献检索、咨询、培训、阅览等功能，为读者开展文献信息服务的多功能阅览室；而网吧是以赢利为目的，为社会大众提供游戏、聊天、视听等娱乐性服务的场所。

2.3 电子阅览室“网吧化”的主要原因

电子阅览室“网吧化”的主要原因有计算机软、硬件和网络系统建设滞后，管理制度不健全，电子资源数量有限，闲置较多、利用率低；读者对电子阅览室的功能缺乏了解，信息意识薄弱，信息获取能力和道德素质差；图书馆对电子资源宣传的力度不够，系统落后、网速慢、设备老化、收费服务限制利用；工作人员对读者的管理意识淡薄，其素质有待提高。

3 信息素质教育是电子阅览室必须面对的重要课题

信息素质这一概念最早是由美国人波尔（Paul，zurkowski）于 1974 年提出，并被概括为“利用大量的信息工具及主要信息源使问题得到解答的技术和技能”。信息素质既是一种能力素质，更是一种基础素质，是科学素质与人文素质结合的综合素质，其内容结构包括信息意识素质、信息能力素质、信息道德素质。信息素质就是科学地、道德地对信息资源进行收集、加工、利用的意识和技能。电子阅览室不仅是信息素质教育的主战场，而且是教学、科研的主阵地，积极开展对读者的信息素质教育是培养人才的迫切需要。

3.1 电子阅览室在信息素质教育中的定位和作用

电子阅览室的建设管理促进了图书馆的自动化建设，图书馆自动化的发展又不断增强了电子阅览室教育和信息服务的职能，使其成为电子信息资源的服务中心，成为对读者进行信息素质教育中地位特殊、作用不可替代的主战场，成为文献检索课的课堂和实验室，具有资源、技术、设备、人才和环境优势，普通机房和网吧无法与其得天独厚的条件相媲美。

电子阅览室的主要服务项目是开展文献数据库检索阅览、多媒体辅助教学、提供各种类型的全文数据库检索、互联网信息查询服务；对读者的网络健康、人格承担义务和教育，使读者在利用网络进行信息交换时受到约束和规范，使其表现出良好的品质和行为，从而促进读者健康人格的形成和发展，使其符合我国健康人格的网络道德标准；读者通过互联网对全球范围内的信息进行检索，通过阅读光盘资料提高专业知识水平、促进身心健康，通过“信息素质教育”提高信息意识、信息能力和信息道德。

3.2 电子阅览室工作人员应具备的主要素质

3.2.1 政治思想素质

电子阅览室的工作人员要具有良好的政治思想素质，要有高度的政治责任感，不断地进行信息道德的学习，引导读者健康有效地利用信息资源，利用先进技术，抵制、过滤不良信息，及时处理读者在上机操作中提出的各种问题，指导读者查阅各种文献资料，要通过潜移默化、磨砺熏陶的方式教育读者；电子阅览室的工作人员要从服务的本质上区别于社会网吧机房的工作人员，成为培养读者信息意识、信息道德的“管理员”和“辅导员”。

3.2.2 图书情报专业素质

电子阅览室的工作人员要具有图书情报专业知识、信息检索技能，熟悉文献资源、文献信息查询系统的应用技能和使用检索工具的技能，应具有敏锐的信息意识、信息处理能力和鉴别、评价、筛选、加工能力，要有良好的信息阅读能力、熟练的信息检索能力和精深的信息加工能力，善于辅导读者检索文献，及时解决读者遇到的各种数字信息资源问题，成为培养读者信息能力的“导航员”和“咨询员”。

3.2.3　计算机专业素质

计算机专业素质是电子阅览室工作人员区别于图书馆其他部门工作人员素质的主要标志。电子阅览室工作人员要具备较强的计算机和网络通信知识，熟练掌握一门外语，熟悉软、硬件的安装和使用方法，具有较强的网络管理和网络终端调试以及软硬件检测和维护能力，熟悉网上重要的信息网站，成为计算机网络的“技术员”和“工程师”。

3.3　电子阅览室开展信息素质教育的主要措施

3.3.1　区分电子阅览室和网吧的服务定位

要防止电子阅览室“网吧化”，就必须提高电子资源利用率，创造良好的信息资源环境，优化网上资源，加强电子资源的宣传和读者使用能力的培训，加强信息素质教育，提高读者和管理人员的信息素质，建立完备的规章制度。

3.3.2　加强信息资源建设

做好多种形式的服务导航工作和软、硬件资源建设，改善硬件配置和设备性能，建立特色数据库和虚拟馆藏的检索服务，建立独特的网络系统和软件，建立馆藏书目、品牌专业、科研成果、学术学位论文、教学参考书、虚拟馆藏等特色数据库，调整资源采购计划电子资源的采购比例。

3.3.3　积极开展特色服务

开展网络参考咨询服务、定题和课题信息服务，开展查询预约和借阅图书、报刊等纸质馆藏文献信息的特色服务，注重对网上信息资源整合利用的特色资源建设，收集整理免费、有价值的网上资源，并将网上的信息进行集中、整理、分类，查找、指导或传递给读者，开发整合网络资源、加强自建数据库信息资源建设，重点是加大对优质中外文数据库、网络数据库的购置，对馆藏信息资源进行深层次加工。

3.3.4　增强馆藏电子信息宣传与辅导的力度

开展多种形式的信息素质教育，积极宣传馆藏电子信息，制作、发放资源宣传手册，开设利用图书馆的普及性知识讲座和各种专题讲座，举办各种数据库利用讲座，介绍各种数据库检索、光盘检索、联机检索的基本知识和技能，使读者掌握计算机技术的原理和方法，邀请中国知网、万方数据等多家知名数据库公司举办培训班，加强馆藏电子信息宣传发布力度。

另外还要开设信息素质教育专题网页，指导读者使用数字资源，有效利用图书馆主页，开展在线信息素质教育。开展对读者信息需求的研究，通过问卷调查、网上信息咨询服务和读者电子信箱等方式建立合理的读者信息需求和反馈信息接收体系。加强信息素质教育与学科教学的课程整合，把对读者进行信息素质的教育贯穿于电子阅览室的服务工作中，整合利用网上信息，做好网络信息导航。

配备电脑并安装公共检索系统，开放电子阅览室、多媒体播放室和电子光盘资源室，改进文检课教学，开展电子阅览室信息咨询服务。

电子阅览室是图书馆事业发展的必然趋势和向数字化过渡的重要标志。电子阅览室的建设管理亟须在信息资源、人才、设备、环境等方面不断完善，最大限度地发挥其在读者信息素质教育中“主战场”的功能和作用。

参考文献

[1] 欧阳红红. 高校图书馆特色虚拟馆藏建设策略 [J]. 图书馆学刊，2009 (5)
[2] 王灿荣. M－Learning 开创高校图书馆移动服务的新时代 [J]. 图书馆学刊，2009 (5)
[3] 周春玲. 图书馆个性化服务的几个新看点 [J]. 图书馆学刊，2009 (2)
[4] 曾敏灵. 电子阅读发展与图书馆建设的对策 [J]. 图书馆论坛，2008 (3)
[5] 蔡永忠，周晓敏，沈颖. 谈高职院校图书馆怎样实现特色服务 [J]. 辽宁高职学报，2008 (10)
[6] 舒莉. 论高校图书馆服务创新的全面协同 [J]. 图书馆工作与研究，2008 (12)
[7] 郭瑞宏. 电子阅览室的建设与管理 [J]. 内蒙古图书馆工作，2007 (2)：57～58
[8] 张昱. 谈电子阅览室建设 [J]. 武汉船舶职业技术学院学报，2007 (3)：75～76
[9] 朱琴华，田伟. 高校图书馆的特色建设 [J]. 大学图书馆学报，2007 (6)
[10] 马坤，王勋荣. 高校图书馆电子阅览室的定位问题 [J]. 图书馆学刊，2005 (4)

对公共图书馆提供未成年人互联网应用服务的几点认识和建议

尹　琭[①]

（广州图书馆　510055）

摘　要： 互联网是巨量信息的承载者，在网络日益成熟与普及的时代背景下，互联网服务已成为公共图书馆的基础项目之一。未成年读者是公共图书馆重要的服务对象，由于这一群体的特殊性，如何向他们提供完善的互联网应用服务已成为一个新的课题。目前，不少公共图书馆开始提供针对未成年人的电子阅览服务，但在服务环境、服务项目、服务模式等方面都存在许多不足。本文就公共图书馆开展未成年人互联网应用服务提出了有关对策或管理建议。

关键词： 公共图书馆　未成年人　互联网应用

1　向未成年人提供互联网应用服务的现状与需求之间尚存在差距

网络作为巨量信息的承载者已经深入社会生活的各个方面，对各个年龄层的人都产生着重要影响。未成年人获取网络服务的途径主要有家庭、学校和提供信息服务的其他场所。但由于网络拥有“双刃剑”的作用，社会对未成年人在公共场所欠缺引导的环境中使用网络持审慎的态度。《互联网上网服务营业场所管理条例》中明确规定禁止网吧向18周岁以下未成年人提供服务。学校方面，笔者在广州图书馆未成年人网络服务区向未成年人读者进行调查发现：40名调查对象涉及的16所中小学校（其中7所小学、9所中学）都开设了“电脑课程”，这些学校都拥有一定规模的机房实验室，但没有一所学校向学生提供除教学时间以外的网络应用服务。家庭方面，据资料显示，广州市家庭电脑的普及率高达90%，但在广州这个拥有约400多万个家庭的城市中，没有电脑的家庭数量的绝对值是巨大的。

公共图书馆职能的知识性、教育性和服务的公益性，使其有责任适宜开展未成年人网络阅读服务，以弥补这一需求上的巨大空缺。但是目前绝大多数图书馆缺少此项服务，或存在重视程度不够、投入力度不足的问题。服务缺乏吸引力，流于形式，提供网络浏览的机器数量、开放时间等指标不能满足需要，没有达到良好的服务效果。我们应重视并充分认识此问题，在现有条件下给予相关投入，尽快建立和完善未成年人互联网应用服务。

① 作者简介：尹琭，广州图书馆电子阅览室助理馆员。

2 阅览区环境建设

2.1 未成年人网络服务区应该拥有相对独立的空间

目前，开设未成年人网络服务的公共图书馆大多是未成年人与普通成年人在同一电子阅览室内上网。这样做的弊端是：首先，成年人与未成年人使用网络时浏览的内容差异性较大，难以同时满足两者需求。例如，成年人上网常涉及的网络购物、炒股、付费游戏等领域都不适合未成年人，如果在同一阅览室内这将会对未成年人的上网行为产生隐性的引导作用，引起未成年人的效仿。其次，未成年读者尤其是中低龄阶段的读者无论在进行网络阅读还是纸质阅读时，更倾向与伙伴分享即时的感受，这种分享对于他们的表达、认知、兴趣的激发都有正向作用，也就是说未成年网络服务区客观上存在也应当允许有一定程度的“噪音”，这与普通阅览室对安静有较高要求存在差别，独立的空间可以避免对普通读者的干扰。最后，独立空间有利于管理人员对未成年人读者进行针对性的集中管理。因此，理想的状况是应该有专门的电子阅览室供未成年人使用，即使条件不允许，也应该在共用的电子阅览室内开辟出相对隔离的空间。

2.2 未成年人网络服务区的装修陈设应符合他们的年龄气质

学习求知应是未成年读者到图书馆来的主要目的，网络服务区的装修与陈设的格调应紧紧围绕这一主题，并有层次地加入与不同年龄阶段喜好相符合的个性化元素。舒适、健康、阳光的环境，良好的求知气氛，将形成一种信息强调并暗示读者行为应与环境主题相符合，对与主题相逆的行为如游戏、社交等娱乐活动将产生一定的抑制作用。

3 对未成年人的服务应分年龄层次、区别对待

针对于全年龄段未成年人提供的服务和采取的管理方法主要有：①网络安全保障，采用一定的技术手段过滤不适宜未成年人获取的网络信息和网络项目，提供安全绿色的网络环境。②限制开放时段，限时服务。服务的开放时间要避开上课时段。未成年人自控能力较差，必须限制其上网时长，一般规定同一人每天累计上网时间不能超过 2 小时，以保证青少年的正常学习和作息规律。③监护人到场授权确认和用户实名制。

将 18 周岁以下的读者统称为未成年读者，随着我国个人电脑以及网络的迅速普及，我国低龄人群接触计算机、网络的比例逐年增长。18 周岁以下是一个很大范围的年龄区间。不同年龄阶段未成年人群体的心理发展成熟度差异较大，其网络使用特点也各异。因此，对不同年龄群体的读者应该区分对待。

笔者对广州图书馆未成年人网络服务注册读者的年龄分布进行了调查统计。自 2008 年 7 月开放未成年网络服务至 2010 年 6 月 30 日止，共有 495 名读者进行注册，其中年龄最大的已满 17 周岁，最小的还不满 6 周岁。

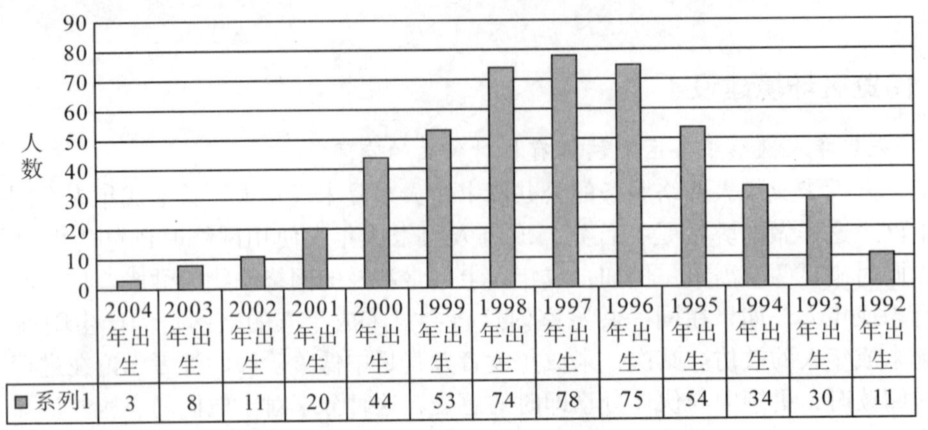

	2004年出生	2003年出生	2002年出生	2001年出生	2000年出生	1999年出生	1998年出生	1997年出生	1996年出生	1995年出生	1994年出生	1993年出生	1992年出生
■系列1	3	8	11	20	44	53	74	78	75	54	34	30	11

广州图书馆未成年人网络服务区读者年龄分布图

随着年龄的增长，读者人数逐步增加，在13周岁（1997年出生）时达到峰值，而后呈下降趋势，整体随年龄成正态分布。其中2000年出生即10岁的读者人数是明显的增长点，1994年出生即16岁的读者人数是明显的下降点，他们分别处于小学四年级和高中一年级，也是学龄期和心理期的重要分界点。年龄分布在一定程度上反映了不同年龄阶段对计算机及网络服务的需求和认知差异。根据未成年人的心智能力、兴趣需求，我们将未成年读者分为三个年龄层。

低幼年龄层，包括9岁及以下的未成年人，他们处于学龄前或者小学的低年级阶段。这一阶段的读者计算机操作水平低、对网络信息的获取和价值评判能力较差。他们对于网络的需求单一、通常是信息的被动接受者。针对这一群体开展的服务主要有：①计算机基本操作技能的辅导和训练。②提倡在家长的陪伴下使用计算机。③网络的开放模式采用有限站点接入。对此群体不建议采用开放式网络接入的模式，互联网内爆炸式增长的巨大规模信息对他们来说多数是无用的，应评估和筛选适宜于此年龄阶段的优秀网站，依托图书馆的馆藏资源建立多媒体资源库，制作专门的网站导航向读者推介这些网站和资源库。④对其网络阅读的引导应注重帮助其建立对网络的初步认识，引导性、知识性、趣味性是服务的主要特点。

中间年龄层，指10～15岁的未成年人，他们处于小学的高年级至初中阶段。这部分读者的特点是：处于身心发育的剧烈期，好奇心强、精力旺盛、易接受新事物，同时也处在价值观逐渐形成时期；在学校都已经接受计算机基础技能的课程训练，并积累了一定的使用经验，具备计算机和网络的基本应用技能；网络阅读行为具有主动性，面对网络已经不再变得无所适从而是拥有自己的意愿；鉴别能力和自我约束能力欠缺。这个年龄层是未成年人上网人群中的主体，从广州图书馆的数据来看，这一年龄段所包含的6组数据占据了总人数的76.3%，是剩余7组年龄数据总和的3.2倍；同时这一年龄段的未成年人最易受到网络负面作用的影响，是青少年网络负面问题的高发区。因此这一年龄阶段的群体应作为图书馆管理与服务的重点。

各互联网应用在未成年网民中的普及率（据《2009年中国青少年上网行为调查报告》）：

应用分类	网络应用	未成年网民（%）
信息获取	搜索引擎	71.8
	网络新闻	64.5
网络娱乐	网络音乐	84.8
	网络视频	62.0
	网络文学	44.6
	网络游戏	81.5
交流沟通	拥有博客	64.6
	即时通信	72.4
	社交网站	34.7
	电子邮件	47.6
	论坛/BBS	23.7
商务交易	网络购物	16.1
	网上支付	12.4
	网上银行	10.5

针对这一群体开展的服务应该注意：①尊重其网络使用的多样性和丰富性，授予他们更多的权限，采用半开放的网络接入模式，不再限定可浏览的站点而是以限定不适宜浏览的站点和内容进行控制。例如，商务交易类的网络行为不适于在图书馆公共环境中进行，应该被禁止。②网络游戏和网络社交是网络沉迷最主要的两种类型，但适度的休闲游戏和社交对未成年人的成长是有利的，因此不能对这两种网络行为全面封杀。具体的做法可以是：建立读者的上网行为评估机制，设立一定的标准并以若干指标对读者的上网历史行为进行考量和分析，例如，上网时长、每次上网时进行了哪些项目和某项目花费多长时间等。这些分析有些可以通过数据库技术得到，有些则需要工作人员对读者上网行为进行监控和记录。在此基础上，对有不良记录和危险势头的读者进行及时的警告、纠正和引导。此外，要注重收集情报信息。③监控与纠偏存在滞后性，因此仍应加强网络安全教育，形成健康参与网络的意识。

高中年龄层，指16~17岁的未成年人，他们处于学龄期的高中阶段。这个年龄层的读者心智发展程度已经趋于成熟，有了属于他们自己的独立立场、辨别能力和自控能力。他们到图书馆来一般目标清晰，已能从社会需要和自我需要出发来确定自己学习的目标、任务，上网过程中纯娱乐性的行为已经减少，更多以实用性为目的。因此对于这部分读者服务主要是：①网络检索技能辅导，增强其从网络获取信息的准确性和迅速性；②更高程度的计算机能力培训，如热门软件的使用；③将网络意识的引导进一步拓深，从辨别是非上升到审美能力的培养。

4　建立完善的家长互动机制

家长在未成年人的教育过程中扮演着最重要的角色，图书馆应与家长建立良好的沟通和互动渠道，保证家长对孩子在图书馆上网行为的知情权，双方合作促进未成年人对图书馆网络资源的使用。①建立家长联系卡。登记家长及孩子的有关信息和联系方式并注意更新，确保随时与家长保持畅通的联系。②邀请家长对网络管理制度和服务方式进行评价并提出建议，这不仅有助于加强家长对图书馆工作的认识和支持，同时家长的参与会使图书馆设立的规则以及采取的纠偏行为更具权威性和有效性。③由于家长的年龄、文化程度、认识水平存在差异，有不少家长并没有正确对待孩子们的上网行为，他们中有些对网络过于悲观，认为孩子们一旦上网就一定会受到网络的负面影响；有些则完全不了解网络，听任孩子的要求。应围绕图书馆以及网络应用服务建立一种由馆员引导，馆员、家长、未成年读者三方的对话机制，在相互沟通中共同增进对网络利用的认识，甚至共同制定“网规”。④定期向家长公布孩子们的上网行为评估结果，由馆员、家长、读者共同解决所存在的问题。⑤设立上网资格年审制度，每年由家长陪同孩子进行年审，根据对上一年上网行为主要指标的评估，由馆员给出是否继续保留孩子上网资格的参考建议并和家长一起决定结果。

建立健康、安全的网络环境是图书馆对社会的承诺。图书馆应该在综合自身设备条件、服务经验、馆藏资源优势的基础上，不断探索有针对性、细化的管理与服务方式，不断提升服务质量，充分发挥图书馆面向未成年人的教育、宣传、休闲的文化功能。

参考文献

[1] 徐提荣．图书馆互联网阅览室的青少年网络导读系统设计［J］．图书馆理论与实践，2009（8）：69~71

[2] 胡海燕．我国公共图书馆应为青少年提供 Web 服务［J］．晋图学刊，2004（2）：65~67

[3] 中国互联网络信息中心．2009 年中国青少年上网行为调查报告．中国互联网络信息中心，2010-04-26［2010-7-15］http：//research. cnnic. cn/html/1272258870d2105. html

浅析服务器虚拟化在数字图书馆中的应用

陈国勋[①]

（广州图书馆　510055）

摘　要： 随着图书馆数字化服务的迅速发展，各种数字化资源逐渐成为图书馆的重要组成部分。越来越多的数据库以及应用平台的建立，需要更多的硬件投入以及配套设施的建设，因此如何以相对较少的投入维持或提高现有的服务质量已成为IT部门考虑的一个重点。虚拟化技术逐渐从一个陌生的领域展示在我们面前，成为解决这个问题的最好答案。

关键词： 虚拟化　数字化图书馆　服务器管理

随着图书馆数字化服务的迅速发展，各种数字化资源逐渐成为图书馆的重要组成部分。越来越多的数据库以及应用平台的建立，需要更多的硬件投入以及配套设施的建设，因此如何以相对较少的投入维持或提高现有的服务质量成为IT部门考虑的一个重点。虚拟化技术逐渐从一个陌生的领域展示在我们面前，成为解决这个问题的最好答案。除了省下大量电费和充分利用硬件资源以外，现在配合独立的存储设备，整个虚拟技术得到了几何级的成长，不但可以用最低的成本实现原有的所有IT服务架构，更能提高服务效率、减少服务停顿时间，使服务质量和管理都能做到可持续发展。

1　服务器虚拟化简介

服务器虚拟化并不是简单地将一个操作系统在另一个操作系统上运行的技术。事实上是将服务器的物理资源抽象成逻辑资源，让一台服务器或冗余服务器变成几台或几十台逻辑上相互隔离的虚拟服务器，不再局限于物理上的界限，而是让内存、CPU、磁盘、网络等硬件变成动态管理的“资源池”，按需组合并映射到对应的逻辑服务器上，从而实现服务器的整合，提高资源利用率，简化管理，这就是服务器虚拟化。目前，要建立不断适应服务变化的数字图书馆，就需要逐渐地抛弃传统的物理服务器与业务应用一对一或一对多的模式，在逻辑层面实现群集、热备份、热插拔等冗余技术，保证业务不会随着硬件的故障而长时间停止。为此，尽快地掌握虚拟技术、运用服务器虚拟化是在新型图书馆趋势下的IT环境发展的有效途径。

① 作者简介：陈国勋，广州图书馆助理馆员。

2 服务器虚拟化的优势

2.1 如何完成服务器整合，让更少的服务器做更多的事

完成服务器整合，企业 IT 环境和桌面应用在本质上有极大的差异，主要表现在以下几方面：①服务隔离。对要求安全、稳定、高可用性和便捷管理的企业环境来说，服务隔离是一个基本的原则。例如，将 Web 服务器和后台的数据库服务器安装在同一操作系统中是不明智的。因为如果两者在资源竞争上发生冲突将使两个服务都变慢，而且操作系统、Web 或 SQL 服务任何一方的宕机都将导致整个系统崩溃。②提高硬件资源利用率。服务器合并，随着网络环境的过度膨胀，加上服务器的空间、耗电、散热成本不断提高，CPU 等资源利用率却过低，因此企业的目标将定为“在单一的物理实体服务器上运行多个操作系统”。这样可以让各个系统服务在单一的操作系统上运行，而多个操作系统也可以在同一台实体服务器上并行运行，这即保持了服务隔离，又大大提高了硬件资源效率。③高可用性。在服务器合并后，虚拟系统在硬件抽象化之后，在逻辑上解决了高可用性、容错、负载均衡、备份等问题，而且还包括动态主机迁移、快速删除数据、统一管理等功能，使创建永不宕机的企业集成环境成为现实。

传统的图书馆在从前的应用模式下，一个物理服务器发布一个应用，而现在的物理服务器都已经是四核甚至八核，内存理论上甚至可以达到 256G，如此高的配置却只在上面运行一个数据库或者发布一个应用。为了提高服务器的使用效率，有的图书馆将彼此冲突比较小的几个应用配置到一台服务器，如人大复印资料和 E 线图情等几个 Web 应用程序，但是不同的应用要求独立的端口，为此管理人员不得不开放更多的端口，因此会带来一些安全隐患。而一台服务器配置多个应用，当服务器操作系统维护或者要关机维护某一个应用的时候会造成本台服务器上所有的应用停止，为此管理员不得不尽量减少系统的维护。再拿 E 线图情举例来说，通常它的 CPU 占有率不会超过 5%，甚至高峰时期都不会超过 10%，也就是说平均只有 3% ~4%，中间有 96% 是流失了；内存与其类似，使用率一样不会超过 10%。如果我们能够利用这部分流失的资源，保证平均利用率在 50% 左右，我们至少可以再多运行 10 个应用。这些应用之间通过共享 CPU、内存、网络带宽，来达到系统负载的平衡。这样我们可以把大量的资金从物理服务器的购买上转移到数字资源的购买和维护，不仅大大减少了运营成本，还能丰富数字资源，更能体现图书馆数字化建设的精髓。

2.2 应用服务器的备份与恢复在高可用性下的实现

服务器虚拟化另一个重要的体现就是高可用性——利用虚拟化简化数据和系统的备份和恢复。使用现有的备份工具和方法在恢复时间目标内轻松恢复重要数据。可从更简单的数据保护计划中受益，其中包括了所有系统和应用程序，并且充分利用了虚拟化数据中心的优势。利用比传统解决方案更简单、更经济高效的内置服务级别来确保应用程序具有最高的可用性级别。虚拟机实时迁移可消除计划内停机，因此 IT 部门无需中断用户或服务，即可随时对物理服务器执行维护。通过利用 100% 虚拟化数据中心的固有灵活性，消除传统灾难恢复解决方案的成本和不可预测性。在此基础上构建高效灾难恢复计划，并以无中断方式测试计划以消除主数据中心与备份数据中心之间由于硬件差异而导致故障的问题。

由于网络的出现，读者不需要在图书馆工作时间跑到图书馆收集资料，他们可以在家里 24 小时通过互联网登录到数字化图书馆查阅论文或者观看电子视频资源，时间与距离不再

是利用图书馆的瓶颈。如何保证电子资源的更新与稳定成了数字图书馆最主要的研究课题。

读者登录到数字化图书馆准备查看 CNKI 的论文，但是却发现网页无法打开或提示说要暂时停止服务，那么下次他再需要查阅这些资料的时候第一选择将有可能不再是这里，而失去读者信任的原因仅仅是因为服务器的计划当机或者是操作系统的意外崩溃。虚拟化技术将多个物理的应用服务器集中在少数的几台高性能、高可靠性、高可用性的服务器中（小型机、X86 服务器、刀片服务器），这样做所带来的最大利益是配置的虚拟服务器可以在不同物理服务器中安全、快速地来回迁移，使管理更具弹性。虚拟迁移的好处包括：①减少因硬件升级、故障等出现问题时造成的宕机时间；②减少软件更新错误的恢复时间；③能无缝地按需将虚拟系统迁移到不同的服务器上，大大提高维护以及迁移的效率。在虚拟机配置好应用的同时，可以将虚拟机进行物理备份，一旦发生服务器损坏或者操作系统崩溃等灾难，管理员可以在极短的时间内将备份的虚拟机迁移到其他服务器上，这不仅可以在短时间内恢复服务，同时也可以避免一些损失。

2.3 服务器的统一管理以及性能的检测

图书馆服务是多样性的，目前广州图书馆的应用服务就有十几个，应用服务器数量的增多也加大了管理的难度，管理员必须分别登录到不同服务器中进行日常的维护和管理，因此把所有的服务有规划地集合统一，使用 VMware、Hyper－V 等虚拟化软件将相关应用服务器对应地集中到少数的几台高性能的服务器当中，并按需地分配 CPU、内存、网络、硬盘等硬件资源，最后把所有重要数据（如数据库文件）以 SAN 的方式保存在安全和稳定性更好的磁盘阵列中。这样在遇到当机等意外情况时，由于磁盘阵列数据完整，相关的应用系统就可以自动地迁移到其他的虚拟服务器上，管理员可以随时随地通过统一的管理界面平台进行操作，而且还可对运行情况进行监测和评估。

当然，对于虚拟化技术在数字化图书馆的应用，还有许多需要解决的难题。比如，内存和存储等硬件的瓶颈，系统的资源损耗，各种虚拟化供应商之间的产品迁移，管理人员对虚拟化相关产品的技术理解，传统思维方式的转变等。但是随着以虚拟化为基石的云计算技术的迅猛发展，“私有云”、“公共云”等的提出，更丰富了“云”的发展。以“云”的概念去建设数字化图书馆，可以开拓更多新的图书馆理念，真真正正地让图书馆“走”到读者的身边。

参考文献

[1] 周彩阳. 图书馆服务器虚拟化技术可行性分析 [J]. 图书馆论坛，2008 (3)

[2] 崔斌. 浅谈虚拟化技术在图书馆中的应用 [J]. 科技资讯，2009 (19)

[3] 刘荣发. 服务器虚拟化技术在图书馆数字化服务中的应用 [J]. 现代图书馆情报技术，2007 (4)

[4] 张振伦. 虚拟化：服务器高效管理之道，http//www. 51cto. com

其他业务问题

公共图书馆的合法性问题初探

罗雪明[①]

（广州市委党校图书馆　510070）

摘　要： 公共图书馆对社会和经济的价值一直无法进行科学的衡量，面对国家日益庞大的财政投入，公共图书馆面临无“效益答案”的尴尬，其存在价值没有科学有力的证据支持。面对网络信息内容产业和搜索产业的竞争，公共图书馆面临着读者流失的困境，其存在意义将失去现实的依托。鉴于此，公共图书馆事业发展的合法性追问正当其时。

关键词： 公共图书馆　合法性　图书馆价值

如果从“藏书楼”算起，图书馆的发展历史经历了千年。呈现公共事业性质的现代图书馆的发展也有百年。悠久的历史似乎赋予了公共图书馆事业天然的合法性传统。人们似乎对公共图书馆的合法性从未质疑，这从空白的研究记录可以窥见一斑。现代公共图书馆事业需要“合法性”证明吗？在哲学层次的“合法性”指社会公众对现存秩序的认同和承认。依据这样的意义转换，现代公共图书馆事业需要获得社会公众的认同、信任和对其“价值标准”的承认吗？现代公共图书馆事业在公众认同、信任方面出现了危机和裂痕吗？如果确实出现了危机和裂痕，现代公共图书馆事业应该采取何种措施来弥补并证明其自身的“合法性”？寻找这些问题的答案，就是本文的研究重点。

1　图书馆需要合法性证明

用合法性命题来观照公共图书馆事业如同使用任何其他时新术语一样，如果不经谨慎的思辨就将其断然运用于某个领域容易造成误读。事实上，对合法性命题的研究发端于对国家权力正当性的反思。为什么公众要服从国家权力？国家的权力从何而来，因何而立？正是从这个意义上进行深刻的学术反思后，马克斯·韦伯将合法性概念定义为社会公众对某个政治系统的认同和忠诚。而将合法性由一个政治范畴扩展升华到一个哲学命题就要归功于哈贝马斯的研究。哈贝马斯强调合法性在价值冲突、价值认可方面的意义。由此可见，合法性是一个政治和哲学双重意义的命题。合法性在政治方面的含义传递了合法性命题是存在于公众场域的叙事，是对公众意见和公共利益的追求；合法性在哲学方面的含义表达了合法性的形而上学性，是对公共事务存在的伦理价值的追问。用合法性命题来观照公共图书馆事业发展，其首要任务就是必须论证公共图书馆发展与合法性命题是否相涉，也就是合法性命题在公共图书馆事业这个特定领域的适用性。只有对这个基本问题进行充分的反思后，才能够合理运用合法性叙事，构造一个关于公共图书馆事业的有效诠释框架。

① 作者简介：罗雪明，广州市委党校图书馆副研究馆员。

从“藏书楼”演变成现代意义的“公共图书馆”，最大的变化是从私人机构转变为公共机构。公共性或公益性成为现代公共图书馆事业的显著特征。无论是从服务对象还是从经费来源来看，现代公共图书馆事业的公共性十分明显。作为一类依靠公共税收维持日常运作并且为公众提供公共服务的图书馆事业自然需要获得公众的认同和信任。

根据组织资源依赖理论的观点，资源是组织生存发展的基础和动力，组织需要通过获取环境中的资源来维持生存。当然，在获取资源的过程中，组织不仅仅是被动完成任务的单位，更重要的是社会环境中积极能动的行动主体。组织生存和发展最基本的机制就是积极能动地获取维持组织自身发展的各种资源。然而，组织要想作为一个能动的主体从社会环境中获取资源，一个必要的前提是组织的权威性必须得到社会环境中各种主体的承认、支持和服从。只有这样，组织才会被当作社会环境中的正常事物而被接受；只有这样，组织的正当性才会被社会环境中的政府机关、企事业单位、社会团体以及个体社会成员所接受。接受和认可是与各方主体互动获取资源的前提和基础。而这种对组织权威性的承认、支持和服从就是组织的合法性。

公共图书馆事业要获得生存和发展的机会，首先要获得政府主体的认同和信任，以获得政府财政预算方面的支持；同时，由于政府预算的来源是公共税收，因此公共图书馆事业要获得持续的公共预算支持，就必须通过提供符合社会公众需求的公共服务，以获得社会公众的认同和信任，从而建立起图书馆发展的合法性。

2　图书馆合法性的危机

合法性的发生源于人类对于自身存在的某种危机感受。只有在社会成员感觉到他们的社会认同受到威胁时，才会说出现了危机，人们才可能把合法性问题当作一个问题。与危机感如影随形的合法性本质上直接与某种认同感相关联。“合法性危机是一种直接的认同危机”。哈贝马斯在阐述其合法性概念时指出，合法性的发生有两个重要前提：一是存在着冲突和争议的情况；一是有一种同一性的要求。合法性的实现主要表现为获得价值和规范的支配力量去完成同一性要求。在其功能性意义上，合法性表现为某种系统的价值整合力量。一个系统的整合功能取决于系统所容纳的学习和认同能力。就此而言，表现为某种同一性要求的认同感，在合法性概念的构成中处于基础性地位。只要存在着认同，合法性就会延续下去；相反，如果认同被收回，就标志着某种合法性的危机。

截取改革开放30余年作为考察的时限，我们至少可以梳理出三次公共图书馆事业发展合法性的危机。在这三次合法性危机中，构成公共图书馆事业发展合法性基础的三种认同分别不同程度地被收回。

2.1　经济危机

20世纪八九十年代，中国公共图书馆事业遭受了一次财政危机。由于整个国家经济社会发展的市场化改革方向的确定，各地各级政府实际压缩了对公共图书馆事业的财政投入。同时由于市场化进程的深入，新闻出版业等单位的预算约束逐渐硬化，各类文献制作成本的增加逐渐反映在报纸、图书和刊物的价格增长上。作为公共图书馆事业支出重要部分的文献采购成本递增与政府对公共图书馆事业财政投入增长停滞甚至递减这种“剪刀差”所形成的财政压力，使得各类公共图书馆业务发展停滞，部分县、乡镇图书馆甚至名存实亡。

政府对公共图书馆事业减少投入的客观原因是改革开放初期各级政府财政税收增长有

限，社会经济发展对资金需求的增大，使政府难以同时满足方方面面的财政投入要求；同时也反映了公共图书馆事业发展在政府发展序列中的位置偏后，政府对公共图书馆事业对社会经济发展作用的认同度低的现实。

面对财政支持减弱的压力，公共图书馆界也有通过自身努力来改变这种窘况的冲动。与市场接轨、进行产业化实验成为当时公共图书馆管理层的共识。在图书馆产业化的实践中，公共图书馆力图通过文献信息深加工，为社会提供有偿的信息服务来获取图书馆事业发展所需要的经费，至少可以弥补由于政府财政支持减弱所产生的经费缺口。经过几年的实践，产业化效果微乎其微，公共图书馆事业的发展不可能完全依靠市场来实现。公共图书馆作为社会组织，其资源获取必须依靠公共资金的支持。公共图书馆事业的市场化之路受阻也验证了公共图书馆事业获得政府和社会公众认同的必要性。

经过 30 年的改革开放，中国经济发展取得了重大成就，国家税收日益丰盈。伴随着各级政府对文化事业的重视，公共图书馆获得的财政投入也大幅提高，公共图书馆的经济危机得以暂时缓解。但是不少有识之士也清楚地指出，这种投入的阶段性，主要依靠的是当地政府领导的重视程度，没有形成规范的、可持续的经费投入渠道。与此同时，馆舍的新建扩建、技术设备的更新和新文献资源的采购并没有舒缓读者到馆人数减少、文献利用率下降所造成的阅读危机。

2.2　阅读危机

读者到馆人数减少、文献利用率下降的现象一直是纠缠公共图书馆事业进一步发展的梦魇。由国家新闻出版署主持，从 2004 年起每年进行一次国民阅读行为调查。调查发现从 2004—2009 年连续 6 年国民整体阅读率持续下降，其中图书、报刊等纸质文献阅读率下降是引致国民整体阅读率下降的首要因素。公共图书馆作为为社会公众提供免费阅读资源的公共机构，应该是公民阅读的主要载体和渠道。历年的国民阅读调查结果间接地证明了公众对图书馆利用率实际下降的现实。

鉴于全国性的统计数据收集的困难，本文列举江苏一省的情况以作说明。根据《江苏统计年鉴》的统计，2002—2007 年，江苏省公共图书馆总流通人次仅增长了 232.1 万，平均年增长率不足 3.0%，远低于江苏省公共图书馆信息资源建设资金、人员投入的年增长比例。从江苏各市的统计结果来看：某些市（县）级图书馆甚至出现流通人次逐年减少的情况。尽管 2004 年来江苏省公共图书馆为读者举办活动的次数不断增多，但每次活动读者平均参加人数却呈快速下降的趋势。

以读者到馆人数下降为代表的阅读危机，一定程度上表明了社会公众对公共图书馆现状的不认同。为公众服务是公共图书馆体现其存在价值的首要标准，没有读者使用的公共图书馆也就丧失了存在的“合法性”。

2.3　价值危机

以互联网为代表的现代信息产业的兴起，特别是信息搜索产业的发展和各类内容产业的数字化使得人们获取信息的渠道更多、更便捷。“图书馆现在有存在的必要吗?”相似的论调时常被提起。这个命题的提出表明了图书馆价值危机的显性化。

本文同时将图书馆加入出版界联盟反对 Google 公司复制全世界图书馆藏书并免费提供给公众使用的“世界数字图书馆”计划，列为图书馆事业遭遇的价值“合法性”危机。图书馆的宗旨表明要保障公民的信息权，而反对“世界数字图书馆”计划的行为无疑与这项价值宗旨相违背。当然，我们可以善意地理解为图书馆界的高度不信任赢利性机构 Google

的免费动机和可持续性，也可以将这种行为理解为竞争对手间的正常排斥。但是在充分沟通后，通过正常的法律约束使Google的免费行为可信任后，公共图书馆的不合作态度就难以理解。公民信息权保护者的价值光环不打自落，公共图书馆的价值“合法性”同时被加上了问号。

3 图书馆合法性的辩护

哈贝马斯提出合法性的实现主要表现为价值和规范的支配力量去完成一种同一性的要求。具体讲，合法性表现为某种系统的价值整合力量，一个系统的整合功能取决于系统所容纳的学习和认同能力。公共图书馆事业具有传统的合法性基础，但是公共图书馆事业需要对其自身道德合法性进行新的价值辩护。同时公共图书馆必须建立自己合乎社会主体理性的合法性，通过建立有效的管理和高品质的公共服务来获得社会主体对公共图书馆事业存在价值的认同和承认。公共图书馆事业发展一直处于改革和探索的过程中，但是诸多措施和方案并没有明确的目标指向。由于方向上的模糊，改革和探索只能是停留在具体事务的改良上，根本性的变化一直没有出现。本文认为，公共图书馆事业发展的合法性是实现而且应该成为公共图书馆事业改革和探索的基本方向。

在公共图书馆维护和重建合法性基础的实践中，要理清对两个概念的模糊认识。合法性与合法律性是两个相近的概念，但是两者却不能等同。在现代法治社会中，国家以下的次级公共部门和组织的设立和存在都是以“依法设立”为基础。各类部门法律规范成为各公共部门寻求合法性和为自身合法性进行辩护的重要依据。但是这种依据可靠与否以及有多大的说服力，依赖于其中这样一条逻辑链条的完整性：“公意”生成“公共利益”，“公共利益”规范为“法律”。逻辑链条的任何一个环节的缺失，都必将影响“法律”结果的正当性和合理性。我国部门立法方面的“公意”基础的欠缺使得部门法的合法性受到公众质疑，依据部门法设立的公共部门和组织在实际发展中就需要为自身存在的合法性寻求“合法律性”之外的合法性基础。公共图书馆事业在寻求发展的合法性基础资源的时候，首先想到的是借助立法，用法律的形式规定国家政府对公共图书馆持续的资源投入。不是依靠自身的努力来获得社会主体的认同和支持，而是希望借助国家强制力来实现自身的持续发展，这种行为本身是对自身合法性基础的侵蚀，放弃了对自身合法性的维护。《图书馆法》一直未被立法机构通过，诸多原因中的一个重要原因是公共图书馆尚未向公众展示其足以获得社会公众认同和尊重的合法性基础。

公共图书馆合法性一方面来源于公共图书馆作为社会存在的道德价值，体现为公共图书馆对社会的道德合法性；另一方面公共图书馆必须面对现代社会“效用价值”标准的衡量，并在实际发展中符合社会的效用理性，这体现为公共图书馆对社会的效用合法性。

图书馆效用合法性是图书馆事业发展合法性的现实根基。随着《国家“十一五”时期文化发展规划纲要》的颁布和国家对公共文化服务体系构建的日益重视，各级政府对公共图书馆事业的投入呈现大幅度增加的态势。与此同时，社会公众对如此庞大的公共图书馆投资的效用产生了一系列的疑问：公共图书馆为社会贡献了什么？公共图书馆的贡献是不是也随着投入增加而增大？公共图书馆如何证明自身对社会的贡献？能否对这些问题给出客观有力的事实和数据，用以向政府、纳税人、捐赠者证明公共图书馆服务所形成的社会和经济效益，以获得社会各类主体的认同和信任，关系到公共图书馆事业发展合法性的获得。

公共图书馆要提高效用合法性，就应该遵循“效用原则”。首先应遵循“服务最大化”原则。公共图书馆安身立命的基础是公共文化服务，读者的需要就是公共图书馆存在的理由。近些年，公共图书馆实践界所倡导的“总—分馆制”、“图书馆联盟”、“流动图书馆”等改革，其目标就是使得公共图书馆与读者零距离，最大限度地吸引读者、最大程度地开发新读者，使公共图书馆读者数量最大化。其次应遵循“成本最小化”原则。公共图书馆提供藏、借、阅、咨询等公共服务需要消耗大量资源。如果公共图书馆在提供服务中不计成本、铺张浪费，即使服务质量再好，也得不到社会公众的认同。因此，公共图书馆界日益关注图书馆管理成本问题，通过推行“服务外包”、“联合采购”、“管理自动化”实现以最小成本提供一定标准的公共文化服务。

在进行提高公共图书馆成本效益比的改革实践的同时，还必须通过科学的分析和测算，将公共图书馆对社会的效用价值显性化，使得更多的公众认识到公共图书馆的价值。因此，加强公共图书馆成本效益的分析和测算研究，获得用货币量来衡量的公共图书馆服务的经济效益和公共图书馆投入产出率的科学数据，对于重建公共图书馆的合法性具有重要意义。

参考文献

[1] 王律．合法性：现代语境中的价值叙事［J］．哲学研究，2007（11）

[2] 哈贝马斯．合法化危机［M］．上海：上海人民出版社，2000

[3] 高丙中．社会团体的合法性问题［J］．中国社会科学，2000（2）

[4] 张瑞玲．社团合法性：从资源依赖视角的解释［J］．理论界，2010（2）

[5] 赵孟营．组织合法性：在组织理性与事实的社会组织之间［J］．北京师范大学学报，2005（2）

[6] 刘璇．基于成本—效益分析的公共图书馆经济价值研究［J］．图书馆杂志，2010（2）

[7] 范并思．图书馆核心价值研究：我们面临的挑战［J］．图书馆建设，2007（6）

区级图书馆对促进村级图书室建设的作用与思考

缪桂英[①]

（白云区图书馆　510410）

摘　要：本文论述了区级图书馆对村级图书室建设的促进作用，以白云区为例进行了分析，从中借鉴、吸取经验，探讨了村级图书室可持续发展的方法和途径。

关键词：区级图书馆　村级图书室　建设

广州市白云区图书馆自1988年7月建馆以来，一直坚持送流通图书到基层馆，帮助村级图书室建设。20多年来建立的一大批图书室遍及居民社区和农村乡镇，形成了覆盖面较广、辐射力较强的服务网络，产生了良好的社会效益。现有流通网点34个，流通图书达20多万册。通过这种与协作单位联合办点的方式，不仅盘活了馆藏资源，满足了边远地区读者的阅读需求，而且促进了村级图书室的建设。但由于诸多因素，村级图书室的建设还是活力不够，需进一步改进。

1　加强村级图书室建设的重要性

村级图书室是农村文化建设的重要内容，是建设社会主义新农村、满足广大农民多层次和多方面精神文化需求的有效途径。村级图书室位于村或街道内，是面向群众开放的图书馆系统中最基层的单位，具有覆盖面广、受益者众多等优势。村级图书室是区中心馆的延伸和补充，加强村级图书室的建设，有助于解决广大农民看书难和获取知识、信息难的问题，有助于农村文明程度和广大农民整体素质的提高。对于促进农村经济发展和社会进步，实现农村物质文明、政治文明和精神文明的协调发展具有重大意义。

2　区图书馆促进村级图书室建设的实践

白云区图书馆从90年代起就开始用图书流通的方式帮助村级图书室的建立或补充村级图书馆的书籍，至今已经建立起区、乡镇（街道）、村（社区）三级服务体系。基层图书室的建设为促进本地区两个文明建设，提高市民综合素质作出了一定的贡献。归纳起来白云区建立农村图书室的工作经历了四个阶段。

2.1　初创期（1990—1995年）

建馆初期，由于历史的原因，白云区图书馆的馆址不在本区区域管辖范围内，馆舍狭窄，阵地服务仅限于图书、报刊的借还工作，阅览室只有一张阅览台。为充分发挥图书馆的作用，全馆职工艰苦奋斗，努力改善办馆条件，并将大量精力用于对基层图书室的业务辅

---

① 作者简介：缪桂英，广州市白云区图书馆馆员。

导、建立馆外图书流通网点、送书下乡、为“科技兴农”服务等工作上。这个时期，白云区图书馆开始关注基层图书室的建设，将图书流通到有需要的镇（街）、村图书室以及协助建立镇（街）、村图书馆（室）。如1992年建立的迁岗村图书室一直开放至今，而且读者不断。当时很多村委对文化重视不够，村级图书室寥寥无几。

2.2 壮大期（1996—2000年）

这一时期，省委、省政府在实施“知识工程”的通知中要求：“有计划、有步骤地在全省实施一千个村级图书馆的‘千村书库’工程。”随着这个工程的逐步实施，白云区的村级图书室已日渐得到各级领导的重视和社会各方面的关心，区委宣传部在1997年和1998年分别发动各单位和个人向农村捐赠书籍，共捐书10万册，全区189条村，已有117条村建立了图书室。

白云区图书馆从“科技兴农”着手，根据各地方的需求有针对性地选配图书流通。当时有许多种养专业户，白云区图书馆就给基层馆多提供了一些农科类的书籍。例如，番茄种植专业户利用省农科院提供的番茄优良种子，再结合翻阅区馆流通到村图书室有关种植番茄的书籍，使番茄从原来亩产几千斤增加到亩产1万斤，从而使他们真正认识到了科技致富的重要性。农民们读书的兴趣有了，就经常会来村图书室借书，久而久之，看书学习就会成为一种风气。

这一时期，白云区图书馆面向基层，坚持送书到镇、街或村图书馆（室），形成区—街镇—村三级图书馆网络。区图书馆还分别与钟落谭镇政府、新市镇政府合办联合图书馆，区馆提供大量的流通图书，镇政府提供场地和管理人员。附近的群众都踊跃到联合图书馆借阅图书，联合图书馆对普及当地的科技文化知识起着很重要的作用，这是较符合白云区区情的一个有益探索。至1999年区馆流通了3.2万册图书，达到了24个网点。有的是镇办图书馆、有的是村办图书室，除了流通图书外，区馆还在业务管理、环境布置、购买图书和设备等工作上给予大力支持，为发展白云区的图书馆事业发挥了重要的作用。

2.3 稳步发展期（2001—2005年）

这一时期，广州市委宣传部先后赠送了10万册图书和赠送100万元购书款的图书给乡镇图书馆。继续推进“千村书库”工程的建设，区图书馆全体职工艰苦奋斗，将图书分配给各个镇街图书馆，再由各镇街分配给各村图书室，区馆人员还到各图书室帮助图书分类及加工，协助图书上架等。图书室的图书数量增加了，阅读的需求比过去增大了，交换图书的频率也加快了。区馆开设的图书流通点也增加了，到2005年底共计有28个图书流通点，流通图书达10万多册。

这时白云区内已出现了上档次的村级图书室，如柯子岭村图书室。该图书室的藏书来源主要有三方面：一是由区馆提供的流通图书，二是“千村书库”工程中捐赠的书籍，三是村委出资购买的图书。而且书的档次较高，数量也较多，该图书室共有5 000册图书，面积100平方米，村委拨了14万元购买图书和设备，并聘请了一位中专毕业生做管理员，有固定的开放时间。

但是，并非所有村级图书室都是如此，只有村委会重视并支持的图书室，才能办得较为出色。

2.4 创新发展期（2006年至今）

2006年，《国家“十一五”时期文化发展规划纲要》中指出，要按照“政府资助建设，鼓励社会捐助，农民自我管理，市场运作发展”的要求，支持农民群众开办农家书屋。

2007年3月，国家新闻出版总署会同中央文明办、国家发展和改革委员会、科技部、民政部、财政部、农业部、国家人口和计划生育委员会联合发出了《关于印发〈农家书屋工程实施意见〉的通知》，明确了农家书屋建设的指导思想、主要任务、总体思路、组织领导、实施方式、进度安排及工作要求。同时要求将农家书屋工程与广播电视村村通、全国文化信息资源共享工程、农村电影放映视为同等重要的农村文化建设重大工程。

在区委、区政府的重视下，白云区图书馆于2005年底从天河区搬迁到白云区内。2006年图书馆各功能室全面应用电脑管理，增设了广州少年儿童图书馆白云分馆、电子阅览室，面积也扩大了。2008年公开招聘了专业技术人才。2009年在白云区民营科技园设了白云区图书馆分馆。白云区图书馆在全国第四次评估中被评为国家一级图书馆，这对推进村级图书馆（室）建设有着很大的促进作用。这个时期，政府对农家书屋进行了设施投入。白云区图书馆为配合做好农家书屋的建设，还派人员到各村选址，同时对村级图书室进行了考察，符合条件的设为农家书屋，并给予重点扶持，逐步推进农家书屋的建设。2007年建立了5家农家书屋，2008年建立了36家农家（社区）书屋，2009年新建农家（社区）书屋和绿色网园共56家。为每家书屋配有1 600多册图书、5台电脑、4个书柜、2张阅览台。为提高农家书屋管理人员的业务素质，在全区建立一支具有一定的管理水平、能够胜任农家书屋管理的管理队伍，区馆技术人员还到基层指导，举办"农家书屋"及共享工程基层管理人员培训班。2010年计划全部村级都要建立农家书屋，今后将不断发展社区书屋，使其成为名副其实的群众文化中心。

3　巩固村级图书室（农家书屋）建设的发展思路

虽然已普遍建立了村级图书室，但大多数活力不够。有的是为了应付检查而设置的，有的是有牌子但没有投入、渐渐因读者少了而关门。白云区的村级图书室大部分都处于建起来容易办下去难的状态。村级图书室如何生存下来，要巩固阵地、发挥投入的效用，就必须探索改革、建立长效机制。

3.1　针对农民阅读兴趣配好图书

区图书馆应承担文献资源配置，因为配好图书，是农家书屋能否发挥实效、让农民真正受益和吸引农民读者的关键。必须在调查研究的基础上准确掌握当前农村阅读人群的结构和阅读需求，要根据当地农民的实际需要推荐书籍和购买书籍。如果农民阅读兴趣不浓，农家书屋也不可能长期发展存在下去。因此，针对农民的阅读兴趣配好书是农家书屋可持续发展的关键。

3.2　加快建设"共享工程"

"共享工程"的服务对象包括农村广大农民，在文献资源的建设上贴近农民生活，拥有大量丰富的农民群众喜闻乐见的文化信息资源。例如，电子图书、舞台艺术、知识讲座、影视节目等视频资源，内容涵盖文化、艺术、历时、法律、农业科技、卫生保健和生活百科等。村委应加快建设"共享工程"，书屋利用"共享工程"文献资源的优势来弥补自身藏书的不足，以便更好地为广大农民服务。

3.3　规范农家书屋的管理

为满足广大农民群众不断增长的文化需求，发挥书屋作用，应规范农家书屋的管理。具体应做到：有专项经费，包括购书经费和人头费，有专人管理；建立、健全规章制度并认真执行，用制度来规范农家书屋管理工作；要对管理人员进行图书馆业务培训，如图书分类、检索、借阅管理、“共享工程”等业务知识，使他们对图书馆管理的基本知识和基本技能有相应的了解，提高工作人员的业务素质和专业技能；要增强服务意识，延长开放时间，提高服务水平；要提倡优质服务，要自觉接受农民的监督，努力营造良好的阅读环境。

3.4 开展图书流通交流

区图书馆可借助自身馆藏优势，努力把各农家书屋建成图书流通点，同时，也要鼓励书屋之间进行书刊交流。比如，各书屋在书刊入藏时都有所侧重，经过半年或一年，相互间就可以开始互换交流，这不仅可以扩大馆藏利用范围，也可以更好地节约资金以购置更多的书刊。

3.5 建立社会捐助平台

目前全区共有 118 个村委和 245 个居委，单靠区图书馆流通图书是不够的。农家书屋工程作为一项造福广大农民的公益性事业，需要得到社会各界的广泛关注与支持。应注重建立社会捐助平台，使社会力量在政府的引导下参与农家书屋工程建设，拓展农家书屋工程的发展渠道。如区委宣传部发动各单位和个人向农家书屋捐赠书籍，为农家书屋的可持续发展提供强有力的资源保障。

3.6 开展读书活动

农家书屋可开设讲座、开展农村科普展览和各种适合农民的读书活动。区图书馆也要经常联合各级农、林、水产、计生、教育、科协、文化等单位共同组织一些文化科技活动，通过光盘、图片、演出、有奖问答等形式的宣传，让农民认清贫困的根源在于知识贫乏，引导农民对阅读、对知识的重视和渴求；通过宣传引导，培养农民学文化、讲科学的习惯。开展丰富多彩的读书活动，吸引农民到农家书屋来，认识农家书屋、利用农家书屋。这样，农家书屋才能红火，才能长期发展存在下去。

参考文献

[1] 杨鸿敏．关于公共图书馆馆外流通点建设的探索［J］．图书馆理论与实践，2009（9）

[2] 丛湘平．“农家书屋”可持续发展的探析［J］．图书馆理论与实践，2009（11）

[3] 向文强．试论县级图书馆在“农家书屋”工程建设中的作用与职能［J］．图书馆理论与实践，2009（11）

[4] 张群．上海松江区农家书屋建设实践与发展思考［J］．图书馆杂志，2009（7）

论高职院校图书馆直接参与教学和科研工作

冯建福[①]

（广州铁路职业技术学院图书馆　510430）

摘　要： 本文从高职院校图书馆参与教学和科研工作的必要性、可行性等几方面探讨了高职院校图书馆直接参与教学和科研工作的现实意义。

关键词： 教学　科学研究　高职院校　图书馆

近年来高等职业教育蓬勃发展，作为高等教育发展中的一个类型，既面临着极好的发展机遇，也面临着严峻的挑战。根据教育部的教高〔2006〕16号文件，要“切实把工作重点放在提高质量上”。作为高职院校的文献资料中心的图书馆又如何来适应新形势的发展呢？笔者认为高职院校图书馆在做好为学院教学、科研服务工作的同时，必须更好地履行教育职能和情报职能，要创造条件直接参与学院的教学和科研工作，为社会培养应用型人才作出更大的贡献。

1　直接参与教学和科研工作的必要性

1.1　改善图书馆在读者心目中的形象

20世纪80年代以来，一大批年轻的大学生加入图书馆工作队伍，改变了过去那种“老弱病残”、“犯错误人的收容所”的局面，图书馆的地位和形象得到一定程度的改善。但在新形势下，年轻人不太安心在图书馆工作，人事部门也往往将职工家属和一些无法安排的照顾对象安插到图书馆，致使图书馆工作人员总体学术水平下降，仅满足于借借还还、看门守摊。在新形势下高职院校图书馆地位低、形象差的问题并没有得到根本解决，这固然有历史形成的客观原因，但与图书馆自身也有极大的关系。如果图书馆充分挖掘潜力，调动学有专长的能人直接参与教学和科研工作，就可在相当程度上提高图书馆的地位，改变图书馆在读者心目中的不良形象，读者就会明白图书馆工作人员不是闲人，他们不仅会管理，也能搞教学和科研。例如，广州铁路职业技术学院图书馆的系统管理员兼职讲授大学生计算机应用基础课，2009年学生计算机考级过关率达98.5%，大大超过全省平均过关率，在高校中名列前茅，其教学水平和能力得到了师生们的肯定与好评，改善了图书馆在读者心目中的形象，提高了图书馆的地位。

1.2　提高图书馆的知名度和美誉度

现代公共关系强调组织与公众之间应双向沟通，从而达到相互了解、理解、信任与合作的目的。实践证明，高职院校图书馆与读者加强联系的方法很多，其中，图书馆直接参与教学、科研工作是与读者加强联系的最佳途径之一。图书馆人员走上讲台，为学生“传道”、

① 作者简介：冯建福，广州铁路职业技术学院图书馆副馆长、副研究馆员。

"授业"、"解惑"，学生就尊敬你；图书馆员搞科研，敢攀科学高峰，学生就佩服你；图书馆员既搞管理，又为教学、科研提供文献资料服务，读者就会衷心感谢你。这样，读者和图书馆员的心理距离就会缩短。笔者在图书馆工作了20多年，专职和兼职讲授过信息学概论、文献信息检索和利用等课程，工作之余，努力从事科研工作、撰写论文等，得到学生的认可。在多年的教学实践中，学生和笔者结下了深厚的师生情谊，他们在利用图书馆查阅文献过程中碰到难题时随时问笔者，笔者都会尽力给以解答，和学生打成一片。为此笔者深切体会到，图书馆人员直接参与教学和科研工作，能加强图书馆与读者的联系，并能提高图书馆的知名度和美誉度。图书馆应当将读者视作"上帝"，将与读者加强联系看作是改进图书馆工作，适应新形势发展的一个极其重要的方面，在完成服务工作的前提下，尽可能地安排人员从事教学、科研工作。2009—2010学年广州铁路职业技术学院图书馆就安排了3人从事文献信息检索与利用的教学工作，并和学院科研部门一起编辑了《高职教育论坛》的内部刊物，提高了图书馆的知名度和美誉度。

1.3 促进图书馆工作向深、广方向发展

深入了解读者的需求，采集学院教学、科研所需的文献资料，将有限的经费用到刀刃上，是图书馆工作向深、广方向发展的保证。而图书馆人员直接参与教学和科研工作则是深入了解读者对文献资料需求的极其重要的方法。它能以最有效、最直接的方式和广大读者建立起一种热线联系，可将图书馆办馆宗旨、指导方针、业务建设、规章制度等有关规定传递给读者，同时也能将读者的意见和要求及时进行反馈，便于图书馆发现和解决问题，从而将工作做得更好，以迎接新形势下的挑战。

1.4 有利于图书馆专业队伍的稳定

近些年来，各校图书馆通过本馆选拔培养、自学成才或从外地引进人才等各种渠道，使图书馆的专业队伍得到迅速发展，图书馆的各项工作得以顺利运转。可是随着时间的推移和对馆内各项业务的熟悉，尤其是图书馆是一个"清水衙门"，无多大经济实惠，年轻人对此产生了迷惑，工作中惰性严重，普遍存在不安心工作的心理状态。这对图书馆事业发展是不利的。各级部门应采取有效措施，帮助他们解决一些实际困难，使他们对个人的前途树立信心，安心于图书馆工作，同时，可以创造一些条件，使他们在更多领域和更多方面发挥聪明才智。而直接参与教学和科研工作是调动图书馆人员积极性的重要内容和方法。

1.5 适应知识经济时代对人才的要求

知识经济时代的一个重要特点是科学技术发展日新月异、知识更新速度日益加快，这对人产生了极大的挑战。一个优秀的大学本科生，毕业五年后，如果不继续进行专业理论知识的学习和补充，不及时合理地调整知识结构，就会跟不上知识经济的发展步伐。如果图书馆人员直接参与教学、科研工作，就能促使参与者在内在动力和外在压力相结合下继续学习、终身学习，从而产生一种积极向上的推动作用，为知识更新、智力开发及做好图书馆各项业务工作提供可靠保证。

2 直接参与教学与科研工作的可行性

2.1 各高职院校图书馆拥有一定数量的专业技术人才

各高职院校通过多种渠道开发人才资源，使各院校图书馆都具备了一些能上讲台的人才。如广东岭南职业技术学院图书馆原馆长乔好勤，是图书情报学专家、知名教授，他利用

图书馆的人才资源在学院创办出版发行专业，面向全省招收高职学生，直接组织安排出版发行专业的教学工作。相当部分的专业课教师来自图书馆，他们既能搞好图书馆管理工作，又能上讲台和搞科研，成效显著。其他的学校图书馆计算机管理人员也可以从事计算机教学和辅导教学工作。总之，各馆人才储备情况不尽相同，但各馆都有一些人才能直接参与教学和科研工作。

2.2 有丰富的馆藏文献资源作依托

图书馆直接参与学校的教学、科研工作，有一个明显的优势，这就是图书馆拥有丰富的馆藏文献资源，图书馆人员也比较熟悉文献的查找和文献的布局。特别是广东省的各高职院校在省高校图书情报工作委员会的协调下，成立了电子资源联合采购同盟，各高职院校图书馆以最优惠的价格购买了大量的电子资源数据库，如维普中文科技期刊全文数据库，一年使用费仅 1 万元。广东省的高职图书馆电子资源很多，丰富的电子资源和方便的通讯手段对图书馆人员的教学、科研工作有很大的帮助，这是一个十分有利的客观条件。

2.3 有从事教学、科研的园地

图书馆人直接参与教学、科研的丰硕成果可以在自己的园地——图书馆学情报学刊物上发表，也可发表在相关的刊物上。据不完全统计，目前，国内图书馆学情报学刊物超过 100 种，其中北京大学图书馆 2008 年选定的核心期刊有 19 种，这为图书馆人员从事教学、科学研究提供了方便。

2.4 学校教学、科研工作人员紧缺

教务处常为一些教师突然调离或其他偶然事件不能上课造成人员紧缺而伤神。在这种情况下，教务处也需要图书馆支持，图书馆不仅是信息库，也是人才库，它在特殊情况下为学校储备了人才，有部分馆员可解教务处的燃眉之急。

3 应注意的事项

3.1 直接参与教学、科研工作应与馆内日常管理工作同等对待

图书馆挑选精兵强将直接参与学院的教学、科研工作是图书馆在新时期对文化、教育和科学事业的一大贡献，也是图书馆面向新形势的一项重要改革。显然，参与教学、科研所取得的成绩应与图书馆日常管理取得的成绩同等看待、一视同仁。图书馆内从事管理的人员应全力支持参与教学、科研的人员，保证他们有足够时间从事这一开拓性的工作；而直接参与教学、科研的人员也应体谅馆内其他人员的辛苦，从而在馆内形成一个相互支持、相互协作、和谐向上的新局面。

3.2 妥善安排调配人力

图书馆直接参与教学、科研工作的前提是：坚持图书馆的日常开放和各项工作得以正常运转。这就需要对各个业务岗位妥善安排，对现有人力合理调配。应当承认，我们现在各个岗位的工作量存在着轻重不均、人员安排不尽合理的现象，同时，图书馆流通、阅览工作有阶段性的特点，图书馆临时抽调部分学有专长的人员去参与教学、科研工作，实际上是对图书馆管理工作的一个促进，有利于提高效益。

3.3 遵循教学活动的规律和教学的基本要求

参与教学的人首先要认真备课，编写好讲义和教案，给学生“一杯水”的知识，自己必须具备源源不断的“清泉”；其次，要一丝不苟地组织好每次教学活动，包括课堂讲授、

练习、考试考核等每一个教学环节；最后，作为一名合格的教师，应对自己高标准、严要求，时时处处为人师表，不断进行知识更新，以跟上时代前进的步伐。

高职院校图书馆直接参与教学和科研工作是新时期图书馆的一项开拓性工作，这需要方方面面的关心和支持。笔者期待这一工作在各高职院校能轰轰烈烈地开展起来，促进图书馆事业向前发展。

参考文献

[1] 吴慰慈，董焱．图书馆学概论［M］．北京：北京图书馆出版社，2002

[2] 孙长虹等．构建高校图书馆创新教育的潜课程体系［J］．大学图书情报学刊，2009（1）：71～73

[3] 沈光亮．图书馆伦理教育探索［J］．大学图书馆学报，2009（2）：100～104

[4] 周波．论图书馆人力资源的权变管理［J］．图书馆建设，2008（9）：86～89

[5] 宁耀莉，关勰．论图书馆管理的和谐与制度双轨制［J］．兰台世界，2008（20）下：76～77

广州新图书馆建设经验和若干问题思考

王永东[①]

（广州图书馆　510055）

摘　要：在图书馆新馆建设中遇到了不少问题。本文对这些问题进行了陈述和分析，并提出了解决问题的建议。

关键词：图书馆　新馆　服务

广州新图书馆在市政府的大力支持下，在广州市城市新中轴线、广州市的黄金宝地珠江新城投资11.9亿元，建成建筑面积9.8万平方米，是国内市级单体面积最大的图书馆。这体现了广州市政府对图书馆事业的重视。工程从2006年奠基至今，已经有4年多，在广州新图书馆建设的过程中，经历过不少成功的喜悦和失败的教训。本文着重陈述其存在的问题，以引起后来建设者的注意。

1　建设基本情况

现在的图书馆大多是由政府投资建设，在外形的选择上基本上是政府起决定性的作用，在建设过程中是由代建单位来完成，基本上是“交钥匙工程”。很多地区的领导大多重点关注建筑的外形，而对其内部结构是否适合图书馆的使用基本上不是太注重。由于在图书馆建设中，资金是政府全额拨付，在建筑选址、建筑用地、建筑面积和建筑造型中政府起决定性的作用，图书馆基本上没有决定权，处于相对弱势的位置。虽然图书馆对建筑外形没有决定权，但是，要想使建成的图书馆能满足图书馆方面的使用要求，这就要图书馆在建设过程中加大参与力度，特别是前期的深度介入。广州图书馆在新馆建设前期的设计任务书中就已参与进来，明确地写明图书馆的需求，保证按图书馆的需求来设计。在深化设计和建设过程中，广州图书馆也参与其中，派出专人参与工程的协调领导小组，对设计提出的方案及时提出修改意见，经过多次修改，对原来功能分区不合理的地方进行了改进，减少了将来不必要的改动。由于广州图书馆参与时间早、涉足深，使原建筑在保持外貌的同时，对原有的内部流程、动静分区进行了重新规划，取得了较好的效果。

2　存在问题

2.1　忽略会议纪要的重要性

在图书馆建设的过程中，牵涉到很多关于图书馆建设方面的会议，不管是在建筑前期设计招标方案的会议，是在建筑过程中的有关会议，还是在资金投资上的会议。但由于不太注

---

① 作者简介：王永东，广州图书馆馆长助理、副研究馆员。

重作会议纪要，当后来的接任者要找依据时，往往拿不出来，吃亏的还是图书馆。如广州新图书馆当时在新馆的方案选择上，为了能够选择现有的日建和广州市设计院的方案，在专家一致认为原有投资不足时，市领导多次在不同的会议上都表态可以追加投资经费和预算。随着时间的推移，领导退休的退休、升迁的升迁、调岗的调岗，原来经手的人基本不在了。由于没有会议记录，新上任的领导也不清楚，结果是上任领导的承诺全部都不算数，由于资金的短缺，很多工程都不能按部就班地开展，直接影响了工程进度。

2.2 图书馆专项设备资金没有单列

在图书馆建设中，大多数的建设者都将资金主要放在建安费上，而忽略了图书馆专项设备的资金。建设资金分配大多数没有明确图书馆专项设备的数量，就算有预算也只是一个摆设。当建筑结构或在装修上预算不足时，又或者是工程某一项漏项时，往往首先是将图书馆专用设备的资金挪用到以上地方去，使图书馆专项设备经费严重不足，建成的新馆不能发挥最大的效益。如广州新图书馆，原来在项目建议书上预留了1亿多，由于没有经验，在前期设计招标中，只提出投资总额和建筑面积，没有严格规定专项设备的费用，结果给设计方钻了空子，在专项设备预留费用中，只留下了3千多万元，其余部分全部用在建安费和预留费用上。即使是在预留费用上，也是用在建安费上。造成的结果是由于经费不能及时到位，很多专项设备的设计没法提前进行，尤其是弱电系统是分为两个不同的设计部门设计，很容易造成重复布点或缺少布点的现象，更为严重的是将来要反工浪费。

2.3 建筑体量不按模块设计

一般的设计师大多会根据业主提供的用地面积和建筑面积等参数来进行建筑设计，在建筑设计的过程中，更多的是考虑如何用尽场地提供的资源和建筑造型的新颖，而很少考虑建筑的使用面积。本文所说的使用面积不等同于实用面积，很多人混淆了这两个名词。实用面积是指建筑体的总建筑面积减去外墙和一些公共面积，而本文所指的是可以实际上提供给业主使用并可以任意使用的场地。如广州新图书馆的设计，在用地面积只有2.1万平方米，建筑高度不能超过50米的情况下，要建造体量为9.8万平方米的建筑，设计师只能是尽可能地用矩形往高空发展。为了追求造型独特，不至于方方整整，建筑分为南北两个塔楼，结果是南塔楼长135米，宽度只有10多米，而且建筑体倾斜度为10多度。为了安装楼梯、电梯、消防梯等，已经占用了不少面积，真正能提供给业主的使用场地已经不多。

3 问题分析

3.1 图书馆应高度重视图书馆建设过程中的会议纪要

我国现在各届政府一般是几年一届，届满后人大会对政府人事进行新一轮的选举工作，而且领导干部在同一岗位上任职一般不超过两届。从某种意义上说是几年就要换岗，而一般建设一个新的图书馆建筑，由设想到立项，从施工到完工一般都要短则几年长则十多年的时间跨度。在这么长的建筑时间里，经过的分管领导不知有多少人。如果没有会议纪要，前任领导提出来的决定是没有法律依据的，而后任领导对此大多是不知情的，对前任领导承诺的内容可以不予认可，这样会给工程带来不少麻烦。新上任的领导要有一段时间的了解才能确定落实，这就造成了在时间上延误工期或在投资规模上大打折扣的问题。

3.2 图书馆专项设备在工程中是必不可少的项目

领导都明白图书馆专项设备的重要性，但是在实施过程中又往往忽略这一点，经常被设计单位忽悠了。在项目建设上，只是作为一个备用金来处理，哪个项目不够钱、哪个项目漏项了，自然而然地就用此项目的资金补上，结果是到建设后期才发现购买图书馆专项设备的资金不够，所以就只能是凑合着用。如广州新图书馆的建设，在前期做项目建议书时虽然预留了备用金，但由于造型的独特和结构的复杂，在多次专家论证会上都提出要对结构进行加固和补强措施，结果是将预留的备用金全部用在了加强结构建设上。

3.3　在建筑标准上应引用使用面积作为参数

在建筑标准上应引用使用面积作为参数，而不应只有建筑面积和实用面积这两个参数，而且使用面积应为主要的参数。综观现在的房屋设计，形状怪异好看却不中用，而且在设计上没有注意引入模数化设计的概念，造成了不必要的浪费。如在消防规范中强调，建筑面积超过 1 000 平方米必须要有防火分区，而且每个防火分区内一定要有两个疏散通道，最长距离不能超过 30 米。设计师如果过于强调建筑面积，则在设计过程中可能会超过消防规范的面积，如果为了符合设计招标的要求，只是超了一点点，那代价是超出的部分还不够补偿消防要求的条件，结果是既多花了钱，虽说建筑面积增加了，但实际上是使用面积减少了。如广州新图书馆建筑，设计师为追求整体效果，将南塔楼设计成长 135 米，宽度最宽为 19 米，最窄为 14.5 米，建筑体型是倾斜的，电梯井道和楼梯的过道是每层楼都在不同的位置，按消防分区来计算，要设 3 个消防楼梯，还要预留电梯、洗手间、强弱电管井等，在不到 2 000平方米的地方，要占去接近 900 平方米的地方，造成利用率过低，但造价不菲。

4　解决问题的方法

4.1　高度重视会议纪要

图书馆领导要高度重视会议纪要，特别是涉及投资方面的会议纪要，尽可能在各种会议上要求会议的组织者提供会议纪要，这样才能有效地解决领导和政府换届时产生的不必要的争议。如广州新图书馆在起草项目建议书时，原定新馆建筑面积是 8 万平方米，投资规模为 8.4 亿元，在市政府开会议时提出要增加到 9 万多平方米，资金 8.4 亿元不够可以再追加。结果在向国际招标时，由规划部门根据当时会议的精神来向外招设计方案，在施工过程中发现资金不足时，才追问是谁提出由 8 万平方米增加为 9.4 万平方米，但依据却找不到了。由于没有会议纪要，使后来的追加投资耗费了好多时间和精力.

4.2　图书馆专项设备费用要单列

在众多的图书馆建设项目中，大多数建设者普遍认为，建筑主体才是重要的，所以宁愿将多数的资金放置在建安费用上。而对图书馆专项设备，一来设计者不是太熟悉，二来设计者也不愿意将钱花在这方面，只是象征性地预留少许，就算是预留了图书馆专项设备费用，但当建安费用不足时，建设者首先想到动用的就是图书馆专项设备费用。如广州新图书馆在编制项目建议书时，就预留了图书馆专用设备费用 1 亿多元，由于经验不足，在编写设计任务书时，没有明确规定这部分费用是不能动用的，结果给设计单位钻了空子，在投标文件中只给出了很少的费用，原认为还有一项预备费用也可以用作图书馆专项设备款，结果是当建安费不足时，首当其冲地用作建安费。所以，图书馆要建设得好，除了有新的馆舍外，还应有足够费用来购买先进设备来为读者服务。只有在投资规模的源头上，在设计任务书上提出图书馆专项设备费用，而且不能用作他处，图书馆的专项设备才有保障。如广州新图书馆建设就吃了这个大亏，由于专项设备资金没有落实，楼宇智能化的综合布线设计和图书馆专项设备的综合布线只能是分别由两个单位设计，其后果是将来可能会十分混乱。

4.3 图书馆建筑应当遵循模数式设计

在图书馆建设过程中遵循模数式设计，一来可以减少建筑上的造价，二来可以更好地利用图书馆，以争取花较少的钱建更好的图书馆。如上所述，广州新图书馆南塔楼如果将宽度改为25～30米，可以达到消防规范要求，也会比现在好用，现在的宽度14米多，减去消防楼梯和消防过道，基本上很难布置图书馆设备。如果利用地面上的条件，则应该按消防规范的要求来进行模数化设计，那将是最佳的选择。

总结广州新图书馆建设的经验和教训，以引起后来建设者的思考，希望他们可以从中得到借鉴，吸取教训、少走弯路。

浅论图书馆发展趋势

杜惠萍[①]

（广州市商贸职业学校 510410）

摘　要：图书馆需要创新才能更好地适应新时代的要求。本文对学校图书馆未来应朝着数字化、网络化、智能化、微型化、掌上化、综合化、国际化的方向发展进行了论述。

关键词：图书馆　发展趋势　创新　综合化

当今社会是一个信息化高速发展的时代，人们对于庞大信息量、精准及时信息的需求处于人类发展史上的最高峰。作为数量庞大、分布广泛、信息资源更新快速的中职学校图书馆，应当积极参与到整个社会的信息化建设中来，并发挥主要的社会信息节点作用。这是高校社会化发展过程中的必然，也是中职学校图书馆与时俱进的表现。

1　中职学校图书馆情况

进入21世纪后，图书馆现行体制渐渐难以适应新时代的发展要求，它的局限与不完善也慢慢地体现出来了。

图书馆发展也与读者密不可分。以下是某中职学校近三年来的图书借阅情况：

某中职学校图书馆2008年6月至2010年6月的图书借阅情况（册）

类名	2008年6月	2009年6月	2010年6月
马列主义	5	4	1
哲学	1 264	876	455
社科总论	350	260	164
政治法律	178	165	34
军事	10	10	6
经济	688	615	208
文科教体	543	335	123
语言	1 088	842	311
文学	3 706	3 088	1 394

① 作者简介：杜惠萍，广州市商贸职业学校图书馆工作人员。

（续上表）

类名	2008 年 6 月	2009 年 6 月	2010 年 6 月
艺术	314	470	218
历史地理	453	370	213
自科总论	19	38	2
数 理 化	6	6	4
天文地球	29	18	5
生物科学	25	31	15
医药卫生	619	610	327
农业科学	21	43	13
工业技术	1 040	754	322
交通运输	0	7	3
航空航天	0	0	0
环境劳保	13	28	2
综合图书	297	243	68
总计	10 768	8 813	3 888

分析此表可以得出以下结论：学生近 3 年来借阅的书籍集中在文学、哲学、语言类上，分别占到总数的 53.3%、54.5 % 和 55.6 %，这说明学生的兴趣爱好没有发生明显变化。从此表中还可以看出，随着馆藏书籍越来越多，阅读人数反而越来越少。据不完全统计，只有不到三分之一的学生愿意把时间花在图书馆学习上，超过三分之二的学生更愿意利用视频、MP3、多媒体等现代化的工具学习知识。

为了适应社会新的发展要求，图书馆必须进行相应的改革。图书馆学理论上应实践科学发展观，而实践科学发展观在于创新，只有不断创新，才能科学、健康地向前发展。

2 未来发展方向

2.1 数字资源建设是学校图书馆的工作重点

图书馆是学校的文献信息中心，负责各种信息的收集、整理和利用，为学校教学、科研、生产提供优质的文献信息服务。在学校图书馆馆舍面积和购书经费没有大幅增加的情况下，通过采购数字资源，可以获得更多的文献资料，从而有效地缓解图书馆文献资源不足的问题，提高学校的文献保障水平，提升服务质量。

电子资源具有容易使用、低成本传递、易于共享的特点。目前，国内在科技图书文献领域架设了 NSTL、社会科学图书文献领域架设了 CASHL、高校系统则架设了 CALIS 等外文文献共享与传递平台，使获取外文文献的成本大大降低。

近年来，学校图书馆把数字资源建设作为一项重要工作，投入了大量人力、物力和财力。国内不少高校、科研院所的图书情报机构编制了大量的特色数字资源系统。但是，其中不少资源只局限于为本校、本机构使用，没有很好地发挥资源效益。各图书机构如何打破壁垒，建立数字资源共建共享机制，使资源得到充分利用，是一个值得长期探讨的课题。

2.2　图书馆的设施网络化、智能化

信息时代的图书馆资源建设从传统印刷型文献资源建设逐步扩展到电子型、数字型文献资源建设。电子化、数字化文献信息系统的出现增大了用户检索和利用的难度。虚拟图书馆的广泛链接功能以及网络信息资源的持续性和非稳定性，加剧了大量信息与用户需求之间的矛盾。网络及网络文化的发展正在改变着我们的某些思考与认识的既定方式。

网络化加快了图书馆的文献信息资源共享。这种文献信息资源共享是现代图书馆的重要特征。国际互联网进入中国图书馆界始于90年代初期，文化部图书馆司的近期重点工作之一就是以文献信息资源的开发利用为重点，建设“中国图书馆信息网络”。全球网络联盟的发展将推进我国图书馆的发展方向和走势。

图书馆数字资源的建设和图书馆的网络化也将促进图书馆设施的智能化。一座智能图书馆的基础是智能布线系统，它是在图书馆大楼内安装结构化综合布线系统，形成高度集成化的计算机监控管理网络。其目的是为图书馆提供灵活的扩展力及高速度的信息通道，使电脑资讯、电话传真、电视、保安监控及广播等信息可以利用这一通道高速度、实时地传递到馆内的每个信息端口，也可透过广域网与外界紧密联络，进行联机检索、提供资料服务等。智能图书馆内信息端口均可连接电脑终端、工作站、电话传真、电视、广播设备和摄像头等。

图书馆设施的智能化将使图书馆具有开通国内、国际联机检索和家庭服务的能力，大大方便了读者。读者可在任何时间和地点，通过图书馆或相关机构的国际网络，向图书馆专业人员提出咨询并获得解答。各图书馆的借阅规则、借书权限和期限等规定将随着图书馆智能化先来后到、秩序井然，制度面前人人平等，不存在通过人情关系享受借阅特权的现象。

智能化的图书馆可以在互联网上采购图书和进行联合编目，利用互联网可渗透到从文献采集至流通和参考服务等图书馆业务工作和读者服务的全过程。互联网把出版、发行、图书馆、用户以及整个社会紧密联系起来。图书馆管理模式和服务方式都将发生深刻的变革。同时，传统的职业和工作方式将受到冲击。

2.3　图书馆微型化、掌上化

2010年7月15日，CNNIC在北京发布了《第26次中国互联网络发展状况统计报告》，报告显示：截至2010年6月，我国手机网民数达2.77亿，较2009年底增加了4 334万人，增长率为22%。3G网民成为手机上网网民增长的主要推力。3G具有像计算机一样检索和浏览电子文献资源、软件安装、数据下载、视频通话等功能。随着移动技术的发展，无线上网的用户日益增多。

在网络时代到来的时候，图书馆将纸张资源转变为电子文献。只要一台计算机终端，便可使用户完成检索、查询、阅读等功能。虽然目前3G业务费用较高，但从长远发展来看，当3G群体日益普及、3G业务费用趋于合理的时候，3G图书馆将会得到更好的推广，而手机将成为不可或缺的设备。

手机和以前的电子书阅读设备相比，其最大的优势就是方便，能随身携带。目前的手机设计呈现大小两极分化的局面：一种趋势是越来越小，走灵巧、精致之路；另一种趋势则是越来越大，走功能丰富与完善之路，向PDA靠拢。无疑只有第二种趋势才适合手机电子书的发展。目前，常见的电子文献格式有TXT、超星、PDF等，大多数智能手机软件都可支持。

同时，手机作为一种新的媒体形式，与原有的报纸、广播、电视等媒体相比较，具有覆盖面广、资料传输费用低等特点。读者可通过手机这一数字图书馆服务的新平台来获取图书馆的各种信息资源。在3G市场刚刚到来的今天，应尽早把握新的契机，建立掌上图书馆，提供便捷的服务以增加核心竞争力。

2.4　图书馆综合化

图书馆、档案馆与博物馆都是重要的文化机构，彼此有着千丝万缕的联系。图书馆的馆藏资源是多样化的，馆藏既有印刷体文献，又有电子版、网络版资源（光盘、磁带、录音、录像等音视频资料和数字化的网络资源）。档案是国家机构、社会组织或个人在社会活动中直接形成的有价值的各种形式的历史记录，档案的实体类型有文件、图片、数字与缩微影像、录音带、实物档案等。博物馆藏品以实体历史考古文物和自然实物为主，藏品包括印刷文献、考古实物。

图书馆注重于教育与学习，档案馆注重的是收集和保存原始证据，博物馆则以收藏、研究和展出对人类智慧发展具有价值的物品为主。它们的共性是通过记录传达信息，证明人类的历史发展，它们不是被动地、静止地反映着“知识和事实”，它们对其自身意义的表现和传播有强烈的能动性反映。在信息社会，图书馆、档案馆与博物馆的社会定位发生了根本转变，从过去的被动转化为今天的以社会教育为主，收藏、研究和教育并重。档案馆、博物馆已经与图书馆一起成为人类重要的文化资源储存中心，在数字环境下，对它们的发掘和利用日益迫切。

未来的趋势是将三种资源整合在一起，将图书馆、档案馆和博物馆原本离散的、多元的、异构的、分布的信息资源通过逻辑的或物理的方式组织起来，使之成为一个结构有序化、管理一体化、配置合理化的整体。而图书馆的名称过于局限，当新的资源整合后，会成为一个新型的图书馆，我们暂且将其称为知识馆。

2.5　馆员素质大幅提高

网络环境下要对数字资源进行充分开发和利用，图书馆员所扮演的角色必须由传统单一的服务者转变为数字资源的管理者和咨询者。图书馆一方面要根据数字图书馆建设的实际需要，大力引进具备综合能力（观察、沟通、综合判断与科研能力）、图书情报专业背景或相关对口专业背景、较高的信息素养、较好的外语水平等条件的高素质图书馆员。另一方面，图书馆应把对馆员，特别是一线馆员的培训作为重点。培训内容涉及计算机知识以及数字资源的特点、内容和使用技巧等。此外，图书馆还应创造条件，利用专家学者报告、学术交流会、工作研讨会等形式多样的方法对图书馆员进行再教育，选送馆员接受不同层次的在职教育，接受系统学习和技能培养，努力提高图书馆员的综合素质。

馆员自身也要全面系统地掌握图书馆学科方面的基础知识。图书管理专业知识是提高图书管理服务质量的基础。在现阶段高校图书管理人员至少应当掌握图书分类知识、图书采编知识、情报检索知识、常用检索工具的运用知识和读者心理知识等；要熟悉图书管理业务程序，了解自己所管理的图书的内容和特点；要理解和掌握图书情报学科相关领域的最新成就和发展动态；要信息感强、情报意识浓厚，能及时获取和吸收最新信息。

2.6　图书馆国际化

图书馆国际化是图书馆事业发展的必然趋势。当今图书馆事业正处于经济全球化和现代信息技术浪潮的影响之中。全球化推动了人力、资金、商品、服务、技术、信息等的跨国界流动，促进了各种生产要素和资源的优化配置，而信息技术则为经济全球化提供了强大的推动力。作为信息与知识的重要集散地，图书馆也将在全球化进程中实现国际化战略，从而在信息与知识的跨国界共享、世界范围内的文化交流与融合中发挥更加重要的作用。

经济全球化是图书馆国际化的发展动力。随着社会生产力的不断发展，世界各国、各地区的经济，包括生产、流通和消费等领域相互联系、相互依赖、相互渗透。以前那些由于民族、国家、地域等因素所造成的阻碍日益减少，世界经济越来越成为一个不可分割的有机整体。经济全球化促使国际信息与知识的交流日益频繁。在全球化趋势下，图书馆必须融入国际社会，积极参与国际交流与合作，推动知识在全球范围内的流动，促进图书馆的国际化发展。

图书馆在从传统图书馆走向国际化现代图书馆的过程中作了长期的积极努力。今后，图书馆将在图书馆国际化指标体系研究、国际化人才队伍建设、文献交换与补缺计划、国际交流与合作、国际访问学者项目等方面科学规划国际化发展战略，进一步加快图书馆的国际化进程。

为了适应全球化、科技化、信息化的时代，图书馆事业的变革势在必行，我们要提前探讨和研究这个变革，为其到来做好准备。

参考文献

[1] 谢含．关于高校图书馆数字资源利用率的几点思考［J］．科技情报开发与经济，2010（5）

[2] 李彤．国内图书馆发展走势［J］．内蒙古科技与经济，2010（6）：144

[3] 王晓，徐萌．基于3G掌上图书馆的构建［J］．内蒙古科技与经济，2010（6）：115

[4] 乔德锁．试论高校图书馆员的综合素质［J］．内蒙古科技与经济，2010（6）：152

[5] 詹福瑞．实施图书馆国际化发展战略，促进知识的全球共享［J］．国家图书馆学刊，2010（2）：15

高职图书馆服务质量与读者满意度和读者行为意愿的关系研究

熊　英[①]

（佛山职业技术学院图书馆　528237）

摘　要：服务质量作为衡量图书馆效能与管理水平的重要标准，越来越得到图书馆界的重视。本文以服务质量理论、满意度理论、行为意愿理论等为基础，通过读者调查问卷、专家评议和专题研讨会等形式，以佛山职业技术学院图书馆为例证，系统研究了高职图书馆服务质量与读者满意度和行为意愿的关系及其影响因素，并就提高图书馆服务质量、提升读者满意度和行为意愿提出了若干建议。

关键词：服务质量　满意度　行为意愿

服务质量是图书馆赖以生存及发展的根本，作为衡量图书馆作用效能与管理水平的重要标准，它已成为制约图书馆在未来竞争中保持优势地位的主要因素之一。随着高等职业技术教育的蓬勃发展和高职图书馆服务管理趋向理性化，对高职图书馆服务质量的研究成为图书馆理论与应用研究的热点话题。图书馆的服务质量是通过读者的满意度来体现的，读者的满意度直接影响读者的行为意愿，而读者的行为意愿又为促进图书馆服务提供了依据。

佛山职业技术学院图书馆在2007年以前没有得到应有的重视，馆藏文献和设备极为落后。2008年，随着教学水平评估工作的开展，学院图书馆的建设开始起步，图书馆的馆藏和设备得到了更新，馆舍面积扩大，建立了网络阅览室和数字图书馆。2009年，图书馆的馆藏量翻了一倍，在服务方面引入了"以人为本"的服务理念，使学院图书馆有了长足发展。

1　图书馆服务质量、读者满意度和行为意愿的定义和内涵

1.1　图书馆服务质量

图书馆服务质量就是对读者需求满足程度的度量，包括技术服务和职能服务两项内容。技术服务指提供给用户"什么"，主要指某项服务带给读者的价值，包括使用的设备和操作方法等技术层面的内容，又称为实质服务，其核心是用户通过服务所得到的东西。职能服务指"如何"提供服务，主要指读者接受服务的感受，即读者对服务的认可程度，具体表现为馆员在为读者服务过程中的热情、诚恳、耐心、周到的情感度。它更多地取决于用户的主观感受，其核心是用户如何得到这种服务。所以整体服务质量的高低不仅在服务结果本身，更在于提供服务的整个过程中。因此，图书馆服务质量可以定义为：图书馆用户（即读者）期望得到的服务与其实际所感知的服务水平之间的差异。

---

① 作者简介：熊英，佛山职业技术学院图书馆助理馆员。

1.2　图书馆读者满意度

读者满意度是指读者用户在需求满足过程中所感知到的服务效果水平与期望的服务效果水平的匹配程度。

图书馆用户满意度（CS）包含三个方面的内容：图书馆理念满意（Mind Satisfaction, MS）、图书馆行为满意（Behavior Satisfaction, BS）、图书馆视觉满意（visual satisfaction, VS）。图书馆理念满意是指办馆宗旨和方针、管理策略、图书馆文化、团队精神等带给读者的满足感；图书馆行为满意是指读者对图书馆“做法”的感知，它包括图书馆组织制度、管理机制、行为规范、公共关系及服务方式，是一整套运行系统；图书馆视觉满意是指图书馆所具有的各种可视性的形象带给内部和外部读者的心理感知，包括图书馆建筑设计、标志、装潢、馆员形象以及各种内外环境等物理化硬件设施，是理念的外在表现。

1.3　图书馆读者行为意愿

意愿是行为表现的必然过程，是行为出现前的决定。行为意愿就是从事某特定行为的自发性计划的强度。在没有其他特定环境因素影响的情况下，个人从事该特定行为的意愿越强，就越有可能去从事该行为。心理学家把行为意愿定义为个体与环境交互作用的结果。有学者认为，影响行为意愿的因素有五个，即忠诚度、转换的倾向、支付更多、外部反应、内部反应。图书馆读者行为主要是指图书馆读者的阅读需求行为。读者在接受图书馆服务后，对图书馆采取再使用和向他人宣传、推荐等的特定活动或行为倾向会受读者对图书馆的主观感受（即满意度）的影响，而这种主观感受又是由读者在图书馆所得到的服务的质量所决定的。

2　研究设计

2.1　研究步骤与取样

首先通过访谈、专家评议和专题研讨会等形式，在明晰研究范围的前提下，与图书馆的相关人员、专业教师和学生代表一起针对评价的理论维度等征求意见，并进行讨论。

其次是预试和正式调查。运用编制的初始问卷（采用里克特五点量表法，分别对条目进行判断，即“非常重要”、“重要”、“一般”、“不太重要”、“不重要”）进行预试，然后在此基础上参考了 LIBQUAL 等成熟图书馆绩效测评法，并进一步扩大调查范围，取样范围在佛山职业技术学院内。

2.2　读者调查问卷的设计

在前期工作的基础上，设计了适用于高职读者的调查问卷。本次调查共涉及五个维度（图书馆服务、资源建设与使用、图书馆设备与环境、图书馆员、总体评价）总计 25 个调查项目，如表 1 所示。

表 1　调查问卷详细项目

1	图书馆的开放时间
2	图书馆的借阅规则
3	图书馆的网上续借和预约服务

（续上表）

4	图书馆各服务点的咨询服务
5	图书馆的“电子邮件咨询”、“在线实时咨询”等网络咨询服务
6	图书馆的“一站式”服务
7	“一小时讲座”、“新生入馆培训”、“电子资源检索课”等培训活动
8	图书馆的“馆际互借与文献传递”服务
9	在图书馆的主页上可以非常方便地找到您所需要的信息
10	图书馆对读者的批评和建议能够及时反馈并对不足予以改进
11	馆藏印刷型（纸本）图书
12	馆藏印刷型（纸本）期刊
13	文献资源在馆内的布局
14	“馆藏目录”检索
15	图书和期刊的排架
16	图书馆提供的电子资源收藏
17	电子期刊、电子图书、数据库等数字资源的导航
18	向读者及时通报最新的资源
19	图书馆的环境
20	图书馆对各服务点的指引和标识
21	图书馆提供的相关设备
22	图书馆员的态度
23	图书馆员的仪表与行为
24	图书馆员的专业知识与技能
25	对图书馆服务的总体评价

2007 年 9 月、2008 年 6 月和 2009 年 12 月，笔者在佛山职业技术学院开展了 3 次问卷调查，共发放调查问卷 3 300 份，其中学生读者 2 900 份，专业教师读者 200 份和教辅人员 200 份，共回收 3 018 份，总回收率达到 91.5%；其中，学生读者回收 2 714 份、专业教师回收 169 份，教辅人员回收 135 份，回收率分别达到 93.6%、84.5% 和 67.5%。本文参照 LIBQUAL 项目组评价和改进调查问卷的经验和做法，对佛山职业技术学院图书馆的服务质量进行评价研究。

3 研究成果

3.1 图书馆服务的特点和影响因素

3.1.1 图书馆服务的特点

（1）差异性。在对调查问卷进行了习惯性分析的基础上，我们可以看到不同的读者所关注的服务类型是存在较大差异的。结果如表2所示。

表2 图书馆服务的差异性

读者类型	关注度		
	第一位	第二位	第三位
学生	图书馆的开放时间（27.1%）	“馆藏目录”检索（23.2%）	图书馆员的态度（17.8%）
教工	在图书馆的主页上可以非常方便地找到您所需要的信息（24.3%）	电子期刊、电子图书、数据库等数字资源的导航（21.6%）	图书馆员的专业知识与技能（19.9%）
教辅人员	向读者及时通报最新的资源（25.1%）	“馆藏目录”检索（19.6%）	馆藏印刷型（纸本）期刊（15.4%）

（2）多变性。由于读者需求的多样化，图书馆提供的绝大部分服务无法像制造业一样通过机器流水线生产来保证产品质量的可靠性和一致性，馆员、读者、服务环境、技术设备等都会影响到服务的质量，使其具有异质性和可变性等特点，使得图书馆的服务难以进行标准化生产和保持前后一致性、稳定性及可靠性。

3.1.2 图书馆服务的影响因素

为了确定图书馆服务的影响因素，我们对问卷的结构效度进行了测量和分析。首先测量了KMO值，该值越大，表示项目间的共同因素越多，越适合进行因子分析。本调查问卷的KMO值为0.943，表示适合进行因素分析。此外，本调查问卷的Bartletts球形检验的χ^2值为9 191.042 9（*Df*为231，*Sig.* 为0.000），该值较大，且*Sig.* 的值小于0.01，代表项目间存在相关性，适合进行因子分析。通过初步的探索性因子分析，发现特征值大于1的有3个因子，分别是图书馆的实体环境和布局，可称为“环境因子”，与图书馆员相关的称为“图书馆员因子”和与图书馆开放时间相关的“时间因子”。结果如表3所示。

表3 图书馆服务的影响因素

序号	影响因素	公因子	单独解释方差	累积解释方差	描述
1	环境因子	1.882	6.218%	40.212%	阅读氛围和阅读平台对阅读效果的影响很大
2	图书馆员因子	1.653	4.832%	45.517%	直接影响读者需求的因素，如果工作人员修养不高、服务质量差，就会影响读者的阅读兴趣
3	时间因子	1.581	4.669%	49.931%	不论哪种类型的读者都希望图书馆能全天开放，希望借书日期能适当延长

3.2 图书馆服务与读者满意度的关系

从某个层面上讲，图书馆的服务质量等同于读者满意度，由于在实际工作中，服务质量的差异性和多变性使其很难预测，往往需要通过对读者满意度的测量来反映服务质量的好坏。根据调查数据，我们可以得到表4：

表4 读者满意度调查结果 单位:%

读者类型	非常满意	满意	比较满意	不满意
学生	27.2	11.3	10.5	51
教师	17.3	23.9	11.4	47.4
教辅人员	20.2	20.1	16.8	42.9

从表4中我们发现，事实上读者在接受服务的过程中，对满意度的感知往往更趋于极端，要么十分满意，要么非常不满意。因为读者往往觉得抱怨可能比赞扬得到更多益处，不满意的比率总是大于满意的比率。因此对不满意条件下读者行为意愿的研究更有利于改进图书馆工作，应该把不满意条件下的读者行为意愿作为重点研究对象。

在不满意状况下对读者行为的影响因素，主要有读者在接受服务过程中知识信息获取的数量与质量、图书馆使用的方便性、图书馆人员的服务态度、用户的图书馆使用技巧与方法等。

满足读者的需求是相对的，因为满足所有读者的需求和满足读者的所有需求在目前情况下是很难做到的，所以当读者提出的要求我们暂时不能满足时，要向读者进行耐心细致的说明，尽可能减少他们的不满情绪。

3.3 读者满意度对读者行为意愿的影响

读者满意度会影响读者在图书馆的行为意愿，进而产生读者使用图书馆资源的频率。读者对服务的过程和结果的感知如何，不仅取决于图书馆所提供的技术服务与职能服务，也取决于用户在需求满足过程中的期望程度以及使用图书馆的技巧和方法。当图书馆的服务质量接近或高于读者的期望时，读者对图书馆服务的满意度就高；反之，当图书馆服务质量与读者期望差距较大呈负值时，则读者满意度就低。当读者满意度高于满意水平的临界点时，满意度的增加会使读者再来图书馆的意愿快速增加；反之，当读者满意度低于满意水平的临界点时，满意度的降低会使读者再来图书馆的意愿快速减少。读者对图书馆服务质量的感知会影响其对整体服务满意度的评估，进而影响读者的行为意愿。因此，读者满意度与读者行为意愿具有正向关系。

3.4 服务质量与读者行为意愿的关系

佛山职业技术学院2007—2009年以来纸质图书、期刊等文献的借阅情况趋势中有两个突变点，这正好对应了该院图书馆建设的两次大型工程：一是2007年10月开始的图书馆硬件设备的添置和更新，藏书的快速增长大大带动了读者借阅量的提高；二是2008年12月开始的图书馆服务理念的更新及其带来的服务水平的提高，再次促进了借阅量的提升。

根据以上情况，我们可以得出：读者对服务质量的感知会影响其对整体服务满意度的评估，而读者的服务满意度进而会影响他们的行为意愿。因此，服务质量的高低影响读者的忠诚度，而读者忠诚度的建立可以通过服务质量的提升得到加强，即服务质量对读者行为意愿具有显著的影响作用，服务质量决定读者的最终行为。如果图书馆提供优质的服务，则将会导致读者正向的行为意向；反之，则将产生负面影响。服务质量与读者行为意愿有正向关系。

4 对提升图书馆服务质量的几点建议

图书馆服务质量既可以是读者对自己所获满足感的评价，也可以是馆员对读者所获满足感的评价。前者是从读者的角度看服务质量，称为外部服务质量；后者是从馆员的角度看服务质量，称为内部服务质量。图书馆服务质量管理的目标之一，就是内部质量和外部质量的统一，外部服务质量是由内部服务质量决定的。因此，应该以提高内部服务质量来提高图书馆整体服务水平，提高读者满意度。

4.1 服务理念人性化

图书馆在服务理念的确定、服务资源的开发、服务技术的使用等方面都要以满足读者的最大需求为出发点和归宿，精心考虑安排，实施人性的设计和服务。同时，图书馆员在履行本职工作中，应虚心听取读者的批评意见，及时发现和纠正工作中的不足和缺陷，以良好的工作态度赢得读者的信赖和好评。图书馆坚持人性化服务，必然会对读者产生巨大的亲和力，有利于融洽图书馆与读者的关系，有利于提升读者的行为意识，从而带来读者满意度的提高并促进图书馆服务质量更上一层楼。

4.2 服务内容多元化

现代信息技术和服务手段融为一体，为图书馆充分发挥自身职能创造了良好的条件。传递系统的自动化、网络化、电子化从根本上解决了馆藏文献信息资源的不足和传递文献信息的迟缓，提高了知识信息的服务能力和水平。图书馆要充分利用馆藏文献信息资源和现代化信息技术手段，使图书馆的文献信息服务与读者信息需求紧密地结合起来，开展多元化服务。

服务内容既有常规读者服务，又有网络信息服务；既有印刷文献服务，又有电子信息服务；既提供传统的书刊出借服务，还开展网络服务、参考咨询服务、多媒体信息服务，大大拓展了服务范围的空间与时间，提高了读者的忠诚度，从而带来读者行为意愿的提升。

4.3 服务手段现代化

知识信息服务的需求网络化、信息化、自动化成为图书馆发展的必然趋势。可利用网络建立起自己的网上服务平台，开展多种网上信息服务，如信息导航服务、特色信息服务等。

4.4 妥善处理读者意见和建议

建立有效的抱怨管理系统，是服务部门加强管理、提高服务质量的重要途径之一。图书馆首先要制定服务标准。最常见的服务标准就是服务承诺，通过制定明确、具体的服务标准，可以有效地消除读者的“模糊预期”，使服务具有可衡量性。其次要设计方便投诉的程序，并广为宣传，以鼓励和引导读者投诉，如举办读者座谈会、设立意见箱等。

要吸引读者、留住读者，关键在于服务。服务是图书馆面向读者的窗口，是图书馆工作的核心任务，读者的满意度则是图书馆服务价值的体现，并对读者的行为意愿产生深刻的影响。只有每一个图书馆工作人员都具有为读者服务的强烈意识，不断地完善图书馆硬件设备建设，优化图书馆资源的配置等，才能拥有越来越多的忠实读者，才能体现出高职图书馆在校园文化建设、学风建设等方面的价值。

参考文献

[1] 张玉．浅析网络环境下高校图书馆读者服务工作的现状与对策［J］．科技情报开发与经济，2007（19）

[2] Colleen Cook, Bruce Thompson. Psychometric Properties of Scores from the Web – based Libqual + Study of Perceptions of Library Service Quality［J］. *Library Trends*，2001（4）

[3] 何伟华．深化图书馆读者服务工作的思考［J］．高校图书馆工作，2009（4）

[4] 覃忠跃．不断改进高校图书馆读者服务工作［J］．黔南民族师范学院学报，2008（2）

浅谈如何在图书馆开展小读者道德教育

梁丽敏[1]

（越秀区图书馆　510080）

摘　要：本文对公共图书馆中存在的隐性道德风气问题进行了分析，探讨了小读者社会道德的表现及成因，提出了在图书馆里开展道德培养的做法。

关键词：图书馆　小读者　道德教育

1　公共图书馆显现着社会道德观

文明城市的创建，使得人们重新把社会道德风气提到议事日程上。在公共图书馆里，处处显现着社会的道德观。图书馆是一个供人学习的地方，人们在互相尊重的社会道德风气下，懂得轻声交谈，懂得把手机调到震动状态。为爱护书籍在阅览室里尽量不进食，不喝有颜色的饮料……如果每一位读者都能自觉地做到这些，那么图书馆就会不仅给人宁静、文明的阅读氛围，还能给人心灵美的享受。

2　小读者的社会道德观是被成人不良意识和行为所误导

父母是小读者的启蒙老师，社会道德观就是由父母通过言传身教、潜移默化给小读者的。有的父母从带小读者到图书馆的第一天开始，就带着不良的意识、不良的习惯和不良的表现，在他们的“启蒙”下，小读者的阅读行为就被“污染”了。有些父母为让小读者一整天留在馆内，就帮小读者找来一大堆读物，然后自己却去逛街或办事；有些父母自己在阅览室里大声喊叫、高声交谈，经常在小读者的身边不停叮嘱，辅导小读者写作业，指导小读者阅读等；有些没有把手机调到震动状态，还要在阅览室里接听电话；有的甚至还带着食物让小读者在阅览室内进食。这些表现都严重影响了小读者的社会道德观。

图书馆里也时常出现小读者丢失、污损书刊与过期不还书刊等陋习。这些陋习也与成人教育不当有关。有些成人会让小读者在书本上直接做练习，有些小读者把图书乱放，有些小读者边吃东西边看。所以说小读者的社会道德观不是一天、两天形成的，而是日复一日“积累”出来的。要改变这些不良的阅读习惯，需要持之以恒、家馆合作的教育。

3　图书馆应开展形式多样、内容丰富的道德教育

联合国教科文组织提交的21世纪报告强调，21世纪的教育不仅要使学生有知识、会做

① 作者简介：梁丽敏，幼儿园一级教师，越秀区图书馆工作人员。

事，更重要的是会做人。我们国家是从20世纪90年代中期开始提出进行素质教育的，这在教育界乃至全社会的影响都非常广泛。素质教育是以提高思想道德素质为根本，提高文化素质为基础，全面提高人的整体素质，是一种新型的人才培养观念。既教育学生学会做事，又教育学生学会做人，这才是理想的教育。

教育职能是历史赋予图书馆的一项神圣使命。著名教育学家蔡元培说过："教育不专在学校，学校之外，还有许多机关，第一是图书馆。"公共图书馆以其丰富的馆藏文献、先进的技术手段、完善的服务设施、优雅的学习环境为人们积累和更新知识提供了最大的便利条件，并且成为人们日益倚重的获取知识的重要场所。公共图书馆的优势就在于它是终身教育的场所。任何学校都有毕业年限，四年或五年，就算是博士，也不是一生都待在学校里。只有公共图书馆，不管你的年龄是小是大，都欢迎你的到来。

图书馆应利用天然的教育资源，提出家庭、图书馆共育理念，并经常开展丰富多样的亲子阅读活动，从而提高小读者的社会道德意识。

3.1 开展拉近与小读者感情的活动

开展拉近与小读者感情的活动目的是希望在推动图书馆借阅功能的同时，更多地加强与读者间的亲和关系，让图书馆成为读者的"乐园"，让读者在这个"乐园"中感受文化带来的心灵享受。图书馆以"亲子天地"为活动阵地，在固定的时间段，组织形式多样、丰富有趣的阅读活动。图书馆还鼓励家长一同参加，亲子同乐，让读者在游戏中学习、在学习中游戏。

中国的民间传统节日中往往弥漫着浓厚的尊师重道、知孝懂礼、感恩长辈等中华传统美德。越秀区图书馆"亲亲小读者"系列活动就是以全年的节日为活动主线。根据不同的节日开展相应的主题活动，通过这些活动给小读者传递"爱"的教育。如"小巧手，表爱心"主题活动，就主要是在妇女节、母亲节、父亲节、教师节、重阳节等节日里，组织小读者学习看手工书，制作有趣、有心意的手工品，并引导他们送给亲人、老师，表达一种关心与关爱。"我们的传统节日"主题活动，主要是在中秋节、元宵节、端午节等传统节日里，通过讲述一些国学故事，如《孝经》、《弟子规》等，组织经典文学读后感表演等，让小读者学习做人的道理，感受生活的真谛。

遇上重大节日或特殊庆典，图书馆还根据时事开展一些知识问答游戏、趣味运动游戏。如庆祝祖国60华诞、广州迎亚运活动、4·23世界图书日等。这些能够帮助小读者认识自己的祖国、城市，热爱并关注这里所发生的一切事情。

图书馆还利用"亲亲小读者"活动向小读者宣传图书馆的阅读推广信息，给小读者介绍各种有趣、最新的读物。

3.2 开展"爱书小馆员"特色培训班

越秀区图书馆开展的"爱书小馆员"培训是图书馆为培养小读者文明阅读、学习和了解图书馆知识的一个品牌活动。

图书馆定期与周边的小学联系，让有兴趣了解图书馆、学习图书馆知识的小学生到馆里进行培训学习。图书馆员运用形象的多媒体软件向小读者讲述图书馆的基本知识，通过有趣的游戏帮助小读者学习图书分类。

小读者通过学习图书馆的知识和体验图书馆的工作，可以方便他们日后寻找书籍，同时也能让他们体谅工作人员的辛苦，从而使他们明白要爱护书，不随便乱放，使其成为少儿阅览室的模范读者，成为志愿者的预备员。

3.3 创建“小读者阅读园地”宣传板

图书馆在宣传本馆信息、阅读推广活动时，一般都是通过本馆网站或电子流动屏方式传播信息的。但这些方式存在信息量少，内容更换不及时等问题，也不方便小读者阅读与交流。因此，图书馆最好能在少儿阅览室增设一块“小读者阅读园地”宣传板。这个宣传板分“图书馆信息园”和“阅读交流角”两部分，既展示图书馆的活动信息，也让小读者分享阅读心得，并推荐优秀读物，这是图书馆人性化管理的表现之一。

3.4 开办“环保小制作”培训班

每年暑假是小读者最开心的时间，却是家长最烦恼的时刻。为了让孩子在暑假过得既开心又有意义，许多家长都花尽心思、花费钱财为孩子报读各种各样的暑期班、托管班等。图书馆为解决读者的这一需要，在这期间应多举办免费的、公益性的培训班。培训班的内容可以是利用废旧物品（废旧报纸、杂志等）制作有趣的手工艺品等，主旨是希望小读者通过学习，懂得爱护环境、保护环境的重要性。

4 让每一位馆员都做“教育家”

图书馆员不仅是图书的管理者，而且是知识的导航者，同时也是素质教育的实施者。作为教育的实施者，馆员必须树立终身学习的观念，不断学习、不断创新，努力提高自身素质，更好地为素质教育服务。因此馆员一定要热爱本职工作，努力钻研业务，虚心求教，应具有较强的事业心和责任心。图书馆专业人员素质的高低直接影响和决定着图书馆事业的发展水平。所以图书馆工作人员应具有学习的愿望和自觉性，适应周围环境变化，参加一些业务知识、外语知识、网络知识、技能知识的培训等，力争做到多专多能、博学多才、学有所长；并注意自己的言谈举止、仪表风度，馆员之间要互相沟通、共同进步。

馆员除了提高自身的素质外，还要树立好服务意识，要本着为图书馆付出的原则，树立以人为本、服务育人的教育理念；应配合学生家长的需要，对利用率高、教师推荐的读物进行标志；对读者的疑问应及时、耐心地解答；发现掉页、掉封面的书籍，应及时、细致地修补好；遇到不文明的读者，应动之以情、晓之以理地去帮助他们。

只有把图书馆的教育职能充分发挥出来，小读者们的社会道德观才会有所提高，各种不文明的表现才会逐渐减少，社会文明的风气才会越来越好。

参考文献

[1] 吴玉健，贾凤霞．图书馆学生行为缺失与素质教育［J］．科技信息（学术研究），2007（19）

[2] 刘星．浅谈图书馆如何为素质教育服务．中国新时期思想理论宝库——第三届中国杰出管理者年会成果汇编［C］．2007

[3] 陈少英．中小学图书馆的管理与素质教育［J］．中小学图书情报世界，2004（2）

基层图书馆“以人为本”的现代化策略初探
——高明区图书馆服务创新措施

伍玉珍①

（佛山市高明区图书馆　528500）

摘　要： 本文从营造人性化服务环境、改进服务方式、拓宽服务内容等方面，结合基层图书馆的实际经验探讨了公共图书馆创新“以人为本”服务的措施。

关键词： 公共图书馆　服务创新

以人为本，提倡人文关怀，提供人性化服务，是21世纪社会发展的一个方向。当然，图书馆也不例外。社会的进步、时代的变迁，使传统的图书馆服务受到严峻的挑战。公共图书馆作为国家的一项重要基础性文化设施，如何适应外部形势的变化，实现由传统图书馆向现代图书馆的转变，使图书馆成为人们社会生活中不可缺少的重要文化设施，并向所有公众平等地提供最广泛的信息服务，是我们图书馆从业人员必须认真关注思考的重要课题。

高明区图书馆是一间区级图书馆，在馆长的带领下，全馆上下团结一心，认真贯彻落实科学发展观“以人为本”的精神，不断强化服务意识，树立“区级图书馆亦可办大事”的服务理念。在做好基础性服务工作的同时，不断开发延伸服务项目，不断拓展创新图书馆的服务内容和服务模式，通过一系列实践，不断地发挥图书馆资源的社会效益。

1　转变观念，强化“以人为本”的服务意识

所谓“以人为本”，就是要尊重人、依靠人、提高人。图书馆只有牢固树立“以人为本”的服务理念，做到“一切为了读者”，才能赢得社会和读者的认可，才能真正发挥服务创新应有的作用，图书馆员才能得到真正的尊重。

以人为本，提供人性化的服务是现代社会对公共图书馆的要求，是图书馆生存发展的需要，是社会建设与发展的需要。

2　结合实际，探索服务新模式

高明区图书馆在2003年由区政府拨款200万元，广东溢达集团捐资100万元扩建而成，当年12月交付使用，总面积为3 200平方米。扩建后的区图书馆坐落在高明区最繁华的商业步行街文昌路一带，它不但以崭新的面貌出现在高明市民面前，也以创新的服务方式吸引了广大市民的注意。

① 作者简介：伍玉珍，佛山市高明区图书馆馆员。

(1) 营造人性化的服务环境，制定人性化的规章制度。

图书馆的馆舍设计和装饰，外观上美观大方。图书馆内部的物理环境，包括墙壁、走廊、楼梯以及各个服务窗口均体现出一种浓厚的文化氛围，大厅、内墙布置一些名人名言，大厅门口两侧和各服务窗口都摆放一些绿色植物等。此外，整个图书馆有良好的通风和采光，让读者有一个舒适、幽雅、赏心悦目的阅览环境。布局合理、环境优美、标志醒目，具有个性的图书馆服务环境，足以使读者感受到尊重知识、尊重人才的人文关怀，大大提高了其获取知识信息的积极性和主动性，真正为读者营造了一种无微不至的人文关怀环境。

本着“以人为本”的理念，高明区图书馆认真修订不合理的规章制度。在条款内容上，既作出严格规范，又注意渗入教育成分，采用委婉、温馨的语句取代“不准”、“严禁”等强硬词句，切实体现出图书馆对读者价值和权利的充分认同等方面的人文关怀，这有利于图书馆与读者建立良好的协调关系。

(2) 加强公共图书馆的公益性，撤销各种阅读门槛，实行免费办证、免费看书，为广大市民提供一个免费的学习园地。

1972 年，联合国教科文组织的《公共图书馆宣言》中指出公共图书馆应当可以让人到馆，它的大门应当向社会上一切成员自由地、平等地开放，而不论他们的种族、肤色、国籍、年龄、性别、宗教、语言、地位或受教育程度。宣言的宗旨就是强调一个平等的概念：知识面前人人平等，公共图书馆应当向全社会开放，应当满足全社会成员的求知欲。

高明区图书馆实行免费办证、免费看书这一举措受到市民的热烈欢迎，越来越多市民走进图书馆，利用图书馆的资源，使公共图书馆真正成为一间“没有围墙的大学”，成为一间“平民学校”。

(3) 强力打造读书活动，营造全民学习的良好氛围。

自 2006 年起，高明区图书馆连续举办了 5 届读书节系列活动，主要致力于推动高明人读书热情，营造崇文和谐、文明向上的文化氛围。读书节活动丰富多彩，普及面广，市民参与热情很高，深受市民喜爱。读书节已成为高明区的一个文化活动品牌。

(4) 努力开展讲座服务。

早在 2006 年，高明区图书馆充分利用有限资源购置投影设备，利用“共享工程”资源，邀请省内外专家或采用多媒体播放等形式，每月推出两期与形势紧扣的系列公益讲座，为广大市民提供优秀公益文化服务，收到了良好的社会效果。

从 2009 年开始，高明区图书馆在巩固图书馆讲座阵地的同时，把讲座活动带进企业，极大地丰富了企业员工的业余生活，活动所到之处，都受到热烈欢迎。

(5) 加强数字化、信息化建设，积极开展网上服务。

自 2006 年起，高明区图书馆争取上级主管部门重视，拨出专款建设数字图书馆，建立了一个小型“电子阅览室”，吸引读者网上阅读；随之又办起“高明区图书馆网站”，及时利用网络宣传图书服务。时至今日，区图书馆采用最新网站技术建立了高明数字文化网，整合了“共享工程”、佛山市联合图书馆等数字资源，具有完善的数据发布及读者互动功能，是共享工程的直接服务窗口。

(6) 积极加入佛山市联合图书馆大家庭。

加入佛山市联合图书馆大家庭由此拓宽了高明区图书馆的服务范围，真正实现了“同城居住，文化资源共享”的目标。这个新的服务模式为读者提供网络信息服务，馆际互借服务，网上查询、网上续借等服务，充分满足了读者丰富多样的信息需求，使图书馆服务更接近读者，更方便读者利用图书馆。

（7）设立农家书屋，开展基层辅导，发挥区级馆作用。

“农家书屋”工程是社会主义新农村文化建设的基础性工程，它的出现从根本上解决了广大农民借书难、看书难等问题，是保障人民群众的基本文化权益的一项重要举措。到目前为止，高明区图书馆已在当地建立起56个农家书屋，成为为农民服务的又一个亮点。

高明区图书馆根据科学发展观“以人为本”的理念，牢固树立“读者第一，服务至上”的服务意识，勇于探索，认真实践，积极采取有效措施，通过提高读者满意度、改进服务方式等措施，切实实现了读者服务工作的创新。我们相信，在“以人为本”为核心的科学发展观指导下，经过全馆人员的共同努力，高明区图书馆的明天会更加美好。

参考文献

[1] 逯爱英. 以人为本，构建和谐图书馆 [J]. 图书馆论坛，2006（5）

[2] 杨胡. 论在图书馆工作中贯彻“以人为本”思想 [J]. 图书馆论坛，2004（5）

[3] 朱江. 人本思想在医院图书馆工作的应用 [J]. 图书馆，2005（4）

[4] 樊晓勇，彭晓丽. 论公共图书馆以人为本的服务理念 [J]. 图书馆，2005（5）

[5] 杨志伟. 以人为本，搞好基层图书馆的管理与服务 [J]. 图书馆论坛，2006（5）

[6] 花明. 论以人为本理念在图书馆服务中的实施 [J]. 图书馆工作与研究，2005（1）

公共图书馆开展志愿服务工作的思考

招建平[①]

（广州图书馆　510055）

摘　要：志愿服务工作越来越受到国内外公共图书馆的重视。本文通过分析图书馆志愿者的定位和存在的必要性，探讨公共图书馆志愿服务管理工作，主张通过科学管理，充分发挥志愿者的作用，提高和拓展图书馆的服务功能，树立图书馆良好的社会形象。

关键词：公共图书馆　志愿者　志愿服务

图书馆志愿者是指以个人或者团体志愿的形式在图书馆开展服务。如何管理、引导好志愿者，使之更有效地开展图书馆服务，是一个值得研究的课题。

1　图书馆志愿服务的概念、定位

志愿服务是个人或者团体志愿参加的一种公益活动。而图书馆志愿服务就是个人或者团体为图书馆读者提供的无偿服务，通过自身的技能来开展的一种公益性活动，也是自我价值的体现。

图书馆志愿者具有奉献精神，发自内心地、心甘情愿地为图书馆事业提供服务。同时图书馆志愿者具备时间、知识、技能等从事图书馆志愿服务的资源。图书馆志愿者又被称为“图书馆义工”、“义务工作者” 等。

2　图书馆志愿者的重要性

（1）图书馆志愿者有助于图书馆的发展与创新。在知识经济的大背景下，图书馆的两大主题是发展与创新，图书馆志愿者的存在也是图书馆发展的必然趋势。“以读者为本” 成为图书馆的一种服务理念，图书馆服务工作以读者为核心，读者需求是其前提条件。拓展图书馆志愿服务，可以提升图书馆的效益，志愿者自身特长的发挥，也能为图书馆的发展与创新开辟一片新天地。

（2）图书馆志愿者有利于促进图书馆服务水平的提高。图书馆志愿者在服务中以读者的身份言传身教，其图书馆管理的言行更易为读者所接受，也使图书馆宣传更具亲和力，从而促进图书馆的服务工作。

（3）图书馆志愿者成为图书馆的义务宣传员。在他们参与图书馆业务工作回到各自的单位、人群中，可以向其朋友、同事、同学介绍图书馆的各种服务，这样就无形中加强了图

---

① 作者简介：招建平，广州图书馆团总支书记，负责广州图书馆志愿者管理工作。

书馆的宣传力度，有助于社会对图书馆的了解与支持。

（4）图书馆志愿者丰富了图书馆的人才结构。图书馆除需拥有图情专业技术人员，还需要外语、计算机等社会科学、自然科学的各种专业人才。但图书馆不可能完全拥有各种专业人员，图书馆人员的知识结构的局限会影响服务工作的开展。而图书馆志愿者的不同专业背景，可以很好地弥补图书馆某一专业或知识结构的缺失，提供更有针对性的服务。同时也为图书馆注入了新的动力，推动了图书馆各项业务工作的开展。

3 图书馆志愿者的服务内容

目前，国内外图书馆吸收志愿者参与图书馆为读者提供服务已成为普遍现象。志愿者的服务内容与管理机制也得到不断完善。其服务内容包括图书馆书架整理、导读辅导、指引导向、解答咨询、活动助手等，还会结合志愿者的特长提供志愿者翻译、设计、专题咨询等特色服务。

与国外和中国港澳台地区的图书馆相比，广州图书馆的志愿服务工作起步较晚，管理机制等还需进一步完善，但常规服务内容方面如读者咨询、书目检索、书刊整理、数据录入等已与国内外图书馆相似，更有协助盲人使用数字资源、组织艺术和外语沙龙、组织青少年科普知识培训活动以及担任“故事妈妈”给少年儿童演绎绘本图书故事等特色志愿服务内容。

4 对图书馆志愿者的管理建议

根据人力资源管理理论，组织应该充分开发每个个体的潜能，打造人才团队，发挥规模效应。从图书馆角度来看，图书馆志愿者所进行的各种服务内容需要相关部门对志愿者进行管理与支持，包括招募、培训、安排、激励等，这是充分发挥志愿者资源效应，确保志愿活动有效开展的基本环节。

4.1 规范志愿者招募工作

志愿者招募工作是图书馆志愿者提供良好服务的基础。因此，必须注重招募工作的规范性。所定规则能使某一个人或团体在符合图书馆条件下能以较快方式进入志愿者队伍。加强招募工作的可操作性，规划好志愿者参与的服务内容，还能根据志愿者的知识、经验和兴趣进行岗位选择。同时，图书馆要对应招人员的学历、专业、职业、技能、兴趣等进行了解，以便根据需要作出选择。广州图书馆志愿服务队采取网上注册与团体招募相结合的方式，在广州市青年志愿者协会网站和广州图书馆网站发布招募信息，个人志愿者通过登录本馆网站志愿者注册管理系统登记个人信息，企事业单位、大专院校志愿协会等则通过填写团体志愿者登记表的方式报名。无论是网络报名还是表格登记，志愿者都可以根据自身的意愿和能力选择图书馆的服务内容。

4.2 志愿者的培训与安排

志愿者培训工作决定了志愿者服务的质量，图书馆有必要对新录用的志愿者提供培训。广州图书馆志愿者培训主要以讲座培训、网络培训、现场培训等形式进行。讲座培训的内容主要包括广州图书馆志愿服务队的基本情况和志愿者服务守则、管理办法、考核方式及广州图书馆各部室的概况、中图法、书目检索系统和电子资源等；网络培训是图书馆工作人员预先把图书馆学专业知识分章节上传到广州图书馆网站的志愿者园地栏目，由志愿者定期登录网站下载学习；现场培训是志愿者接受前两种培训对图书馆有一定认识后，正式上岗前在工作现场接受工作人员的现场指导。

为适应志愿者工作扩展到图书馆更深层次的服务，图书馆还可结合馆情，设计更精细的培训和考核计划，如给志愿者开设教育培训课程，课程内容除图书馆知识外，还可以涵盖说话艺术、仪态、礼节、正确的义务服务观念、服务技巧等，同时考核志愿者的学习进度，定期举办测试，以提高志愿者工作的质量，体现志愿者服务工作的价值。

图书馆志愿者来自社会的各个不同层面，图书馆对志愿者资源的开发管理工作至关重要。图书馆在招募志愿者工作中要做到因人而异，结合志愿者的时间、专长及图书馆的特定需要，合理安排志愿者的工作。同时给优秀的志愿者安排具有挑战性的工作，满足他们实现自我价值的愿望，做到人尽其用，既充分利用志愿者本身资源，又使志愿者在以满腔热情无私奉献的同时收获知识和能力。比如，美国加利福尼亚图书馆提供给志愿者的岗位包括社区活动策划员、公共关系专家、图书修理员等；西雅图公共图书馆给成年志愿者的职位包括图书讨论会主持、英语学习软件辅导员、家庭作业辅导员、送书员、旧书销售员等。

4.3　健全管理制度

健全的志愿者管理制度是志愿者开展服务的保障。要不断完善管理制度，不允许出现想做就做或有空才做的松散管理现象。要明晰权利和义务，认真执行规章制度。每次服务需佩戴统一设计的志愿者标志，服务完毕后由各室负责人签发志愿服务证明。如广州图书馆志愿服务队成立之初，在馆领导的大力支持和图书馆各部门的通力配合下，专门召开志愿者管理工作协调会议，形成了一套全面、有效的志愿者管理规章制度。

4.4　完善的激励措施

按照著名管理学家亚伯拉罕·马斯洛的需要层次理论，人们之所以愿意从事志愿者工作，主要是为了实现最高和次高层次的需要——自我实现需要和尊重需要。只有提供满足这两种需要的条件或机会，才可能产生有效的激励。不同的激励措施会产生不同的效果。对志愿者以精神奖励为主，如授予称号或证书，适当给予一定物质奖励，给予交通补贴、借书优惠等。

作为一种精神奖励的形式，广州图书馆志愿服务队定期将优秀志愿者的服务感言和工作照片等展现志愿服务风采的资料上传到广州图书馆网站供广大志愿者交流分享。另一方面，服务队实行年度考核制，定期评比，表彰表现突出的志愿者优秀个人与团队，赠与锦旗和奖状，对表现突出者给予适当的优惠待遇，如免工本费办理借书证等。当然，对志愿者最大的激励来自于工作本身，应使志愿者在为图书馆提供志愿服务的过程中体验到充分的成就感，享受到奉献社会的乐趣。

图书馆只有提高和拓展服务功能，才能树立起良好的社会形象。图书馆志愿者服务工作的开展，是社会发展的产物，是图书馆深化服务的必然选择，并具有鲜明的时代特色，其生命力将越来越旺盛。

参考文献

[1] 罗曼等. 图书馆质量管理体系研究 [M]. 成都：西南交通大学出版社，2009

[2] 刘洪辉等. 公共图书馆建设与服务 [M]. 广州：中山大学出版社，2007

[3] 许美荣. 公共图书馆志愿者队伍管理的改进 [J]. 图书馆杂志，2007 (6)：32～35

[4] 谷遇春. 关于图书馆志愿者工作的思考 [J]. 图书馆, 2006 (5): 62~65
[5] 吴慰慈. 公共图书馆在构建和谐社会中的作用 [J]. 图书馆, 2006 (1): 1~10
[6] 刘彦方. 试论图书馆义工的引入 [J]. 图书馆杂志, 2002 (9): 27~29
[7] 付跃安. 构筑阅读天堂——图书馆服务设计探索 [M]. 广州: 暨南大学出版社, 2010

营造良好环境，促进社会教育

彭立红[①]
（广州图书馆　510055）

摘　要：公共图书馆的公共关系就是公共图书馆与读者之间的互动关系。良好的公共关系有助于图书馆的可持续发展，让公共图书馆成为公民社会的重要文化辐射基地。本文从创造良好气氛、友善服务台与标示动线设计、罚款投诉建议与制度执行、教育宣导四个方面论述了图书馆公共关系。

关键词：图书馆　公共关系　服务

1　创造吸引读者的良好气氛

社区生活在某种程度上比政治生活更能够真实地体现一个地区的文化传统、折射人们的生存状态、塑造地区公民的气质。而公共图书馆是城市社区公共生活的主要场所之一，它也就成为了我们了解该城市和社区生活的切入点。

一个交通便利、格调独特、环境优美的图书馆，本身就是一种资源，具有很强的吸引力。图书馆应该建设在城市和社区的中心位置，交通要便利，配套服务和相关设施要齐全，远离噪音和污染，做好绿化和环境美化。所以，在确定图书馆馆址时，要考虑读者利用是否方便。在建设时，要本着"安全、实用、经济、美观"的原则，突出其个性和特色，提高建筑品位。内部设计要层次清楚、结构分明，便于人流流通，注重艺术氛围，同时突出个性，有休闲和逗留的地方，有日常用具和复印扫描等基础设施，有饮水和储存包裹的地方等。图书馆是一个学习和受教育的地方，所以需要创造一个让人流连忘返的优美的读书学习环境，以潜移默化、润物无声的方式培养读者良好的道德情操和文化素养。光线明亮、色彩鲜明，让人心中油然向往。

图书馆的入口宜设在地面层并设有无障碍设施，以辅助特殊读者。在设计入口区时应以吸引读者为主要目的，如果入口处有一个写有"××图书馆支持并鼓励终身学习，热情服务广大市民"，就会给广大读者一种使命感和欢迎的气氛。入口区是读者接触图书馆的第一站，故必须有足以吸引读者的条件。读者来到这里，第一感觉应该是图书馆一个值得来、需要来、喜欢来的地方，如果一个人爱上了图书馆，如果一个城市和社区的市民爱上了图书馆，那一定是一个福音。

一般入口区的规划主要有布告栏（公布各种活动信息）、新书预告、新书展示、储物柜、阅报区以及各种图书馆之简介、规则、对外交流活动等。如果能够在大门入口处写上一个大大的"静"字，甚至醒目地写上需要注意的几大图书馆原则，对读者的第一要求就是

---

①　作者简介：彭立红，广州图书馆助理馆员。

提醒他们来到这里，首先要把自己当做一个学习者，要静心地来学习知识，可以避免许多无聊的想法和行为发生，减少很多不必要的管理冲突，把管理的难点消弭在大门口，是一种良好的引导方法。

在色彩上，入口区宜选用明亮的颜色以利吸引读者，还可在入口区摆设绿色植物的盆栽或悬挂图画等装饰品，以改善图书馆的氛围。

每到重大节日来临之前，相关主题的图书摆在醒目位置。而图书馆的装饰也要随之变化，营造出相关节日的气氛。图书馆前台可以显示各种馆内馆外活动的通知。除了日常的图书馆活动，还可组织读书讨论会、小组讨论、电影放映预告、各种辅导培训等。

2　友善服务台与标示动线设计

2.1　友善服务体现

读者每次进图书馆，工作人员都会面带微笑地向读者打招呼，离开时不管他们多忙，从不忘记向读者说“再见”。他们的微笑会鼓励读者更多地光临和频频地提问。当读者在网上搜寻到要看的书籍，而自己又在书架上找不到时，就会毫不犹豫地向馆员求助，因为他们知道会得到满意的结果。通过图书馆员的工作让读者们喜爱读书，培养他们的阅读习惯，特别是要让孩子们知道他们不是为学校和老师读书。我们相信不管是来自哪个国家和地区，不管有什么样的文化背景，每个人在本质上都渴望被善待、尊重和关怀。从这个意义上说，对图书馆前台人员的要求是具有乐观开朗的性格和服务精神，要求他们把图书馆服务社区的精神用自己的行动体现出来。公共图书馆是公共事业，是纳税人的钱支持和建造的，为公众提供良好的服务是义务。当然读者是来读书的人，来图书馆是来学习和提升自身素养的，需要遵守图书馆的规则而不能随心所欲。

2.2　标示

进入图书馆的读者绝大部分并不是天天来、经常来，很多都是一周、一月、一年才来一次或者干脆就是外地读者来查资料，所以图书馆的标示系统应具有指引方向，辨识目的地，指示规则、警告或禁止等功能。图书馆标示依功能大约分为四类：

（1）导向型。提供方向指引的功能，需要以箭头或平面图等形式，指明方向，导引读者正确迅速地到达目的地。

（2）指位型。为了让读者一目了然，需要标示图书馆整体结构和各区室之所在位置。

（3）提示型。目的是帮读者了解图书馆的具体各项规定和具体要求，以便读者遵守馆规，进而保持图书馆良好的阅读环境，让读者有效地利用图书馆。除了门口的标示外，书架和阅览桌上都需要有一些具体的要求，作为一种道德规范，提醒读者，比如，保持安静、举止要文明、取书要爱惜、报纸要还架、垃圾要带走、书和刊读后放置在正确地点、服从管理、自律以及自重等。从实践来看，由于公共图书馆读者层次很复杂，所以这些标示都是非常必要的，并且数量还不能少。

（4）宣传型。协助读者对图书馆的具体服务内容和开展的业务活动有所了解和掌握，进而充分地利用图书馆的各项资源。

各标示应设置在读者最需要且醒目之处，这点尤为重要。很多图书馆不太重视标示，尤其是馆里的各项制度和规定，或者是放置地方不醒目，读者视如无物，昂首直入，造成很多管理上的麻烦和冲突，增加了管理人员的难度。像开放时间、阅览规则、借阅规则、禁令等要放在入口第一醒目的位置；各动线上也应设置标示，以方便指引读者使用。

2.3　动线

所谓动线是指连接各机能空间的路线，即由一个服务点移动到另一个服务点的路线。常区分为读者动线、图书资料动线及工作人员动线。

读者动线是为读者指示地点所用，以指引读者使用图书馆，减少寻找地点的时间。在规划动线时，尽量做到不交叉、不迂回、不重叠。使两点间往来的干扰最少，相关服务点距离最短。

每一个室可以先有一个宏观的介绍，前后左右、排列规则、先后顺序等，让读者有一个清晰的认识。然后就是在书库、期刊阅览室书刊架上标明架号和分类号，架上书刊严格按分类有序排列，是为了让读者选书方便。各书库、阅览室张挂“须知”、“规则”宣传牌，是为了维持良好的服务秩序，培养读者遵守公共秩序的文明习惯。图书馆走廊和室内应该张贴名人名言等，是为了优化学习环境，激励读者发愤读书，立志成功成才。当今电子科技发展迅速，还要设置图书馆网页、图书馆概况、规章制度、文献查询、电子资源、读者服务、资源下载、馆长信箱等栏目，可以成为宣传图书馆、内外沟通的重要媒体，为读者利用图书馆开辟了一条畅通的途径。

3　罚款、投诉建议与制度执行

3.1　罚款不是目的

公共图书馆罚款主要是针对图书过期和盗书、损书、毁书等情况的。读者借阅图书过期罚款是必要的，但并不是一定要罚款。如果考虑以人为本的话，还是有许多的变通措施。例如，对学生来说，能够培养阅读习惯当然是好事情，可以针对学生实行开学赦免周，在开学的第一个星期还书，不进行罚款，让他们在假期里能有一个愉快的阅读时光；普通读者可以在特殊的日子，如读书日或者国庆日，实行免罚方案；也可以实行来图书馆做义工代替罚款，让读者更充分地了解图书馆的馆藏以及各项规章制度，同时培养他们的社区服务精神。还有些读者是因为平时比较忙，容易忘记还书时间，公共图书馆还可以实行催还政策，如通过手机短信提醒读者归还图书。这些措施都有助于提升和优化公共图书馆的公共关系。

3.2　对读者的投诉实行科学管理

公共图书馆面对的读者来自四面八方，文化水平和个人素质参差不齐，日常遇到的问题也很多，读者对图书馆服务的要求和期望也在不断提升，如果服务能力和服务质量的提升速度赶不上读者的期望，投诉就会越来越多。面对这种情况，图书馆要改变过去对投诉管理的随意性和无计划性，把着眼点从消除读者的不满意转到对读者投诉的科学管理上来，充分利用读者投诉的信息资源，挖掘改进工作的机会。

对读者投诉管理，一是要有顺畅的投诉渠道，有留言簿、留言信箱、值班人员等；二是要有规范的处理流程，从记录、受理、分析到处理、反馈都能有效运作；三是及时地处理问题，是非曲直做到清楚明了，尽快恢复与读者的关系；四是总结经验，改进相应的措施，完善管理。

公共图书馆还可以召开读者座谈会，建立“读者意见箱”让读者参与咨询和决策。在公民素质教育目标的指导下，让读者也参与图书馆的管理、服务、宣传、教育工作，参与规章制度的制定、修订和执行以及一些具体的管理、监督活动，从而创建一个具有人文内涵的和谐环境，使读者感受到环境给人的尊重，促进图书馆与读者的良性互动。协助图书馆服务和管理工作的开展以培养读者自我教育、自我管理、自我约束、自我服务的能力，倡导读者文明、理性、有公德地利用图书馆资源，从而创建图书馆“共建、共管”的新局面，使图书馆的服务趋向多样化和多元化，真正起到图书馆与读者之间的桥梁和纽带作用。

3.3 管理制度是良好公共关系的保证

从我国目前的现实及城市和社区的具体实践情况来看，公共图书馆的管理制度还有待加强。目前很多公共图书馆为了扩大读者量，增加借阅量，都实行比较开放的进馆制度，但同时也带来了很多管理上的不便。图书馆作为一个文化教育服务机构有它自身的特点，那就是必须要有一个文明、卫生、安静、高尚的环境。为了保证公共图书馆工作的正常开展，图书馆除规定一系列工作规范、管理制度外，更重要的是如何执行好这些制度。不严格执行管理制度，久而久之管理制度就会变成一纸空文，对读者将失去约束力，由此造成的后果将不堪设想；但过分严格执行管理制度势必造成许多麻烦，甚至引起管理人员和读者间的言语冲突。制度的出发点和落脚点是保证图书馆工作的正常开展，执行管理制度当然也不能违背这个原则。只有恰如其分地执行管理制度，才能很好地实现管理目的。

现在很多公共图书馆都实行开架借阅，读者感觉比以前方便很多了。但对大多数读者来说，一开始并不熟悉开架借阅的性质和与之相关的管理制度，有些读者抱着逛商场、逛公园的心态，进门昂首挺胸、目不斜视，很少注意门口的规章制度，当然对自己随意丢书刊所造成的后果也认识不足；有些对管理人员的提醒甚至会有抵触情绪，认为是不给自己面子，这种现象是很值得深思的，说明我们的管理制度教育还需要加强。一般来说，只要图书馆张贴有明显的提示，讲清如果书刊乱架严重，管理人员和读者都将无法及时找到所需图书的后果，读者是能够遵守制度的。对违反图书馆管理规定的读者，要从读者角度出发尊重读者的人格和自尊，分清责任和责任的大小、轻重，区别对待。对于读者由于对图书馆管理制度不了解所造成的违规行为，重点在说服教育，经济处罚能免就免，能轻就轻，主要目的还是让读者明白道理，心悦诚服，共同维护和谐环境。对于少数故意盗书、损书、毁书者，也是该批评的要批评，该处罚的坚决要处罚，以达到教育本人、警示他人之目的。

只有读者自觉地按照图书馆的管理规定去做，图书馆才能很好地发挥其职能。图书馆员只要做到尊重读者，带着感情工作，就会赢得读者的自觉配合。

4 教育宣导

4.1 成为知识的导航员

来到公共图书馆的读者男女老少、层次不一，面对浩瀚的信息与知识海洋，读者有时就是想学习也往往不知道怎样才能获得自己所需要的信息与知识。所以，图书馆员需要具备较高的思想文化素质，要不断提高专业技能，才能适应新时代的要求，为社会公众的自我学习提供优质的知识与信息导航服务。公共图书馆要给读者创造一种上进的、大家如饥似渴在学习的阅读气氛，激发其他读者的求知欲，同时对业务流程进行整体优化，考虑如何方便读者阅读，让读者能够便捷地借阅到他所需要的、同时也适合他使用的图书资料。

图书馆还要主动在社会政治、经济、文化大环境下进一步拓展社会教育职能，营造社会读书的良好氛围，想方设法地激发读者的阅读愿望与激情。通过创新服务以及组织各种各样内容广泛的讲座、咨询、展览等积极引导全民参与阅读活动，以满足社会公众的阅读需求、信息需求、文化需求和知识需求，对读者进行有效的阅读引导。

4.2 社会教育职能与公民教育目标

现代公共图书馆被定义为一个全民文化教育机构，尊崇并传播知识，肩负促进社区文化教育的任务，在社会各层面培养阅读文化，通过林林总总的馆藏和服务，支援并鼓励终身学习。公共图书馆在社区文化建设、公民教育和公共政治生活中占有举足轻重的地位，应当加强在读者阅读方面的导向作用，培养全社会的阅读习惯，共建书香社会。在我国目前条件下，公共图书馆可以弥补公立教育系统的不足，提供给每一个读者同等获取知识的自由，这展示了机会平等并尊重人格尊严的公民社会原则与民主理想，也为社会各阶层的人架设起了知识的桥梁，使之获得为参与市场竞争和公共政治所需的文化基础。

图书馆一个重要职能就是开展读者教育工作，提高整个社会的学习热情，提升市民的文明素养。在这里笔者可以用几个名言做个说明。第一是要强调学习的重要性。“此刻打盹，你将做梦；而此刻学习，你将圆梦”，“学习时的苦痛是暂时的，未学到的痛苦是终生的”，“学习这件事，不是缺乏时间，而是缺乏努力”。第二是要强调时间的宝贵。“我荒废的今日，正是昨日殒身之人祈求的明日”，“一天过完，不会再来”。第三是要强调奋斗的意义。“谁也不能随随便便成功，它来自彻底的自我管理和毅力”，“没有艰辛，便无所获”。第四是强调现代社会里竞争已是常态。“即使现在，对手也不停地翻动书页”，“今天不走，明天要跑”。以上这些名言警句数不胜数，胜过万语千言，是公共图书馆开展读者教育的有力素材。

经过一个多世纪的演变和完善，公共图书馆才成为今天西方国家社区文化生活的一块基石，也是民主制度下提供公民素质和培养公民意识一个不可缺少的重要环节。据美国图书馆协会2008年统计，全美居民68%持有公共图书馆读者证，有76%的居民使用过本地公共图书馆。与此相比，我国公共图书馆还存在一定差距，图书馆的公共关系还需要完善和提升。

参考文献

[1] 程凤．图书馆开架书库管理工作探微［J］．科技情报开发与经济，2006（24）：24

[2] 袁会香．以人为本与图书馆的服务工作人性化［J］．农业图书情报学刊，2006（4）

[3] 周和平．让社会充满书香 图书馆要做民族优秀文化传承者［N］．光明日报，2010-04-23

[4] 茅根娣．以人为本 完善图书馆的读者服务与管理［J］．内蒙古科技与经济，2008（16）：147

[5] 杨力伟．公共图书馆与社区生活——波士顿公共图书馆的理念、运作和功能［J］．开放时代，2003（5）：125

高校图书馆信息服务的营销策略研究

孙莉群①

（广州铁路职业技术学院图书馆　510430）

摘　要：本文用产品营销、服务营销等市场营销学理论，将高校图书馆服务范围拓展为内部（校内）、社会（校外）两个市场，阐述了细分社会（校外）市场、选择市场定位的方法；对信息服务营销策略的制定作了详细论述，提出了高校图书馆应将信息服务营销贯穿于自身建设、管理、经营和服务的全过程，像企业追求经营利润一样，追求社会效益，树立全新的社会形象的新理念。

关键词：图书馆　信息服务　营销策略

1　引言

营销是指企业立足于自身优势，以满足市场和消费者需求为目标，制定相应的营销策略，占领并拓展市场，获得经营效益。服务营销是基于市场变化提出的一种具体的营销观念，是企业为充分满足消费者需求在营销过程中所采取的一系列活动，它既是企业的产品形式，也是企业的营销手段，始终贯穿于其生产、经营的全过程。服务营销的核心理念是顾客满意和顾客忠诚，并以此实现企业经营业绩的改进和企业的持续成长。

高校图书馆作为一个财政拨款的非营利机构，长期以来，依据自身的特点和优势，最大限度地发挥馆藏文献信息资源的优势，较好地满足了广大师生教学、科研的需求，为高校改革和发展作出了重要贡献。在迈入信息时代的今天，高校图书馆在满足本校师生需求的同时，如何面向社会，提供社会进步及国民经济发展所需要的信息服务，在社会和市场竞争中寻求发展，这不仅是思想和观念问题，更是高校图书馆必须面对的一个需要不断实践和探索的实际问题。

2　高校图书馆目标市场细分

高校图书馆的目标市场可分为内部（校内）市场、社会（校外）市场两部分。内部市场可分为教学、科研和休闲娱乐三类。其中，教学、休闲娱乐面向的是广大的普通师生，是高校图书馆的主要使用者，对这一类的读者（顾客）要保证有充足的信息资源，并提供优雅舒适的读书环境；高校科研人员对信息资源的广度、深度要求比较高，图书馆应该充分发挥信息资源优势和技术优势，不但要收集更多、更广的信息资料，而且要利用高校图书馆的技术力量来整合这些零散的信息资料提供信息服务。社会（校外）市场情形复杂，可根据

---

①　作者简介：孙莉群，广州铁路职业技术学院图书馆馆员，发表过多篇论文。

用户的不同特征进行市场细分。

2.1 按用户类型细分

不同类型的信息用户在信息市场上的表现是不一样的，他们的需求在内容和形式上也不一样。如团体信息用户和个体信息用户是一种分类。团体信息用户除了需要高校图书馆强大的数据库和电子信息资源以外，更需要经过高校的专业人员整理、分析、加工之后的对他们有价值的信息资源；个人信息用户又可分为高级知识分子、一般科研人员和普通读者等，可根据各高校和图书馆自身的情况开展对这类用户的营销服务。

2.2 按信息需求细分

这是信息市场划分的直接依据，信息市场产生和发展的根本目的就是满足信息用户的需求，这些需求可分为政治、经济、文化、科研、教育、宗教、医疗卫生等。

2.3 按地理区域细分

受地理区域及文化的影响，不同地区的用户存在着一定差异，如东部沿海地区和西部内陆地区用户不同、城市和农村用户不同、经济特区和欠发达地区用户不同等。根据这些差异来划分，可使我们采取不同的信息服务产品策略和销售策略。

2.4 按自然和社会特征细分

根据信息用户的不同自然特征和社会特征细分，如按年龄、性别、生理和职业、教育、社会阶层等的不同来进行细分。

3 高校图书馆信息服务市场定位

任何一个信息市场都难以满足信息用户的整体需求；反之，也并非任何市场机会都对每个信息机构合适，它要求信息机构必须在市场细分的基础上对市场进行选择。高校图书馆在面对并满足内部（校内）市场的同时，应选择与本馆信息产品相符合的社会（校外）市场作为信息服务销售的目标。所选的社会市场应符合以下要求：①必须符合本校和本馆的主体目标和发展方向，这是进入社会市场的重要保证；②目标市场的信息需求应该是在本馆现有组织结构的基础和技术水平上，通过发挥技术资源能够得到满足的；③本馆必须有足够的人力、财力和物力资源作保证，并有充分的信息源，以满足目标市场的需求；④所选的目标市场应该是别的竞争者的不足，且是自己的优势，扬长避短占领有利目标市场。

4 图书馆信息服务的营销策略

4.1 服务品牌营销策略

在信息高度发达，企业生产、服务全球化的今天，企业的竞争就是品牌的竞争，品牌已成为企业进入市场的“敲门砖”。对于服务营销来说，因为服务产品的“无形”使顾客的选择更加注重品牌，因此树立企业服务品牌至关重要。要实施信息服务营销品牌策略，首先要提高信息服务质量。要像生产企业一样，把服务质量作为高校图书馆的生命力。其次要树立信息服务品牌。通过各种方式和途径推介图书馆，突出本馆的特点和成果，如设备设施、馆藏特色、人才优势、服务情况以及专业资源、特色数据库等，树立图书馆的良好形象和声誉，使用户产生信赖感，培育信息服务品牌。最后要注重品牌的创新与保护。品牌创新就是通过服务开发、营销开发、文化开发、人力资源开发等途径不断提高服务产品、服务企业的知名度和诚信度，不断提高读者（顾客）的满意度。

4.2 服务创新营销策略

信息服务营销面临的是瞬息万变的市场，面对的是追求多样化、个性化的读者，在这种情况下，必须关注变化中的读者（顾客）需求和新的社会挑战的出现，并在这些新机会变化或消失之前，迅速、恰当地作出反应。可以说创新是服务营销的根本，只有通过不断创新服务需求、开发服务新产品和关注读者需求，才能快速应对社会的发展和读者的需求变化，塑造图书馆良好的社会形象，保持其竞争优势。

4.2.1 创新服务需求

通过与读者建立、保持和维护良好的互利互惠关系，通过提供良好的信息服务使图书馆及时得到反馈信息，发掘对改进图书馆内部管理、提升服务质量和扩大营销具有重要价值的机会。如图书馆可以对信息服务对象进行培训，提高其信息意识和信息能力，使其熟练掌握检索方法和技巧，具备较高的查全率与查准率，从而激发读者的需求动机，变潜在需求为现实需求。

4.2.2 开发服务新产品

图书馆的全部经营活动应以不断地为读者（顾客）提供服务新产品来满足读者需求。即在信息服务产品的开发、提供等各方面应以服务读者（顾客）为中心，及时研究读者（顾客）获得信息服务后的反馈，调整图书馆的经营目标，开发出读者（顾客）最需要的新信息产品，最大限度地使读者（顾客）满意，最终培育读者（顾客）对服务的高度忠诚。

4.2.3 重视读者不满

在市场营销中，那些积极寻求现实和潜在客户反馈信息的企业，发现与消费者密切接触能够获得数量巨大的市场信息，带来可观的利润；同时发现，带有不满情绪的客户给企业提供的不仅仅是抱怨，企业从中还可获得忠告和其他信息，对改善服务、提升产品质量和开发服务新产品十分重要。

4.3 服务差异化营销策略

读者需求与市场消费需求一样越来越个性化，信息服务也要随之个性化，否则图书馆就会失去读者，在社会市场中处于被动地位。图书馆不但要对信息服务产品进行细分，还要对信息服务对象进行细分；甚至于“一对一”服务，针对不同类型读者的需求量身提供差异化服务。服务差异化体现在很多方面，如服务品牌差异化、服务模式差异化、服务技术差异化、服务概念差异化、服务传播差异化等。对于“差异”，可以是竞争对手没有而自己独有的，也可以是竞争对手虽有但本馆更优越的，或者是完全追求有别于竞争对手的做法。

4.4 服务多元化营销策略

服务平台多元化、立体化，为读者（顾客）创造最大的便利。一方面，建立多元化服务平台，如建立信息服务接待点、平面服务载体、语音服务载体、移动服务载体、网络服务载体等；另一方面，以提供信息服务为核心，开展一系列外围服务，如提供打印、复印、校对，帮助联系馆际互借等，让读者（顾客）拥有更多的接受服务的机会。同时，图书馆在被动接受客户提出的服务要求的同时，也要主动地利用多种沟通渠道进行读者访问，提供有计划性的制度化和流程化服务，通过诸如电话、传真、电子邮件、信函、上门访问等多种渠道提供服务。

4.5 服务沟通营销策略

沟通是一种全方位的价值创造过程。在实施信息服务营销时，应努力塑造营销人员的形象，给读者（顾客）留下深刻印象，做好服务沟通工作。通过语言和行为上的沟通，取得与读者或服务对象价值观的有效传递与沟通，获得他们对本校和本馆文化的充分认可，为图书馆带来大量的忠诚顾客。此外，针对服务对象对服务的特殊需求和偏好，服务营销往往还需要利用公共关系来开展促销。许多富有创意的公关促销活动在极大地促进销售的同时，也使图书馆获得了良好形象、扩大了知名度。

4.6　人本管理策略

在服务营销中，人是关键要素。图书馆员不仅是一种生产要素，更是信息服务的主体，在信息服务传递过程中，馆员是联系图书馆和读者（顾客）的纽带。信息服务主要是依靠馆员与读者（顾客）进行面对面的交流而实现的，信息服务质量的好坏直接取决于馆员在服务过程中的表现。因此，信息服务比其他行业更加注重人员的选拔、培训与管理。信息服务业实行人本管理，其核心就是以人为中心，理解人、尊重人，激发人的热情，满足人的合理需求，进一步调动人的积极性和创造精神。馆员积极参与管理，形成对图书馆的归属感，经常使馆员处于轻松愉快、和谐团结、友好合作、相互帮助的氛围中。只有充分发挥这种最活跃的生产力要素的作用，才能真正提高服务质量，带来图书馆效益的增长，使信息服务营销理念内化为全体馆员共同的价值观和行为规范，使组织和个人得到最优的组合与匹配。

借鉴现代企业经营管理、市场营销，尤其是服务营销的理论，将现代企业管理的先进理念和成功经验引入高校图书馆的管理中，突破传统的服务模式，对原有的信息服务资源、服务内容、服务过程、服务方式等进行全面改革。

参考文献

[1] 陆海．以“读者满意”为目标构建图书馆服务运行机制［J］．大学图书馆学报，2008（5）：30～33
[2] 朱影．图书馆服务接触管理研究［J］．情报探索，2008（11）：106～108
[3] 洛夫洛克，奥茨．郭贤达等译．服务营销（亚洲版第2版）［M］．北京：中国人民大学出版社，2007
[4] 柯平．图书馆服务理论探讨［J］．大学图书馆学报，2006（1）：38～44
[5] 田英萍．论图书馆信息服务的市场营销［J］．图书馆学研究，2006（2）：75～77
[6] 孙娟．图书馆员营销态度研究［J］．图书馆学研究，2005（12）：72～75
[7] 鲁黎明．图书馆服务接触分析与服务策略选择［J］．情报理论与实践，2005（6）：620～622